U W E   Z I E G L E R

Die Hanse

UWE ZIEGLER

Die Hanse

Aufstieg, Blütezeit und
Niedergang der ersten europäischen
Wirtschaftsgemeinschaft

Eine Kulturgeschichte von
Handel und Wandel zwischen
13. und 17. Jahrhundert

SCHERZ

Inhalt

Der beispiellose Aufstieg   7

Die Gründung der Stadt Lübeck   33

Eine Hochblüte über Jahrhunderte   65

Der Jahrhundertprozeß von Hamburg   113

Ein Ende ohne Schrecken   145

Der Aussteiger   166

Die Organisation   194

Die Städte   220

Die Kaufleute   252

Der Handel und die Waren   282

Schiffe und Schiffahrt   304

Die Kultur   320

Literaturverzeichnis   345

Personenregister   348

DER BEISPIELLOSE AUFSTIEG

Am Anfang war das Wort – so lehrt es die Bibel, und auch die Scholastiker des Mittelalters waren davon noch überzeugt, obgleich sie es hätten besser wissen können, wenn sie den Blick von ihren Pergamentblättern gehoben hätten. Bei der Hanse, ihrer Zeitgenossin, war das nämlich ein bißchen anders. Die Genossenschaft der norddeutschen Fernhändler betrieb nämlich schon seit mehr als hundert Jahren außerordentlich erfolgreich ihre Geschäfte, bevor man sie *Hansa* nannte. Und diesen Namen gab sie sich nicht einmal selbst: König Heinrich III. von England führte die Bezeichnung 1267 in die deutsche Kaufmannsgeschichte ein. *Habeant hansam suam* («Sie dürfen sich zu einer Hanse zusammenschließen») – dieses Dekret gewährte ihnen obendrein noch seinen königlichen Schutz und stellte sie steuerlich sogar besser als des Königs eigene Untertanen. Und erst 1282, wieder in London, nennen sich die deutschen Kaufleute dann selbst Hansa.

Diese Genossenschaft der «Kaufleute des Reiches» («universi mercatores imperii») verfügt über keine ordentliche Gründungsurkunde, es gibt nicht einmal einen förmlichen Gründungsakt. Wir müssen uns daher mit dem knappen Bericht begnügen, den uns Helmold, Pfarrer zu Bosau am Plöner See, in seiner Chronica slavorum überliefert – den Bericht über die Gründung der Stadt Lübeck. In Lübeck nämlich begann sich das zu formieren, was dann in England Hanse genannt wurde. Und weil sich spätere Generationen gern an diese Vorreiterrolle Lübecks erinnerten, erhielt die Stadt zwischen Wakenitz und Trave den Ehrentitel «Mutter der Hanse».

Dieser gelehrte Helmold verfolgte mit seiner Chronica slavorum zwar ein anderes Ziel, nämlich die Leistungen des Welfenhauses bei der Christianisierung der Slawen gebührend hervorzuheben. Ein wichtiger Teil dieses Missionswerkes war aber eben die Gründung Lübecks, mitten im Land der heidnischen Wenden. Am Anfang der Hanse stand also mitnichten das Wort, sondern die Tat. Und alsbald auch der Neid. Die Tat, das war die zweite Gründung Lübecks durch Graf Adolf II. von Schauenburg, den Grafen von Holstein. Der Neid, das war der Neid des Herzogs Heinrich des Löwen auf diese Leistung seines Vasallen. Schon der Vater des zweiten schauenburgischen Adolf, Adolf I., war beauftragt gewesen, die Slawen in Holstein zu missionieren und selbstredend dem Sachsenherzog zu unterwerfen. Tatkräftig gingen Vater und Sohn Adolf nacheinander ans Werk. Beide begriffen rasch, daß in der Herrschaft über diesen Teil der jütischen Halbinsel bedeutende wirtschaftliche Möglichkeiten lagen, denn hier trennt ein nur sehr schmaler Landstreifen Ostsee und Nordsee voneinander. Ein Landstreifen zumal, der über Trave und Stecknitz zum größeren Teil auf dem Wasser zu bewältigen war. Der Wasserweg begrenzt zwar das Transportvolumen, doch der Weg über Land war noch schwieriger. Den Seeweg von der Ostsee zur Nordsee durch Sund und Kattegat mied man in jener Zeit noch wegen der steten, widrigen Westwinde. Der Ostseehandel, der Handel mit gotländischen und russischen Waren, ging schon seit Wikingerzeiten zwischen Hollingstedt und Haithabu über die jütische Halbinsel. Dabei segelten die Schiffe eideraufwärts, wurden bei Hollingstedt entladen und die Waren über Land nach Haithabu transportiert, wenn man nicht gleich die Schiffe über Land zog. Doch Haithabu war im 11. Jahrhundert zerstört worden, ebenso wie 1156 das an seiner Stelle gegründete dänische Schleswig. Der Ostseehandel sollte jetzt – so die Absicht der Schauenburger – beim Weg über die Halbinsel ihrer Kontrolle unterliegen. Kontrolle war nicht nur Ausdruck von Macht, sondern hieß auch: Zolleinnahmen. Und zum Transport über Land brauchte man Menschen. Auch die versprachen wiederum Einnahmen.

Die einheimischen Wenden und Obotriten waren 1143 noch längst nicht besiegt oder gar christianisiert, als Adolf II. Neu-

Handel, Fischfang und Jagd bei den Wikingern.

Lübeck gründete. Alt-Lübeck – Liubice – lag fünf Kilometer weiter traveabwärts, war eine wendische Burg- und Hafensiedlung mit Steinkirche und 1138 bei einer Stammesfehde zerstört worden. Neu-Lübeck liegt auf einer Halbinsel, die von Trave und Wakenitz umflossen wird. Von der Ostsee war die Siedlung etwa 20 Kilometer entfernt und über die Trave mit dem Schiff erreichbar; die beiden Flußläufe sicherten sie nahezu rundum. Piraten oder feindliche Flotten hatten keine Chance, unerkannt heranzusegeln. Der erste Ansiedlungsversuch durch den Slawenfürsten Kruto (1066–1093) ist beim zweiten Versuch 1143 durch Graf Adolf II. nur noch durch völlig verfallene Burgwälle erkennbar. Lübeck bedeute, so übersetzt uns Helmold, «die Fröhlichkeit aller Leute» – gewiß ein gutes Omen für die junge Siedlung.

Ein gutes Omen, einen guten Schutz brauchte dieses Lübeck schon: Nicht nur, weil die Wenden sozusagen in Sichtweite lagerten und auf fette Beute lauerten, auf Christen und vor allem auf Kaufleute, sondern auch, weil diese Siedlung alsbald zum Streitfall zwischen Vasall Adolf und Lehnsherr Herzog Heinrich werden sollte. Und welche Stadt hätte je davon profitiert, daß sich zwei Herren um sie streiten?

Dieser Heinrich, der sich später «der Löwe» nannte, war 1142, gerade 13 Jahre alt, mit dem Herzogtum Sachsen belehnt worden. Fünf Jahre später führte er mit weiteren norddeutschen Reichsfürsten einen Kreuzzug gegen die Wenden, der ausdrücklichen Unterstützung durch den großen Kreuzzugsprediger Bernhard von Clairvaux gewiß. Die Kämpfe – gemeinsam mit Schwiegervater Konrad von Zähringen und dem Bremer Erzbischof – brachten dem jungen Herzog sicher Erfahrung, auch schlechte Erfahrung: Der Obotritenfürst Niklot überlistete sie nämlich alle miteinander. Nicht besser erging es der zweiten Heeresgruppe, die sich gegen die Liutizen gewandt hatte. Nein, der Wendenkreuzzug brachte dem ehrgeizigen jungen Mann den erhofften Durchbruch noch nicht. Weder ließen sich die Heiden so schnell unterwerfen noch gewann ihm der Krieg das erstrebte Ansehen bei den Fürsten des Reiches.

Erstmals 1152, also neun Jahre nach Lübecks Gründung, suchte Herzog Heinrich die Stadt seinem Vasallen Graf Adolf II. abzuschwatzen. Seine, des Herzogs Stadt Bardowick leide erhebliche Einbußen durch den Markt in Lübeck, und die Saline in Lüneburg sei durch die kurz zuvor erst errichtete Saline in Oldesloe schon zugrunde gerichtet worden. «Darum ersuchen wir euch, uns die Hälfte eurer Stadt Lübeck und das Salzwerk abzutreten, damit wir die Verödung unserer Stadt leichter ertragen können. Sonst werden wir verbieten, daß weiter zu Lübeck Handel getrieben wird.» Bardowick liegt an der Stelle, an der in jener Zeit die Ilmenau in das Urstromtal der Elbe mündete. Diese sächsische Stadt beherbergte seit Karl dem Großen einen der bedeutendsten Fernhandelsplätze im norddeutschen Raum, warf dem Stadtherrn, Heinrich dem Löwen, also erhebliche Einnahmen ab. Doch wo kein Markt, da auch keine Einnahmen. Nicht daß Heinrich ihrer wirklich bedürftig, gar von ihnen abhängig gewesen wäre! Ihm ging es ums Prinzip.

Zwar dürfte er sich seinem Vasallen gegenüber nicht so gewählt ausgedrückt haben, wie Helmold es uns schildert, doch sein Neid auf die junge und doch schon so erfolgreiche Siedlung Lübeck (und ihre wohl auch schon kräftig sprudelnden Einnahmequellen) ist unverkennbar.

Es kommt indes, wie es kommen mußte. Graf Adolf weist das Ansinnen seines Lehensherren natürlich zurück, und der wiederum verbietet sofort jeglichen Handel mit Lübeck, läßt sogar (welch Frevel in dieser Zeit!) die Salzquellen in Oldesloe zuschütten. Also keine (oder nur geringe) Einnahmen für den Stadtherrn von Lübeck, aber auch keine (oder nur geringe) für den Stadtherrn von Bardowick. Eine Lösung des Konfliktes ist nicht in Sicht.

Die bringt der Zufall. Lübeck brennt 1157 ab. Möglich, daß dabei «interessierte Kreise» ihre Hand im Spiel hatten, ein verführerischer Gedanke, aber nicht belegbar. Jetzt sind auch die Kaufleute verzweifelt: Der Herzog (wohlgemerkt: nicht ihr Graf, der Stadtgründer!) möge ihnen doch einen neuen Siedlungsplatz zuweisen. Gesagt, getan: Unweit von Lübeck läßt Herzog Heinrich die «Lewenstad», die Stadt des Löwen, errichten. Wo genau, wissen wir bis heute nicht. Denn das Projekt kommt überhaupt nicht voran, also gibt es wohl auch, wenn überhaupt, nur wenige Spuren.

Eigentlich ist das nicht sehr verwunderlich. Einen so hervorragenden Siedlungsplatz wie Lübeck bietet die Trave, bietet wohl die gesamte Ostseeküste nicht noch einmal. Also «verhandeln» Herzog und Graf 1158 erneut, jeder mit einer mehr oder weniger kraft-, saft- und geschäftslosen Stadt belastet, beide ohne lukrative Einnahmen. Der Graf gibt dann endlich nach, warum, das erzählt uns unser Hofberichterstatter Helmold nicht so genau, vage deutet er «viele Versprechungen» an. Und berichtet dann weiter: Der Graf «tat, wozu die Not ihn zwang und trat ihm (dem Herzog) Burg und Werder ab. Alsbald kehrten auf Befehl des Herzogs die Kaufleute freudig zurück, verließen die ungünstige (Lewen-) Stadt und begannen, Kirchen und Mauern der Stadt wieder aufzurichten. Der Herzog aber sandte Boten in die Hauptorte und Reiche des Nordens, Dänemark, Schweden, Norwegen und Rußland, und bot ihnen Frieden, daß sie Zugang zu freiem Handel in seine Stadt Lübeck hätten. Er verbriefte dort auch eine Münze, einen Zoll und höchst ansehnliche Stadtfreiheiten. Von der Zeit an gedieh das Leben in der Stadt, und die Zahl ihrer Einwohner vervielfachte sich.»

Bardowick aber, die dem Herzog bisher angeblich so überaus wichtige Stadt, die Stadt, von der aus schon seit Karl dem Großen Fernhandel mit den ostelbischen Slaven getrieben wurde, Bardowick, in dem seit 965 sogar Münzen geschlagen wurden, diese Stadt hielt der lübischen Konkurrenz nicht stand, verarmte rasch, verlor an Bedeutung.

Kaum waren die herzoglichen Löwen-Rufe ertönt, da strömten sie schon aus Flandern herbei, aus Friesland, aus dem Rheinland, aus Westfalen, aus Niedersachsen. Es kamen die Kaufleute, die Handwerker, es kamen die Bauern. Aber auch die «Lewenstädter», die «Alt-Lübecker», die Schleswiger und sogar Bardowicker vernahmen diesen Ruf und ließen sich in dieser neu-alten Stadt gern nieder. Die dritte Gründung am gleichen Ort innerhalb weniger Jahrzehnte bringt endlich den Durchbruch. Aus guten Gründen.

Kurzer Ortswechsel. Schon einmal hatte sich der Löwen-Herzog genommen, was ihm nicht gehörte. Irgendwann nach 1156 (also nach seiner Belehnung mit dem Herzogtum Bayern) nahm er dem Freisinger Bischof den Zoll auf der Isarbrücke bei Oberföhring weg, verlagerte ihn kurzerhand in seine neugegründete Stadt München. Friedrich I. (Barbarossa) hatte dann, soeben zum Kaiser gesalbt, den Konflikt auf dem Tisch: den Streit zwischen seinem Onkel, Bischof Otto von Freising, und seinem Vetter, Herzog Heinrich dem Löwen. Sein Entscheid: Der Zoll bleibt in München, dafür erhält der Bischof ein Drittel der Markt- und Zolleinnahmen der neuen Stadt. Kein schlechtes Geschäft für die Kirche, da München bis 1852, also schlicht 700 Jahre, dieser Verpflichtung nachkam.

München, die eine Gründung Herzog Heinrichs, wird nach der Übertragung der bayerischen Herzogswürde an die Wittelsbacher Residenzstadt. Lübeck, die andere wichtige Neugründung des Herzogs, wird eine Stadt der Fernhändler und bleibt dies bis in die Neuzeit. München entsteht auf einer Fläche von etwa 17 Hektar, Lübeck umfaßt ein Areal von etwa 135 Hektar und nähert sich damit der Fläche von Köln seit Beginn des 12. Jahrhunderts, die «Mutter der deutschen Städte».

Mit der Übernahme Lübecks durch Heinrich den Löwen bekommt das Siedlungswerk ohne Zweifel ganz neuen Schwung, ja, die Stadt wächst jetzt in völlig neue Dimensionen. Sowohl in stadtrechtlicher wie auch in städtebaulicher Sicht geschieht Revolutionäres. Hatte sich Graf Adolf II. noch mit einem vergleichsweise winzigen Eckchen auf der Halbinsel begnügt (allein der spätere Dombezirk war dreimal größer), so «überplante» (so hieße das im neuhochdeutschen Baurecht) der Herzog, zusammen mit den rheinisch-westfälischen Fernhändlern, jetzt gleich die ganze Fläche. Wie in jedem guten «Flächennutzungsplan» legten sie aber nur die Strukturen der künftigen Nutzung fest: Im Norden, die schmale Landzunge abriegelnd, wird die herzogliche Burg errichtet, der südliche Teil wird 1160 dem Domkapitel zugewiesen. Im Westen wird der Hafen gebaut; in der Mitte des Areals läßt man eine große Fläche für den künftigen Marktplatz frei, an den im Westen, zum Hafen hin, sich die Parzellen der Kaufleute, im Osten die Parzellen der Handwerker anschließen. Rathaus, Münze und Kaufmanns-Kirche gruppieren sich um diesen Marktplatz, das Zentrum der Siedlung und den höchsten Punkt des Stadthügels. Zwei parallele Straßen erschließen das gesamte Areal von Nord nach Süd, von ihnen zweigen die Straßen und Gassen zum Hafen und zum Handwerkerviertel ab. Selbstverständlich wird nicht sofort das gesamte Areal überbaut. Aber die Nutzungsgrundsätze sind festgelegt. Und die Strukturen gelten bis heute!

Schon ein schlichter Vergleich zwischen diesen beiden fast zeitgleichen Stadtgründungen – München 1156/1158, Lübeck 1158/1159 – zeigt die Unterschiede: München entspricht in seiner Größe eher der durchschnittlichen Stadtgründung dieser Zeit; Lübeck hingegen wird als künftiges überregionales Handelszentrum geplant, in jeder Hinsicht großzügig angelegt.

In München war Heinrich der Löwe noch der selbständige, eigenverantwortliche Herr der Stadtplanung und folgte dabei den zeitüblichen Mustern. In Lübeck dagegen hörte er, gar kein Zweifel, auf kompetente Berater und Finanziers, wenn er ihnen die Planung nicht ohnehin übertragen hat. Jedenfalls ist hier die Mitwirkung westfälischer und rheinischer Kaufleute nachgewiesen. Nur der spezifische Anteil dieser Fernhändler an der Gründung ist umstritten. Der Hanseforscher Fritz Rörig vermutete in Lübeck sogar ein Konsortium von Kaufleuten, dem der Herzog einen «Generalauftrag» erteilt habe, ein Konsortium, das als «Generalunternehmer» Planung und Realisierung übernommen habe, wie man das heute ausdrücken würde. Nicht etwa gegen Geld, sondern – zeitgemäß – gegen gute Privilegien. Das war indes doch wohl zu modern gedacht, jedenfalls für Rörigs Historiker-Zunftgenossen, die ihm auf diesem Weg nur teilweise folgen wollten. Unumstritten aber bleibt, daß die wesentlichen Ideen, Ziele und Impulse (und das heißt doch wohl: auch das Geld) nur von den Kaufleuten gekommen sein konnten. So dürfte auch der «Flächennutzungsplan» von ihnen stammen, sicherte er ihnen doch schon allein durch die Aufteilung des Geländes dauernde Dominanz innerhalb des Stadtgebietes. Die Stadtplanung selbst bewährte sich und wurde zum Vorbild für so manche spätere Stadtgründung.

Lübeck war eine Hafengründung in einer strategisch herausragenden Lage. Denn Lübeck war gen Osten vor allem der Schlüssel zum russischen Markt in Nowgorod und seinem unermeßlich weiten Hinterland, gen Norden zum skandinavischen Markt; Lübeck war nach Westen über den kurzen Landweg nach Hamburg (das als Siedlung zu diesem Zeitpunkt schon lange existierte) auch der Schlüssel zum westfälischen, zum niederrheinischen Markt, zu den Märkten in Flandern und England. Lübeck lag im Schnittpunkt aller nordeuropäischen Handelswege, war das Bindeglied zwischen den großen Märkten in Ost und West, in Nord und Süd.

Diese Aspekte, und nur diese, dürften die westfälischen und niederrheinischen Kaufleute überhaupt veranlaßt haben, sich auf das Risiko einer Beteiligung an der Stadtgründung einzulassen: Sie kannten die europäischen Märkte, die europäischen Verkehrswege entschieden besser als der Herzog, und sie konnten sich die Entwicklungschancen ausrechnen, die sich aus einer besseren Verknüpfung der Märkte ergeben würden. Genau diese Verknüpfung wollten sie leisten. Diese Märkte kannte man: So gab es in Westfalen schon früh «Schleswigfahrergilden» in Soest, Attendorn und Arnsberg; Kaufleute also, die gemeinsam von einer Stadt in die andere reisten.

So gesehen war das Risiko der rheinischen und westfälischen Fernhändler gering. An der ganzen Ostseeküste Holsteins gab es keine vergleichbar günstige Hafen- und Stadtsituation mehr. Haithabu, die uralte Hafen- und Handelsstadt unweit des späteren Schleswig, war Mitte des 11. Jahrhunderts zerstört worden. Und in Schleswig, einer damals dänischen Stadt, wollte sich der deutsche Kaufmann gewiß nicht niederlassen; außerdem war es kurz zuvor, 1156, von einer Nowgoroder Flotte dem Erdboden gleichgemacht worden. Aber selbst Lübeck wäre auf Dauer nicht der Erfolg beschieden gewesen, wenn nicht die Kaufleute ihre ganze Kompetenz eingebracht hätten, Kaufleute, die in den Kategorien des Fernhandels zu denken gelernt hatten und eins wollten – durch Handel viel Geld verdienen.

Den Ostseehandel beherrschten in dieser Zeit die Gotländer, schon seit dem 11. Jahrhundert. Die als eher bäuerlich geschilderten Seefahrer und Händler zogen von der Westküste ihrer Insel, vom späteren Visby aus, nach Nowgorod, brachten dorthin vor allem flämische Tuche, nahmen von dort Pelze, Wachs und wohl auch orientalische Waren mit. Die kamen über Byzanz, Kiew und Smolensk in den Norden Rußlands. Wir finden die Spuren der Gotländer in Sachsen – Kaiser Lothar III. von Supplinburg gewährte ihnen 1134 Abgabenfreiheit und seinen Schutz im ganzen Reich; Gotländer müssen bis England gekommen sein – so werden jedenfalls die reichen Funde englischer Münzen aus dem 11. Jahrhundert auf Gotland interpretiert. Überhaupt scheinen die Gotländer ein eigenes Verhältnis zum Geld gehabt zu haben: Jedenfalls gibt es nirgendwo auf der Welt soviel Münzfunde wie auf Gotland. 700 Fundstätten hat man gezählt mit etwa 140 000 Münzen! In der Frühzeit gibt es darunter noch Münzen aus dem Orient, später eben englische und auch deutsche Silbermünzen, ottonische zumal; dazu gesellen sich Hacksilber und Silberbarren. Da die Insel äußerst selten kriegerische Verwicklungen erlebte, vor denen man sein kostbares Geld hätte verbergen müssen, bleibt nur die Erklärung: Die Inselbewohner benutzten die Erde als eine Art Tresor.

Ein Monopol für den Fernhandel auf der Ostsee aber besaßen die Gotländer nicht, denn auch die Russen befuhren die Ostsee. Auf Gotland gibt es Reste russisch-orthodoxer Kirchenbauten; 1134 werden in Dänemark russische Kaufleute ausgeraubt, und 1156 zerstört eine russische Flotte Schleswig; späterhin gibt es russische Niederlassungen in Reval und Riga. In der Nordsee dominierten im Westen noch die Norweger, im Süden die Flamen. Flandrische Fernkaufleute können auch in deutschen Städten nachgewiesen werden – in der Frühzeit aber nur in Binnenstädten. Ihr Siedlungsgebiet endet westlich der Elbe. Flandrische Siedler geben im Zuge der Ostkolonisation einzelnen Regionen oder auch Orten ihren Namen. Der bekannteste: der Fläming nördlich von Wittenberg an der Elbe.

Die rheinischen und westfälischen Händler waren über diese wirtschaftlichen Rahmenbedingungen natürlich bestens informiert; sicher besser als der sächsische Herzog; gewiß besser auch als wir heute, die wir aus Mangel an geeigneten Quellen die Situation mühselig aus Indizien erschließen müssen.

Herzog Heinrich der Löwe ließ sich von dem Schwung, von den Ideen der Kaufleute mitreißen – seine wohl größte geschichtliche Leistung. Er verlieh der von ihm und den Kaufleuten gegründeten Stadt Lübeck Privilegien, die für diese Zeit noch ganz und gar untypisch sind. Vorbild ist das Soester Stadtrecht, das wiederum dem noch älteren Kölner Recht folgt. Der Einfluß der rheinischen und westfälischen Kaufleute ist auch hier unverkennbar. Es gibt zwar keine originäre Überlieferung für dieses lübische Stadtrecht, aus der man die Gründungsabsichten und die Privilegien des Herzogs ablesen könnte, aber es gab z. B. von Anfang an eine eigene städtische Verwaltung neben der des herzoglichen Vogtes. Sogar das Münzrecht (immerhin ein kaiserliches Regal) soll er der Stadt verliehen haben. Einen Teil des Siedlungsgeländes, so darf man vermuten, übertrug Herzog Heinrich schon bei der Stadtgründung den Kaufleuten, der andere blieb städtisches Eigentum. Die Kaufleute teilten wiederum ihren Grund und Boden in Parzellen von etwa gleicher Größe auf: 100 auf 25 Fuß, das entspricht etwas mehr als 300 Quadratmetern. Diese Parzellen werden zunächst gegen Pacht an Neusiedler vergeben, die sie später irgendwann in ihr Eigentum umwandeln können. Nur die Parzellen am Markt behalten die Kaufleute für sich. Damit kontrollieren sie das Zentrum der Stadt; auf ihren Grundstücken entstehen auch jene Marktbuden, in denen die Handwerker ihre Waren produzieren und feilbieten, gegen einen ordentlichen Mietzins an die Eigentümer, versteht sich.

Dieses Grundmuster bei der Gründung Lübecks entspricht dem Grundmuster der Ostkolonisation, an der sich auch Heinrich der Löwe selbst intensiv beteiligte: Der Landesherr beauftragt einen «Generalunternehmer», den «Locator», überläßt ihm Grund und Boden zur Ansiedlung von Neubürgern, die der Locator anzuwerben hat, entschädigt den Unternehmer für seine Mühen mit einem größeren Stück Land, einer Gerechtsame (Mühle) und/oder einem landesherrlichen Amt, Vogt oder Schultheiß. In Lübeck ist es allerdings nicht ein einzelner, sondern eben eine Gruppe von rheinischen und westfälischen Kaufleuten. Sie erhalten für ihre Mühen Grund und Boden und erreichen nicht nur für sich persönlich, sondern vor allem für die Stadt eine deutlich freiere Rechtsstellung.

Da marschieren nun ein Herzog und eine Gruppe von Fernhändlern in eine gemeinsame Zukunft; ihrer beider Interessen sind, zumindest auf absehbare Zeit, durchaus gleichgerichtet: Der eine verspricht sich mittelfristig Macht- und Einkommenszuwachs, die anderen wittern erhebliche Handelsmöglichkeiten mit entsprechenden Verdienstspannen. Vielleicht wäre es zu einem späteren Zeitpunkt zu einem gravierenden Konflikt gekommen, weil eben die Interessen doch zu unterschiedlich waren. Doch da Heinrich der

Löwe 1180 seines Herzogsamtes enthoben wird, er also auch nicht mehr Stadtherr von Lübeck ist, kann dieser Konflikt nicht ausbrechen.

Und so wie die Kaufleute den Herzog bei der Stadtgründung inspiriert haben, so werden auch seine weiteren Aktivitäten ganz in ihrem Sinne abgelaufen sein, wenn nicht gar auch sie in ihren Köpfen entstanden sind. Schon 1160 verlegt Herzog Heinrich das von Otto dem Großen gegründete Bistum Oldenburg/Schleswig-Holstein nach Lübeck; angeblich auf Bitten von Bischof Gerold (1154–1163) höchstselbst, aber ausdrücklich gegen den Willen seines Bremer Erzbischofs. Wie auch immer, der Glanz der noch jungen Stadt wird durch diese Verlegung weiter erhöht. Im gleichen Jahr 1160 unterwirft Heinrich der Löwe die heidnischen Obotriten in Mecklenburg (endgültig 1167); ihr Fürst Pribislav wird danach sogar herzoglicher Schwiegersohn: Die Familie, die wohl einzige slavische Fürstenfamilie auf deutschen Herzogthronen, regiert in Mecklenburg bis in das 20. Jahrhundert hinein.

Die Bedeutung des Bischofssitzes für eine Stadt in jener Zeit in Ehren (manch andere Stadt und ihre Einwohner hätten sich über eine solche Entscheidung die Hände gerieben), aber das war doch nur ein kleiner Fisch gegenüber dem Coup, den der Herzog ein Jahr später landet. Unter seiner Vermittlung nämlich schließen die «Gotländische Genossenschaft» und die «Genossenschaft der Gotland besuchenden Deutschen» 1161 einen Vertrag miteinander, der als Artlenburger Privileg weitreichende Bedeutung gewinnt. Beide Parteien sichern sich die Gegenseitigkeit von Rechten und Privilegien zu. Herzog Heinrich bestätigt ausdrücklich die Rechte, die Kaiser Lothar III. den Gotländern schon 1134 gewährt hatte (maßt sich also de facto kaiserliche Rechte an). Die Gotländer werden in den Rechtsverband der Stadt Lübeck aufgenommen, in das modernste Stadtrecht der Zeit einbezogen. Die lübischen Kaufleute erhalten Zugang zum Markt in Visby – und damit auch Zugang zum Markt in Nowgorod. Jetzt erst beginnt die eigentliche Geschichte der Hanse.

Der Nowgoroder Markt war das Ziel aller fernhändlerischen Träumer jener Zeit. Er bot all die Waren, die im Westen so begehrt waren, und er nahm begierig die Waren auf, die im Westen produziert wurden. In dieser Warenvermittlung zwischen Ost und West lagen Gewinnchancen wie auf sonst keinem Handelsweg der Zeit.

Bekannt ist, daß die gotländischen Händler schon lange zwischen Ost und West Waren vermittelten; wahrscheinlich haben auch deutsche Händler versucht, den gotländischen und den russischen Markt für sich zu erobern; darüber ist nur nichts überliefert. Das Artlenburger Privileg von 1161 diente zunächst beiden Händlergruppen zum Vorteil, gewährte es doch den Gotländern sicheren Schutz auf sächsischem Boden und den Deutschen einen ersten indirekten Zugang zum russischen Markt. Sicherer Schutz war in dieser Zeit überlebenswichtig: Der Reisende, der Händler, der Fernhändler, sie waren auf fremdem Boden, auf fremdem Markt zunächst rechtlos. Es sei denn, der Träger der öffentlichen Gewalt in diesem fremden Land bot ausdrücklich seinen Schutz. Darüber hinaus sicherten − anders als heute − weder marktwirtschaftliche Prinzipien noch rechtliche Regelungen den Austausch von Waren und Dienstleistungen in fremden Ländern und auf fremden Märkten. Der Fernhandel war längst noch nicht gewichtig genug, als daß man seinetwegen ein Bedürfnis verspürt hätte, das vorhandene Rechtssystem zu erweitern. Überhaupt war seinerzeit und noch bis zum Ende der Hanse die Bindung der Vertragspartner an den Grundsatz von Treu und Glauben viel stärker ausgeprägt als heute überhaupt denkbar. Der Kaufmann konnte auf fremdem Gebiet sein Recht nicht förmlich einfordern; sollte ihm der König im Gastland gar den Schutz nicht bieten, den er zugesagt hatte, bei wem hätte der Betroffene dann klagen können − war doch der gleiche König zugleich auch der Richter. Also half nur verhandeln, verhandeln, verhandeln...

Die Gründung Lübecks, seine Lage im Mittelpunkt der Handelswege zwischen Ost und West, zwischen Nord und Süd ist einer der Schlüssel für den späteren Erfolg der Hanse. Ein weiterer besteht in der grundsätzlichen Neuorientierung des Schiffsbaus. Nicht die Schnelligkeit der Schiffe sollte mehr entscheidend sein, sondern deren Ladefähigkeit. Hier peilten die gewieften Fernhändler aus dem Westfälischen neue Dimensionen an, sie hatten sich auf den Handel über See bestens vorbereitet. Die meisten Nord- und Ostseeanrainer dieser Zeit benutzten Boote, die in der Wikingertradition gebaut wurden. Sie waren schlank, äußerst wendig und schnell, hatten aber nur eine relativ geringe Tragfähigkeit. Anders die Hansen. Sie belebten einen Schiffstyp neu, den es eigentlich schon seit der Zeitenwende gab, der in Friesland bis in diese Zeit noch gebaut wurde: die Kogge. Dieses dickbauchige Schiff verfügt über einen im Verhältnis zur Länge großen Laderaum, hat einen Mast mit Rahbesegelung und ist trotz des flachen Kiels überraschend gut segelbar. Das jedenfalls fanden die Seeleute heraus, die seit 1991 mit den beiden Nachbauten einer Hansekogge aus dem Jahre 1380 (deren Überreste man 1962 im Bremer Hafen geborgen hatte) durch Nord- und Ostsee segeln. Die Kogge bot also gute Segeleigenschaften und bei nahezu gleicher Besatzung ein erheblich größeres Transportvolumen als die traditionellen Wikingerboote. Diese Bremer Kogge verfügte über einen Laderaum für etwa 120 Tonnen. Die gegenüber den Wikingerbooten langsamere Fahrt wurde durch das höhere Transportvolumen mehr als ausgeglichen. Also sanken im direkten Vergleich die Transportkosten, und der Gewinn fiel um so größer aus.

Die lübischen Kaufleute hatten gute Trümpfe in der Hand. Und da sie schon lange auf den westlichen Märkten tätig waren, hatten sie auch den besseren Zugang zu ihnen und den Menschen dort. Von einem nennenswerten Widerstand der Gotländer gegen die sich abzeichnende Vorherrschaft des Westens ist nichts überliefert.

Diese «Genossenschaft der Gotland besuchenden Kaufleute des Römischen Reiches» (*universi mercatores Imperii Romani Gotlandiam frequentantes*) ist in ihrer inneren Struktur nur unzureichend bekannt, unverkennbar aber die Keimzelle der Hanse. Ihr gehörten Kaufleute aus dem gesamten norddeutschen Raum an, nicht nur die lübischen; sie verfügte über ein eigenes Siegel, war also im Gegensatz zur späteren Hanse eine eigene Rechtsperson. Kaum auf dem Markt in Visby aufgetaucht, lassen sich die deutschen Kaufleute schon dauernd auf Gotland nieder; daß sich indes umgekehrt gotländische Kaufleute auf Dauer in Lübeck niedergelassen hätten, ist nicht überliefert. Vielleicht liegt das aber nur in der Quellenlage begründet. Die Deutschen auf Gotland bildeten bald sogar eine eigene Stadtgemeinschaft mit eigenem Rat, eigenem Recht und eigenem Siegel (sigillum theutonicorum in gutlandiam manentium). Später schließen sich das skandinavische und das deutsche Visby zu einer Stadt zusammen. Die zeitweilige Bedeutung Visbys zeigt heute noch die weitgehend erhaltene Stadtmauer, die ein Areal von etwa 90 Hektar umschließt. Bis Ende des 13. Jahrhunderts ist Visby dann Vorort der Genossenschaft und größter Konkurrent Lübecks um die Vorherrschaft in der Ostsee und in dem Kaufleutebund, allerdings von stets abnehmender Bedeutung.

Zweimal noch in seinem politischen Leben greift Herzog Heinrich zugunsten der Hansekaufleute ein, dreimal noch werden wir dem Sachsenherzog begegnen: 1167 befriedet er die Obotriten endgültig und gründet noch im gleichen Jahr das Bistum Schwerin; 1174 vermittelt er einen Vertrag zwischen den Schweden und Lübeck mit dem Ziel, schwedischen Kaufleuten in Lübeck Zoll- und Marktfreiheiten zu sichern; im Gegenzug dürfen lübische Kaufleute auf die schwedischen Märkte. Auch hier muß man die den Vertrag anregende Idee eher in der Fernhändlerschaft vermuten als am herzoglichen Hof oder im herzoglichen Kopf. Der schwedische Markt lockte vor allem wegen der Rohstoffe. Und im Gegenzug, so stellte sich alsbald heraus, war deutsches Bier hier sehr begehrt.

Wenig später, im Jahr 1180, mußte der mächtigste Fürst des Reiches alles aufgeben: wegen seiner Gehorsamsverweigerung gegenüber dem Kaiser Friedrich I. und wegen ebendieser Machtfülle. Jedenfalls wird er in die Acht erklärt, geht aller seiner öffentlichen Ämter verlustig, muß die Herzogtümer Sachsen und Bayern abtreten, darf nur sein mütterliches Erbgut behalten. Zwar kommt später eine Versöhnung zwischen ihm und Kaiser Heinrich VI. zustande, doch die Macht des Löwen ist jetzt gebrochen. Noch im gleichen Jahr gibt Kaiser Friedrich I. das Herzogtum Sachsen an Bernhard von Anhalt; nach dem Aussterben dieses Geschlechtes geht der Titel «Herzog von Sachsen» an die Wettiner und auf das Land über, das bis heute Sachsen genannt wird. Das Herzogtum Bayern kommt an die Wittelsbacher, die es bis in die Neuzeit behalten.

In diesem politisch und reichsrechtlich sehr schwierigen und bis dahin einmaligen Prozeß der Amtsenthebung eines Herzogs zeigt die Stadt Lübeck schon bereits ein gerüttelt Maß an Selbstbewußtsein – und an diplomatischem Geschick, sozusagen einen ersten

Vorgeschmack auf spätere diplomatische Glanzleistungen. Statt 1181 dem Kaiser die Stadttore sofort zu öffnen und damit an ihrem Stadtherrn Verrat zu begehen, bittet sie zuvor Exherzog Heinrich um seine Zustimmung, wohl wissend, daß er diese angesichts der Machtlage gar nicht verweigern kann. Und das nach vorheriger Absprache mit Kaiser Friedrich I.

Dem Kaiser imponiert dieses diplomatische Vorgehen der Stadtväter, und er bestätigt noch im gleichen Jahr die vom Herzog verliehenen städtischen Rechte und Freiheiten. 1188 erfolgt dann noch deren erhebliche Ausweitung: Ausdehnung des Stadtgebietes, Hoheitsrechte über die Trave, Wakenitz und Stecknitz, Festigung der Ratsverfassung. Und ganz besonders wichtig: Die Stadt erhält die Zusage, ihr bisheriges Recht in eigener Verantwortung weiter entwickeln, verbessern und ausbauen zu dürfen. Nicht mehr der Stadtherr, nicht mehr der deutsche König oder der römische Kaiser verantworten ab sofort das Recht dieser Stadt, sondern sie ganz allein! Ein einmaliger Fall in der Rechtsgeschichte der Zeit.

Nach dem Badetod Kaiser Friedrichs I. in Kleinasien brechen in Deutschland Thronfolgewirren aus, die auch die junge Stadt nicht unberührt lassen. Jetzt wechselt der Stadtherr ständig: Schon 1189 ist es wiederum Heinrich der Löwe; er muß 1192 Adolf III. von Schauenburg weichen; 1202 folgt der dänische König Waldemar II., die Stadt muß bis 1225 sogar eine dänische Besatzung in der früher herzoglichen Burg dulden. Doch 1226 ist es mit diesen Belastungen (fast) vorbei: Kaiser Friedrich II. anerkennt Lübeck als civitas imperii, als Reichsstadt. Natürlich nicht grundlos: Hermann von Salza, der Hochmeister des Deutschen Ordens, benötigte im Westen einen sicheren Stützpunkthafen für seine weitreichenden Pläne an den östlichen Ufern der Ostsee.

Mit diesem Privileg hat sich die Stadt innerhalb von drei Generationen aus einer gräflichen Gründung über eine herzogliche Neugründung zu einer Reichsstadt entwickelt. Sie muß nun keinen Stadtherrn mehr dulden, außer den Kaiser selbst; sie wird die einzige freie Reichsstadt östlich der Elbe bleiben. Sie erhält jetzt auch de jure das Münzrecht. Die lübische Mark wird für lange Zeit internationale Währungs- und Rechnungseinheit.

Endgültig von der dänischen Oberhoheit befreien, kann sich

Lübeck dann im Jahr darauf. Im Bund mit dem Bremer Erzbischof, dem 'Herzog von Sachsen, den Grafen von Schwerin und von Schauenburg sowie den Hamburgern besiegen die lübischen Bürger König Waldemar II. von Dänemark bei Bornhöved (südlich von Kiel): Hamburg, Lübeck, ja der gesamten Ostsee, die König Waldemar für sich erobern wollte, droht vorläufig ebensowenig Gefahr wie den deutschen Händlern. Mit diesem Sieg bleibt auch der Seeweg nach Preußen unbehelligt, zu dem die deutschen und westeuropäischen «Entwicklungshelfer» bereits unterwegs waren: Die Missionierung und Eroberung des Landes war – ebenfalls 1226 – dem Deutschen Orden, also Rittersleuten, übertragen worden. An diesem Kampf der mit den norddeutschen Fürsten verbündeten Städte Lübeck und Hamburg gegen den dänischen König war die Reichsgewalt nicht beteiligt. Die Ostseepolitik der Anrainerstaaten und der Hanse findet in den nächsten Jahrhunderten ohne direkte Eingriffe oder unmittelbare Einflußnahme der deutschen Kaiser statt; manchmal kann man sich des Eindrucks nicht erwehren, daß der kaiserliche Hof nicht einmal Kenntnis davon nahm.

Auch an der Gründung Hamburgs waren die Schauenburger Grafen maßgeblich beteiligt. Graf Adolf II. läßt 1188 auf der anderen Seite der jütischen Halbinsel, gerade drei Tagesreisen von Lübeck entfernt, neben einer schon vorhandenen erzbischöflichen Siedlung einige Fernhändler nach lübischem Recht eine Hafenstadt anlegen. Kurz vor dem Beginn seines Kreuzzuges bestätigt Kaiser Friedrich I. diese Abmachungen 1189 in einem Freiheitsbrief, der als Geburtsurkunde der Kaufmannsstadt Hamburg gilt.

Damit war ein weiterer Grundstein gelegt für den beispiellosen Aufstieg der Hanse. Das früher schon so erfolgreiche Doppel Hollingstedt – Haithabu wird durch das noch erfolgreichere Doppel Hamburg – Lübeck abgelöst. Wie einst verfügten die Fernhändler jetzt wieder an Nordsee und Ostsee über je einen entwicklungsfähigen Hafen nebst Siedlung, deren Stadtrecht jetzt sogar nach ihren eigenen Bedürfnissen ausgestaltet war und entwickelt werden durfte. Die Verbindung zwischen beiden Städten erfolgte auf dem Landweg, auf Fuhrwerken; aber auch die Stecknitz wurde als Wasserweg genutzt. Schon Barbarossa sicherte daher den Lübekkern freie Schiffahrt auf der Stecknitz bis zum Möllner See zu (etwa die halbe Strecke bis zur Elbe); im 14. Jahrhundert bauten die Lübecker sogar, gemeinsam mit den Herzögen von Sachsen-Lauenburg, einen Kanal, den ersten deutschen Schleusen-Kanal zwischen der Stecknitz, die in die Trave mündet, und der Delvenau, die in die Elbe fließt. Sie schufen damit einen durchgehenden Wasserweg von Lübeck nach Hamburg, von der Ostsee zur Nordsee. Dieser Wasserweg wurde bis weit in das 16. Jahrhundert hinein benutzt, allerdings nur von kleineren Schiffen; die größeren mußten weiter auf «Umlandfahrt» gehen, also durch Sund und Kattegat segeln.

Herzog Heinrich der Löwe bot den expansionswilligen deutschen Fernhändlern an der Ostsee gleich dreimal seine hilfreiche Hand: durch die Gründung Lübecks mit weitreichenden Stadtrechten; durch den Vertrag mit den Gotländern 1161 und durch den Vertrag mit den Schweden 1174, die beide Gegenseitigkeit der Rechte zusicherten. Gotland mit dem Hafen Visby war aber für die deutschen Kaufleute nur eine Zwischenstation auf dem Weg nach Nowgorod, dem Paradies damaliger Händlerträume. Nur hier gab es all die Waren, die im Westen so heiß begehrt waren und an deren Handel so gut zu verdienen war, Pelze vor allem. Ganz Europa wollte russische Pelze, vom Bären bis zum Zobel. Bis zu 200 000 Felle sollen mit einem einzigen Schiff transportiert worden sein.

Diese russischen Pelze waren gefragt, obwohl in dieser Zeit ein so mildes Klima in Europa herrschte wie lange zuvor und auch später nicht. Warme Sommer und milde Winter gab es in der Zeit vom 10. bis zum 13. Jahrhundert. Trotzdem werden die Temperaturen die meiste Zeit des Jahres nicht ausgereicht haben, denn eine wirklich Wärme spendende Heizung gab es weder in den städtischen oder ländlichen Häusern und schon gar nicht in den inzwischen in Mode gekommenen Burgen, meist auf zugigen Bergen errichtet. Fensterscheiben waren noch unbekannt, die Fensterlöcher wurden mit Stoffen oder Pelzen zugehängt (dann mußte der Raum künstlich beleuchtet werden) oder mit Pergamentpapier verkleidet (dann zog es im Raum wie Hechtsuppe). Kienspäne als Beleuchtung und zugige Kamine als Wärmequelle, nackte Wände, nur bei den ganz Reichen mit Teppichen behängt – es war wahrlich keine gute alte Zeit.

Neben den Pelzen bot der russische Markt auch Wachs, das die katholische Kirche so dringend für ihren Ritus brauchte; angeblich hätten es die tumben russischen Bauern nach dem Honiggewinn zunächst weggeworfen, seinen wahren Wert nicht gekannt. Daheim in der Stube, im Kontor behalf man sich mit Kienspan und Tranfunzel und ging im übrigen mit dem Anbruch der Dunkelheit zu Bett. Aus den russischen Wäldern kamen zudem Teer, Pottasche zum Bleichen der Tuche, Holzkohle, Honig, Flachs und Pech für den Schiffsbau. Der Westen lieferte vor allem Salz aus Lüneburg, seit dem ausgehenden 14. Jahrhundert verstärkt von der französischen Westküste, flämische Tuche, später auch englische, und Luxusartikel.

In dieses Geschäft wollten die lübischen Kaufleute um jeden Preis einsteigen. Dabei praktizierten sie das, was man heute eine «feindliche Übernahme» nennt: Sie kauften sich in das Geschäft der Gotländer ein und verdrängten alsbald die bisherigen Inhaber. Das Privileg von 1161 bot zwar beiden Parteien gleiche Rechte, doch nur auf dem Pergament. Denn die Gotländer waren überhaupt nicht in der Lage, ihre Rechte in Lübeck zu realisieren.

Anfänglich handelten Gotländer und deutsche Fernhändler noch gemeinsam. So durften die deutschen Kaufleute den gotländischen St. Olafshof in Nowgorod mitbenutzen. Doch die Lübecker verdrängten ihre Konkurrenz sehr rasch; man hat fast den Eindruck, als ob sie freiwillig aufgegeben hätte. Jedenfalls melden die Quellen keinerlei Widerstand seitens der Bauernkaufleute von Gotland. Vielleicht hat sich der klügere, der weitsichtigere Teil von ihnen tatsächlich freiwillig in die Obhut der Lübecker begeben, sich ihnen sogar angeschlossen.

Die Gotländer besaßen in Nowgorod den St. Olafshof, den sie seit 1161 brüderlich mit den lübischen Kaufleuten teilten. Hier schließen beide gemeinsam mit Fürst Jaroslaw von Nowgorod 1189 einen Vertrag ab, in dem die deutschen Händler erstmals selbständig und ohne Mitwirkung eines deutschen Fürsten auftreten. Nowgorod am Ilmensee war eine der ältesten Städte im ostslawischen Raum (der Name Neustadt oder Neuburg deutet auf eine noch ältere Siedlung) und mit etwa 20 000 Einwohnern eine der größten Städte der Zeit. Schon die Waräger, die Wikinger, erkoren sich den

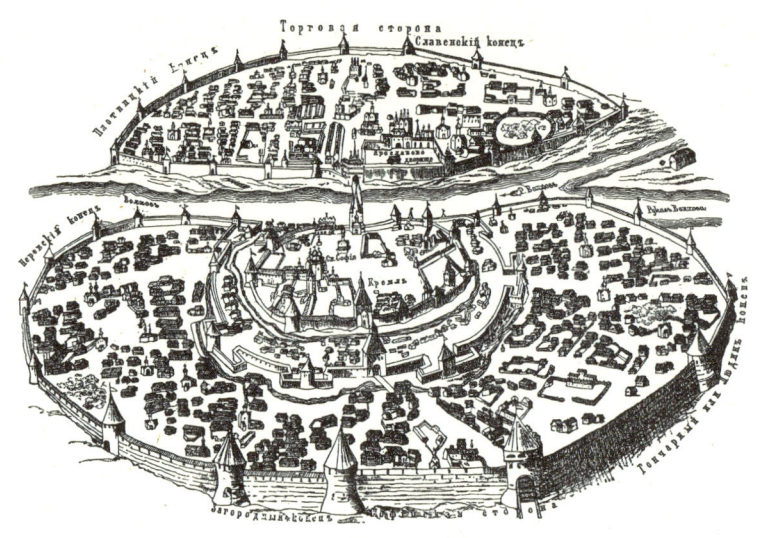

Die Stadt Nowgorod im 15. Jahrhundert.

Ort als Ausgangspunkt ihrer nach Süden, nach Byzanz gerichteten Handelsreisen. Geographisch gesehen, bot sich die Stadt als Umschlagplatz der unterschiedlichsten Waren aus den unterschiedlichsten Regionen an, ihre Märkte verbanden Westeuropa mit dem Orient. Nach Norden gab es einen Wasserweg, den Wolchow, der zum Finnischen Meerbusen und weiter nach Westen in die Ostsee führte, nach Süden erreichte man über den Dnjepr das Schwarze Meer und über die Wolga das Kaspische Meer. Zwar mußte die Wasserscheide nach Süden eine kurze Strecke lang über Land bewältigt werden, aber das war in diesen Zeiten kein wesentliches Hindernis. Runensteine der Gotländer fand man im Donaudelta ebenso wie am Schwarzen Meer.

Die Stadt wußte sich schon im ersten Drittel des 12. Jahrhunderts von der Kiewer Vorherrschaft zu lösen, vertrieb 1136 den Kiewer Fürsten aus der Stadt, nahm ihm ein Hoheitsrecht nach dem anderen ab. Seit 1136 wählte die *wesche*, die Volksversammlung, den Bürgermeister, seit 1156 sogar ihren eigenen Bischof. Das Hinterland, aus dem die im Westen so sehr begehrten Waren kamen, reichte bis

26

hinauf zur Halbinsel Kola. Nowgorod wurde (wie auch die deutschen Städte bis in das Spätmittelalter) faktisch von einer Oligarchie beherrscht. Zu ihr zählten die Kaufleute und die Adeligen, die Bojaren sowie die städtischen Wahlbeamten, die stets aus einer der beiden ersten Gruppen stammten. Die Nowgoroder Stadtverfassung wies also schon einige der Elemente bürgerlicher Selbständigkeit auf, die in Lübeck erst fünfzig Jahre später realisiert wurden. Die lübischen Stadtrechte, die schon deutlich über ihr Soester Vorbild hinausgingen, fanden praktische Entsprechungen in Nowgorod. Hier im fernen Osten gab es eine Stadt mit so vielen Freiheiten, wie sie nur wenige andere Städte im Römischen Reich besaßen.

So angenehm es für die deutschen Kaufleute gewesen sein wird, in dieser Stadt die Gastfreundschaft der Gotländer im St.-Olafshof in Anspruch nehmen zu können, eine Dauerlösung war das angesichts der Expansionspläne nicht. Also beginnen die Deutschen seit 1192 hier eine eigene Niederlassung aufzubauen, den St. Peterhof; sie leisten sich sogar bald eine steinerne Kirche.

Die Kaufleute agieren zu dieser Zeit noch als freiwilliger Zusammenschluß, als Genossenschaft, sie geben sich Satzungen, erwerben Privilegien als Genossenschaft; in den Urkunden treten sie unter der Bezeichnung «Der gemeine Kaufmann der deutschen Hanse zu Nowgorod (Bergen, London oder Brügge)» auf. Der Ausdruck «Kontor» selbst stammt aus dem Mittelniederländischen (Contoor), wird erst in der Mitte des 15. Jahrhunderts üblich und bedeutet zunächst Rechen-, Zähltisch oder Pult, erst später auch Handelsniederlassung. Wir wollen das Wort aber schon jetzt (wenn auch historisch unkorrekt) verwenden.

Das Nowgoroder Kontor also gibt sich eine eigene Ordnung, deren älteste überlieferte Fassung nach der Mitte des 13. Jahrhunderts entstanden ist. Ihr können wir einiges über die Organisation des Rußlandhandels entnehmen. Die deutschen Kaufleute kamen jeweils von Gotland herüber und versammelten sich bei Kronstadt, um gemeinsam die Newa aufwärts nach Ladoga zu fahren. Sie wählten anfänglich einen Ältesten, später vier «Oldermänner», je einen aus Lübeck, Visby, Soest und Dortmund. Daß darunter zwei westfälische Städte sind, zeigt deutlich den bestimmenden Einfluß der Kaufleute aus dieser Gegend auf die Hanse der Frühzeit. Diese Oldermänner übten die Gerichtsbarkeit über ihre Genossen aus und vertraten sie gegenüber den fremden Machthabern. Die Genossenschaft führte sogar ein eigenes Siegel mit dem Bild der Lilie.

In Ladoga besaßen die deutschen Kaufleute überdies eine eigene Kirche und einen eigenen Friedhof. Wegen der Wolchow-Stromschnellen, die man mit Hilfe von Vorschkerlen, Treidlern, überwand, wurden hier die Waren auf kleinere Schiffe umgeladen, mit denen man dann endlich Nowgorod erreichte. Die «Winterfahrer», die im Herbst ankamen und den Winter über im Peterhof blieben, erwarben vor allem die hochgeschätzten Winterfelle; sie verließen die Stadt beim ersten Tauwetter. Die «Sommerfahrer» starteten im April und kehrten im Herbst zurück. Zu Beginn des 13. Jahrhunderts kommen die ersten deutschen Kaufleute von Riga oder Reval aus auf dem Landweg nach Nowgorod. Die Schlüssel zum Peterhof wurden, wenn er leer stand, beim Archimandriten abgegeben, während man die Geldkiste jedesmal nach Visby mitnahm. Zugang zu ihr hatten nur die vier Oldermänner.

Natürlich endete der Expansionsdrang der deutschen Kaufleute nicht im nördlichen Rußland. Auf den Spuren der Gotländer, letztendlich aber auf denen der Wikinger, zogen sie bis Polozk, Witebsk und Smolensk. Hierbei übten sie erstmals vorsichtig politischen Druck aus: Bischof Albert von Riga, selbst auf die Unterstützung der Fernhändler angewiesen, hatte den Fürsten von Polozk durch militärische Drohung dazu gebracht, den deutschen Kaufleuten freien Schiffsverkehr auf der Düna zu gestatten. Aus Smolensk, das bis zum Schwarzen Meer Handel trieb, ist ein Privileg aus dem Jahr 1229 überliefert, das – wiederum auf Gegenseitigkeit – den Deutschen einige Vorrechte einräumt. Den Vertrag zwischen dem Fürsten von Smolensk und der Hanse unterzeichneten Bürger aus Dortmund, Riga, Soest, Münster, Lübeck, Bremen und Groningen. Sie erwerben hier sogar Häuser und lassen eine römische Kirche bauen. Allerdings hielt sich diese kleine Kolonie nur bis zur Mitte des 13. Jahrhunderts, als sie, wohl auch infolge der Mongoleneinfälle, aufgegeben wurde.

In nur wenigen Jahrzehnten setzten sich die Fernhändler aus Lübeck auf allen nördlichen Meeren und Märkten durch. Sicher rundeten glückliche Umstände den Weg zum Erfolg ab, aber nicht nur. Wichtiger waren das neue Handelskonzept, der neue Schiffstyp, die Ostkolonisation. Wichtiger war auch, daß es noch keine «nationale» Politik in unserem Verständnis gab und, nicht zu vergessen, daß sich das Heilige Römische Reich Deutscher Nation und seine Führer (von Kaiser Friedrich I. abgesehen) überhaupt nicht in die Angelegenheiten Nordeuropas einmischte, den deutschen Fernhändlern freien Raum für eigenverantwortliches Handeln ließ.

Die neuen deutschen Fernhändler, die «Hansen», handelten gemeinschaftlich; Privilegien wurden der Gemeinschaft erteilt, Handelsniederlassungen gemeinsam errichtet und betreut; man segelte und reiste möglichst im Verband; gemeinschaftlich finanzierte man den Bau der Schiffe, der Koggen. Das war der Zug der neuen Zeit: Probleme gemeinschaftlich lösen, Risiken verteilen, gemeinsam handeln.

In der Zeit, in der Lübeck neugegründet wurde, beginnt auch die «deutsche» Ostkolonisation, beginnt die weitere Erschließung der östlich der Elbe gelegenen Gebiete durch westliche Siedler. An diesem Geschäft beteiligt sich, wer nur irgend kann: die Landesherren natürlich, seien sie Slawen, seien sie Deutsche; der Adel überhaupt; die Kirche, ihre Bischöfe und die Klöster; der Deutsche Orden; und natürlich die Siedler selbst. Bei dieser Aktion gewannen alle, wenn man von Teilen der Eroberten absieht. Landesherren, Kirche und Adel erhielten statt Einöde fruchtbares Ackerland und neue Untertanen; die Neusiedler bekamen eine neue, vorteilhaftere Rechtsstellung; die Einheimischen profitierten zum Teil von dem neuen Aufschwung; im Altsiedelland wurde der Bevölkerungsdruck gemindert. In ganz Europa herrschte zu dieser Zeit ein erheblicher Bevölkerungsüberschuß, war doch die Zahl der Menschen in zwei Jahrhunderten um etwa das Dreifache in Frankreich, Deutschland, überhaupt Mitteleuropa oder das etwa Zweifache im Mittelmeerraum und Osteuropa gestiegen. Trotz intensiver Rodung, trotz verbesserter landwirtschaftlicher Anbaumethoden (z. B. der Übergang von der Zweifelder- zur Dreifelderwirtschaft, Einführung der eisernen Pflugschar), trotz verbesserter gewerblicher Produktion konnten die Menschen kaum noch ausreichend

Ansiedlung im Osten – 15. Jahrhundert.

ernährt werden. Landnot war weit verbreitet: Die je Person zur Verfügung stehende Anbaufläche wurde immer kleiner. Überbevölkerung und Landnot verbesserten die Position der Grundbesitzer, verschlechterten die Position der Bauern und verstärkten ihre rechtlichen Abhängigkeiten.

Anders östlich der Elbe. Die Gründung von Städten und Dörfern erfolgt planmäßig, sozusagen auf dem Reißbrett. Siedler und Bürger erhalten von den Ansiedlungsunternehmen, den «Locatoren», im Auftrag des Landesherrn Parzellen annähernd gleicher Größe zugewiesen. Der Lokator wird für seine Arbeit mit einem größeren Stück Land oder mit einer Gerechtsame (z. B. einer Mühle) oder mit einem landesherrlichen Amt belohnt (Schulze). Der rechtliche Status von Bauern und Bürgern wird klar fixiert, klarer jedenfalls als in den Altsiedelgebieten; er ist damit weniger anfällig gegen Ausbeutung oder interessengeleitete Interpretation. Dieses «deutsche Recht» (*ius teutonicum*) sicherte im wesentlichen die persönliche Freiheit, schränkte die Erb- und Verfügungsrechte nur wenig ein, ließ den Ersatz der Dienstpflichten durch festen Zins zu und ermöglichte die Einrichtung eigener Gerichte. Welch ein Fortschritt gegenüber so manchen Verhältnissen im Westen! Einige Landesherren erließen den Siedlern sogar auf Jahre Steuern und Abgaben gänzlich.

Die Siedler strömten nun in Scharen, rodeten, machten urbar, bauten Häuser, Kirchen, Dörfer, Städte und Häfen; den slawischen Ureinwohnern nahm man weder das Land weg noch unterdrückte man sie. Die neuen Siedler kamen aus Flandern, Seeland, Holland, Friesland, aus Hessen, Thüringen, vom Mittelrhein. Ein buntes Völker- und Sprachengemisch, doch längst nicht so differenziert, wie sich das heute anhört. Die Bezeichnung «deutsche» Ostkolonisation trifft so gesehen nur einen Teil der Realität, besagt eigentlich nur, daß die Deutschen zahlenmäßig die größte Gruppe bildeten.

Die Städte im Binnenland erhielten das Magdeburger Stadtrecht, das 1188 niedergeschrieben wurde. Gelegentlich errichtete man neben einer bereits erfolgreichen Stadtgründung eine zweite Stadt, meist Neustadt genannt, mit eigenem Stadtrecht, mit eigener Verwaltung, mit eigenem Stadtrat. Meist entstanden die neuen Städte in der Nähe von slawischen Siedlungen, in der Nähe von befestigten Plätzen oder Burgen, deren Bürger aber lange Zeit vom deutschen

Stadtrecht ausgeschlossen blieben. Rostock z. B. war ursprünglich eine slawische Marktsiedlung. Um 1200 errichteten deutsche Kaufleute hier eine eigene Siedlung, die 1218 vom mecklenburgischen Fürsten mit lübischem Stadtrecht begabt wurde. Um 1230 entstand um die Marienkirche eine weitere Ansiedlung, später gab es noch zwei kleinere. Alle Teilsiedlungen wurden dann 1262 rechtlich zu einer Stadt zusammengeschlossen. Ähnlich entstanden Wismar oder Stralsund aus ursprünglich je drei Teilsiedlungen.

Auch die anderen Küstenstädte erhielten lübisches Recht: so Wismar, Rostock, Stralsund, Greifswald, Anklam, Danzig, Elbing, Braunsberg, Memel, Reval u. a., insgesamt über 100 Städte. Lübeck war zudem an den meisten Gründungen planerisch und finanziell beteiligt oder man erreichte erst durch seine Mitarbeit den notwendigen Wachstumsschub. Das gemeinsame lübische Recht schuf Verbindungen, die sich auch in engen verwandtschaftlichen Beziehungen niederschlagen. Allerdings: Lübisches Recht ist, wie alle Stadtrechte der Zeit, kein abschließend formulierter Kodex von Rechten und Pflichten der Bürger und Stadtherren. Es unterliegt Wandlungen, Erweiterungen. Zum jährlichen Bürgereid, dem Burding, versammelte sich die gesamte Bürgerschaft, die Altbürger und die neu Zugezogenen; sie beschworen ein von Jahr zu Jahr sich fortentwickelndes Stadtrecht. Bei rechtlichen Unklarheiten, die in den «Tochterrechtsstädten» entstanden, entschied das Gericht der «Mutterstadt». Das waren für die östlichen Städte Lübeck und Magdeburg.

Die Gründung der Stadt Lübeck

Aus den nachgelassenen Papieren des Kilian Steinheil*

Ihr fragt, wie es damals angefangen hat? Nun gut, dann laßt es mich euch so aufschreiben, wie ich es erlebt und gesehen habe. In jenem Jahr vor über fünfzig Jahren fiel Georgi auf einen Donnerstag, nämlich auf den 23. März 1159. Das ist an sich nicht bedeutend. Doch an Georgi herrschte Aufregung bei uns, bei allen Familien: An Georgi nämlich zogen bei uns die jungen Leute aus. Die einen als fahrende Handwerksgesellen, die anderen bis zum Herbst in den Dienst einer neuen Herrschaft, und die dritten schließlich begleiteten von Mal zu Mal die Ritterheere Kaiser Friedrichs nach Italien (das waren in Wahrheit aber immer die wenigsten). So war Georgi denn ein Abschiedsfest. Ein Abschiedsfest allerdings, das gehörig gefeiert wurde. Zumal es da obendrein noch den Georgimarkt gab. In diesem Jahr begann der Georgimarkt wie immer an einem Mittwoch. «Denn», sagte Großvater, «dieser Markt geht immer von Mittwoch bis Sonntag, gleich auf welchen Tag Georgi fällt. Er geht immer fünf Tage.»

So war ich denn schon einen Tag vor dem Tag, an dem sich mein Leben so sehr ändern sollte und über das ich euch erzählen will, in bester Stimmung. Der Georgimarkt war ganz gewiß die aufregendste Zeit des ganzen Jahres, beileibe nicht nur für uns Kinder! Keine Hochzeit, keine Kindstaufe, kein Totenmahl – wir

---

* Dieses Kapitel und die Kapitel S. 113 und S. 166 wurden vom Autor aufgrund von historisch gesicherten Quellen in erzählerischer Form aufgezeichnet.

konnten gewaltig feiern! – aber konnte sich mit unserem Frühjahrs-fest messen: In diesen fünf Tagen kamen mehr Fremde in unser Dorf als sonst im ganzen Jahr nicht. Was denn auch hätte sie hierher ziehen sollen? Bei uns war doch nie etwas los! Nicht einmal einen Wochenmarkt hatten wir! Doch zu Georgi war dann alles ganz anders: Da kamen sie aus allen Himmelsrichtungen, die Händler und Tänzer, die Musiker und Gaukler. Und natürlich die Besucher. Wir waren fünf Tage lang der glänzende Mittelpunkt einer kleinen Welt.

Doch in jenem Jahr, in dem meine Geschichte beginnt, in jenem Jahr, in dem sich mein Leben so grundlegend verändern sollte, in jenem Jahr war eigentlich fast nichts so, wie es sonst immer war oder hätte sein sollen! Erst dieser bitterkalte und lange Winter, der bis Ostern – Mitte April! – noch tiefen Schnee brachte. Nicht, daß die Krähen tot von den Bäumen gefallen wären – wie das später so gern behauptet wurde –, so kalt war es denn doch nicht. Auch hatten sich keine Wölfe gezeigt. Aber es war doch so kalt, daß sich die ganze Familie Tag und Nacht in dem einzigen Raum aufhalten mußte, der heizbar war, in dem großen Raum, der dann Küche, Stube und Schlafraum gleichzeitig war, für neun Personen. Das Herdfeuer brannte ununterbrochen und brachte doch nicht genug Wärme.

In jenem Jahr war dann auch noch der Meßwein verschwunden. Stellt euch vor: der Meßwein verschwunden! Welch ein Sakrileg! Auch das hatte es noch nie gegeben. Der Mönchpriester schäumte, aber das half ihm gar nichts: Der Wein blieb verschwunden. Es hagelte sogar Ohrfeigen. Und die Meßbuben tranken erstmals – nein, nicht den Wein – die bitteren Tränen der Ohnmacht. Waren sie diesmal doch wirklich unschuldig. Die Messe konnte nur mit Verspätung gefeiert werden.

Als dann an Karsamstag wie gewöhnlich die Glocken geläutet werden sollten, riß das Glockenseil. Unsere große Glocke (die wie alle Glocken der Christenheit Karfreitag nach Rom geflogen war, um vom Papst gesegnet zu werden), unsere große Glocke mußte nun ein ganzes Jahr in Rom bleiben, konnte und durfte nicht läuten. Und ihr werdet es mir nicht glauben: In diesem Jahr gab es auch kein Fest – keine Hochzeit, keine Taufe, auch keine Totenmesse –, zu dem die Glocke hätte läuten müssen. So erzählte man mir später. Ich war ja nicht mehr dabei.

Alle waren sich einig: Das waren Vorzeichen. Doch was nur sollten sie bedeuten? Da gab es dann keine Einigkeit mehr. Waren es gute Vorzeichen? Oder waren es schlechte? Die einen freuten sich auf eine reiche Ernte. Die anderen fürchteten Krieg und Tod. Die dritten wiederum schworen aus lauter Sorge vor irgend etwas sogar eine Wallfahrt. Natürlich behielten die Optimisten recht: Keiner konnte sich an eine je so gute Ernte erinnern wie in diesem Jahr. Doch auch das erzählte man mir erst später. Ich war ja nicht mehr dabei.

Für mich hatten diese Vorzeichen eine ganz andere Bedeutung, eine sehr persönliche Bedeutung: Änderte sich doch an Georgi vor jetzt über fünfzig Jahren mein bisheriges Leben vollständig.

Nach der Messe (der Meßwein war endlich wieder da) ritten drei Männer vor die Kirche und ließen die Einwohner zusammenrufen. So etwas wie die drei hatten wir noch nie gesehen. Doch, den einen, den Schultheiß, den kannten wir natürlich. Aber wie hatte sich der verändert! Wie der in einem fort dienerte und katzbuckelte! Und das vom hohen Roß herunter! Ein Schauspiel, wie wir es noch nie gesehen hatten. Ausgerechnet der! Fast hätten wir dieses Großmaul, diesen Angeber doch nicht wiedererkannt. So viel krummen Rücken zu zeigen, das sah ihm überhaupt nicht ähnlich. Jedenfalls nicht uns gegenüber!

Der andere Reiter saß auf einem gewaltigen Wallach, war in einen riesigen Pelzmantel gehüllt (es war immer noch sehr kalt); darunter trug er ein blaues Übergewand mit einem goldenen Löwen auf der Brust; dicke Fellstiefel reichten ihm bis zu den Knien. In der Rechten hielt er eine Stange mit einem blauen Tuch daran, darauf wieder ein goldener Löwe. Und an der Hüfte baumelte das furchterregendste Schwert, das gewaltigste Schwert, das ihr euch denken könnt: vier Fuß lang! Ihr dürft mir glauben, ich habe es nämlich heimlich nachgemessen: vier Fuß lang!

Der dritte Reiter schließlich, etwa so groß wie ich, also fünf Fuß, der dritte saß auf einem wunderschönen Rappen. Das schönste Pferd, daß wir je in unserem Dorf gesehen hatten! Ein kostbares Pferd mit schlanken Fesseln und schmalem Kopf. Nicht wie unsere kräftigen, schweren Pferde mit ihren «Röckchen» über den Hufen. Nur der Reiter paßte nicht zu diesem Pferd, nein, nein, das war kein Reiter, das war keiner, der sein Leben lang auf Pferderücken verbracht hatte. Auch er war in dicke Felle gehüllt, wunderschöne Felle. So schöne Felle hatten wir noch nie gesehen. Auch nicht Großvater und Vater, die doch als Zimmermannsgesellen weit durch das Land gekommen sind, sogar schon einmal in einer Stadt waren, in Köln nämlich. Wir selbst trugen meist nur Schaffell, manchmal auch Kaninchenfell. Doch so etwas hatten wir noch nicht gesehen! Später am Tage meinte dann einer, das Fell sei Zobel. Das Wort ging wie ein Lauffeuer durch die Menge. Zobel! Welch ein Wort! Natürlich kannten wir keinen Zobel. Woher denn auch? Den gab es doch bei uns nicht. Wolfsfelle kannten wir, auch Bärenfelle. Aber Zobel? Der kommt von dorther, wo die Sonne aufgeht, so sagte man uns. Vier Wochen brauchte ein Schiff dorthin und noch einmal vier Wochen zurück! Sagte man uns. Zu Pferd gar ein halbes Jahr, die Bären unterwegs, die Diebe oder die Flüsse noch gar nicht eingerechnet. Auch das sagte man uns. Wir wollten das natürlich nicht glauben. Denn so groß kann doch die Erde gar nicht sein! Ihr wißt es, meine Enkel. Ihr wißt, daß die Erde, die Gott uns anvertraut hat, noch viel größer ist. Aber wir, wir wußten doch gar nichts! Der einzige, der uns vielleicht etwas hätte erzählen können, das war der Priester. Alle Priester, so dachten wir, wissen alles. Unserer nicht. Der konnte gerade mühselig lesen. Und ansonsten wußte er so wenig wie wir.

«Hört, Freunde», rief unser Schultheiß (der uns noch nie Freunde genannt hatte), «hört her, was ich euch zu sagen habe: Unser gnädiger Herr, Herzog Heinrich schickt uns Willehalm, seinen Boten! Hört genau zu, was er euch zu sagen hat!» Der Zeitpunkt für des Schultheißen kunstvolle Rede war allerdings glücklich gewählt: Georgimarkt, die Messe soeben beendet, da war das ganze Volk, da waren die Kirchenbesucher alle auf dem großen Platz, auch die auswärtigen Gäste schon recht zahlreich.

Der pelzgewandete, blaugekleidete, mit dem goldenen Löwen auf der Brust geschmückte blauäugige Willehalm, ein würdiger herzoglicher Herold, erhob sich in seinem Sattel (ein Riese von Mann, sage ich euch), hielt die Stange mit dem blauen Stoffstück daran (ein Fahnentuch selbstverständlich, doch das wußte ich damals noch nicht) hoch in die Luft und rief mit einer scharfen Stimme, die bis in den letzten Winkel unseres Platzes und uns allen durch Mark und Bein drang:

«Hört, Leute! Hört! Herzog Heinrich, durch Gottes Güte Herzog von Sachsen und Bayern, Herzog Heinrich, den wir alle stolz den Löwen nennen dürfen, Herzog Heinrich, der Vetter unseres allergnädigsten Kaisers Friedrich, Herzog Heinrich, euer gnädiger Herr, grüßt euch und läßt euch durch mich sagen:

Wir, Heinrich, durch Gottes Güte Herzog von Sachsen und Bayern, haben in diesem Jahr eine neue Stadt gegründet. Sie liegt etwa fünfzehn Tagesreisen von hier, unweit eines großen Meeres, das wir und unsere Gelehrten *mare balticum* heißen, das die Menschen dort aber ‹Ostersee› nennen. Lübeck heißt sie, unsere neue Stadt. Und das bedeutet in eurer Sprache: ‹Die Fröhlichkeit aller Leute›.

Wir, Heinrich, durch Gottes Güte Herzog von Sachsen und Bayern, wünschen uns, daß ihr uns bei dem großen Werk helfen wollt, den heidnischen Völkern das Christentum zu bringen. Für dieses große Werk brauchen wir die Stadt Lübeck und ihren Hafen. Sie liegt auf einer Halbinsel und wird von zwei Flüssen eingerahmt. Ringsum gibt es weites, hügeliges Land. Heute noch mit Eichen und Buchen bewachsen. Es ist ein fruchtbares Land. Ein Land, auf dem Gottes Segen ruht. Ein Land, das euch Wohlstand bringen wird. Ein Land, das euch gehören wird, wenn ihr denn unserem Rufe folgt.

Wir, Heinrich, durch Gottes Güte Herzog von Sachsen und Bayern, gewähren euch viel Land, mehr Land, als ihr jetzt bearbeitet. Wir werden euch Werkzeuge, Geräte und Häuser geben. Wir erlassen euch alle Abgaben und Fronen für die nächsten zwanzig Jahre. Jeder, der unserem Rufe folgt, soll freier Bauer oder freier Bürger sein, nur uns allein untertan. Wir brauchen Bauern und Handwerker, wir brauchen mutige und arbeitswillige Menschen. Wir brauchen Schiffbauer und Seeleute. Denn ihr sollt Schiffe bauen und die Meere durchfahren, damit unsere Kaufleute Waren auf fernen Märkten handeln können. Kommt mit uns mit. Zur höheren Ehre Gottes und uns allen zum Segen.

Willehalm, mein Herold, und Martin, der weitgereiste Kaufmann aus Soest, der ihn begleitet, werden euch alle eure Fragen beantworten, werden euch für die Reise mit allem Nötigen ausstatten, werden in Lübeck für euch sorgen. Geht nach Hause, denkt nach, redet miteinander, schwatzt mit den Nachbarn, fragt den Priester, beratet euch mit dem Schultheiß. In etwa vier Wochen werden meine Getreuen wieder bei euch sein und euch begleiten.»

Ob der riesige, blauäugige, pelzbemäntelte und löwengewandete Willehalm auf seinem gewaltigen Roß wirklich so geredet hat, vermag ich heute nicht mehr so genau zu sagen. Schließlich ist das ja schon einige Jahrzehnte her. Viel wichtiger noch: Ich war doch viel zu aufgeregt, um mir alles genau merken zu können! Aber irgend etwas in dieser Art wird es schon gewesen sein. Wahrscheinlich viel schwungvoller, wahrscheinlich viel überzeugender! Ganz gewiß eine gewaltige Rede eines gewaltigen Herolds, dem gewaltigen Herzog Heinrich durchaus würdig.

Ich war viel zu aufgeregt, um mir alles genau merken zu können, stand doch schon nach den ersten Worten für mich fest: Das ist ein Gottesgeschenk, da will ich mit, da liegt mein Leben! Was konnte ich denn schon in unserem Dorf erwarten? Als jüngster von vier Söhnen aus einer Zimmermannsfamilie hätte ich eigentlich nur Mönch werden können. Doch das war mir ein schrecklicher Gedanke: Gott loben wollte und will ich ja, jeden Tag und jeden Abend, ja und nochmals ja. Sich dafür aber hinter dicken Mauern zu verstecken – das konnte mein kindlicher Verstand nicht begreifen. Und mein erwachsener Verstand auch heute noch nicht. Kein Kloster, kein Mönch hat je von mir eine Spende erhalten. Wenn eine Spende, dann an unser Hospital und, vor allem, an unsere Marienkirche. Nein, ich wollte Gott nicht im verborgenen, im geheimen loben, sondern immer offen. Nein, ich wollte nicht auf das verzichten, was Gott doch ausdrücklich für uns geschaffen hat.

Des Vaters Zustimmung zu meinem Wunsch zu erreichen war – Gott sei seiner Seele gnädig – leichter als befürchtet: Da ich seiner Meinung nach doch niemals ein guter Zimmermann werden würde, überhaupt kein guter Handwerker («Du mit deinen zwei linken Händen.» – «Du mit deinen Flausen im Kopf.»), ließ er mich ohne Streit ziehen. Zumal dann, als er erfuhr, daß er nicht einmal

Lehrgeld für mich zahlen müsse. Schwierigkeiten machte dagegen anfänglich Martin, der weitgereiste Kaufmann aus Soest. Verständlich, wer will sich denn schon mit einem knapp neunjährigen Knaben belasten, in der Fremde, dauernd unterwegs, mit einem Knaben, der dazu noch eher schwächlich gebaut war? Nein, so sah der künftige Neusiedler, der Schiffbauer, der Seemann doch gewiß nicht aus. Aber mein heimlicher Trumpf stach dann sofort: meine Rechenkünste nämlich! Ich, der Knabe, konnte schneller rechnen als der weitgereiste Kaufmann! Und nahm dabei nicht einmal die Finger zur Hilfe! Das überzeugte Martin. Solch eine Fähigkeit, die konnte er brauchen. Nicht für das Handwerk, nicht für die Seefahrt. Nein, für die Kaufmannschaft.

Martins und Willehalms Suche hier und andernorts nach mutigen, aufbruchwilligen Siedlern, nach mutigen und aufbruchwilligen Handwerkern und Seeleuten war allerdings insgesamt wenig erfolgreich. In unserem Dorf hatte ein großes Gerede stattgefunden. Doch die Zweifler überwogen bei weitem. Was konnte man denn in der Ferne erwarten? Unbezwungene Heiden hinter jedem Busch, die alles wieder zerstören würden? Schweres Leben? Und was erhielt man dafür? Nein, nein, lieber doch hier bleiben.

Ich war dann schließlich der einzige aus unserem Dorf; insgesamt kamen etwa 15 Menschen mit. Alles zweit- und spätergeborene Bauernsöhne, die ihr Leben sonst doch nur als Knechte hätten verbringen können. Sie erhielten alle, wie versprochen, in der Umgebung von Lübeck viel Land zugewiesen, erhielten die nötigen Werkzeuge, erhielten Material für den Hausbau, Nahrungsmittel zum Überleben und Getreide für die erste Saat.

An meinem Namenstag (ein gutes Omen; ich habe mich immer auf meine guten Vorahnungen verlassen können) kamen wir in die Stadt Lübeck. Stadt Lübeck? Nun ja, das war natürlich noch längst keine so schöne, keine so wohlgeordnete, so gottgefällige Stadt wie heute. Im Gegenteil: Es war überhaupt noch keine Stadt. Nichts als Baustelle. Auf der Ostseite gab es noch ein paar rauchgeschwärzte Ruinen: Die kleine Siedlung dort (die des Grafen von Schauenburg, erzählte mir Martin, der Soester Kaufmann, später) war vor zwei Jahren abgebrannt. Die übrige Fläche war weitgehend gerodet. Überall schufteten die Handwerker, die Maurer, die Zimmerleute, die Schmiede, ihre Gesellen und ihre Hilfsknechte. Das war vielleicht ein Betrieb! 27 Fachwerkhäuser im Bau – hier und da waren schon Gerüste aufgestellt. Auch Kirche und Kaufhaus noch bescheiden aus Fachwerk. Die wurden erst später aus Stein gebaut. Weitere wenigstens 40 Parzellen abgesteckt. Alle etwa gleich groß: 25 Fuß in der Breite, 100 Fuß in der Tiefe. So wie heute noch. Die Handwerker schliefen in Erdlöchern, einige hatten sich aus Segeltuch Zelte aufgestellt. Die Messe wurde einmal in der Woche im Freien gelesen. Dazu kam der Priester eigens aus Bosau angeritten – immerhin jedesmal fast eine Tagesreise. Mit diesem Priester hatte es noch eine besondere Bewandtnis: Martin hatte ihn nämlich überredet – und mit einer Spende für den Kirchenbau ein zusätzlich überzeugendes Argument gefunden –, über die Gründung Lübecks einen Bericht zu schreiben. Natürlich wußte er, daß nicht ihm und den Kaufleuten, sondern allein Herzog Heinrich und der Kirche der Ruhm der Nachwelt gebühre und zufallen werde. Aber wenigstens ein kleines bißchen sollte auch über die wahren Gründer überliefert werden.

Der Marktplatz war schon abgesteckt, die Parzellen für St. Marien und das Kaufhaus, unser heutiges Rathaus, ebenfalls. Am Nordende der Halbinsel ragten die Mauern der Burg schon übermannshoch auf: Herzog Heinrich wollte seine Stadt von Anfang an vor Überfällen vom Land her schützen. Auch die ersten Schiffbauer, meist gelernte Zimmerleute, hatten sich an ihr löbliches Werk gemacht. Drei Schiffe lagen schon auf Kiel, die ersten Planken schon angenagelt. Über Feuern wurden bereits weitere Planken in die richtige Form gebogen – eine unglaublich mühselige Arbeit. Überall lag Bauholz herum, Pech- und Teergeruch lag über den Werften. Dicht dabei die Arbeitsgruben der Säger. Anders nämlich, als ich es noch beim Vater gesehen hatte, wurden hier die Bäume nicht mit der Axt behauen, sondern gesägt. An den provisorischen Kais dümpelten ein paar kleinere Schiffe: Sie brachten Holz und Steine für Haus- und Schiffbau, sie brachten auch die Nahrung für die vielen Menschen. Daß hinter all dem geschäftigen Treiben ordnende Hände standen, war mir Knaben durchaus bewußt, hatte ich doch beim Vater schon so viele Baustellen gesehen, auf ihnen gespielt. Martin wurde überall freundlichst begrüßt: Er gehörte zu den führenden Köpfen der neuen Siedlung, gehörte zu den Beratern von Herzog Heinrich.

Auf den vielen Reisen, die wir seit jenem Jahr gemeinsam auf lübischen Schiffen, auf lübischen Koggen, in fremden Häfen und in fremden Städten miteinander verbrachten, erzählte er mir immer wieder einmal etwas über die lange, lange Vorgeschichte Lübecks. Ich wiederhole das alles hier nur kurz:

Vor drei Generationen hätten hier die Wenden eine kleine Burg errichtet, eigentlich seien es nur ein paar Erdwälle gewesen, an der Stelle etwa, an der heute die herzogliche Burg steht. Vor einer Generation habe dann Graf Adolf von Schauenburg hier eine neue Siedlung anlegen lassen, sehr zum Ärger von Herzog Heinrich. Der habe dann bald Lübeck in seine Hand bekommen wollen. Ohne Erfolg, denn Graf Adolf habe sich energisch widersetzt. Da habe der Herzog eine neue Siedlung weiter traveaufwärts gegründet. Die Löwenstadt. Doch dorthin mochte kein Kaufmann, kein Schiffsbesitzer gehen. In seinem berühmten Zorn habe Herzog Heinrich dann jedes Geschäft mit den Lübeckern verboten. Das seien harte Zeiten gewesen. Und, zu allem Unglück, sei die kleine Siedlung auch noch abgebrannt – ihre Ruinen hätte ich ja noch gesehen, als ich das erste Mal nach Lübeck gekommen war, drüben im Osten der Insel. Da hätten Martin und einige andere Kaufleute aus Soest und Köln Herzog Heinrich einen Vorschlag gemacht. Martin sei zwar nicht der Sprecher der Kaufleute, bei den Audienzen aber mit dabei gewesen. Sie würden, so hatten sie dem Herzog vorgetragen, Löwenstadt gern aufgeben: An diesem Ort könne man nicht gut leben; dort könne man keinen Handel treiben; nicht einmal die kleinsten Schiffe kämen dorthin. Wie aber sollten sie denn Handel treiben, wenn so viel Mühsal sie belaste? Sie würden statt dessen, so trugen sie Herzog Heinrich weiter vor, an Stelle des alten, abgebrannten Lübeck eine völlig neue Siedlung errichten, eine große Siedlung. Sie würden sogar alle Kosten übernehmen, würden die Menschen herbeirufen, die hier leben und arbeiten sollten. Im Gegenzug möge er, Herzog Heinrich, ihnen und ihrer Stadt gnädigst einige Freiheiten gewähren. So würden sie sich, mit Verlaub, eine eigene Verwaltung und eigene Steuern erbitten, die niedere Gerichtsbarkeit wäre ihnen dazuhin sehr genehm, und der Herzog würde das Maß seiner Güte vollenden, wenn er ihnen auch das Münzrecht gewähren würde. Er könne gewiß sein, daß sie ihre Abgaben gern an ihn entrichten würden, sie seien überzeugt, daß Lübeck eine reiche Stadt und viele Abgaben leisten werde.

Des stolzen Herzogs Stirn sei dann sehr gefurcht gewesen – Martins Eindruck nach weniger wegen scharfen Denkens, sondern eher ob der gewagten Vorschläge der Kaufleute! Seien sie doch weit über alles bisher Bekannte hinausgegangen. Doch die herzoglichen Berater, die über die Vorstellungen der Kaufleute längst vorinformiert waren, wußten mit gewählten und wohlgesetzten Worten den Unmut ihres und unseres gnädigen Herrn zu besänftigen. Drei Tage hätten sie so miteinander verhandelt. Und ein Jahr später noch einmal eine ganze Woche lang. Dann wäre der Durchbruch erzielt worden: Herzog Heinrich gestattet den Kaufleuten, auf der Halbinsel zwischen Wakenitz und Trave eine Stadt und einen Hafen zu bauen. Sie sollten für sämtliche Kosten selbst aufkommen. Sie sollten für die Ansiedlung von Bürgern – Handwerkern zumal – auf eigene Kosten sorgen. Er werde ihnen die Wünsche erfüllen, die sie ihm vorgetragen hätten. Nur eine Urkunde werde er ihnen nicht ausstellen. Da müsse ihnen sein herzogliches Wort genügen.

Die Kaufleute hätten, so Martin, diesen Siedlungsplatz unbedingt gewollt – mitten zwischen Ost und West, zwischen Nord und Süd. Andererseits hätten sie dem herzoglichen Wort gegenüber erhebliche Zweifel gehabt. Schließlich habe er es in der Vergangenheit schon mehrfach gebrochen. Nach langen, langen Beratungen untereinander hätten sie die herzoglichen Bedingungen dann doch akzeptiert. Die Kaufleute hätten sofort begonnen, ihre Angelegenheiten selbständig zu regeln, hätten Siedler, Bauern, Handwerker, Schiffbauer und Seeleute angeworben, hätten die Stadt auf eigene Kosten gebaut, hätten die Werften, den Hafen errichtet. Herzog Heinrich habe sie dann in der Tat so arbeiten lassen, wie sie es gewollt haben, hätte sich nicht eingemischt, hätte sein Wort wirklich gehalten. Nur das Münzrecht fehlt bis heute noch. Ich bin aber überzeugt, daß unsere Stadt auch das noch in die Hand bekommen wird.

Als ich, der neunjährige Knabe mit den Rechenkünsten, in Lübeck eintraf, wußte ich von alledem noch nichts, hätte dafür in meinem knabenhaften Kopf wohl auch kaum Verständnis gehabt.

Ich war zudem völlig erschlagen von den vielen Eindrücken. Erst der Abschied von zu Haus. Nun ja, der fiel mir nicht besonders schwer. Zuvor gab es noch den priesterlichen Segen für alle Reisenden und eine gemeinsame Messe mit den Zurückbleibenden. Dann die Reise nach Lübeck, meine erste Reise überhaupt. Dann die Stadt, die werdende Stadt. Und dann schließlich der Hafen, die Schiffe. Dabei auch Martins Schiff, die *Mercurius*, fast vollständig beladen für die Reise nach Gotland. Ich sollte mitreisen! Stellt euch vor: Gestern noch der Zimmermannssohn in einem kleinen Dorf, heute in der «Stadt» Lübeck (eine Stadt war sie ja wirklich noch nicht) und morgen auf dem Schiff durch die Ostsee! Na ja, so recht werdet ihr euch das nicht vorstellen können: Schließlich seid ihr in Lübeck groß geworden, kennt die großen Schiffe, kennt sogar die Ostsee. Aber ich, der Knabe vom Lande?

Martin quartierte uns sofort auf seinem Schiff ein, mußte selbst aber noch Geschäfte erledigen und mit den anderen Kaufleuten Entscheidungen treffen. Ich – auf dem Schiff – war einfach überwältigt: acht Fuß hoch, 40 Fuß lang, 15 Fuß breit. Deutlich kleiner also, als Koggen heute sind. Doch so groß, wie die Häuser in unserem Dorf, die Kirche nicht ausgenommen! Ein Schiff ganz aus Holz, auf dem Wasser so groß wie jedes Haus auf dem Land. Natürlich gab es zu dieser Zeit anderswo längst größere Häuser, Burgen und Kirchen, sogar aus Stein. Doch jener Knabe mit den Rechenkünsten, der kannte damals eben noch kein «anderswo».

Handwerklich waren diese Schiffe ganz hervorragend verarbeitet, das konnte ich als Zimmermannssohn gut beurteilen! Fugen und Stöße dicht verarbeitet, da paßte keine Messerklinge dazwischen. Alle Fugen mit Pech kalfatert, das sah man allerdings nicht, weil sie noch mit Leisten überdeckt worden waren. Das Segel der *Mercurius* war in den Lieblingsfarben von Martin, in grün-weiß gestreift, lag noch zusammengerollt. Über diesem schon so großen Haus aus Holz ragte der gewaltige Mast noch weit hinaus: dick und hoch. Obendrauf das Kreuz, unter dem, nach der Ausfahrt, ein ebenfalls grün-weißes Tuch flatterte. Wo nur solche riesigen Bäume wachsen? In unseren Wäldern gab es sie jedenfalls kaum.

Unser Schiff hatte natürlich noch das Seitenruder (das wird ja erst in jüngster Zeit durch das Heckruder abgelöst). Doch Harms, unser

Skipper, das zeigte sich rasch, konnte mit diesem schwerfälligen und unhandlichen Gerät hervorragend umgehen.

Wir schliefen alle im Freien, 15 Seeleute und 12 Reisende, Kaufleute wie Martin. Abends wurden ein paar Segeltücher so festgezurrt, daß sie uns wie ein Dach schützten. Nur Martin hatte sich am Heck eine Schlafbank in einem Alkoven zimmern lassen.

Ich erzähle euch diese Geschichten so ausführlich, weil sich seit meiner Ankunft hier in Lübeck bis hin zu eurer Zeit so unendlich viel gewandelt hat. Bald schon weiß kaum noch jemand, wie es hier angefangen hat. Ein wenig von meiner Erinnerung möchte ich euch weitergeben.

Wenige Tage nach unserer Einquartierung war die *Mercurius* voll beladen mit Weinfässern aus Köln, mit Tuchsäcken aus Flandern und allem möglichen Kleinkram wie Sensen oder Messer, ebenfalls in Säcken. Natürlich Nahrung und Wasser für die Seeleute und uns. Ein Stück weit mußten wir uns zur See rudern lassen, dann konnte das riesige Segel hochgehievt werden. Vor unserer Abfahrt hatte uns Johannes, der Priester von St. Marien, seinen Segen erteilt – Seeleute, vergeßt das nie, stehen ganz besonders in Gottes Hand! Unsere Mannschaft sang ein fröhlich Lied, als sie das Segel aufziehen konnte. Ein schweres Stück Arbeit, bei der das Spill heftig ächzte. Auch das sage ich euch: Kein Mensch hat je so schwere Arbeit zu leisten wie der Seemann, aber auch keiner hat eine so vielseitige Arbeit. Diesen Anblick werde ich für den Rest meines Lebens nie vergessen: Wie dann auf See die Rah hoch oben am Mast hing, wie sich das große Segel entfaltete, wie die Taue ächzten und knarzten. Wie Harms den Wind prüfte, den Stofflappen hoch am Mast beobachtete, wie er das Ruder mehr oder weniger tief eintauchte, wie er die Segelstellung verändern ließ und dem Wind anpaßte, wie die *Mercurius* auf seine Befehle reagierte! Wie leicht ihm und seinen Männern die Arbeit von der Hand ging, obwohl wir doch soviel Ladung an Bord hatten, wie zwanzig Pferdefuhrwerke sie nicht bewegen können.

Wir hatten Glück. Fast stets Westwind, nahezu die ganze Zeit schien die Sonne auf uns herab – meine Nase, meine Haut (obwohl doch wettergewohnt) trugen bald rot. Und, oh Wunder, die Wellen machten mir gar nichts aus! Im Gegensatz zu Gerhard, einem der mitreisenden Kaufleute aus Lübeck. Der zog sich, wenn er sich nicht gerade über die Reling beugen mußte, in irgendeinen Winkel zurück, mit einem Stück Segeltuch über dem Kopf. Natürlich mußte ich an Bord nicht mitarbeiten, neunjährig und von Natur aus eher schmächtig. Deckschrubben war nicht nötig, weil es eben noch kein Deck gab. Über die Ladung hatte man geteerte, wasserdichte Segeltücher gezogen, darüber ein paar Planken gebreitet, um für die Segelmanöver einen einigermaßen festen Stand zu haben. Bei denen konnte ich nicht helfen, war auch bei dem günstigen Wind dafür gar nicht gefragt; das gelegentliche Trimmen der Schoten war leicht zu erledigen. Natürlich hatte Harms zu Beginn der Reise ein paar Segelmanöver mit allen Passagieren geübt; bei einem Sturm hätte ihre Hilfe ja nötig werden können.

Ach, hätte das doch nur mein Vater sehen können: Wie gleichmäßig und ruhig die Rah am Mast hochging und wieder gefiert wurde. Hand über Hand ging das. Doch wie schwer hatte sich mein Vater getan, wenn auf dem Bau mal ein schwerer Balken nach oben gehen sollte! Nichts klappte, es wurde wie wild geflucht, jeder zog, wie er gerade wollte. So einen Trupp wie hier auf dem Schiff, den hätte ich meinem Vater gewünscht. Später, beim Hausbau in Lübeck, habe ich den Zimmerleuten gezeigt, wie Seeleute mit schweren Lasten umgehen. Da haben die vielleicht gestaunt – ein Kaufmann zeigt einem Zimmermann, wie sich der die Arbeit erleichtern kann! Ausgesprochen komisch! Jedenfalls haben wir alle gelacht!

Für mich hatte dieses gemeinschaftliche Bemühen, diese auf ein gemeinsames Ziel gerichtete Anstrengung auf den Schiffen schon etwas Symbolisches an sich: So nämlich und nur so funktioniert doch unser Kaufleutebund, unsere Genossenschaft der reisenden Kaufleute!

Doch genug davon – ihr kennt mein Lieblingsthema – und zurück zu meiner ersten Seereise. Von jeder Arbeit befreit, trieb ich mich meist bei Harms herum. Fragte und fragte unaufhörlich, meine Neugier kannte keine Grenzen. Ließ mir die Steuermannskunst erklären. Natürlich habe ich mir nicht alles merken können, was mir Harms sagte. Aber auf meinen vielen weiteren Fahrten habe ich doch immer wieder ein bißchen dazugelernt. Nicht etwa, daß ich selbst ein Schiff steuern könnte, nein, nein, aber die wichtigsten Dinge weiß ich eben doch. Konnte mich auf See sogar allmählich an den Küsten einigermaßen orientieren. Kein Skipper oder Steuermann hätte mich, wenn er es denn wirklich gewollt hätte, irreführen können. Harms erklärte mir, wie gesegelt wird, welche Kräfte wirken, warum eine Kogge sogar bei leicht vorlichem Wind vorwärts segeln kann. Er erzählte mir, wie die Schiffe bisher gebaut wurden und was an unseren Koggen so wesentlich anders ist. Er zeigte mir die Küsten, die wir ja meist in Sicht hatten, wies mich auf die besonders wichtigen Punkte hin. Er erzählte mir auch, was sich hinter dem Horizont befand – damals meist weite, weite Wälder, allenfalls kleine Siedlungen. Wenn wir auf Häfen trafen, dann waren die meist noch so klein, daß eine Kogge sie nicht anlaufen konnte, sondern auf Reede warten mußte. Harms lehrte mich Wellen, Strömungen, Wind und Wolken zu beobachten, er zeigte mir die Sterne und sagte, worauf ich achten müsse. Nein, von dieser sechstägigen Reise blieb natürlich nicht viel in meinem Kopf. Dachte ich jedenfalls zunächst. Doch bei späteren Reisen bemerkte ich mit Verwunderung, wieviel von dem, was mir Harms erklärt hatte, doch noch da war!

Ich glaube, daß sich in den kommenden Jahren, in eurer Zeit, an der Südküste der Ostersee sehr viel verändern wird. Da werden neue Städte wachsen, da werden neue Häfen entstehen, da werden noch viele, viele Menschen wohnen. Das wird dann euer Geschäft werden, diese Menschen zu versorgen mit den Waren, die es dort nicht gibt: eiserne Gerätschaften, Tuche, Fische, Wachs. Und so vieles andere mehr. Das Werk, das Herzog Heinrich begonnen hat, das Werk, das ihm so sehr wichtig war, dieses Werk wird viele Nachfolger finden: die Missionierung der Völker östlich der Elbe und die Besiedlung des Landes.

Und wir, wir Lübecker, ihr, meine Enkel, und all die Kaufleute, die mit uns arbeiten, werden diese Geschäfte in ihre Hand nehmen. Ihr werdet mit vollen Koggen durch die Ostersee segeln, ihr werdet sogar einen Kanal bauen, der Lübeck auf dem Wasserweg mit der Westersee verbindet. Ihr werdet Straßen bauen, auf denen Fuhrwerk an Fuhrwerk zwischen Lübeck und Hamburg verkehren wird. Ihr werdet mit den Koggen bis Brügge und London segeln, ihr werdet nach Bergen kommen. Im Laderaum die kostbarsten Güter: Getreide nach Norden und Westen, Tuche, englische und flandrische Tuche nach Norden und Osten, Heringe nach Süden. Und überallhin Wein, Wein, Wein!

Nun komme ich doch mehr ins Schwärmen, als euch etwas zu erzählen. Damals, vor jetzt über fünfzig Jahren, war das alles noch gar nicht so klar wie heute. Martin mochte etwas in dieser Richtung geahnt haben – da bin ich mir nicht sicher. Er wußte, daß wir Lübecker große Geschäfte machen würden. Schließlich hatten er und seine rheinischen und westfälischen Mitkaufleute deswegen die Stadt gegründet und finanziert. Daß diese Geschäfte aber so umfangreich werden würden, wie sie schon jetzt sind, das hat wohl auch er nicht vermutet. Daß sie dereinst noch viel, viel größer werden als jetzt, das war schon gar nicht vorherzusehen. Ach ja, Martin hat mich so vieles gelehrt! Hat mich vor allem gelehrt, wie ein Kaufmann zu denken: gut beobachten, ein wenig vorausdenken, ein wenig über den Horizont schauen, ein wenig mehr wissen als andere. Neues wagen, aber auf soliden Grundlagen. All das ist wichtiger, als Erfolg und Macht auf Gewalt zu stützen. Wir Kaufleute regieren die Welt, wir brauchen keine Ritter, keine Schwerter, keine Lanzen. Kaufleute müssen es nur wollen. Und sie müssen sich einig sein. Dann erleidet sogar niemand einen Nachteil. Auch wenn unsere Kirche uns das immer wieder einreden will. Das sind Gedanken und Gespräche weiser Männer, gewiß. Aber ihre Schulweisheit ist nicht immer das Leben.

Ich glaube, daß ich auf dieser meiner ersten Seereise die tiefsten, die wirklich bleibenden Eindrücke für mein ganzes Leben, für mein ganzes Denken, für mein ganzes Handeln empfangen habe. Da darf man dann im hohen Alter schon ein wenig ausführlicher werden! Selbstverständlich hat sich seit dieser Reise unendlich viel geändert, ist unendlich viel dazugekommen. Aber die Grundlagen wurden damals gelegt. Unter der fürsorglichen Hand von Martin, meinem verehrten Mentor, und der von Harms, dem so see-, wetter- und schiffskundigen Skipper.

Wir hatten, ich sagte es, noch einige weitere Kaufleute mit an Bord, lübische Kaufleute. Jeder hatte seinen eigenen Anteil an der Ladung. Mich ließen sie weitgehend außer acht, was denn auch hätten sie mit diesem Knaben reden sollen, zumal da sich der entweder beim Skipper oder bei Martin aufhielt. Sie unterhielten sich meist oder dösten vor sich hin. Nur Gerhard hielt sich von allen und allem zurück. Kein Wunder, bei seiner Seekrankheit. Aber er brachte mich auf eine Idee. Nicht damals schon, nein, viel später, als ich längst selber Kaufmann geworden war. Da hatte ich Geschäfte in Nowgorod abzuwickeln und hätte doch gleichzeitig in Lübeck sein müssen. Das ging natürlich nicht. Also kam ich auf den Gedanken, nicht mehr alle Geschäfte selbst abzuwickeln, sondern sie Gehilfen anzuvertrauen. Ich müßte sie nur richtig ausbilden. So wie mich Martin richtig ausgebildet hat. Diese Gehilfen sollten dann auf fremden Märkten für mich und in meinem Namen, natürlich auf Weisung, tätig werden. Meine Geschäfte waren augenscheinlich, so dachte ich damals in Nowgorod, zu vielfältig und zu umfangreich geworden, als daß ich sie weiterhin alle hätte eigenhändig erledigen können. Und es gab ja wirklich keinen sinnvollen Grund, Tage und Nächte auf See zu verbringen, Waren zu begleiten, die doch längst eingekauft und meist sogar schon weiterverkauft waren. Mit diesen Reisen verschwendete ich doch nur Zeit, die ich hier in Lübeck so sehr viel sinnvoller nutzen könnte. Zum Abschluß neuer Geschäfte beispielsweise. So dachte ich und stellte gleich zwei Gehilfen ein. Mit dieser ersten Wahl hatte ich allerdings überhaupt kein Glück: Der eine war schlicht nur unfähig; der andere hatte alles mögliche im Kopf, nur nicht meine Geschäfte. Nun ja, die zweite Wahl war die bessere. Und so hielt ich es weiterhin: Immer wieder suchte ich mir neue Gehilfen. Und wenn sie sich bewährten, schickte ich sie aus: nach Gotland und Nowgorod, nach Schonen, nach Bergen, nach Hamburg und anderswohin. Daher sind meine Geschäfte noch vielfältiger, noch umfangreicher – und noch weit einträglicher als die, die mir Martin übergeben hatte.

Wenn ich mich auf meiner ersten Seereise gerade einmal nicht bei Harms herumdrückte und ihn ausfragte, schob mir Martin eine Wachstafel in die Hand und übte mit mir das Schreiben. Immer und immer wieder mußte ich die gleichen Striche und Rundungen in das Wachs graben, sie wieder ausstreichen, bis sich diese Linien allmählich zu einem Sinn formten, Ähnlichkeiten mit Buchstaben erhielten. Jeden Tag ging das wenigstens zwei Stunden so! Dabei gab es doch so viel Aufregenderes an Bord als diese Striche. Nein, da ließ Martin dann doch nicht mit sich reden: Schreiben mußte gelernt sein.

Später, nach unserer Rückkehr, ging es in Lübeck so weiter, diesmal mit drei anderen Jungen unter Aufsicht eines fahrenden Studenten, eines angehenden Mönches, der eigentlich nach Paris hätte wandern sollen, aber doch augenscheinlich das angenehmere Leben eines Lehrers in unserer Stadt bevorzugte. Jedenfalls hatte uns dieser Friedrich jeden Tag, den Sonntag ausgenommen, vier Stunden in seiner Hand. Ja, auch in seiner Hand: Er wußte nämlich eine gute Rute zu schlagen. Schreiben sollten wir bei ihm lernen, Lesen natürlich auch. Und Rechnen. Doch da haperte es bei ihm selbst, deswegen griff ich hierbei ein. Schließlich mußten wir auch noch Latein lernen. Denn alle Welt sprach und schrieb Latein, auch die Kaufleute. Auch dann, wenn sie sich durchaus auf Deutsch verständigen konnten. Nun ja, das war und ist sicher eine zeitweilige Erscheinung. Ich glaube jedenfalls, daß ihr, meine Enkel, auf Dauer euch überall werdet deutsch verständigen können. Dann wird Latein nur noch die Sprache der Kirche, der Gelehrten sein.

Noch eines brachte Martin auf dieser meiner ersten, so kurzen Seereise fertig: in mir die Leidenschaft zu wecken, über die ihr, wie ich weiß, heimlich ein wenig spottet, die Leidenschaft für das Schachspielen. Da konnte und kann ich Züge denken und verwerfen, kann planen und reagieren, kann angreifen und parieren, kann Fallen stellen – und selbst hineinstürzen. Ich meine jedenfalls, daß jeder angehende Kaufmann dieses Spiel lernen sollte. Und zwar gründlich. So wie auch die Landesherren, die Fürsten und Grafen es tun sollten: erst einmal lernen, nachzudenken, bevor gehandelt wird. Nicht sofort die gegnerischen Figuren schlagen. Es ist doch viel aufregender, um sie herum zu gehen, sie in ein Netz einzuspinnen, das sie mehr und mehr fesselt. Wir Lübecker haben diese Eigenschaften, die für dieses Spiel so wichtig sind, bislang immer gut nutzen können: ruhig abwägen, auch einmal zurückweichen, zugreifen wenn möglich. Möglichst keine Gewalt. Martin also griff immer wieder einmal in seine Seekiste (der einzige an Bord, der eine Seekiste hatte) und holte sein Schachspiel heraus: beinerne Figuren aus Island, auf Schonen gekauft. Island – das war ja schon wieder etwas Neues für mich – diese Insel im fernen Westen: Welche Geschichten erzählte man mir später über die Isländer, über ihre Vorfahren, die Wikinger! Auch uns Lübeckern sagt man inzwischen einen ähnlichen Handels- und Reisedrang nach, wie man ihn von den Wikingern kannte. Nur eben so kriegerisch seien wir nicht. Und jenseits von Island, so wird erzählt – ich vermag es nicht zu glauben –, soll es eine noch größere Insel geben, Grönland genannt. Fast ganz von Eis bedeckt, die Menschen dort seien klein, hätten Schlitzaugen, kleideten sich in Seehund- oder Eisbärenfelle und wohnten, die ganze Sippe, in einem Haus aus Eis! Für mich ist das Seemannsgarn! Aber es kommt ja noch dicker: Viele, viele Tagereisen weiter westwärts soll es hinter Grönland eine noch viel größere Insel geben. So groß, daß man Wochen um Wochen an ihrer Küste entlangsegeln kann, ohne an ein Ende zu kommen. Und fast menschenleer soll sie sein. Rote Hautfarbe sollen die Menschen dort haben! Also, könnt ihr euch vorstellen, daß es rote Menschen gibt? Sollte Gott einen solch bunten Garten geschaffen haben? Ich kann es einfach nicht glauben. Diese Geschichten werden sogar von Mönchen erzählt, von Mönchen aus Irland. Die seien zwar nicht selbst dort gewesen, aber früher schon andere ihrer Klosterbrüder. Die hätten das alles, was sie gesehen hatten, sogar aufgeschrieben. Leider seien aber die Pergamente inzwischen verlorengegangen. Nein, nein, ich glaube diese Geschichten nicht. Die können doch nur Seeleute vor dem Mast erfunden haben, wenn es ihnen abends zu langweilig wurde. Ersonnen und weitererzählt, um vertrauensselige Menschen zu verspotten. Ersonnen von Seeleuten, die kaum über den Horizont ihrer eigenen Nase hinaussehen können.

Martin also lehrte mich das Schachspiel. Er schenkte mir später, als er auf den Tod darniederlag, auch seine Figuren aus Island. Aus Walroßknochen seien sie geschnitzt. Leider habe ich sie bei dem Brand vor 15 Jahren alle verloren. Inzwischen habe ich mir längst wieder neue zugelegt. In jeder Stadt, in der ich besonders erfolgreich Geschäfte getätigt hatte, habe ich mir ein neues Spiel machen lassen: aus London holzgeschnitzt, mit englischem Tuch bekleidet; aus Brügge kupferne und silberne; aus Bergen beinerne. Und aus Nowgorod geschnitzte und bemalte Holzfiguren. Die Kölner

Freunde beschafften mir sogar welche aus Glas! Geht pfleglich mit ihnen um, ich bitte euch!

Doch irgendwie gelingt es mir nicht, die Geschichte meiner ersten Seereise ordentlich zu erzählen. Erst ging es ja die Küsten entlang, doch dann waren wir drei Tage und zwei Nächte auf offener See. Da beschlich mich doch so manches Mal ein ungutes Gefühl: Ob Harms uns denn wirklich dorthin bringt, wohin wir wollen? Völlig zu Unrecht, denn er verstand seine Seemannskunst bestens. Jeden Morgen sprach Martin ein kurzes Bittgebet, jeden Abend ein kurzes Dankgebet: dafür, daß Gott uns beschützt hat, dafür, daß Gott uns guten Wind gegeben hat, dafür, daß Gott uns vor schwerem Sturm bewahrt hat, dafür, daß keiner von uns krank geworden ist.

Irgendwann am fünften Tag tauchten vor uns die ersten Möwen auf, und wir steuerten zum Abend hin zielgenau die Bucht an, an der heute Visby liegt. Das war ja damals noch keineswegs eine Hafenstadt. Sicher, ein paar Schiffe, kleiner und schlanker als unsere *Mercurius*, lagen auf Land, es gab ein paar Holzhütten als Lagerräume. Die meiste Zeit nämlich verbrachten die Gotländer auf ihren Höfen, sorgten sich um ihr Getreide, um eine gute Ernte, um ihre Herden. Nur im Frühjahr, nach der Aussaat, und im Herbst, nach der Ernte, kletterten sie auf ihre Schiffe, besser: in ihre großgeratenen Boote und segelten entweder nach Nordosten, nach Nowgorod, oder nach Westen, nach Schonen zum Fischfang, oder nach Lübeck zum Warenverkauf und -einkauf. Nein, nein, die Gotländer lebten keineswegs vom Handel, sondern von der Landwirtschaft und *auch* vom Handel. Ganz anders, als sich Martin sein Leben vorstellte. Martin wollte das ganze Jahr Handel treiben und nur Kaufmann sein. Wollte von Gotland nach Lübeck segeln, von Lübeck nach Köln reisen und umgekehrt. Und immer die Waren dabei haben, die am anderen Ort begehrt waren.

Manchmal träumte Martin von London. London war damals noch fest in der Hand der Kölner, mit denen Martin intensiven Handel betrieb. Eigentlich, so hoffte er, könne er doch in London selbst Handel treiben. Doch das ließen die Kölner vorderhand nicht zu. Bis heute nicht. Vielleicht gelingt euch der Durchbruch! Das wäre etwas nach seinem kaufmännischen Geschmack: in London und Nowgorod handeln. Und mittendrin Lübeck, mittendrin er, mittendrin die anderen lübischen Kaufleute. Hatten sie doch die Stadt nur deswegen gebaut. Sie sollte im Zentrum allen Handels stehen. Dafür hatten sie bei Herzog Heinrich die Privilegien erkämpft. Nun, Martin hat es selbst nicht mehr erleben können. Ich auch nicht. Ihr aber, ihr werdet es schaffen.

Auf Gotland wartete eine Überraschung auf uns, genauer auf Martin. Snorri, Martins Partner, hatte sich ein Bein gebrochen und daher auf seine Frühjahrsreise nach Nowgorod verzichten müssen. Ob nicht Martin statt seiner dorthinfahren wolle? Martin zögerte und zögerte (später erklärte er mir, daß er sich tatsächlich nur schwer habe zurückhalten können – auf ein solches Angebot habe er nämlich schon lange gewartet). Ein um das andere Mal lud uns Snorri auf seinen Hof ein. Nun ja, viel größer als unser Haus daheim war er auch nicht, nur viel mehr Schweine gab es. Bald zwei Wochen lang zögerte Martin, die anderen lübischen Kaufleute hatten ihre Geschäfte längst abgeschlossen und warteten schon ungeduldig wie die *Mercurius* (nicht ganz voll beladen) auf ihre Abreise. Dann endlich ließ Martin sich Snorris Boot und Männer übergeben, segelte, hoch bis an den Bord beladen, nach Nowgorod. Mich ließ er auf Gotland bei Snorri zurück, während die *Mercurius* nach Lübeck absegelte und in etwa vier Wochen wieder zurück sein sollte. Bei Snorri und seiner Familie lernte ich ein wenig gotländisch. Beinahe jeden Abend erzählte er etwas von seinen Abenteuern, von Bären und Wölfen, von riesigen Fischen und Meeresungeheuern mit acht Armen. Mir gefiel seine ehrliche Art zu erzählen. Und zu schwindeln. Jedesmal nämlich zuckte dann seine rechte Schnurrbartspitze. Und nur seine rechte.

Martin kehrte schon nach drei Wochen zurück, Wachs und Honig an Bord. Doch dann schlossen sich die beiden für Stunden ein, schließlich mußten sie sich noch handelseinig werden. Dann jedoch ritten sie gemeinsam davon (Snorri hatte wie Martin einige Mühe dabei); in der Folge besuchten uns sogar mehrere Gotländer und berieten sich mit den beiden; dann kamen auch deutsche Kaufleute dazu. Was aber sollte dieses viele Reden und Reiten und Besuchen bedeuten? Martin schwieg, meinte nur, sie hätten Wichtiges zu beraten. Als ob das nicht erkennbar gewesen wäre, sogar mir!

Die Rückfahrt nach Lübeck war dann erheblich mühseliger als zuvor die Reise nach Gotland. Das Schiff war übrigens nicht einmal zur Hälfte beladen, es gab einfach keine weitere Waren mehr. Wir segelten also nach Westen. Ein schweres Stück Arbeit, mußten wir doch ständig kreuzen. Doch auch diesmal ohne mich und meine Hilfe. Anfänglich mochte ich es gar nicht glauben, daß man gegen den Wind segeln kann. Die langen Wege beim Kreuzen hielten uns natürlich auf, statt sechs Tagen waren wir jetzt zehn Tage unterwegs. Übrigens soll die schnellste Fahrt von Lübeck nach Visby bislang nur dritthalb Tage gedauert haben, erzählt man sich, erzählt man mir. Erik Gabelbart, der kühne Segler, war bei uns bekannt genug, daß man ihm eine solche Tat schon zutraute. Eine gute Mannschaft benötigt drei bis vier Tage, warum soll dann eine bessere nicht noch schneller sein? Wenn sich für den Kapitän die Mühe lohnt?

Kaum in Lübeck zurück, setzte Martin sich mit anderen Kaufleuten zusammen, man beriet immer und immer wieder miteinander. Dann wurden Boten ausgesandt zu den Kaufleuten in Rheinland und Westfalen. Schließlich auch zu Herzog Heinrich. Der ließ uns durch seinen Willehalm (dem fehlte inzwischen ein Auge!) ausrichten: Ja, ihm sei es recht, mit den lübischen Kaufleuten zu beraten, was sie ihm vorgeschlagen hätten. Am Sonntag nach Martini wolle er kommen, wolle sich ansehen, wie es mit seiner neuen Stadt voranging. Man könne im Hof der Burg zusammenkommen. Ob die Kaufleute wohl so gütig sein wollten und einen Ochsen schlachten lassen? Ob sie auch Wein bereitstellen könnten? Nun, unseren Kaufleuten waren die herzoglichen Wünsche recht, wußten sie doch ordentliche Feste zu veranstalten. Alles war dann auch bestens vorbereitet, der Herzog zufrieden. Daß allerdings auch ein paar Ehrenjungfrauen den Herzog erfreut hätten, ist wohl eher ein Gerücht. Nicht, daß er ihnen abhold gewesen wäre, nicht, daß die Kaufleute solche Wünsche nicht hätten erfüllen wollen – nein, zu dieser Zeit gab es in Lübeck oder dem, was einmal Lübeck werden sollte, mit großer Sicherheit ganz einfach noch keine Ehrenjungfrauen!

Wie auch immer: Herzog Heinrich kam. Löwenmäßig. In der strahlenden Herbstsonne ein strahlender Herzog. Ein würdiger

Herzog. Ich jedenfalls war zutiefst beeindruckt, wie er da vor seinen Getreuen hinritt. Ein großes Gefolge. Wo die wohl alle schliefen und aßen, die Ritter, die Knappen, die Diener, die Köche, die Lanzen- und Schwertträger, die Spießgesellen und Bogenschützen? Drei Tage war der Herzog hier, ließ sich alles genauestens zeigen, die Stadt, den Hafen, die Schiffe. Befand alles für wohl gerichtet. Drückte seine herzogliche Zufriedenheit aus. Der Tag endete mit einem großen Gelage im Burghof. Ein Ochse reichte natürlich nicht aus. Aber darauf waren wir vorbereitet.

Am nächsten Morgen gab es dann die große Beratung zwischen Herzog und Kaufleuten. Doch darüber hörte man nichts. Nur zwei Ritter und der Hofprediger mußten trotz spätherbstlicher Witterung nach Gotland segeln. Herzog Heinrich zog nach Goslar weiter. Im Januar kam dann ein Bote, der fünf unserer Kaufleute nach Braunschweig befahl. Nach ihrer Rückkehr hieß es, daß Herzog Heinrich die Gotländer und die lübischen Kaufleute nach Artlenburg an der Elbe einlade, um mit ihnen gemeinsam zu verhandeln.

Ihr wißt natürlich längst, um was es in diesen endlosen Verhandlungen gegangen ist: Wir wollten ein Niederlassungsrecht auf Gotland. Doch die Gotländer sträubten sich mit Händen und Füßen, ahnten sie wohl, daß dann ihre eigenen Geschäfte zusammenbrechen würden. Wir aber mußten gleichzeitig unter allen Umständen verhindern, daß sie sich in unseren Handel mit den westfälischen und rheinischen Städten einschalten konnten. Eine schwierige Situation, die langer und ernsthafter Beratungen bedurfte. Doch schließlich schluckten wir diese Bedingungen. Herzog Heinrich ließ uns keine Wahl. Entweder – oder. Wir schluckten das Oder. Daraufhin gewährte uns der sächsische Herzog, um was wir gebeten hatten: die gleichberechtigte Niederlassungsfreiheit der Lübekker auf Gotland und der Gotländer in Sachsen und Lübeck. Noch im gleichen Jahr segelten dreimal soviel Schiffe wie zuvor nach Gotland. Unsere Kaufleute bauten dort bei Visby viele kleine Hütten als Lagerräume. Doch auch wieder so groß, daß man in ihnen auch wohnen konnte. Nur wenige Jahre später überwinterten hier wenigstens 30 Kaufleute, bauten ihre «Hütten» so wohnlich aus, daß sie das ganze Jahr über hier bleiben konnten. Und das taten sie denn auch. Immer mehr lübische Kaufleute ließen sich in Visby nieder. Gemeinsam mit den Gotländern zogen sie dann im Frühjahr nach Nowgorod, wir ließen sie freundlicherweise auf unseren doch viel größeren und bequemeren Koggen mitreisen; ihre Boote faßten nicht einmal ein Fünftel der Ladung unserer Schiffe.

Jetzt habe ich mich doch wieder von meiner eigenen Erzähllust mitreißen lassen, habe so getan, als ob ich dabei gewesen wäre. War ich aber nicht. Hat mir alles Martin erzählt. Nur des Herzogs Besuch in Lübeck, den hatte ich gesehen; hatte die Aufregung verspürt, die alle Menschen hier erfaßte. Aber mehr auch nicht. Denn über die Verhandlungen drang nichts zu uns durch. Auch Gerhard, jener unglücklich seekranke Kaufmann, erzählte mir das eine und das andere. Ein wenig auch Snorri, den ich naturgemäß später noch häufiger auf Gotland traf, ergraut zwar, von der Mühsal des Lebens geplagt und gebeugt, aber noch immer frischen Geistes.

Ich hatte mein Leben lang viel, viel Glück. Gott hatte mir einen raschen Verstand geschenkt, vielleicht als Ausgleich für meinen eher schwachen Körper. Ich fand viele treue Menschen, die mir halfen, die mich lehrten. Ich hatte Glück, denn wem schon ist es vergönnt, den Beginn eines neuen Zeitalters zu erleben, mitzuge-stalten. Nicht der hoffnungsvolle Knabe, der natürlich viel zu jung war, um zu begreifen. Der erlebte nur den Schwung des Aufbru-ches. Später, als lübischer Kaufmann, habe ich die Entwicklung unserer Stadt, unseres weiträumigen Handels, unserer Schiffe bewußt miterlebt, in Teilen auch mitgestaltet. Dabei war Gott immer mit uns, da mögen die kirchlichen Gelehrten noch so sehr zweifeln – ohne seine Güte hätten wir doch gar nichts erreicht! Fast denke ich, daß nicht wir Kaufleute gegen Gott handeln, sondern die Gelehrten, die doch den göttlichen Ratschluß in Frage stellen. Würde denn Gott uns Kaufleute wirklich ungestraft wirken lassen, wenn wir gegen seinen Willen handelten? Eine müßige Frage!

Stellt euch vor, ich durfte miterleben, wie aus dieser riesigen Baustelle eine Stadt wurde – unsere schöne Stadt Lübeck. Ehedem war hier nichts als Wald. Doch der war schon bei meiner Ankunft gerodet, sein Holz ist teilweise in unseren Häusern, ein anderer Teil in unseren Schiffen verbaut worden. Und geheizt haben wir damit auch. Heute sehen wir die vielen Häuser, einige sogar schon aus Stein. Wir sehen den Hafen, die Schiffe, unsere wunderschöne

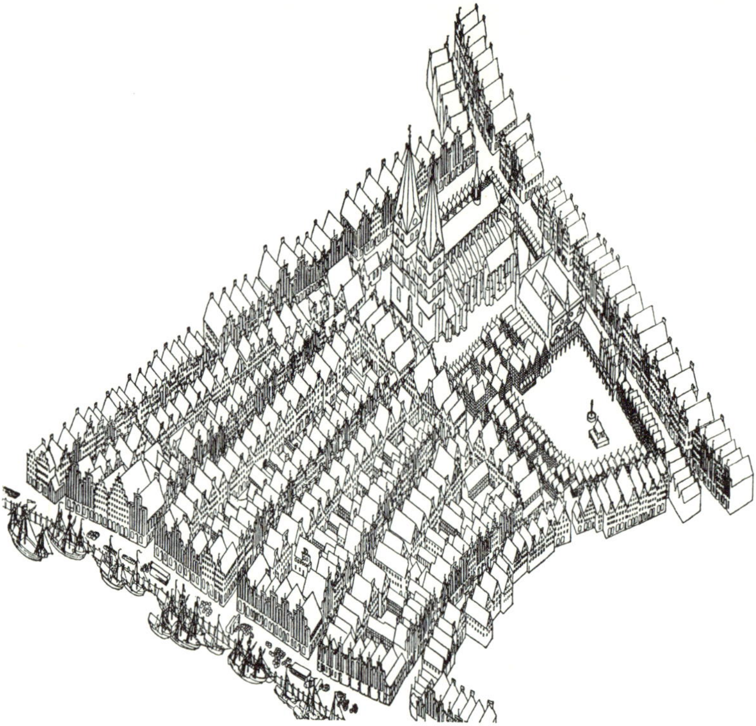

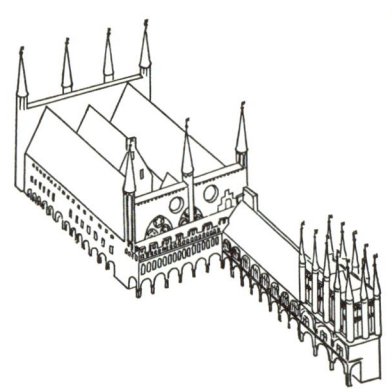

*Die Stadt Lübeck und ihr Rathaus
aus der Vogelperspektive
(15. Jahrhundert).*

Kirche von St. Marien. Nein, nein, da irren die Gottesgelehrten, wenn sie den Kaufleuten mißtrauen, wenn sie uns Böses nachsagen. Ohne uns gäbe es hier doch keine so herrliche Stadt! Gäbe es hier nicht so viel Menschen. Stellt euch vor, ich durfte noch miterleben, wie sich Herzog Heinrich um unsere Stadt, um uns Kaufleute kümmerte, uns fremde Länder und Städte öffnete, uns ausdrücklich in seinen Schutz nahm. Ohne ihn wäre Lübeck noch lange nicht so weit wie heute. Stellt euch vor, ich durfte miterleben (und später auch mitgestalten), wie sich unser Handel entwickelte, immer mehr zunahm, immer mehr Städte und Waren umfaßte. Doch das, das sage ich euch, was wir bisher geleistet haben, wird nur wenig gegenüber dem sein, was ihr noch schaffen werdet! Ihr müßt es nur wollen. Nur dürft ihr dabei das gemeinschaftliche Handeln nie vergessen. Gemeinsamkeit allein sichert unsere, eure künftigen Erfolge. Stellt euch vor, ich durfte dabei sein, wie sich aus unserem friedlichen Handel ein friedliches Miteinander der Menschen all-überall entwickelte. Wir brauchten und brauchen keine Schwerter, wir brauchten und brauchen keine Ritter. Sicher wird unser friedlicher Erfolg irgendwann jemanden anstiften, uns Kaufleute zu unterwerfen, uns zu bekriegen, uns auszurauben. Es zumindest zu versuchen. Doch schaffen wird er es nie. Die Menschen brauchen uns Kaufleute, wer denn sonst sollte sie versorgen mit all den Gütern aus der Ferne? Mit den Pelzen oder Tuchen? Mit den Heringen oder den Messern?

Schon wieder habe ich meine Erzählung unterbrochen – aber mir sind diese Sachen viel zu wichtig! Also, Herzog Heinrich hatte uns Lübecker mit den Verhandlungen in Artlenburg und seiner Entscheidung ganz schön unter Druck gesetzt. Denn die Gleichberechtigung der Gotländer hatten wir nicht gewollt, ganz gewiß nicht. Doch Kaufleute wären keine guten Kaufleute, wenn sie nicht in den schwierigsten Situationen immer noch Auswege fänden! Selbstverständlich hielten wir uns an die herzoglichen Gebote – auf unsere Weise. Schon im gleichen Jahr nahmen unsere Reisen nach Gotland um das Dreifache zu. Allein die Reisen. Da unsere Koggen erheblich mehr Lasten trugen als die Boote der Gotländer, kamen bestimmt zehnmal mehr Waren dort an als bisher. Also mußten Lagerhäuser her. Die bauten wir dann gleich so, daß man in ihnen wohnen konnte. Nur wenig später reisten viele Kaufleute gar nicht mehr zwischen Lübeck und Gotland hin und her, sondern blieben gleich auf Gotland wohnen. Heirateten gotländische Frauen. Bildeten rasch eine deutsche Stadt mit eigenem Recht. Und hielten dabei unserem Lübeck, uns lübischen Kaufleuten die Treue – wir garantierten ihnen doch die westlichen Märkte!

Natürlich kamen auch ein paar gotländische Kaufleute, Seefahrer und Bauern nach Lübeck, wurden in die Familien aufgenommen, wurden Teil von ihnen. Unsere Gastfreundschaft kannte nahezu keine Grenzen. Wir waren so gastfreundlich, daß unsere Gäste gar nicht ablehnen konnten, Lübecker zu werden! Sogar gotländische Frauen kamen nach Lübeck – ihr selbst tragt, wie ihr wißt, gotländisches Blut in euch. Meine geliebte Gitte, Gott habe sie selig, war von dort und mir immer eine gute Ehefrau, auch eine gute Kaufmannsfrau. Meinen einzigen Sohn Kilian, euren Vater, habe ich ja nun leider überlebt. Aber auch das ist Kaufmannsschicksal, auch wir stehen nun einmal in Gottes Hand: im Sturm mit dem Schiff und der Ladung kentern und untergehen, samt Mann und Maus. Würde Kilian noch leben, so könnte er euch unsere Geschichte erzählen. So muß ich sie eben erzählen und aufschreiben: Mühselig ist das ganz gewiß in meinem Alter, mit zitternden Händen, mit Gicht in den Gelenken!

Wie so viele andere Kaufleute schlossen auch Snorri und Martin eine Partnerschaft, gründeten eine gemeinsame gotländisch-lübische Handelsgesellschaft. Oder besser: setzten ihre bislang schon so ungetrübte Zusammenarbeit fort. Martins erste Reise nach Nowgorod war so überaus erfolgreich gewesen, hatte zu so überaus guten Erträgen geführt, wie sie Snorri vorher nie erzielt hatte. Jetzt hatte er in Martin einen starken Partner gefunden, konnte sich auf seinen Hof und seine Äcker zurückziehen – die Arbeit dort machte ihm nämlich erheblich mehr Freude, als auf Schiffen über Meer zu segeln, in fremden Häfen zu landen, mit fremden Leuten zu verhandeln. Das überließ er jetzt alles Martin.

Und der war dabei in seinem Element! Klar, daß auch ich jetzt häufiger bei Snorri zu Gast war. Knapp zehn Jahre nach meinem ersten Besuch dort heirateten wir, meine Gitte und ich. Aus einer geschäftlichen Partnerschaft zwischen Gotländern und Lübeckern wurde damit auch eine familiäre Beziehung. Martin sah diese Entwicklung nur zu gern, war er doch Junggeselle, Hagestolz. Und daß ich in sein Geschäft einsteigen, es später sogar übernehmen sollte, galt ihm bald als ausgemacht. Ich müsse nur genügend Talent entwickeln. Das ist dann ja wohl zu seiner Zufriedenheit geschehen. Sobald es ging, nahm er mich als Teilhaber auf. Und als er nicht mehr arbeiten konnte, übertrug er mir das ganze Geschäft.

Die etwa 20 Jahre unserer gemeinsamen Arbeit waren wir ideale Partner. Martin war im Geschäft mit allen natürlichen Produkten unschlagbar: Getreide, Heringe, Pelze, Honig, Wachs, Wein und Bier. Ich war zuständig (und erfolgreich!) für den Handel mit Tuchen, mit den Gütern des täglichen Bedarfs. Aus Iserlohn holte ich die sauerländischen Messer und Sensen, aus Flandern die Tuche: immer allererste Qualität. Rechnen und Berechnen fiel mir ja überhaupt nicht schwer, darin bin ich sogar heute noch besser als alle anderen, auch besser als ihr. Mag sein, daß mir mein Vater diese Künste mitgegeben hat. Auf jeden Fall aber die Fähigkeit, handwerkliche Arbeit zu schätzen und einschätzen zu können. Das wußten auch bald meine Schmiede in Iserlohn und Umgebung («Der Kilian kommt» hieß es alle Jahre wieder sehr aufgeregt in den sauerländischen Tälern) und meine Weber in Brügge. Man versuchte schon bald nicht mehr, mir fehlerhafte oder gar schlechte Waren unterzuschieben. Nein, nein: Kilians Qualitätswaren hatten keine Fehler. Trat doch einer auf, sorgte ich sofort für besseren Ersatz. Kilian und Qualität sollten gleichbedeutend bleiben.

Jedes Jahr im späten Winter, häufig bis nach Ostern, zog ich nach Süden, nach Westfalen, ins Rheinland, nach Flandern. Quartierte mich in Soest oder Köln ein, besichtigte die Angebote, kaufte ein, schickte die Fuhrwerke nach Lübeck, reiste gelegentlich sogar selbst mit. Meistens aber segelte ich zum Abschluß meiner Frühjahrsreise von Brügge aus nach Hamburg, das Schiff hoch beladen. Von Hamburg ging's auf Fuhrwerken und zu Pferd nach Lübeck, wo dann schon meist die westfälischen Waren einschiffbereit lagen. Irgendwann im Juni war dann die *Mercurius* voll beladen (später war es dann die *Krone von Lübeck*, noch später reichten dann drei Koggen nicht, um alles zu transportieren! Ich mußte noch zusätzlich fremde Schiffe beladen), und wir segelten nach Gotland. Hier kam dann anfänglich oft, später immer seltener Snorri mit an Bord. Längst hatte er eingesehen, daß er mit uns und nicht wir mit ihm reisen würden. Aber noch glaubte er, einige Geschäfte selbst erledigen zu müssen. Doch Martin zeigte ihm immer deutlicher, daß er kaufmännisch besser war, daß Snorri überhaupt nichts verlieren würde, wenn er zu Hause bliebe. Das überzeugte dann.

Wenig später erreichten wir die Newa, über die wir zum Ladoga-See fuhren. Den Weg von der Newa bis nach Nowgorod absolvierten wir stets gemeinsam mit anderen Kaufleuten und Schiffen unter Führung eines kundigen Lotsen. Zu Beginn dieser gemeinsamen Reise wählten wir stets den Oldermann (heute sind es ja vier), den Führer, der die Gesamtverantwortung für alle Schiffe, Menschen und Güter übernahm. Bei so einer Flußfahrt, da kamen jedesmal leicht mehr als einhundert Menschen zusammen, oft sogar erheblich mehr. In Ladoga mußten alle Waren auf die kleineren Wolchow-Schiffe umgeladen werden, die von russischen Treidlern nach Nowgorod geschleppt wurden, bei den Stromschnellen sogar über Land! Ich habe diese Wolchow-Reisen immer besonders geliebt (außer in den Jahren, in denen ich selbst zum Oldermann gewählt worden war – da gab es nichts als Ärger, Ärger, Ärger), erlebten wir doch auf jeder Reise etwas Neues. Sogar Bären habe ich gesehen! Wenn sie im Fluß standen und Lachse fingen, wenn ihnen die Lachse direkt ins Maul sprangen, dann ließen sie uns sogar recht dicht an sich heran, ohne uns anzugreifen. Ach, was habe ich diese großen Tiere immer geliebt und bewundert, ihre Geschicklichkeit, ihre Stärke, ihr Selbstvertrauen! Jetzt wißt ihr auch, warum ich mein Haus «Brauner Bär» genannt habe: Die Kraft der Bären würde ich, würden wir Menschen nie erreichen. Aber mit gleicher Geschicklichkeit, mit gleichem Selbstvertrauen wollte ich meine Geschäfte abwickeln. Mit dem Selbstvertrauen eines Menschen, der von niemandem gefährdet werden kann, auch nicht von anderen Menschen.

Snorri bot Martin und später uns gemeinsam an, im gotländischen Hof in Nowgorod zu wohnen, solange wir in dieser russischen Stadt unseren Geschäften nachgingen. Dieses Angebot nahmen wir gerne an. Zwar ging es dort auch eng zu, ähnlich eng wie auf den Schiffen, auch war die Luft dort nicht so frisch und angenehm. Aber täglich war für gemeinsames Essen gesorgt, abends saß man noch gemütlich beieinander, besprach die Geschäfte und Ereignisse des Tages, sang ein bißchen oder erzählte sich Geschichten, Erlebtes und Erfundenes, Gotländisch und Deutsch durcheinander. An diesen Abenden fiel mir immer wieder auf: Phantasie kennt keine Sprachunterschiede, kennt nur Menschen. Der eine hat sie, der andere nicht. Man möchte kaum glauben, daß so nüchterne Menschen, wie es Kaufleute nun einmal sind, so viel Phantasie haben, so viele Geschichten erfinden und erzählen können. Aber es war so. Morgens und abends sprach der Oldermann das gemeinsame Gebet; später, als wir unsere eigene Kirche, sogar unseren eigenen Priester hatten, begann der Tag mit einer kurzen Messe und endete mit einem gemeinsamen Gebet. Danach wurden, bei Anbruch der Dunkelheit, die großen Hoftore geschlossen – nur mit Zustimmung des Ältesten durfte man dann noch außerhalb sein, und das auch nur bei unseren russischen Geschäftsfreunden. Andernfalls waren Bußgelder fällig.

Wir haben viel, fast alles von den Gotländern gelernt; haben auch das meiste von ihnen übernommen, als wir dann schließlich auch unser eigenes Haus bauten, unsere eigene Kirche. Uns geriet natürlich alles größer – schon allein deswegen, weil viel mehr lübische Kaufleute als Gotländer nach Nowgorod kamen. Jetzt endlich konnten wir unser Haus nach unseren Bedürfnissen einrichten, konnten uns eine eigene Ordnung geben, konnten uns die Kosten untereinander ordentlich aufteilen, mußten nicht mehr auf unsere Gastgeber Rücksicht nehmen. Aber unsere Grundsätze waren schon die gleichen. Eine reine Männergesellschaft in der Fremde: Da mußten schon klare Regeln gelten. Und klare Bußen für Verstöße festgelegt sein. Und ein Oberhaupt mit der Gesamtverantwortung gewählt werden. Und der mußte die Strafen aussprechen können. Denn natürlich hielt sich nicht jedermann an die Gebote. Weder wir Kaufleute untereinander noch im Umgang mit unseren Gastgebern. Nein, nein, da ging es manchmal schon etwas rauher zu. Die Logiergelder wie die Strafgelder kamen in den großen Kasten. Daraus zahlten wir den Aufwand für das Haus, den Hausknecht, die Steuern an die Stadt Nowgorod, das Essen, den Priester, den Russischlehrer und die anderen gemeinschaftlichen Kosten. Meist blieb noch Geld übrig, sogar dann noch, als wir mit dem Bau der Kirche begonnen hatten. Den Russischlehrer hatten wir angestellt für uns selbst, vor allem aber für unsere Gehilfen. Niemand durfte aus unserer Sicht in Nowgorod Handel treiben, der nicht wenigstens ein bißchen Russisch verstand und sprach. Zwar beherrschten die meisten russischen Händler unsere Sprache perfekt, auch konnten wir in Zweifelsfällen in das Lateinische ausweichen oder – in der Regel – einen Dolmetscher verpflichten. Aber mir (und den meisten anderen auch) ging es so, daß ich lieber ein wenig verstehen wollte als gar nichts. So frischten wir denn gleich nach unserer Ankunft unser Russisch immer ein wenig auf.

Natürlich gab es immer wieder Streit mit Nowgoroder Bürgern. Auch aus den nichtigsten Anlässen. Manchmal kam es zu Schlägereien. Doch meist konnten unsere Oldermänner diese Dinge gemeinsam mit der Stadt lösen. Einmal hatten uns zornige Bürger sogar das mächtige Eingangstor eingeschlagen – immerhin einhalb Zoll starkes Holz! Wollten über uns herfallen, uns totschlagen. So jedenfalls hörte es sich an. Doch der Bürgermeister und sein Büttel konnten rechtzeitig eingreifen und vorläufigen Frieden stiften. Wieder einmal hatte sich einer von uns nicht an die Gebote gehalten, hatte eine russische Frau verführen wollen, hatte, als deren Mann dazu kam, diesen dann im Zorn erschlagen. Eine Freveltat, die natürlich bestraft werden mußte. Aber nicht von einem fremden Gericht! Also setzten wir den Täter, Ansgar, gefangen, zahlten gemeinschaftlich aus unserem großen Kasten ein hohes Bußgeld an Stadt und Witwe mit dem Versprechen, den Übeltäter in Dortmund, seiner Heimatstadt, vor Gericht stellen zu lassen. Was dann auch geschah. Ansgar wurde dort die rechte Hand abgehackt.

Länger als drei Wochen, manchmal vier Wochen, blieb ich allerdings nicht in der russischen Stadt. Sie gefiel mir nicht besonders, war laut, war schmutzig und ungastlich. Ich bemühte mich jedesmal, meine Geschäfte so schnell wie möglich abzuwickeln, um bald umkehren zu können. Das war auch nicht weiter schwierig, gab es hier doch meist genug Abnehmer für meine Waren, gab es doch meist genug Waren für mich. Außerdem kamen schon die ersten Winterfahrer, die, die über Winter in Nowgorod blieben und sogar selbst auf Pelztierjagd gingen. Das war ein ganz eigenes Volk, blieb meist für sich. Also ließ man sie in Ruhe und sie ließen uns. Man ging sich rechtzeitig aus dem Wege. Snorri machte uns mit den Familien von Pjotr, Stenka und Iwan bekannt, mit denen wir ja heute noch Geschäfte treiben. Alexander, Stenkas Enkel, kennt ihr: Er sitzt in meinem Haus, lernt Kaufmannschaft, lernt lübische Kaufmannschaft. Lernt auch Deutsch und Rechnen. Er wird, wie sein Vater und schon sein Großvater, uns in Nowgorod ein guter, ein zuverlässiger Partner werden. Davon bin ich überzeugt.

Über zwanzig Jahre sind vergangen, seit wir begonnen haben, uns in Nowgorod ein eigenes Haus zu bauen, über fünfzig Jahre, seit wir mit den Russen Geschäfte machen. Und doch glaube ich, daß wir unsere Möglichkeiten noch längst nicht ausgeschöpft haben. Zwar fahren von Jahr zu Jahr mehr Schiffe dorthin. Auch werden diese Schiffe immer größer. Und doch – die Geschäfte werden noch weiter wachsen. Laßt uns erst einmal in London festen Fuß gefaßt haben, laßt uns erst einmal ein wenig unabhängiger werden von den Kölnern, dann werden wir noch einmal zulegen. Laßt das weite Land zwischen Lübeck und Livland erst einmal so dicht besiedelt sein wie das Rheinland, dann wird alles, was bisher geschehen ist, verblassen gegenüber dem, was sich dann an Geschäften entwickeln wird.

Und am fernen Horizont sehe ich eine noch ganz andere Entwicklung: Wie ihr wißt, haben wir lübischen Kaufleute enge Beziehungen zum Orden der Ritter des Hospitals St. Marien der Deutschen in Jerusalem. Schließlich haben wir diesen Orden ja einst gegründet. Der ist nun aus Jerusalem vertrieben. Und man erzählt sich bereits hinter vorgehaltener Hand, daß er sich wahrscheinlich irgendwann ganz aus dem Süden zurückziehen wird, daß er vielleicht im Land der Pruzzen siedeln wird. Das alles ist noch ungewiß. Aber wenn es je dahin kommen sollte, dann könnt ihr noch mehr, noch bessere Geschäfte machen. Haltet euch dazu bereit! Ach, wäre das schön, wenn ich auch das noch erleben könnte: Kaufleute und Ritter hätten dann gemeinsame Interessen! Wann hätte es das je bisher gegeben?! Das ist ein Traum von mir: Ritter und Bürger handeln nicht gegeneinander, sondern miteinander. Dieser Traum kann in Erfüllung gehen. Der andere nicht mehr: einmal selbst nach Spanien segeln, einmal iñ Spanien selbst kaufen und verkaufen. Dazu bin ich jetzt leider schon zu alt.

Irgendwann mochte Martin nicht mehr reisen, es war ihm ja noch nie leichtgefallen. Also übertrug er mir die Reisen zu Lande, die Reisen nach Westfalen oder ins Rheinland oder nach Flandern. Und ein paar Jahre später machten ihm auch die Seereisen nur noch Mühe. Also überließ er mir jetzt alle Geschäfte: im Winter in den Süden und Westen, im Sommer in den Osten. Fast immer unterwegs. Vor etwa zehn Jahren, kurz nach der Gründung Rigas, zogen die ersten mutigen Kaufleute von dort über Land nach Nowgorod. Denen schloß ich mich bald und gern an – meine Gicht wurde nämlich auf Seereisen immer schlimmer. Also versuchte ich, Reisen zu Wasser abzukürzen oder ganz zu vermeiden. Wenn ich hingegen auf einem Pferd sitze, spüre ich die Schmerzen kaum. Heute geht es mir so wie Martin: Heute sitze ich nur noch in meinem Haus, laß mich vom Kaminfeuer wärmen, gehe einmal in der Woche in die Messe, häufiger noch an den Hafen, besuche gelegentlich die Werften. Und warte auf euch. So wie Martin auf mich gewartet hat. Daß ihr gesund wieder zurückkommt. Daß ihr gute Geschäfte gemacht habt. Daß ihr gute Waren eingekauft habt. Es gäbe noch so viel zu erzählen, zu berichten. Doch ich werde auch des Schreibens und Erzählens müde.

Ich habe euch alles gelehrt, was ich euch lehren konnte. Behaltet es wohl! Ich habe euch alles anvertraut, was ich habe. Behaltet es wohl! Ich habe mich immer in der Hand Gottes gefühlt. Behaltet auch ihr dies bei. Setzt fort, was wir begonnen haben. Bleibt friedliche Menschen! Krieg nutzt niemandem, auch nicht dem Sieger. Krieg schadet allen. Krieg bringt Verderben. Krieg zerstört. Den Menschen. Die Städte. Kaufleute hingegen bauen auf. Kaufleute bieten Zukunft. Kaufleute bieten Frieden.

Eine Hochblüte über Jahrhunderte

Der Deutsche Orden

Während sich die Kolonisation langsam nach Osten voranbewegt, nacheinander immer neue Gebiete erschließt, kommt durch den Deutschen Orden eine andere Qualität in die Besiedlung fremder Territorien. Ein erster Missionierungsversuch der Polen war 1222 in Preußen gescheitert. Auf Bitten des Herzogs von Masowien, eines Vasallen des polnischen Königs, sollte sich nun der Deutsche Orden hier engagieren.

Der Deutsche Orden: Das war der «Orden der Ritter des Hospitals St. Marien der Deutschen zu Jerusalem», später nannte man seine Mitglieder abgekürzt «Deutschherren». An seiner Geburt wirkten bremische und lübische Kaufleute entscheidend mit: Sie hatten während des dritten Kreuzzuges (in dessen Verlauf Kaiser Friedrich I. gestorben war) in Accon ein Hospital gegründet und aus den Segeln ihrer Schiffe die ersten Zelte für die verwundeten Kämpfer errichtet. Sie unterstellten ihre Gründung alsbald kaiserlichem und päpstlichem Schutz. 1198 wandelten deutsche Fürsten in Accon den zivilen Krankenpflegerorden in einen geistlichen Ritterorden um.

Diese Deutschherren hatten seit dem Fall von Jerusalem keine rittergemäße Aufgabe mehr. Ein zwischenzeitlicher Versuch des ungarischen Königs, die Ritter für seine Zwecke einzusetzen, scheiterte. Rechtzeitig noch, bevor sie nämlich das Regiment in seinem Land übernahmen, komplimentierte er sie 1225 aus dem siebenbürgischen Burzenland heraus. Doch für die Ritter im Auftrag Gottes gab es noch im gleichen Jahre wieder eine gute Arbeit und einen guten Auftraggeber: Herzog Konrad von Masowien. Die Herren Ritter mögen ihm doch bitte bei der Missionierung der heidnischen Pruzzen zur Hilfe kommen.

Der Orden erhält ein Ansiedlungsmanifest für die Erschließung Preußens: die Goldbulle von Rimini, ausgestellt von Kaiser Friedrich II. im Jahr 1226. Darin verleiht der Kaiser dem Orden das Kulmer Land sowie das (erst noch zu erobernde) Preußen und sichert ihm – nach erfolgreichem Krieg – die Belehnung mit dem Land als Reichslehen zu. Eine wahrhaft imperiale Geste: Land zu schenken, das einem nicht gehört, auf das man nicht einmal einen Rechtsanspruch hat! Obendrein übertrug der Kaiser dem Ordenshochmeister (der als Mitglied eines Ordens eigentlich nicht belehnbar war) all die landesherrlichen Hoheitsrechte, die auch jedem anderen Reichsfürsten zustanden, befreite ihn aber von Pflichten und Diensten für den Kaiser. Papst Gregor IX. nahm 1234 das Ordensland als patrimonium sancti petri in seinen Schutz und bestätigte zugleich die päpstliche Verantwortung für Mission und Kirchengründungen.

Der thüringische Ordenshochmeister Hermann von Salza, ein Freund des Kaisers wie auch von Papst Honorius III., verstand es meisterhaft, die kaiserliche und päpstliche Rivalität so zu nutzen, daß der Deutsche Orden die Chance erhielt, ein von den beiden wichtigsten politischen Mächten der Zeit garantiertes und von ihnen politisch zugleich weitgehend unabhängiges Herrschaftsgebiet aufzubauen.

Doch jetzt, im Jahr 1226, war das lediglich eine Option für die Zukunft, war Preußen für den Deutschen Orden neben Palästina und Zypern ein weiteres Eisen im Feuer. Denn noch mußten erst fünf Jahre ins Land gehen, bevor sich die ersten Ritterheere unter Führung des Deutschen Ordens und seines Landmeisters Hermann Balk nach Preußen begaben. Zunächst galt es nämlich, den Kaiser auf seinen schon lange versprochenen und mit guten Gründen immer wieder verschobenen Kreuzzug nach Palästina zu begleiten. Der dann im Herbst 1227 zwar stattfand. Aber eben auch nicht: Eine verheerende Seuche wütete unter den deutschen Kreuzfahrern in Brindisi, ihr sicher prominentestes Opfer: Landgraf Ludwig IV. von Thüringen (der, der die heilige Elisabeth als Witwe zurückließ).

Auch der Kaiser laborierte herum und entschied sich schließlich für seine Gesundheit. In den Bädern von Pozzuoli. Ein nur kleines Heer, zwanzig Galeeren genügten für seinen Transport, erreichte Palästina. Ein Jahr später traf dann auch Friedrich II. hier ein, vom Papst aber längst exkommuniziert. Diesen Ausflug nach Palästina im Zusammenhang mit der Eroberung Preußens zu erwähnen, ist deswegen wichtig, weil er den Deutschen Orden vier Jahre gehindert hat, hier im Nordosten des Reiches einzugreifen. Er brachte aber auch sowohl beim Kaiser wie bei seinem engsten Berater Hermann von Salza die Erkenntnis, daß eine alleinige Beherrschung der heiligen Stätten durch die Christen sich gegen die Muselmanen niemals würde durchsetzen lassen, auch nicht auf lange Sicht. Also suchten sie friedlichen Umgang mit Sultan Al-Kamil. Was wiederum dem päpstlichen Legaten wie dem Papst selber die Zornesröte ins Gesicht trieb. Doch zwei Jahre später, im Frieden von San Germano, konnte Hermann einen friedlichen Ausgleich zwischen Kaiser und Papst vermitteln, die Aufhebung des Kirchenbannes erreichen. Jetzt war der Weg des Deutschen Ordens nach Preußen endlich frei. Auch wenn Hermann selbst dieses Land höchstwahrscheinlich nie betreten hat.

Die inzwischen schon fast traditionell guten Beziehungen zwischen hansischen Kaufleuten und den Deutschherren bewährten sich erneut: Im gleichen Jahr, in dem Kaiser Friedrich II. den Deutschen Orden mit Preußen belehnte, sorgte Hermann von Salza auch für die Ausstellung der Reichsfreiheitsurkunde für die Stadt Lübeck; schließlich benötigte er für die neue Aufgabe in dem vom Reich so fernen Preußen einen Seehafen. Lübische Kaufleute hatten schon 1201 die Kreuzritter ausgerüstet und nach Osten transportiert, die auf Anregung von Bischof Albert von Livland ins Baltikum gezogen waren, dabei auch bereits Riga gründeten; 1224 folgen mit Dorpat und 1230 mit Reval zwei weitere deutsche Stadtgründungen. Bei dem schon älteren slawischen Danzig hatte sich im ausgehenden 12. Jahrhundert eine deutsche Siedlung entwickelt, die just in dieser Zeit der beginnenden Erschließung Preußens durch den Deutschen Orden lübisches Stadtrecht verliehen bekam. Der hatte jetzt an beiden Enden der Ostsee also je eine Flottenbasis. Und im Jahr 1230, dem Jahr, in dem der Deutsche

Orden sein Jahrhundertwerk erst wirklich in Gang brachte, übernahmen die Lübecker wieder einmal den Transport des Ritterheeres
nach Osten. 1237 gründeten dann Kauf- und Ordensleute gemeinsam die Stadt Elbing – mit lübischem Recht selbstverständlich. Der
Deutsche Orden war als einziger Landesherr Mitglied der Hanse –
auch darin drückt sich das besondere Verhältnis beider zueinander
aus. Daß ihre Interessen nicht immer gleich liefen, sollte sich später
noch deutlich genug zeigen.

Ausgehend vom Kulmer Land, eroberte der Deutsche Orden –
dem übrigens natürlich auch sehr viele nichtdeutsche Ritter angehörten – seit 1231 in den nächsten 50 Jahren das Land der Pruzzen. Er
begleitete diese Erweiterung und Erschließung seines Territoriums
mit Städtegründungen, so Thorn oder Kulm. Die «Kulmer Handfe-
ste» von 1233 (vom Magdeburger Stadtrecht abgeleitet) wurde
Grundlage für die Entwicklung des gesamten Städtewesens im
Deutschordensstaat. Lediglich Elbing, Braunsberg, Königsberg
und Memel erhielten lübisches Recht.

Livland hatten die hansischen Kaufleute schon seit 1180 für sich entdeckt, im Troß christliche Missionare. Die ersten Bekehrungsversuche durch griechisch-orthodoxe Russen aus dem Fürstentum Polozk scheiterten (lediglich ein paar kirchliche Lehnworte aus dieser Zeit halten sich im Lettischen bis heute). Ebenso erfolglos war der römisch-katholische Missionar Meinhard (seit 1184), der es zwei Jahre später sogar zum Bischof von Livland brachte.

Gemeinsam mit dem Bremer Domherr Albert, 1199 zum Bischof von Livland geweiht, gründeten die deutschen Kaufleute aus Lübeck schon 1201 Riga, das dann auch Sitz des Bischofs wurde. Albert hatte sich vieler wichtiger politischer Kräfte versichert (Papst, Kaiser, dänischer König, Erzbischof von Lund und eben Lübeck) und dazu noch zwei gewichtige Vorteile auf seiner Seite. Das Bistum Livland ließ er der Jungfrau Maria weihen; damit war es dem Papst direkt unterstellt. Und zweitens die Gründung des «Schwertbrüderordens» mit päpstlichem Segen. Nun hatte Albert, im Hauptberuf ja eigentlich Bischof von Livland und der Missionierung der Heiden wegen hierhin gesandt, auch sein eigenes, ganz und gar unbischöfliches Militär. Das sah man in diesen Zeiten allerdings noch nicht ganz so eng wie heute: Bischöfe waren ja immer auch Territorialfürsten und mußten sich an militärischen Aktionen des Kaisers beteiligen. Der Kirchenmann wußte seine privilegierte Truppe durchaus erfolgreich einzusetzen, abgesehen davon, daß er es geschickt verstand, die Völker des Baltikums gegeneinander auszuspielen und sich auf diesem Wege Vorteile zu verschaffen. Doch keine Leistung ohne Gegenleistung: Ein Drittel der Beute und ein Drittel des eroberten Landes fielen dem Orden zu, eine Teilungsregel mit weitreichenden Folgen. Als nämlich 30 Jahre später der Deutsche Orden den Schwertbrüderorden beerbte, kam es zu ständigem Streit zwischen Bischof und Rittern um dieses Drittel. Zuvor schon hatte Albert die Dänen ins Land gerufen, die sich im estnischen Tallin niederließen, auf einer estnischen Burg, die sie selbst Reval nannten. Nachdem die Deutschen sich hier dauernd ansiedelten, nannten diese wiederum Burg und Stadt Tani-linna (Dänenburg). Noch eins verbindet Dänemark und Estland miteinander: Bei einem der zahlreichen Kämpfe zwischen ihnen soll eine rote Fahne mit einem weißen Kreuz vom Himmel gefallen sein: der Danebrog, die noch heute gültige Flagge Dänemarks.

Die Trinität von Stadt Riga, Bischof und Schwertbrüderorden hielt indes nicht lange und gefährdete die Missionierungsbestrebungen in Livland. Das begann mit der Niederlage des bischöflichen Ordens 1236 gegen die Litauer. Doch wußte Hermann von Salza mit einem eiligst losgesandten eigenen Heer die alte Situation rasch wieder herzustellen. Die Interessen des Deutschen Ordens weiteten sich damit geographisch nach Livland aus, obwohl die Pruzzen doch noch längst nicht missioniert (d. h. im Klartext: noch nicht besiegt) waren. Zum Gebiet des Schwertbrüderordens gehörten Kurland, Semgallen und Livland; Estland gehörte zu Dänemark.

Höchst mühselig und durchaus nicht immer erfolgreich kämpfte der Deutsche Orden bis zum Ende des 13. Jahrhunderts um die Unterwerfung der Kuren, Samaiten, Pruzzen, Sudauen oder Semgallen. Dabei kam es, wie auch in den späteren Jahrhunderten, nur selten zu offenen Feldschlachten. Neugewonnenes Land sicherte der Orden mit Burgen ab. Litauen blieb indes unbesiegt, trennte Livland vom Ordensgebiet, näherte sich später sogar Polen an. Die Leistung des Ordens: Missionierung, Erschließung des Landes und Ansiedlung von deutschen, niederländischen, flämischen und skandinavischen Bauern und Kaufleuten. Das Preußen dieser Zeit war in weiten Bereichen waldbestanden oder Sumpfland, harrte also noch der landwirtschaftlichen Erschließung und Nutzung, die Pruzzen lebten in kleinen Siedlungen.

Innerhalb einer Generation haben die lübischen Kaufleute das Fundament geschaffen, von dem aus sie Handel und Verkehr auf der Ostsee und zwischen ihren Anrainerstaaten kontrollieren. Als gute Christen – und mindestens ebenso gute Kaufleute – beteiligen sie sich von Anfang an auch an den Missionswerken in Livland und Litauen. Eine weitere Generation später sehen wir sie entlang der Ostseeküste Städte gründen, sehen wir ihre Unterstützung für den Deutschen Orden bei der Eroberung Preußens. Ihre obersten Ziele: auf möglichst vielen Märkten präsent sein, um möglichst viele Waren kaufen, verkaufen und transportieren zu können.

Die nordischen Reiche (1227–1300)

Derweil also das Siedlungswerk östlich der Elbe mit tatkräftiger Unterstützung der lübischen Kaufleute voranschreitet, derweil Preußen erobert wird, derweil schütteln die Hansen beinahe beiläufig auch noch die für sie so gefährliche dänische Oberhoheit ab. Die mußten die Lübecker seit 1204 dulden. In der Schlacht von Bornhöved waren sie an der siegreichen Allianz gegen König Waldemar II. von Dänemark beteiligt. Allerdings: Dänemark – Schonen ausgenommen – war als Produktionsland für die Hanse so wenig interessant wie als Absatzmarkt. Nein, die Hanse verfolgte mit dem Krieg gegen Dänemark ein anderes, ein überlebenswichtiges Ziel: die freie Durchfahrt durch den Sund nach Schonen, Bergen und überhaupt in die Nordsee. Immer wieder wird es in der hansischen Geschichte um diese Frage gehen: Die dänischen Könige wollten die Kontrolle des Schiffsweges und damit ihre Macht und ihr Einkommen sichern, die Hansen wollten die unbehelligte Durchfahrt und unnötige Ausgaben vermeiden.

Schonen war neben dem russischen Markt ein weiterer Stoff, aus dem damals Händlerträume gestrickt wurden. Hier komme der Hering in so gewaltigen Mengen vor, daß sich die Ruderboote kaum bewegen könnten, berichtet Saxo Grammaticus, der berühmte dänische Chronist dieser Zeit, in seiner Historia danica. Hering aber war nicht nur zu Fastenzeiten eine begehrte Speise in Mitteleuropa. Seinen Fang, seinen Verkauf, seinen Transport zu übernehmen und zu kontrollieren, das war stets ein höchst verlockendes, weil lukratives Ziel für die lübischen Kaufleute. In der Hauptfischfangsaison im Sommer (bis zum Herbst) kamen Tausende von Menschen auf die dänische Halbinsel Schonen, die erst 1658 zu Schweden kam: Fischer, Küfer, Heringspacker(innen). Hinzu kamen natürlich die Kaufleute, die Schiffer und die Gehilfen, von den anderen Gewerben ganz zu schweigen. Und das alles aus ganz Europa! In der hansischen Frühzeit wurden dort zunächst auch noch andere Waren gehandelt (Stoffe, Getreide, Bier), doch reduzierten die Deutschen den schonischen Markt systematisch auf den reinen Heringshandel. Als hansisches Monopol, versteht sich. Als seit der Mitte des 16. Jahrhunderts die Heringsschwärme ausblieben, sich vor der norwegischen Küste wohler fühlten, ging es auch mit der Hanse bergab. Jedenfalls sehen einige Hanseforscher zwischen beiden Entwicklungen einen engen Zusammenhang. Sicher ein wichtiger Grund, aber gewiß nicht der einzige. Und nicht einmal der wichtigste.

Erst die innige Verbindung von Hering und Salz machte dieses Lebensmittel zu einem gesamteuropäischen Verkaufsschlager. Nun besaßen die lübischen Kaufleute auch das Salzhandelsmonopol von Lüneburg. Also brachte man eigenes Salz nach Schonen, ließ dort die Fässer küfern, die Fische einsalzen und in die südlichen Marktorte bringen. Dieses Geschäft erschien auch Engländern, Friesen, Norwegern und Flamen so gewinnbringend, daß sie sogar Jütland umsegelten, eine damals noch gefährliche Route. Doch die Hansekaufleute wußten sich ihrer lange Zeit zu erwehren, lieferten selbst den Hering nach England oder Flandern.

Das dänische Königtum erlitt nach der Niederlage bei Bornhöved einen deutlichen Ansehensverlust. Doch der sollte König Waldemar II. nicht daran hindern, wenige Jahre später erneut in lübische Reviere einzubrechen: Im Bund mit Graf Adolf IV. von Schauenburg ließ er in Dänischburg (östlich von Lübeck) zwei Befestigungsanlagen errichten, Schiffe in der Trave versenken und die dann noch freie Fahrtrinne mit Ketten zusperren. Die Lübecker waren indes nicht faul: Sie gruben einfach ein neues Flußbett und zerstörten die Ketten dadurch, daß sie starke Schiffe dagegen segeln ließen.

Auch König Erich IV. von Dänemark versuchte gleich nach seinem Regierungsantritt 1249, sich der lübischen Einflußnahme zu entziehen; er wollte die hansischen Privilegien nicht bestätigen. Die Folge war die Zerstörung von Kopenhagen und der Überfall auf das kurz zuvor gegründete, noch dänische Stralsund. König Erich gab rasch nach, gewährte den alten und immer neuen Rivalen aus Hamburg und Lübeck die alten Zoll- und Handelsfreiheiten. Und Stralsund, gerade eben von den Hansen geschädigt, wurde Hansestadt mit lübischem Recht.

Schweden stand längst im Blickfeld der lübischen Kaufleute, bevor Heinrich der Löwe 1174 jenen Vertrag vermittelte, der den Schweden in Lübeck Schutz und Handelsfreiheit zusicherte – Gegenseitigkeit natürlich vorausgesetzt. Und die lübischen Kaufleute wußten dieses neue Betätigungsfeld bestens zu bestellen: In Schweden, in Falun zumal, wurde das begehrte Kupfer gewonnen und das nicht weniger begehrte Osemundeisen hergestellt. Jetzt gingen deutsche Bergleute aus dem Harz nach Schweden, brachten ihre fortschrittlichere Technik mit. Und Lübeck lieferte das Investitionskapital. Diese frühe Vorherrschaft der Deutschen im Bergbau drückt sich bis heute noch darin aus, daß viele Fachwörter des Bergwesens im Schwedischen dem Deutschen entlehnt wurden.

Schweden war darüber hinaus auch begehrtes Einwanderungsland der Deutschen, insbesondere nach der Gründung Stockholms 1251 durch den Reichsverweser Birger Jarl. Die Schärenstadt ähnelt in ihrem Grundriß so sehr dem kurz zuvor gegründeten Stralsund, daß manche Forscher überzeugt sind, deutsche Kaufleute hätten bei der Idee und ihrer Gestaltung Pate gestanden. Anders aber als alle anderen Gastländer der Hanse zogen die Schweden es vor, die deutschen Kaufleute, ihre Mitarbeiter, die Bergarbeiter bewußt in ihre Bevölkerung zu integrieren; ein langwieriger Prozeß allerdings, der erst sehr viel später Früchte trug. Schon 1251 ließ sich Birger Jarl zusichern, daß die Deutschen, die in Schweden bleiben wollten, «nach dem Recht des Landes leben und Schweden genannt werden sollen». Später traf man sogar die Anordnung, daß nicht mehr als die Hälfte der Ratsmitglieder einer Stadt Deutsche sein dürften, auch dann nicht, wenn sie die Mehrheit der Bevölkerung stellten. Die Bedeutung dieser Regelung (und zugleich Hinweis darauf, daß sie natürlich nicht eingehalten wurde) zeigt das Beispiel Stockholm, dessen Rat nach 1400 bei 68 Mitgliedern insgesamt 48 Deutsche aufwies. Allein vier Bürgermeister trugen den Namen Westfal. Dennoch ist es den Schweden auf Dauer gelungen, die Deutschen ins Land zu ziehen und im Lande zu halten, ohne sie förmlich zu privilegieren. Die Deutschen brachten Kompetenz, Unternehmungsgeist, Kapital, technische Erfahrung sowie die Verbindungen zu wichtigen Märkten mit. Die konnte das schwedische Reich gut gebrauchen. Aber nicht um den Preis einer geschlossenen fremden Bevölkerungsgruppe im eigenen Land.

Fehlt in der Kette der Ostseeländer noch Norwegen; in Finnland hatten sich die Hansen schon 1188 in Abo niedergelassen. Die norwegischen Könige suchten sich lange des Dominanzstrebens der Deutschen, ihres Monopolanspruchs zu erwehren. Erst gegen Ende des 13. Jahrhunderts gelingt den Kaufleuten der Durchbruch. Norwegen lieferte Stockfisch (auf Holzgestellen in der Luft getrockneter Dorsch), ein wie der Hering in ganz Europa begehrtes Nahrungsmittel. Die Hanse lieferte im Gegenzug Getreide, auch Malz und Bier. Das deutsche Getreide, das meist aus den östlichen Gebieten kam, war so billig, daß sich für die norwegischen Bauern eine eigene Produktion bald nicht mehr lohnte. Das Land, das sich leicht selbst hätte versorgen können, geriet so in völlige Abhängigkeit der Hanse und ihrer Lieferbereitschaft. Eine erste Regelung hansisch-norwegischer «Außenhandelsbeziehungen» erfolgte im Vertrag von 1250, den Lübeck und König Hakon Hakonson miteinander schlossen – natürlich auf Gegenseitigkeit, die aber wieder einmal sehr einseitig zugunsten der Hanse ausfiel. Der norwegische König will 1284 diese Privilegien beschneiden.

Als dann Norweger angeblich ein Hanseschiff angreifen und plündern, beschließen die wendischen Städte, die Boykottwaffe nach Flandern ein zweites Mal einzusetzen: Die Lieferung von Getreide, Bier oder Gemüse nach Norwegen wird unter Strafe gestellt. Da Bremen, lange schon im Norwegenhandel engagiert, sich weigert, an diesem Boykott teilzunehmen, schließt man seine Kaufleute kurzerhand von Hanseprivilegien aus. Der Boykott war ein schwerer Schlag für Norwegen – und ein voller Erfolg für die Hanse. Der König gab nach und akzeptierte die Bedingungen der Deutschen, bestätigte die alten Privilegien, ergänzte sie um neue – allgemeine Zollfreiheit, Niederlassungsfreiheit und anderes. Gleichzeitig enthielt der norwegische König den Engländern die gleichen Rechte vor: Die Hanse-Kaufleute konnten so den Norwegen-England-Handel an sich ziehen.

Anders als die Nowgoroder oder die Schweden suchten die Norweger, die Niederlassung von Deutschen gänzlich zu verhindern oder zumindest auf einen nur kurzen Zeitraum zu beschränken. Darum erhielt die Hanse erst 1274 – über hundert Jahre nach der Neugründung Lübecks – in Bergen das volle Stapel- und Kontorrecht. Und gar erst 1294 erreichten die Hansen den freien

Handel mit allen Städten südlich von Bergen. Zwanzig Jahre später hatte sich die Phalanx der Deutschen, der Händler und Handwerker, in Norwegen so fest etabliert, daß König Hakon V. zu neuen Maßnahmen griff. Vergeblich allerdings: Ihm fehlte die Durchsetzungskraft. Zu Beginn des 14. Jahrhunderts kam es dann doch zur Gründung des Kontors in Bergen, weit über 100 Jahre später als das in Nowgorod.

England

So planmäßig Landesherr und Kaufleute gemeinsam Lübeck gründen, die lübischen Fernhändler und Hansekaufleute die Ostsee und den Rußlandhandel erobern und in die Hand nehmen, so planmäßig sie die Städtegründungen entlang der Ostseeküste, die deutsche Ostkolonisation und den Deutschen Orden unterstützen, so wenig planmäßig erfolgt die Erschließung der westeuropäischen Märkte in Flandern und England. Der Grund ist: Die gleichen rheinischen und westfälischen Kaufleute, die an der Gründung Lübecks mitwirken, sind auf diesen Märkten schon längst präsent. Hier bedurfte es, zunächst jedenfalls, des genossenschaftlichen Zusammenschlusses gar nicht so sehr wie bei den gefährlichen Reisen in den Osten.

In London sind seit Beginn des 11. Jahrhunderts deutsche Kaufleute etabliert, bevor die Hanse überhaupt gegründet ist. Das erste Privileg (zugunsten der Kölner) datiert hier von 1130: Sie erhalten Aufenthaltsrecht in London, anders als beispielsweise die Bremer. Denn die rheinischen Händler sind schon wesentlich länger auf der Insel: Ihr Wein ist außerordentlich begehrt und zudem billiger als der Wein aus den Teilen Frankreichs, die zu der Zeit noch zu England gehörten. 1157 stellt König Heinrich II. die Kölner unter seinen besonderen Schutz; aus der hier erstmals erwähnten Gildhall entwickelt sich der spätere Stalhof. In Flandern haben die Flamen Märkte, Häfen und Waren noch voll in ihrer Hand und verwehren der Hanse den genossenschaftlichen Zutritt.

Aber das wird sich bald ändern, führten doch die Hansen jene russischen Waren in ihren Schiffen mit, nach denen begehrte, wer

Der Stalhof in London während des 13. Jahrhunderts.

sie sich leisten konnte: Pelze, Wachs, Honig. Den Kölnern half es in London nichts, daß sie der neuen Konkurrenz alle möglichen Schwierigkeiten bereiteten; immerhin ahnten sie als gute Kaufleute schon, daß sie am Ende klein beigeben würden.

Kaiser Friedrich II., jener Kaiser, der Lübeck 1226 zur freien Reichsstadt erklärte, tadelte die Kölner Händler im gleichen Jahr noch heftig wegen ihres Widerstandes gegen die Neuen und betonte ausdrücklich die Gleichberechtigung der lübischen Kaufleute mit den rheinischen Kaufleuten. Das war sicher gutgemeint. Ob aber fruchtbar? Beide Gruppen sind zwar seine Untertanen, doch der Streit schwelt in einem fremden Land, in dem der deutsche Kaiser nichts zu sagen hat.

Wie auch immer: Folgenreicher war das Privileg, das König Heinrich III. von England den lübischen Kaufleuten 1237 gewährte: Zollfreiheit für alle in England gekauften und verkauften Waren sowie seinen königlichen Schutz. Der Grund lag auf der Hand: Die russischen Kostbarkeiten erfreuten sich bei Hofe und beim Adel allerhöchster Beliebtheit. Wie geschickt die lübischen Kaufherren operierten, zeigt folgender Tatbestand: Heinrich III. privilegierte die universitas mercatorum imperii, also *alle* Kaufleute des Reiches – nur die wußten überhaupt nichts davon. Die Originalurkunde wurde sofort nach ihrer Ausfertigung im Archiv der Stadt Lübeck abgelegt und nie einer anderen Stadt oder anderen «Kaufleuten des Reiches» je zugestellt oder mitgeteilt. Die Konkurrenz wurde beizeiten ausgeschlossen.

Ebenfalls in einer englischen Königsurkunde taucht 1267 erstmals der Begriff Hansa in der schriftlichen Überlieferung auf als Bezeichnung für die Osterlinge, die lübischen Kaufleute also. Die Engländer kannten diese Bezeichnung freilich schon viel länger als Bezeichnung für freiwillige Zusammenschlüsse von Händlern auf fremden Märkten: In der «flandrischen Hanse von London» hatten sich Kaufleute aus Ypern, Brügge, Lille und anderen flämischen Städten zusammengeschlossen.

Hanse ist ein gemeingermanisches Wort. Schon Wulfila benutzt es in seiner gotischen Bibelübersetzung (um 370) bei Markus 15,16 (Gefangennahme Christi): gahaitan alla hansa. Martin Luther übersetzt diese Stelle mit: ... und riefen zusammen die ganze Schar (der Kriegsknechte). Später bezeichnet es allgemein eine Personengruppe, die sich auf Zeit und zu einem bestimmten Zweck zusammenfindet. In der engeren, uns geläufigeren Bedeutung als Gruppe von Kaufleuten, die auf ausländischen Märkten Handel treibt, wird das Wort seit dem frühen 12. Jahrhundert verwendet. Die Forschung erklärt den Wortinhalt heute mit «Rechtsbindung und -sicherung von Fernhändlergruppen, die sich im Nordwesten und hin zum Osten Europas zweckbestimmt zusammentaten und darüber hinaus in dauernden, bruderschaftlichen Bindungen zu einer Stadt oder einer städtischen Gilde standen» (Klaus Friedland). In der Kanzlei Ferdinand I. (das ist der deutsche König, der den Augsburger Religionsfrieden 1555 zustande brachte) deutete man das Wort etymologisch als: An-See(-Städte).

Zu einer Hanse hatten sich erstmals flämische Kaufleute in Flandern verbunden, das war schon im 11. Jahrhundert. England gestattete fremden Kaufleuten seit 1120, sich zusammenzuschließen, und sicherte ausdrücklich den Schutz durch die Krone zu. Die erste deutsche Hanse in London bildeten kölnische Kaufleute im frühen 12. Jahrhundert.

Diese Hanse der Kölner zu London war der alleinige Adressat königlicher Privilegien, die z. B. den kölnischen Weinhandel gleichstellten mit dem Handel des Weines, der im englischen Frankreich erzeugt wurde. Die Hanse vertrat die Kaufleute nach außen, und zwar ausschließlich. Strafgebühren, die der Alderman säumigen Kaufleuten auferlegte, kamen ausschließlich der Londoner Hanse zugute und hier vor allem der Erhaltung der Gildhalle. Mitglied mußte der Kölner Kaufmann werden, der nach England segelte, oder der Kölner, der sich in seiner Stadt schon vorher der Hanse angeschlossen hatte. König Richard Löwenherz fand in den wenigen Monaten, die er faktisch in England anwesend war, Zeit, die Niederlassung der Kölner von allen Abgaben zu befreien: Sie hatten ihm nämlich drei Kreuzzugsschiffe ausgerüstet.

Ein Jahrhundert lang hatten die Rheinländer die Nase in London noch vorn, doch dann kamen die anderen Deutschen zum Zuge: 1237 stellte Heinrich III. alle Kaufleute der Gotländischen Genossenschaft unter seinen Schutz und sicherte ihnen Zollfreiheit für alle in seinem Reich gekauften und verkauften Waren zu. 1266 gewährte er auch den Hamburgern und 1267 den Lübeckern das Recht, sich wie die Kölner zu einer Hanse zusammenzuschließen. Warum aber die Bezeichnung «Hanse» für die Osterlinge erst über einhundert Jahre nach der Gründung Lübecks auftaucht; warum sie in all den Privilegien, Verträgen, Abkommen, Absprachen nicht verwendet wird, die seit 1161 von den lübischen Kaufleuten abgeschlossen werden; warum also die «Hansen» sich nicht selbst so bezeichneten; warum diese Kaufleute den gemeinsamen Namen erst seit 1267 tragen, seit der englische König sie so benannt hat – all das erklärt uns die Forschung nicht.

Drei deutsche Hansen in London, das mußte zu Reibereien führen. Unter Vermittlung der westfälischen Kaufleute schlossen sich 1282 in London die drei Hansen der deutschen Kaufleute (rheinische, westfälische und lübische) zu einer Hanse zusammen; sie gründeten ein gemeinsames Kontor, wählten einen Oldermann. Sie übernahmen sogar gemeinsam, noch im gleichen Jahr, die

Instandhaltung, Bewachung und Verteidigung des Londoner Stadttores Bishopgate, zahlten für die ursprünglich kölnische, dann gemeinsam genutzte Gildhalle eine Grundsteuer – beides als Gegenleistung für die englischen Privilegien. Privilegiert waren die deutschen Kaufleute auch noch in den Städten Newcastle, Yarmouth, Lynn, Ipswich, Hull und vor allem Boston.

Die Gemeinsamkeit der deutschen Kaufleute war allerdings so fest gefügt auch wieder nicht: Schon 1324 schließt Köln die übrigen Städte von der Nutzung der Gildhalle aus. Aber nur für kurze Dauer. Seit 1384 heißt dieses Gebäude mitsamt etlichen inzwischen hinzugekommenen Liegenschaften «Stalhof». Dabei leitet sich der Name nicht von Stahl ab, sondern von stalen, dem Plombieren und Markieren (Qualitäten und Menge) von Tuchen.

Die Hanse wußte sehr bald um die ständigen Geldnöte der englischen Könige und wie ihnen abzuhelfen war; die wiederum zeigten den Hansen gegenüber (meist) ihre königliche Dankbarkeit. So gab es erstmals 1303 außerordentliche Privilegien: Zollfreiheit, Abgabenfreiheit, freies Geleit. Privilegien, die der englische König seinen eigenen Untertanen vorenthielt.

England war der Wollelieferant der Zeit. Begehrt waren auch die englischen Tuche, begehrter aber noch die flandrischen. Also mußte die Wolle nach Flandern transportiert werden. In diesem Geschäft mischten die Hansen alsbald mit, zumal da es nahelag, die fertigen Tuche auf den östlichen Märkten bis hin nach Nowgorod anzubieten. Der Tuchexport überwog den Wolleexport schließlich bei weitem. Den Höhepunkt der Tuchausfuhr erzielte die Hanse Mitte des 16. Jahrhunderts – und erreichte doch nur etwa die Hälfte der Mengen, die von englischen Kaufleuten selbst exportiert wurden. Im Gegenzug lieferte sie Wein, Getreide aus dem Kolonisationsland und vor allem Felle, Honig und Wachs aus Rußland. Und so wie die norwegischen Bauern den eigenen Getreideanbau aufgaben, so reduzierten die englischen Bauern ihren Getreideanbau, um die viel einträglichere Schafzucht auszuweiten. Allerdings geriet England nie in diese Abhängigkeit von hansischen Getreidelieferungen wie Norwegen.

Flandern

Bleibt noch eine westeuropäische Handelsbastion, die von den Hansen im Nordseeraum erobert werden mußte: Brügge. Den «Stapel der Christenheit» nannten die Zeitgenossen den Brüggeschen Markt. Brügge war das Handelszentrum Mitteleuropas. Wieder lag der Schlüssel zum hansischen Erfolg im russischen Warenangebot. Um in Brügge richtig Fuß zu fassen, benutzten die Hanseaten einen Trick: Sie gründen eine Stadt, wenn auch nur zum Schein.

Die Verhandlungen der Hamburger und Lübecker Unterhändler Jordan von Boizenburg und Hermann Hoyer mit der Gräfin von Flandern sind gut dokumentiert. Die Herren Abgesandten schlugen vor, in der Nähe von Brügge eine rein deutsche Kaufmannssiedlung anzulegen, gewissermaßen einen Freihafen zu errichten, Neudamme genannt. Eine phantastische Vorstellung: ein internationaler Großmarkt mit Sonderrechten, begünstigt und beschützt durch den Landesherrn. Ein Euro-Port im 13. Jahrhundert. Die hansischen Pläne sind natürlich gescheitert, aber gewiß nicht nur wegen dieser utopischen Vision. Denn die Hanse-Diplomaten wußten sehr wohl, daß weder die in Brügge schon ansässigen Deutschen noch die Stadt Brügge, noch die übrigen flandrischen Städte einer solchen Entwicklung zustimmen konnten. Man trieb mit diesem Trick nur das Limit für das, was man eigentlich erreichen wollte, ein wenig höher. So mißlang das Vorhaben denn auch – es machte tatsächlich keiner mit. Statt dessen gab es fette Privilegien durch die Gräfin von Flandern und die auch noch mit Zustimmung der übrigen flandrischen Städte: Zollermäßigung, eigene Waage in Damme, Befreiung vom Strandrecht, Freiheit vom gerichtlichen Zweikampf, rasche Behandlung von Streitigkeiten u. a. m. Die deutschen Kaufleute hatten erreicht, was sie erreichen wollten.

Brügge besaß damals noch einen unmittelbaren Zugang zur Nordsee, konnte also von Schiffen direkt angelaufen werden. Die Stadt zog schon lange Kaufleute aus aller Herren Länder an: Da waren Franzosen, Basken, Spanier, Engländer; Genuesen und Venezianer lieferten Gewürze aus dem Orient. Und alle italienischen Bankhäuser hatten eine Niederlassung in Brügge und machten die Stadt zum wichtigsten Finanzplatz Nordeuropas. Ein weiterer Grund für ihre Attraktivität: Die Stadt bot zu jeder Jahreszeit Handelsmöglichkeiten für alle Waren. Die Privilegien der flandrischen Gräfin lockten die Osterlinge so sehr, daß schon 30 Jahre später zwei Straßen in Brügge nach Lübeck und Hamburg benannt werden.

Auch wegen dieser Möglichkeit zur ständigen Präsenz der Händler löste Brügge in kurzer Zeit die Messen in der Champagne (die seinerzeit noch wichtigsten Messen) in ihrer Bedeutung ab. Dort trafen ebenfalls Großhändler auf Kleinhändler, aber dort wurden bestimmte Produkte nur für eine begrenzte Zeit angeboten. In Troyes, neben Lagney, Bar-sur-Aube und Provins einer der Gastgeber der Messen in der Champagne, dauerte die Tuchmesse nur gerade einmal acht Tage; anschließend gab es die Leder- und Pelzmesse (ebenfalls acht Tage). Gleichzeitig fanden die Gewürzmesse (21 Tage) und die Messe für Vieh, Getreide, Wein und Salz (21 Tage) statt. Für das Problem, eigentlich immer eine Messe stattfinden lassen zu müssen, um Groß- und Kleinhändler im ständigen Kontakt zu halten, boten die vier Städte eine höchst einfache Lösung an: Die Messe zog reihum durch das Land. Nach Abschluß der einen Messe ging man in den nächsten Ort. Das hatte die angenehme und angestrebte Folge, daß in der Champagne gewissermaßen das ganze Jahr Messezeit war.

Flandern und Brügge brachten dann die erste Bewährungsprobe für die deutschen Kaufleute, für ihren Zusammenhalt, für ihr Durchsetzungsvermögen. Die Grafen von Flandern hatten nach 1252 auch andere ausländische Handelsherren privilegiert. Vor allem aber die Brügger selbst hielten sich nicht mehr an ihre eigenen Regeln, sie verletzten die Privilegien der deutschen Kaufleute. Handwerkerunruhen steigerten die persönliche und materielle Unsicherheit aller Fremden. Lübeck schlug daraufhin 1280 den wichtigsten wendischen, sächsischen, westfälischen und preußischen Städten einen Boykott der Stadt Brügge und eine Verlegung des Kontors nach Aardenburg (etwa 25 Kilometer nordöstlich) vor. Nach einer allgemeinen Zustimmung zogen 1280 die deutschen Kaufleute nach Aardenburg. Auch viele ausländische Kollegen folgten ihnen, da sie sich ebenfalls von Brügge benachteiligt fühlten.

Sogar den Grafen von Flandern konnten die lübischen Kaufherren auf ihre Seite ziehen. Das war ein schwerer Schlag für diese aufstrebende und schon bedeutende Stadt. Darum gab Brügge zwei Jahre später nach, hob seine Handelsbeschränkungen gegen die Hanse auf, bestätigte die alten Privilegien, war sogar zu weiteren Zugeständnissen bereit. Deren wichtigstes: die Abschaffung des Gästerechts. Bis zu diesem Zeitpunkt durften auswärtige Händler nur mit Brügger Bürgern Geschäfte treiben, seither aber auch untereinander. Ein rascher, ein überzeugender Erfolg für die Hanse. Die Kaufleute kehrten 1282 sehr zufrieden wieder nach Brügge zurück.

In nicht einmal einhundert Jahren seit der Gründung Lübecks hatte sich die Hanse sämtliche nord- und westeuropäischen Märkte erschlossen, hatten sich die lübischen, hamburgischen, bremischen, westfälischen, rheinischen, wendischen, preußischen Kaufleute in allen nord- und westeuropäischen Hafenstädten niedergelassen, übten sie an vielen Orten bereits Waren- und Handelsmonopole aus: Von Nowgorod bis London, von Bergen bis Köln dominierten die deutschen Händler das Marktgeschehen. Die Hanse betrieb Wirtschaftspolitik, zu ihrem eigenen Nutzen, manchmal zu Lasten ihrer Gastländer – die monostrukturierte Wirtschaft in Norwegen und Flandern, in Rußland und im deutschen Osten führte zu gefährlichen Abhängigkeiten von der Hanse und ihrem Wirtschaftspotential; genauer: Sie hätte zu lebensgefährdenden Abhängigkeiten führen können. Denn andererseits konnte der Hanse natürlich nicht daran gelegen sein, die Wirtschaftskraft, die Kaufkraft ihrer Absatzmärkte zu schwächen. Boykottmaßnahmen wie die gegen Norwegen oder Flandern stießen denn auch keineswegs auf einhellige Zustimmung bei Hansekaufleuten und Hansestädten. Folglich waren sie auch immer zeitlich begrenzt, nie auf Zerstörung, sondern stets auf Erzwingung von Botmäßigkeit, auf Einhaltung der abgesprochenen Regeln ausgerichtet.

Bemerkenswert in diesem Zusammenhang ist die Tatsache, daß die Kaufmannsgenossenschaft in diesen ersten einhundert Jahren ihrer Geschichte nie eigentlich Krieg geführt hat, jedenfalls keinen Krieg mit Waffen. Sie hat sich gewehrt, sie hat verhandelt, sie hat beschenkt (auch bestochen?), hat Privilegien für ihre Mitglieder erwirkt. Aber eben ohne militärische Gewalt. Sie erreichte ihre Ziele sogar ohne offiziellen, also kaiserlichen Schutz, ohne diplomatische Mithilfe irgendwelcher Mächtigen. Dazu lag der Norden zu sehr am Rande des herrschenden politischen Bewußtseins. Aus dieser Reichsferne erwuchsen der Hanse zunächst durchaus Vorteile, konnte sie doch souverän agieren, mußte nicht auf Fürsten oder Adel wirklich Rücksicht nehmen. Sie war gezwungen, die sich ihr entgegenstellenden Probleme mit eigenen Mitteln zu lösen. Und diese Mittel fanden sich bald.

Kaum hatten sich die Hansekaufleute in ihren neuen Zentren fest eingerichtet, beginnt in Deutschland die Geschichtsepoche, in der sich die regionalen politischen Kräfte vom – vermeintlichen – Joch eines politischen Zentrums befreien wollen und können, beginnt die Zeit, in der die regionalen Mächte ihren eigenen Besitz mehren und den des Reiches systematisch schmälern. Hier nimmt das Deutschland der Regionen seinen Anfang, vielleicht gar auch das Europa der Regionen. Es ist die Zeit, in der eine alte Königsfamilie (die Staufer) sich verabschiedet, eine neue Königsfamilie (die Habsburger) zwar am Horizont schon auftaucht, sich aber noch lange nicht durchsetzen wird. Mehr noch: Es ist auch die Zeit des Interregnums, des Scheinkönigtums ausländischer Fürsten. Und es ist vor allem die Zeit des wachsenden Raubrittertums. Zugleich entstehen die ersten Städtebünde, die sich gemeinsam der Gefahren durch diese Raubritter erwehren wollen. Städtebünde werden für einen bestimmten Zweck geschlossen, sie sind aber immer auch zugleich ein Bündnis von Bürgern gegen den herrschenden Adel.

Von all dem scheinbar unberührt, treibt die Hanse ihren Handel, erweitert ihre Geschäfte an Umfang, Waren und Einzugsbereichen quer durch Ostsee und Nordsee, quer durch Norddeutschland. Bis weit in das 15. Jahrhundert hinein transportieren die Osthändler ihre Waren fast ausschließlich über die jütische Landenge zwischen Lübeck und Hamburg. Der Weg durch den Sund ist nautisch schwierig und häufig genug durch das Königreich Dänemark behindert.

Hamburg war schon 1188 mit lübischem Recht bedacht worden. Doch zu einem förmlichen Bündnis beider Städte kommt es erst relativ spät: 1230 gewährt Hamburg den Lübeckern einige Privilegien. Und 1241 schließen beide einen Vertrag zur gemeinsamen Gefahrenabwehr von Straßenraub und rechtlichen Übergriffen. Dieser späte Zeitpunkt verwundert. Einen unseren heutigen Gewohnheiten entsprechenden oder vergleichbaren allgemeinen Rechtsschutz gab es natürlich noch nicht. Der Kaufmann war mit seinen Gütern außerhalb der Stadtmauern Wegelagerern, Raubrittern oder See- und Strandräubern mehr oder weniger schutzlos ausgesetzt. Königliches Friedegebot oder die Landfriedensgesetzgebung (das sind die rechtspolitischen Mittel der Zeit gegen das Unwesen) reichten nicht zur Abwehr der Gefahren, schon allein deswegen nicht, weil es an zuverlässigen Machtmitteln zur Durchsetzung der Gebote fehlte. Denn es waren zum Teil gerade diejenigen, die eigentlich zur Aufrechterhaltung der Ordnung eingesetzt waren, die diese Ordnung störten, die dem räuberischen Handwerk nachgingen – Teile der Ritterschaft eben. Heute können wir die Polizei zur Hilfe rufen. Aber damals? Zwar hatte schon Karl der Große dem Kaufmann das Recht des Waffentragens eingeräumt, zwar reiste man meist in größerer Gesellschaft –, aber gegen einen gut ausgebildeten Räuberhaufen half das nur wenig. Gern griffen die (in der Regel adeligen) Räuber auch zum Mittel der Geisel- oder Pfandnahme: Für beide war ein happiges Lösegeld zu zahlen.

Selbst Kaufleute untereinander, wenn sie aus verschiedenen Städten stammten, konnten ihre Rechtsangelegenheiten nicht immer befriedigend klären. Der Kaufmann war ausschließlich der Gerichtsbarkeit der eigenen Stadt unterworfen. Ansprüche auswärtiger Kaufleute mußten vor das jeweils für sie fremde Stadtgericht gebracht werden. Die Schwierigkeiten dieser Gerichtsverfassung sind unverkennbar. Zeitweilig versuchten einige Städte anstehende Probleme dadurch zu lösen, daß man Landsleute oder Mitbürger des Schuldners arretierte: Fremdschuldhaftung. Doch damit ging die Vertrauensbasis für ein gedeihliches Miteinander noch mehr verloren. Im ersten selbständigen Vertrag, den die Hanse abschloß, im Vertrag mit den Nowgorodern von 1189, wird deshalb Fremdschuldhaftung schon ausdrücklich ausgeschlossen. Deutsche Kaufleute hatten Eigentum russischer Geschäftspartner in ihren Besitz gebracht, um ihre Forderungen durchzusetzen. Nowgorod verwies darauf die Deutschen der Stadt – Verluste auf beiden Seiten. Die zeitgemäße Lösung: Die Einrichtung des ersten Hansekontors in Nowgorod (ab 1192). Wie die Kölner schloß man zudem bilaterale Verträge mit «Partner»städten.

In der Zeit des Interregnums wächst der Unfriede ungeheuer an. Stadtbündnisse werden jetzt die Regel. So verbünden sich 1241 Lübeck und Hamburg gegen den Straßenraub, 1259 Lübeck, Rostock und Wismar gegen den Seeraub, 1261 Lübeck und Mecklenburg gegen Straßenraub. Dieses Bündnis wird fünf Jahre später sogar auf unbefristete Zeit verlängert und nennt sich seit 1280, seit seiner ersten großen Bewährungsprobe: «Bund der wendischen Städte» – und nicht etwa «Hanse».

Meinungsführer der deutschen Kaufleute war, das wurde in der zweiten Hälfte des 13. Jahrhunderts immer deutlicher, die Stadt Lübeck. Daß die niederländischen Städte Kampen und Zwolle in einem gemeinsamen Schreiben von 1285 Lübeck «als unser aller Haupt und Spitze» nennen, ist nur der sichtbare Abschluß einer faktisch längst vollzogenen Entwicklung. Acht Jahre später beschließt eine Versammlung der wendischen Städte, Lübeck – statt bisher Visby – als gemeinsamen Oberhof und als Appellationsinstanz für die Angelegenheiten des Nowgoroder Kontors einzusetzen. Bei einer anschließenden schriftlichen Umfrage stimmen 24 Städte zu, nur von Osnabrück und Riga ist eine Ablehnung überliefert. Die Gotländische Genossenschaft gibt es nicht mehr, ihre Siegelführung wird formell 1298 untersagt. Lübeck tritt als Stadt unbestritten an die Spitze eines neuartigen Bündnisses.

Bewährung und Bewahrung I
(1293–1375)

Die Hanse ändert jetzt unverkennbar ihr Profil. Aus dem zeitlich befristeten und für einen konkreten Anlaß geschlossenen Schutz- und Trutzbündnis einzelner Kaufleute wird ein Städtebund. Die Städte werden als Städte, als Institutionen die eigentlichen Entscheidungsträger, im Bereich der Hanse allen voran Lübeck. Natürlich ist dieses Datum 1293 nicht zufällig. Nur zwei Jahre zuvor haben die drei Schweizer Urkantone eine vergleichbare Schwurgemeinschaft gebildet. Diese Art Bündnisse von «Institutionen» lag sozusagen in der Luft. Doch dem ging eine lange Entwicklung voraus. Ein wichtiger Vorläufer für die Entscheidung von 1293 ist das Bündnis der Städte Lübeck und Hamburg von 1241 gegen den Straßenraub, dem sich später weitere Bündnisse mit Schwerin, Rostock, Wismar – zur Abwehr des Seeraubes – anschlossen. Auch der Rheinische Städtebund von 1254 bis 1256 (danach bis 1293 wiederholt erneuert) ist ein früher Versuch, gemeinsame Interessen von Städten politisch zu organisieren. Zwar hielt er nur wenige Jahre, umfaßte aber doch über 70 Städte im Deutschen Reich, von den Alpen bis zu den Küsten von Nord- und Ostsee, von Zürich bis Bremen, von Aachen bis Mühlhausen. Und 1280 verpflichten sich Lübeck und Visby zu gegenseitigem Beistand bei der Fahrt vom Sund nach Nowgorod; Riga schließt sich bald an.

Dieser Vertrag erwähnt die Genossenschaft der Gotland besuchenden oder auf Gotland verweilenden deutschen Kaufleute schon gar nicht mehr. Die gotländischen Kaufleute werden also im Verlauf eines Jahrhunderts systematisch aus dem Ostseehandel verdrängt; den Friesen und Flamen verwehrt man – noch – erfolgreich die Durchfahrt durch die Ostsee; noch lassen sich auch die Engländer hier nicht sehen. Die hansischen Kaufleute haben sich in dieser kurzen Zeitspanne ein Handels- und Schiffahrtsmonopol aufgebaut, das ganz Nordeuropa umfaßte. Ein Monopol, das ihr und den beteiligten Kaufleuten außerordentlich nützt, aber, entgegen heutigen Monopolvorstellungen, eben auch den Partnern.

Dieser hansische Städtebund unterscheidet sich, das ist bereits jetzt erkennbar, in wesentlichen Punkten von den anderen zeitgenössischen Städtebünden. Er ist seeorientiert; er ist wirtschaftlich begründet; er hat einen Aktionsradius über mehrere Länder hinweg (England, Flandern, Norwegen, Dänemark, Schweden, Rußland sowie Deutschland); er wird von den jeweiligen politischen Mächten privilegiert. Vergleichbar ist dieser Städtebund mit den anderen im Hinblick auf die Ziele: Sicherung der Verkehrswege, Festigung der Vorrangstellung der Kaufmannschaft im Rahmen der Ratsverfassung und Festigung der städtischen Rechte gegen die Landesherren.

Von etwa 1300 an bis in das späte 16. Jahrhundert, also mehr als 250 Jahre lang, werden wir die Hanse auf einem langandauernden Höhepunkt ihrer Geschichte erleben, werden wir bedeutende Geschehnisse verzeichnen, aber auch viele unbedeutende. Sie mögen auf den ersten Blick nicht sonderlich wichtig erscheinen, hätten für die Hanse aber entscheidend werden können. An allen Fronten kommt es nämlich zu unterschiedlichsten Auseinandersetzungen – meist sogar gleichzeitig. So privilegiert beispielsweise König Eduard I. von England in der carta mercatoria 1303 die ausländischen Kaufleute (dem Vernehmen nach brauchte er wieder einmal Geld) erneut gegenüber den einheimischen. Zur selben Zeit aber bestätigt der deutsche König Albrecht I. dem dänischen König Erik Menved die Vorherrschaft in den Gebieten östlich der Elbe – und damit auch über die wendischen Hansestädte, Lübeck ausgenommen.

Doch dann folgt eine faustdicke Überraschung: Lübeck begibt sich zeitweilig (1309–1319) freiwillig in die dänische Abhängigkeit! Im Westen also der Triumph des Städtebundes, im Norden gleichzeitig die scheinbare Niederlage. Ständig wechseln Nicht-Frieden und Nicht-Krieg, ständig wechseln die Koalitionspartner innerhalb der Hanse (jedenfalls sind sich die Städte nicht immer einig), ständig wechselt die Zusammenarbeit der Hanse mit nichthansischen Mächten, und ständig wechseln die Bündnisse oder Feindschaften der nichthansischen Mächte untereinander; häufig genug sind sie auch gegen die Hanse gerichtet. Daß bei all diesen Querelen der Handel noch immer blüht, und zwar auf allen Märkten und (meist auch) unabhängig von der jeweiligen aktuellen politischen Situation, macht staunen und läßt vermuten, daß alle Parteien ihre Verluste wohl immer irgendwie ausgleichen können.

Beginnen wir unseren Überblick im Westen, im Königreich England. In London hatten alle ausländischen Kaufleute mit der carta mercatoria aus dem Jahr 1303 von König Eduard I. ein Privileg erhalten, das sie weitaus besser stellte als ihre englischen Kollegen: Abgaben- und Dienstfreiheit, unbeschränktes Niederlassungsrecht, Großhandel mit Ausländern und Einheimischen, Befreiung von der kollektiven Haftung für Schulden und Missetaten. Diese Regeln dienten als Ausgleich für erhöhte Zölle auf Wolle und Häute. Sein

Sohn Eduard II. widerrief zwar diese Privilegien alsbald wieder, wollte damit aber offenbar nur die Italiener treffen, die bei den Einheimischen ganz besonders unbeliebt waren. Denn die deutschen Kaufleute behielten ihre alten Vorrechte, wurden sogar noch von der kollektiven Schuldhaft befreit. 1327 trat dessen Sohn, der dritte Eduard (1327–1377), die Regierung an, versehen mit einem Darlehen der Hansen. Als Gegenleistung konnten die Hansen ihre Geschäfte erheblich ausweiten und eine wachsende Zahl Deutscher sich in England niederlassen. Sogar der Erwerb der englischen Staatsangehörigkeit wurde möglich bei gleichzeitiger Zugehörigkeit zur deutschen Hanse. Trotz alledem blieb der Anteil der Hansen an der gesamten englischen Ausfuhr (vornehmlich Wolle und Metalle) weiterhin bescheiden. In dieser Zeit übernahmen die Hansen aber noch einen weiteren Geschäftsbereich: den Geldverleih an den König, der wegen des kostspieligen Krieges gegen Frankreich in ständigen Finanznöten war. Allerdings konnten sich ihre gemeinschaftlichen Kredite nicht mit denen italienischer Bankhäuser messen.

Die Bevorzugung der Hansen zeitigte natürlich Probleme sowohl mit den Einheimischen als auch innerhalb des Bündnisses der deutschen Städte. Denn hier zeigte die Hanse keineswegs mehr einheitliches Handeln. So begünstigte der Deutsche Orden – sehr zum Verdruß der wendischen Städte – englische Handelsherren, gewährte ihnen Niederlassungsrechte in seinen Städten. Die Hanse versuchte jetzt die Konkurrenz zu regulieren: Die Engländer durften keinen Einzelhandel betreiben, nicht außerhalb der Städte und nicht mit anderen Ausländern auf hansestädtischem Boden handeln; die Hanse verweigerte ihnen also genau das Recht, das sie für sich soeben in Brügge und England erstritten hatte. Hansische Schiffe durften keine englischen Waren, englische Schiffe keine hansischen Waren transportieren. Eine dauerhafte Verständigung kam nicht zustande; 1380 erreichten die Hansen die Bestätigung ihrer Vorrechte in London sogar nur um den Preis der Gegenseitigkeit. Immer wieder kam es zu gegenseitigen Konfiskationen, so 1388 in Stralsund durch die Hanse; als Antwort ließ der englische König hansisches Gut in London beschlagnahmen. Da indes beide Parteien aufeinander angewiesen waren, kam es doch immer wieder zu neuen Absprachen – ein allerdings höchst labiles Gleichgewicht der Interessen und Kräfte und stets nur von kurzer Dauer.

Auf französischem Boden tobte seit 1339, seit dem Tod des französischen Königs Philipp IV., ein erbitterter Krieg zwischen Frankreich und England, den man später den Hundertjährigen nennen wird. Er berührte die Interessen der Hanse insofern, als vor allem die Engländer die Finanzierung dieses Kriegs zum Teil mit Kaperfahrten in der Nordsee betrieben; Hanseschiffe waren oft die fette Beute. Aller Verhandlungsbereitschaft der Hanse zum Trotz wollten die Engländer von eben diesem einträglichen Geschäft nicht lassen. Aber diesmal konnten sich die Städte nicht auf eine gemeinsame Antwort auf die englischen Händeleien einigen. Die einen plädierten für Zwangsmaßnahmen, die anderen wollten verhandeln, und eine allgemeine Handelssperre war nicht durchzusetzen.

In Flandern hatte sich die Hanse nach dem erfolgreichen Boykott Brügges 1280 bis 1282 fest etabliert. Zwar mußten sich die deutschen Kaufleute immer wieder über Benachteiligungen beschweren, doch bestätigten der Graf von Flandern 1307 und die Stadt Brügge 1309 und nochmals 1338 der Hanse alle ihre Privilegien. Anders als in Nowgorod, London und Bergen lebten die Deutschen hier aber nicht in geschlossener Siedlung, sondern über die Stadt verteilt. Das erste Statut für das Kontor wird 1347 überliefert; welche Regelungen vorher bestanden haben, ist nicht bekannt. Festgelegt wird die Aufteilung der Kaufleute in drei Drittel, die Wahl von je zwei Aldermännern und je sechs Beisitzern für jedes Drittel, die auf ein Jahr die Geschäfte des Kontors zu führen haben. Dabei bildeten die wendischen und sächsischen Städte, die westfälischen und preußischen Städte, die livländischen Städte und Visby je ein Drittel. Der Handelsplatz Brügge gewann 1313 noch an zusätzlichem Reiz, als für englische Wolle hier der Stapelzwang (Warenvorlage) angeordnet wurde. Besonders die westfälischen Kaufleute schalteten sich erfolgreich in den englischen Wollhandel mit Flandern ein.

In Dänemark erwuchs den Kaufleuten in Erik Menved ein neuer König mit alten Vormachtsansprüchen. Und da der deutsche König für die nordischen Angelegenheiten des Reiches meist keinerlei Sinn hatte, bestätigte König Albrecht 1304 das Privileg Friedrichs II., das die dänische Vorherrschaft östlich der Elbe anerkannte; nur Lübeck gab er nicht her. Doch da sich die Stadt durch die Grafen von Holstein bedroht sah, begab sie sich alsbald freiwillig von 1309 bis 1319 unter dänische Obhut. Das war fraglos ein schwerer Schlag für die sich gerade formierte Städtehanse; der Vorort Lübeck büßte innerhalb des Bündnisses gewaltig an Ansehen ein.

Als König Erik Menved 1319 überraschend früh verstarb, brachen auch die dänischen Vorherrschaftsbestrebungen zusammen; die zahlreichen Kriege hatten ihre wirtschaftlichen Spuren hinterlassen, ein Großteil der Krongüter war verpfändet, das Land verarmt, das Königtum schwach. Die einstige Großmacht wurde rasch zum Spielball deutscher Fürsten. Erst mit König Waldemar IV. Atterdag, dessen Wahl Lübeck begünstigte, konnte das nordische Königreich wieder aufatmen. Waldemar verkaufte die estnischen Besitzungen an den Deutschen Orden, überließ sogar Schonen zeitweilig den Schweden und räumte Lübeck wieder die alten Privilegien ein. Nach Jahren geduldigen Wiederaufbaus seines Landes sollte König Waldemar allerdings dann doch der gefährlichste Gegner der Hanse werden.

Lübeck rückte jetzt wie selbstverständlich wieder an die Spitze der wendischen Städte. Da man sich in dieser reichsfernen Gegend ständig See- und Straßenräubereien ausgesetzt sah, schlossen die Städte untereinander, aber auch mit den Territorialherren Landfriedensbündnisse. Man zerstörte zahlreiche Burgen, doch der Erfolg scheint sich in Grenzen gehalten zu haben. Jedenfalls wurden diese Bündnisse mit wechselnden Partnern immer wieder erneuert (u. a. 1338, 1339, 1349, 1353, 1356) – die Häufung war gewiß kein gutes Zeichen für die Haltbarkeit solcher Absprachen. Und den Adel, dessen Burgen man zerstört hatte, finden wir später auf den Seeräuberschiffen wieder. Allerdings können diese Räubereien zu Wasser und zu Land den weiteren Aufschwung des hansischen Handels nicht verhindern.

In Preußen hatte sich der Deutsche Orden, der ja so nebenbei auch noch in Spanien und Armenien, in Süditalien und in Palästina engagiert war, seit 1230 – zum Teil mit deutlicher Unterstützung durch hansische Schiffe und hansischem Geld – zunehmend besser etabliert. Die Schlacht auf dem Peipussee 1242, in der Alexander

Newski ein Heer des Deutschen Ordens vernichtend schlug, brachte das Ende seiner Ostexpansion und eine dreihundert Jahre haltende stabile Grenze mit Rußland. Diese Grenze ist bis heute auch Religionsgrenze zwischen westlich-katholischer Kirche und griechisch-orthodoxer Kirche Moskauer Provenienz. Und sie ist bis heute Kulturgrenze zwischen Ost und West. Der Schwertbrüderorden und seine Besitzungen waren schon nach der schweren Niederlage gegen die Litauer 1237 an den Deutschen Orden übergegangen, dessen Einflußgebiet sich damit um Livland, Kurland, Semgallen und Estland, das aber überwiegend dänisch blieb, erweiterte. In dieser Zeit gingen dem Orden die weitaus meisten seiner Besitzungen rund um das Mittelmeer verloren; Accon fiel 1291, Venedig wurde zum Hauptsitz erklärt.

1309 erwarb der Deutsche Orden vom Markgrafen von Brandenburg Pommerellen mit Danzig (die einheimische Herzogsfamilie war 1294 ausgestorben, ihr Erbe zwischen Brandenburg und Polen umstritten). Polen stimmte dieser Abmachung – nach langjährigen militärischen Auseinandersetzungen – 1343 auch formell zu. In diesem Jahr 1309 verlegte der Hochmeister Siegfried von Feuchtwangen den Hochmeistersitz endgültig von Venedig auf die Marienburg und beendete so langjährige heftige ordensinterne Auseinandersetzungen. Die Stellung des Ordens im Heiligen Land war wie auch die der anderen Ritterorden längst verlorengegangen. In Preußen bot sich ihm ein lukratives Einsatzfeld, das er bestens zu nutzen wußte: Hier entstand in der Folgezeit ein fortschrittliches, geschlossenes Staatswesen, fortschrittlicher, geschlossener und einheitlicher jedenfalls als alle anderen «Staaten» jener Zeit. Erst jetzt, am Ende des 13. Jahrhunderts, konnte der Deutsche Orden beginnen, in seinem neuen Territorium Deutsche anzusiedeln, und zwar systematisch: Über 1000 Zinsdörfer und 93 Städte gründete er östlich der Weichsel. Die einheimischen Pruzzen suchte er dabei soweit wie möglich zu integrieren, bestätigte sie sogar – Wohlverhalten vorausgesetzt – in ihren bisherigen Besitzungen. Nur in die Städte durften sie nicht ziehen.

Auch wenn die schriftliche Überlieferung aus dieser Zeit nicht besonders umfangreich ist, darf vermutet werden, daß eine moderne, schriftlich geführte Verwaltung existierte. Zahlreiche

Städtegründungen sowie das Bernstein- und Münzregal festigten den materiellen Wohlstand des Ordens und seiner Mitglieder. Er baute sich eine eigene Handelsorganisation auf – mit den «Großschäffereien» in der Marienburg und in Königsberg als Zentren. Getreide, Holz und Bernstein gingen nach Westen, nach England, Flandern oder Skandinavien, Tuche und Salz holte er nach Osten. Wichtigster preußischer Exporthafen wurde alsbald Danzig.

Die Dänen verkauften dem Orden 1346 Estland, Riga war schon 16 Jahre zuvor in seine Hände gefallen. Trotz aller Konsolidierungsbemühungen und Missionierungsversuche ließen sich die Litauer vom Orden nicht einfangen. Als sich dann 1386 der litauische Großfürst Jagiello taufen ließ, die polnische Thronerbin Jadwiga zur Frau nahm und die polnische Königskrone als Brautgabe erhielt, wollte der Orden diese Entwicklung wiederum auch nicht anerkennen. Denn wenn die Litauer das Christentum wirklich übernommen hätten, dann hätte der Orden ja keine Heiden mehr zu bekehren gehabt – seine gesamte Existenzgrundlage wäre entfallen. Doch so konnte er weiterhin auf Missionsfahrten gegen die Litauer ziehen.

Der Deutsche Orden war die einzige Territorialmacht innerhalb der Hanse – und entwickelte doch ironischerweise ein ganz und gar gegen deren bürgerliche Tugenden sich wendendes Selbstverständnis, ganz abgesehen davon, daß er sich vom Gründungsgedanken – der Hilfeleistung für bedürftige Menschen, Mitbrüder und der Missionierung – längst abgewandt hatte. Der adelige Ritter und sein Standesdünkel dominierten. Der Deutsche Orden bot ihm Herrschaftsaufgaben, also Macht bei persönlicher materieller Sicherheit. Das war meist mehr, als ihm in der Heimat im Westen je gegönnt gewesen wäre.

Der Städtebund formiert sich

Von der schwarzen Pest in der Mitte des 14. Jahrhunderts waren die Städte am stärksten betroffen – kein Wunder bei den herrschenden hygienischen Verhältnissen, bei der dichten Bebauung und der Überbevölkerung der Städte. Allein Bremen scheint etwa die Hälfte bis zwei Drittel seiner Einwohner verloren zu haben; jedenfalls erscheinen auf einer zeitgenössischen Namenliste 6966 Opfer; hinzu kommen noch etwa 1000 nicht identifizierte Personen; da wir jedoch die Gesamtzahl der Bevölkerung nicht kennen, bleibt es bei der Schätzung. Den anderen Städten ging es wahrscheinlich nicht besser: Man schätzt die Verluste auf wenigstens 25 Prozent, auch wenn Zahlen nur teilweise und nicht eindeutig interpretierbar vorliegen. Für Thüringen, in dem einige wichtige Hansestädte liegen, werden bis zu 50 Prozent Verluste angenommen. Die Pest scheint keine sozialen Schranken gekannt zu haben, jedenfalls gibt es bislang keine Belege für eine «Bevorzugung» bestimmter Schichten.

Bei einem so massenhaften Tod bleiben tiefgreifende Folgen für alle Lebensbereiche in Stadt und Land nicht aus. Ganze Dörfer verschwinden von der Landkarte, werden zu «Wüstungen». Die landwirtschaftliche Produktion sinkt und damit auch das Einkommen des grundbesitzenden Adels. Der Kaufmannsstand in den Städten wird kleiner und erleidet wegen sinkender Bevölkerungszahl zeitweilig erhebliche Umsatzeinbußen. Allerdings wächst die städtische Bevölkerung rasch wieder an. Vielleicht wegen einer befristeten Erleichterung der Einbürgerung? Das Patriziat allerdings scheint geschlossen zu bleiben; das bedeutet, daß sich der städtische Reichtum jetzt auf weniger bürgerliche Familien verteilt als vorher.

Derweil also der Schwarze Tod (vermutlich von England kommend, andere sagen: über Genua aus dem Orient eingeschleppt) nachhaltig die Bevölkerungsstruktur und teilweise auch die Sozialstruktur veränderte, bahnten sich für die Hanse im Westen neue Konflikte an. Zum einen häuften sich – infolge des hundertjährigen Krieges zwischen England und Frankreich – die Übergriffe englischer Kaperer auch auf deutsche Kaufleute und ihre Schiffe. Wehrte sich die Hanse dagegen, indem sie aufgebrachte Kaperer verurteilen ließ, dann kam es zu erneuten Repressalien von der anderen Seite. Weil sich bei einer dieser Gelegenheiten das Brügger Kontor zu weit vorwagte, ohne sich zuvor der Rückendeckung der heimischen Städte versichert zu haben, berief Lübeck 1356 erstmals einen allgemeinen Hansetag ein. Zwar kennen wir die Teilnehmer im einzelnen nicht, doch wird vermutet, daß aus allen Himmelsrichtungen Abgesandte der Städte zusammenkamen. Das wichtigste Ergebnis dieser Tagung bezog sich indes nicht auf das Verhältnis zu England und die Frage der Kaperer, sondern auf eine innerhansische Frage: die dauerhafte Einbindung des Brügger Kontors. Eine hansische Gesandtschaft bestätigte noch im gleichen Jahr die Kontorordnung Brügges, die man sich dort zehn Jahre zuvor gegeben hatte, mit einigen Ergänzungen. Damit war es endgültig um die Selbständigkeit des Brügger Kontors geschehen, es unterstand nunmehr den verbündeten Städten. Im Fall Bergen bestand diese Abhängigkeit von Anfang an; Nowgorod büßte seine Selbständigkeit 1361, London seine 1374 ein.

Bedeutsam für die Zukunft: Lübeck hatte längst wieder so viel Autorität unter den hansischen Städten erlangt, daß es einen «Hansetag» einberufen konnte, daß man diesem Rufe folgte und daß man das Organ «Hansetag» sanktionierte. Der Städtebund verfügte jetzt über eine Institution für gemeinsame Beratung und Beschlußfassung.

Nur zwei Jahre später trat der Hansetag erneut zusammen: Wieder gab es Kapereien, erhöhte Steuerforderungen Brügges und eine Veränderung des dortigen Stapelrechtes; auch der Graf von Flandern sollte hansische Privilegien verletzt haben. Die *Stede van der dudischen Hanse*, wie man sich seither selbstbewußt benannte, beschlossen einen Handelsboykott Flanderns, und zwar mit allen Konsequenzen: Die deutschen Kaufleute sollten Brügge verlassen und in das holländische Dordrecht ziehen; sie sollten durch amtliche Dokumente nachweisen, daß sie ihre Waren nicht in Flandern abgesetzt hatten noch bei Kaufleuten, die mit Flandern Handel trieben; flämische Waren durften von deutschen Kaufleuten nicht gehandelt werden, ihre Schiffe nur bis zur Maas fahren. Selbst Schiffe in Seenot mußten sich diesem Boykott ebenso fügen wie auch ausländische Kaufleute. Sie hatten durch Bürgschaft zu gewährleisten, daß sie ihre Waren nicht in Flandern absetzten. Zuwiderhandelnde wurden für immer aus der Hanse ausgeschlossen.

Ein Wirtschaftskrieg also, mit all den fatalen Folgen für beide Parteien. Die Hanse hielt durch, mußte um des wirtschaftlichen

Überlebens ihrer Mitglieder willen durchhalten: Ein Mißerfolg hätte sämtliche Privilegien in anderen Ländern auf das höchste gefährdet, den Kaufleuten ihre Basis entzogen. Brügge und der Graf von Flandern gaben im Sommer 1360 dann nach, vor allem erheblicher Versorgungsengpässe wegen: In den Niederlanden hatte es eine Mißernte gegeben, im Frühjahr sperrten die wendischen Städte den Sund, um preußische Schmuggelschiffe mit Getreide für Flandern aufzuhalten. Die Hanse bekam sämtliche Privilegien bestätigt, sie durfte jetzt sogar Kleinhandel betreiben. Der Graf von Flandern, die Städte Brügge und Ypern zahlten beträchtliche Entschädigungen. Und noch ein weiterer Erfolg stellte sich ein: Bremen, dessen Kaufleute nach dem Norwegenboykott 1182 von den Hanseprivilegien förmlich ausgeschlossen worden waren (sie hatten sich an eben diesem Boykott nicht beteiligt, bedurften auch wegen ihrer guten Handelsbeziehungen der Zusammenarbeit mit der Hanse nicht), Bremen also erbat 1358 die Wiederaufnahme in den Städtebund! Auf einen so mächtigen Partner wollten die Bremer auf Dauer doch nicht mehr verzichten. Kein Sieg indes ohne Schatten. Auch die Reichsstadt Nürnberg erhält (obwohl keine Hansestadt!) von den Flamen die gleichen Privilegien. Sie und ihre Kaufleute sollten 200 Jahre später den eigentlichen Untergang der Hanse mitzuverantworten haben.

Noch war die Bedrohung durch Privilegienentzug in Flandern, noch waren die wirtschaftlichen Folgen des Handelsboykotts nicht überwunden, da zog von Norden her dem Städtebund eine neue Gefahr auf. Waldemar Atterdag, der dänische König, dessen Wahl die Hansen 1340 noch so begrüßt hatten, besetzt Schonen (1360) und ist erst nach zähen Verhandlungen und hohen Zahlungen bereit, hansische Privilegien zu bestätigen. Noch während der Verhandlungen besetzt er 1361 Gotland, plündert Visby.

Das war den im Grundsatz kriegsscheuen Kaufleuten denn doch zuviel, drohte doch wieder einmal die alte dänische Hegemonialpolitik in der Ostsee. Man beschließt den Boykott Dänemarks und einen Krieg. Die Könige von Schweden und Norwegen wollen mitmachen, ebenso der Herzog von Schleswig und der Graf von Holstein, auch der Hochmeister und der Deutsche Orden. Doch mehr als Geld kommt nicht zusammen, und die niederländischen

Städte unterlaufen den Boykott. Dennoch zieht im Frühjahr 1362 eine gewaltige hansische Streitmacht von 8000 Mann auf 52 Schiffen vor die Sundfeste Helsingborg; die von Norwegen und Schweden fest zugesagte militärische Hilfe bleibt indes aus. Die langwierige Belagerung durchbricht König Waldemar mit einem Kommandounternehmen, ein Großteil der hansischen Flotte geht verloren. Ein Waffenstillstand wird vereinbart; wieder beginnen zähe Verhandlungen. Und der lübische Bürgermeister Johann Wittenborg, der die vereinten Hansestreitkräfte geführt hatte, wird derweil in seiner Heimatstadt öffentlich hingerichtet. Leider bleibt dieses Beispiel ohne Nachahmung in der europäischen Politik. So mancher Krieg hätte gewiß nicht stattgefunden, wenn der Verlierer zu Hause den sicheren Tod vor Augen gehabt hätte.

Im Spätherbst 1367 treffen sich im Kölner Ratssaal (den man erst seit dem 19. Jahrhundert Hansesaal nennt) Abgeordnete aus Lübeck, Wismar, Rostock und Stralsund, Kulm, Thorn und Elbing, Kampen, Harderwijk und Elburg, Amsterdam und Briel zum ersten und einzigen Mal in der rheinischen Großstadt. Auf der Tagesordnung: Waldemar Atterdag, König von Dänemark, bedrohte schon wieder die Vormachtstellung der Hanse in der Ostsee. Und zwar nicht, wie noch sieben Jahre zuvor, nur die wendischen Städte, sondern unterschiedslos alle Hansen. Er ließ preußische Schiffe kapern, was den Deutschen Orden aufbrachte, er ließ flandrische Schiffe kapern, was die späteren Niederländer in das Bündnis mit den wendischen Städten brachte. Auch der neue schwedische König Albrecht aus dem Hause Mecklenburg wandte sich gegen die Dänen. Jener Hansetag von 1367 in Köln zeigt das Bündnis in einer politisch deutlich besseren Position als noch sieben Jahre zuvor. Der Beschluß der Abgesandten bekam den Namen *Kölner Konföderation* und beinhaltete: formelle Kriegserklärung an den dänischen König, diplomatische Noten an Kaiser, Papst, die Könige von England und Polen, an viele norddeutsche Fürsten. Finanziert wird das Unternehmen durch das *Pfundgeld*, das auf alle Waren und Schiffe erhoben wird, die einen Hansehafen berühren. Ein Jahr später schlossen sich Mecklenburg, Schweden, Holstein und ein Teil des dänischen Adels dieser Konföderation an. Auf der anderen Seite blieben aber einige Hansestädte der Konföderation

Erhebung des «Pfundzolles» im Jahr 1368.

fern (wie die westfälischen Städte) oder leisteten nur einen finanziellen Beitrag (wie Hamburg und Bremen).

Etwas Unerhörtes, zumindest für unsere heutigen Vorstellungen: Ein Städtebund erklärt einem König formell den Krieg! Ein Städtebund, der über keinerlei Territorialmacht verfügt, ein Städtebund, dessen Mitglieder einem jeweils anderen Herrn untertan sind, ein Städtebund, der nur auf gemeinsamen Wirtschaftsinteressen beruht, ein Städtebund, den es formell eigentlich gar nicht gibt, der von niemandem formell anerkannt ist – und doch von allen Machthabern der Zeit als politischer Faktor akzeptiert wird.

König Waldemar kann dieser geballten Macht nicht lange standhalten, hat sie wohl unterschätzt. Helsingborg, die dänische Festung

97

am Sund und sein letzter Halt, fällt im November 1369. Wieder einmal spielt Geld eine wohl mitentscheidende Rolle (jedenfalls sind spätere Geldzahlungen an einige Belagerte verbürgt); dem Waffenstillstand, den die Hanse gegen den Widerstand der deutschen Fürsten durchsetzte, folgen im Mai 1370 dreiwöchige Verhandlungen zwischen den Kontrahenten. Diesmal ist Stralsund Gastgeber der Delegationen; der Stadt zu Ehren spricht man vom Stralsunder Frieden. Und hierbei zeigt sich wieder bester Hansegeist. Nicht die Demütigung, nicht die Vernichtung des Gegners ist angesagt, sondern Ausgleich – schließlich lebt man vom Handel und nicht von der Macht. Den hansischen Städten werden die alten Vorrechte wieder zugesprochen: Handelsfreiheit in Dänemark und auf Schonen, Strandrecht, Befreiung von dänischen Gerichten; zur Sicherung der Absprachen, und natürlich auch als Ausgleich für die Kriegskosten, erhalten die Städte auf die Dauer von fünfzehn Jahren zwei Drittel der Einkünfte aus den vier dänischen Festungen am Sund (Helsingborg, Malmö, Skanör und Falsterbo) – und damit auch deren Kontrolle. Schließlich, auch im Abstand der Jahrhunderte noch sensationell: Der dänische Reichsrat darf ohne Einwilligung und ohne vorherige Bestätigung durch die Hanse keinen neuen König wählen! Deutsche Kaufleute, deutsche Städte entscheiden unmittelbar über die dänischen Königskandidaten und Königswahlen.

Die Hanse war offensichtlich ein ungewöhnlich milder Sieger. Waldemar Atterdag blieb dänischer König bis zu seinem Tod 1375. Er hinterließ zwei Töchter und damit ein ungeregeltes Nachfolgeproblem, die jüngere Margarete, mit König Hakon VI. von Norwegen verheiratet, und die ältere Ingeborg, mit Heinrich von Mecklenburg, dem Bruder des schwedischen Königs, verheiratet. Beide Töchter schickten jeweils ihren Sohn in das Kandidatenrennen, Margarete stellt Sohn Olav, Ingeborg ihren Sohn Albrecht. Die Hanse plädierte 1375 – gemäß ihrem neuen Recht und anders als die deutschen Fürsten – für Olav als Nachfolger von König Atterdag. Für ihren noch unmündigen Sohn übernimmt Margarethe die Regentschaft.

In diese Zeit des dänischen Herrscherwechsels fällt auch der einzige Besuch eines deutschen Kaisers in Lübeck seit Friedrich I.

und bis hin zu Wilhelm I. Karl IV. aus dem Hause Luxemburg, der sich wegen der Einziehung der Markgrafschaft Brandenburg stärker in die politischen Angelegenheiten des norddeutschen Raumes einmischt als seine Vorgänger und Nachfolger, besucht die Hansestadt, *unser aller Haupt*, für zehn Tage, redet die Ratsherren während einer Ratssitzung sogar mit «Herren» an, eine höchst ungewöhnliche Ehrung, und beabsichtigt wohl eine stärkere Bindung Lübecks, vielleicht auch der Hanse an das Reich. Die Kaufleute zeigten zunächst die schon sprichwörtliche hansische Zurückhaltung, nicht einmal als «Herren» wollten sie sich anreden lassen (so berichtet jedenfalls der Lübecker Chronist); zum Schwur kommt es indes nicht, da Karl IV. schon drei Jahre später stirbt und seine Nachfolger wieder einmal den weiten Ritt in den hohen Norden scheuen, wieder einmal die Hanse mit ihren Geschäften und Problemen alleine lassen, ja sie in einer späteren Zeit sogar willentlich zusätzlich belasten, indem sie die hansischen Konkurrenten, die Holländer vor allem, privilegieren.

Bewährung und Bewahrung II
(1375–1550)

Kaum hatte sich die Hanse von den dänischen Irritationen zu erholen begonnen, zogen an allen Horizonten gleichzeitig neue Herausforderungen, künftige Bedrängnisse auf. In England wehte nach dem Tode Eduards III. ein anderer Wind, und die englischen Kaufleute ließen sich von ihm an neue Küsten wehen. In der Ostsee waren Elbing, Danzig und Stralsund ihre bevorzugten Ziele, sie brachten und luden genau die Güter, die bisher ausschließlich von den Hansen gehandelt wurden. Richard II. verstand sich keineswegs von vornherein zu einem guten Verhältnis mit der Hanse; er verweigerte zunächst die Privilegien. Und in London mußten die hansischen Kaufleute trotz erreichter Privilegienbestätigung doch neue Abgaben entrichten.

Flandern, der wichtigste Handelspartner im Westen, fiel durch Heirat 1384 an Burgund. Das war vorderhand noch kein Unglück. Doch die burgundischen Herzöge waren aus anderem Holz geschnitzt als die einheimischen politischen Kräfte, die Grafen von Flandern, die Grafen vom Hennegau, die Grafen von Holland, die Herzöge von Brabant, die Herzöge von Geldern, die Bischöfe von Utrecht und Lüttich und die vielen Städte, die bis dahin die flandrische Politik bestimmten. Und so wird Philipp der Kühne als Graf von Flandern dem Städtebund schon bald ein hartnäckiger Widersacher sein. Eine Generation später ist – durch gezielte Eroberungen, durch Erbschaft, durch Kauf, durch politischen Druck und durch Glück – das Gebiet zwischen den Niederlanden im Norden und der Picardie im Süden in den Händen von Philipp dem Guten. Was einst unter viele, auch miteinander rivalisierende Mächte verteilt war, wächst nun zu einem potenten Staatswesen zusammen, das unter starken Herrschern der Hanse ernsthaft die Stirn bietet. Sein Sohn Karl, mit dem Beinamen *der Kühne* geehrt, heiratet 1468 in Brügge ein zweites Mal. Margarete von York ist die Auserwählte. Jener Karl war nicht nur kühn, sondern auch ein begnadeter Verschwender. Die Hochzeit geriet zu einer Demonstration vom Luxus der Extraklasse, sie gibt uns auch Gelegenheit, über den Tellerrand der hansischen Geschichte hinauszuschauen. An dem Defilee zu Ehren des hohen Paares nehmen auch die ausländischen Kaufleute in Brügge teil. Allen voran schreiten und reiten die Venezianer, dann folgen die Florentiner, dann die Spanier, dann die Genuesen und erst jetzt, an fünfter Stelle, die «Osterlinge». Natürlich sind die Hansekaufleute bedeutend. In diesem Jahr 1468 aber gibt es noch bedeutendere Händler, zumindest in Brügge und im Ansehen des hochzeitlichen Paares. Der Tod des kühnen Karl, der ein Königreich Burgund errichten wollte und sich den bäuerlichen Schweizern beugen mußte, dabei sogar sein Leben ließ, befreite die Hanse 1477 zwar von diesem gefährlichen Gegner, doch nur, um einem noch stärkeren Platz zu machen – den Habsburgern. Karls des Kühnen Tochter Maria brachte seine umfangreichen Besitzungen in die Ehe mit Maximilian I. ein (nur die Picardie und Burgund blieben bei Frankreich). Im nächsten Jahrhundert wird hier, in den Niederen Landen, das gleiche Herrscherhaus regieren, das auch über die hansischen Kaufleute als Untertanen gebietet.

Das Königreich Polen und das Großfürstentum Litauen, die Anrainer Preußens und des Deutschen Ordens, schließen sich 1386 zu einer Union zusammen und besiegen in der Schlacht bei Tannenberg 1410 den Deutschen Orden. Sie leiten damit den quälenden, weil lang dauernden Untergang des Ritterstaates ein. Der Schlacht bei Tannenberg folgen ständige weitere Kämpfe, die erst 1466 im «2. Frieden von Thorn» enden. Der Deutsche Orden muß Pommerellen und die Weichselmündung mit den Hansestädten Thorn, Danzig und Elbing an Polen/Litauen abtreten.

Im Osten vertreibt Dimitri Donskoi nach der Schlacht auf dem Kulikower Feld die Tataren. Das Großfürstentum Moskau breitet sich zunehmend aus und bedroht auf lange Sicht auch Nowgorod und damit die wichtigste Handelsniederlassung der Hanse im Osten. Nicht einmal hundert Jahre dauerte der Expansionsdrang der Moskowiter, bis sie den Finnischen Meerbusen erreicht und die Stadt am Ilmensee ganz unter ihre Herrschaft gebracht hatten.

Und, nicht zu vergessen, in den Städten selbst beginnen sich neue politische Kräfte zu regen. Schon 1365 kam es in Bremen, später auch in Braunschweig, Hamburg, Lübeck, Stralsund, Köln oder Dortmund zu Verfassungskrisen um die Beteiligung der Bürger am Stadtregiment. Nicht mehr das Patriziat, die Kaufleute allein sollten über das Schicksal der Städte entscheiden. Eine Generation später drohte gar der ganze Städtebund an diesen Auseinandersetzungen in Lübeck zu zerbrechen. Hier dauerte der Konflikt zwischen dem alten Rat des Patriziats und dem neuen Rat der Stadtbürger ganze acht Jahre, in denen der Vorort der Hanse, *unser aller Haupt*, seine gewohnte Führungsaufgabe nicht wahrnehmen konnte, acht lange Jahre, in denen die Stadt sogar kurzzeitig in die Reichsacht erklärt wurde.

Als ob dies alles noch nicht genug gewesen wäre: Jetzt hebt die Zeit an, in der sich die Staaten, zu denen jede einzelne Hansestadt ja auch gehört, im neuzeitlichen Sinne zu formieren beginnen. Ein langwieriger Prozeß, an dessen Ende die Einbindung der Städte in ein größeres Gemeinwesen, eben den «Staat», stehen wird und muß. Kein Landesherr kann es sich leisten, innerhalb seines Staates selbständige, von ihm und seinem politischen Willen unabhängige Korporationen zu dulden, und seien sie auch nur ökonomischer Natur. Die Hansestädte unterstanden wie alle anderen Städte einem

Landesherrn oder, wenn sie zugleich Reichsstädte waren, unmittelbar dem deutschen Kaiser. Unterschiedlicher konnten die Rechtsverhältnisse eigentlich nicht sein als zwischen einer Reichsstadt wie Lübeck, einer Ordensstadt wie Kulm in Ostpreußen oder der markgräflich-brandenburgischen Stadt Berlin. Aus dieser Einbindung in ein Territorium werden sich alsbald Konsequenzen für den Zusammenhalt, die Solidarität des Bündnisses ergeben. Schon im 15. Jahrhundert stehen die livländischen und die wendischen Städte auf unterschiedlichen Seiten der Kriegsfront mit Dänemark.

Herausforderungen also von überall her. Vielleicht erscheinen aber erst dem späteren Betrachter diese Signale einer neuen Zeit so deutlich; in den Städten mag man sie vielleicht lange nicht erkannt oder, wenn doch, als noch nicht besonders wichtig angesehen haben. Man hatte ja eigentlich auch genug zu tun. Zunächst natürlich und vor allem mit dem Handel. Denn der blüht und blüht und blüht, trotz einer allgemeinen Konjunkturkrise. Und der Handel bringt Wohlstand, schafft Arbeitsplätze für die Handwerker, die Städte blühen weiter auf. Es wird gebaut wie nie zuvor: Allenthalben schießen Bürgerhäuser, Rathäuser, Kirchen aus städtischem Boden empor.

Bis in die Mitte des 16. Jahrhunderts hält sich die Hanse, trotz zeitweiliger Rückschläge, auf hohem wirtschaftlichen und kulturellen Niveau, meistert sie die immer neuen Herausforderungen. An allen Fronten ihres so weit gespannten Interessengebietes werden die Hansen kämpfen müssen – und auf Dauer doch auf verlorenem Posten stehen. Immer wieder kommt es zu Streit mit der Konkurrenz, was nicht weiter tragisch gewesen wäre, der konnte man sich mit wirtschaftlichen Mitteln erwehren; schwieriger werden die Auseinandersetzungen mit den politischen Mächten sein, die sich allmählich der Vorherrschaft der Hanse zu erwehren beginnen, von deren Geschäften selbst profitieren oder die Hanse zugunsten ihrer eigenen Untertanen vom Handelsgeschäft in ihren Ländern ausschließen wollen.

England
(1377–1473)

In London gab es nach dem Tod von Eduard III. 1377 mehr als zehn Jahre ständige Konflikte, bis sich die Hansen mit König Richard II. auf einen – brüchigen – Modus vivendi einigten. Dabei erschwerten sich die Hansestädte durch allzu häufige Uneinigkeit ihre Verhandlungsposition. Als beispielsweise der Deutsche Orden und die preußischen Städte 1385 den Handel mit England unterbrachen (in Sichtweite von Brügge hatten die Engländer deutsche Schiffe überfallen) und die englischen Kaufleute des Landes verwiesen, fanden diese statt dessen in der wendischen Stadt Stralsund, einer Hansestadt mithin, einen dankbaren Gastgeber. Lange währte diese Gastfreundschaft indes nicht: Nach weiteren englischen Beutezügen beschlagnahmte man englische Waren in dieser Stadt. Das führte zu einer entsprechenden Reaktion des englischen Königs. Ein erneuter Vertrag wurde abgeschlossen, der den Hansen ihre bisherigen Rechte bestätigte und Schadensersatz zusicherte, zugleich aber die preußischen Häfen für den englischen Großhandel öffnete. Die Engländer ließen sich vor allem in Danzig fest nieder, schlossen sich (vergleichbar früheren Hanse-Gebräuchen) unter einem *governor* zusammen, betrieben den eigentlich verbotenen Einzelhandel, bildeten sogar mit Hansekaufleuten ebenfalls verbotene gemeinsame Handelsgesellschaften. Danzig war für die englischen Händler deswegen so wichtig, weil über sein Hinterland die ständigen Holznöte der Inselbewohner behoben werden konnten. Die seit Jahren wachsende englische Handelsflotte fand in der Heimat nämlich schon seit langem nicht mehr genügend geeignetes Holz.

Der Burgfriede zwischen der Hanse und England aber nutzte – auf lange Sicht – nur den Engländern. Deren Kaufleute festigten im Ausland ihre Positionen, und zugleich dachten die englischen Könige gar nicht daran, ihre Verpflichtungen gegenüber den Hansen ernsthaft einzulösen. Sie belegten die Hansekaufleute mit zusätzlichen Abgaben, ließen den Kaperern überdies weithin freie Hand. Heinrich IV. bestätigte 1399 nach seinem Regierungsantritt zwar die hansischen Privilegien, doch behinderte auch er die Seeräuber nicht. Eine Verhandlungsdelegation, die 1407 den friedlichen Ausgleich mit den Engländern anstrebte, mußte unverrichteterdinge wieder abziehen, die Uneinigkeit der Städte war nun einmal zu offensichtlich. Wenig später legten stadtinterne Verfassungskonflikte Lübeck lahm; auch der Deutsche Orden, traditionell sehr englandfreundlich (zahlreiche englische Ritter kämpften in seinen Reihen, lebten von seinen Erträgen), bot nach der verlorenen Schlacht von Tannenberg wahrlich keinen überwältigenden Eindruck mehr von Macht und Stärke. Und so blieb es denn bei den gegenseitigen Belastungen und Vorwürfen. Das schönste und beeindruckendste Beispiel an Fürsorglichkeit für seine Untertanen bot im Jahr 1417 König Sigismund. Er hatte gerade ein Bündnis mit Heinrich V. von England geschlossen. Als sich nun die Hansen wegen der Beschlagnahme einer größeren Flotte durch die Engländer bei ihm beschwerten, erhielten sie die tröstliche Auskunft: Wer meinen Freund angreift, greift mich an. Mit «Freund» meinte Sigismund übrigens den englischen König, nicht etwa seine Untertanen. Sigismund stellt sich – anders als alle anderen Herrscher dieser Zeit – nicht vor seine Untertanen, schützt sie nicht, nimmt nicht ihre Interessen wahr. Hatten ihm die hansischen Kaufleute, diese reichen Pfeffersäcke, etwa nicht genügend Subsidien geboten? König Sigismund litt bekanntlich während seiner gesamten Regierungszeit unter Geldnöten, war sogar, jedenfalls dem Vernehmen nach, bestechlich. Sicher, nur wenige Reichsstädte zählten sich zur Hanse, und nur für die zu reden und zu sorgen hätte Sigismund ein Mandat gehabt. Dennoch verwundert es bei einem König, der so häufig und so intensiv wie keiner vor ihm über die Struktur des Reiches, über seine innere Organisation, über die politische Willensbildung in dem amorphen Gebilde nachgedacht hat, daß er sich der Hanse so sehr verschlossen hat. Daß die Verfassungskonflikte in den wendischen Städten eine Rolle bei seiner Weigerung, sich für sie einzusetzen, gespielt haben könnten, liegt nahe, wäre aber höchst kurzsichtig gewesen.

Jedenfalls erwies sich das Verhältnis zwischen England und Hanse für die nächsten beiden Generationen als äußerst labil, die gegenseitigen Eingriffe und Vorwürfe wollten nicht enden. Bis 1468 die Engländer die Hansen in London inhaftierten, ihre Güter beschlagnahmten, eine aufgeregte Menge den Stalhof teilweise zerstörte.

Köln sagte sich von der Gemeinschaft los, erhielt dafür die alten Privilegien zurück. Ein Hansetag von 1470 bestätigte den Kriegszustand mit England; Köln, dessen Kaufleute in London am längsten vertreten waren, wurde 1471, weil es sich ausschließlich auf die Vertretung seiner eigenen Interessen konzentrierte und das Bündnis in einer höchst delikaten Situation im Stich gelassen hatte, aus der Hanse ausgeschlossen, *verhanst*. Längst tobte auf allen Meeren der Kaperkrieg; die Stadt Danzig stattete sogar einen eigenen Kaperer aus, eine Karavelle: die *Peter von La Rochelle*. Ein ursprünglich französisches Schiff, das eines Blitzschlages und notwendiger Reparaturen wegen in Danzig vor Anker lag. Das Pikante an seiner Geschichte: Sein französischer Reeder war ohne Erben gestorben, also gehörte das Schiff dem französischen König. Danzig aber weigerte sich, es auszuhändigen, bevor der nicht die Reparaturkosten bezahlte.

Unter der Führung zunächst von Peter Pawest, einem Danziger Ratsherren, später, nach Verkauf, unter Paul Beneke verbreitete diese zu den größten Schiffen der Zeit zählende Karavelle überall Angst und Schrecken, aber auch Genugtuung. Noch kurz vor den Verhandlungen in Utrecht 1473 brachte dieses aus Sicht des Brügger Kontors *schone juweel* eine florentinische Galeere mit überaus reicher Beute auf. Dazu zählte auch das «Jüngste Gericht» von Hans Memling, das ursprünglich für eine Florentiner Kirche bestimmt war.

Zu den Verhandlungen von Utrecht am 25. Juni 1473 trafen sich die Vertreter von acht Hansestädten unter Führung von Heinrich Castorp aus Lübeck sowie Vertretern der drei Kontore in Bergen, Brügge und London mit Gesandten aus England. Anwesend waren – zu getrennten Verhandlungen – auch die Vertreter der Herzöge von Burgund und der Bretagne sowie ihrer flandrischen, niederländischen, seeländischen und friesischen Städte. Anwesend waren zudem Boten des französischen Königs Ludwig XI. Ebenso waren die Kölner da, in eigener Verantwortung, denn zur Hanse gehörten sie seit zwei Jahren nicht mehr. Mittendrin in diesem Verhandlungskarussell saßen die Hansekaufleute in einer unvergleichlich günstigen Position. Auf einmal rissen sich alle Parteien um die Gunst des Städtebündnisses. Der Friede von Utrecht 1473 zeigte die

Hanse auf ihrem letzten großen Höhepunkt im politischen Konzert der europäischen Mächte. Die Engländer gewährten ihr alle bisherigen Privilegien und noch ein paar mehr, zahlten eine Entschädigung, die um den Wert der Niederlassungen in London, Lynn und Boston verringert wurde, da diese nunmehr der Hanse zu eigen übertragen wurden. Allerdings mußten sich die preußischen Städte zur Bestätigung der alten englischen Rechte bereitfinden. Auch mit den Holländern und den Franzosen schloß man Friedens- und Freundschaftsbündnisse (1477 und 1483). Köln konnte nach dem Frieden zwischen England und der Hanse und dem Überfall seines Verbündeten Burgund auf das kurkölnische Neuß seinen Alleingang nicht mehr weiter wagen und unterwarf sich 1476 allen hansischen Bedingungen.

Flandern
(1388–1474)

Die Übereinkünfte von 1360 mit Brügge, mit dem Grafen von Flandern (Privilegienbestätigung, Entschädigungszahlungen) hielten nahezu eine halbe Generation. Doch dann häuften sich wieder die Klagen des Brügger Kontors an den Hansetag über verschiedenste Beschränkungen, so durfte zum Beispiel kein Hamburger Bier mehr eingeführt werden, auf Stockfisch wurden Zölle erhoben. Eine hansische Gesandtschaft kehrte unverrichteterdinge wieder zurück. Der Plan der deutschen Kaufleute, Brügge heimlich in Richtung Holland zu verlassen, wurde vorzeitig ruchbar, die Kaufleute verhaftete man, ihre Waren wurden beschlagnahmt. Da nun aber in den flandrischen Städten wenig später Weberunruhen ausbrachen, auch mal wieder ein Krieg herrschte (zwischen Frankreich und dem Grafen von Flandern), zogen alsbald doch nahezu alle ausländischen Kaufleute aus Brügge ab, mehrere Jahre herrschte im Handel hier fast absolute Ruhe. Der Tod des letzten Grafen von Flandern (1384) und der erbweise Übergang des Landes an die Herzöge von Burgund schuf eine neue Situation. Man trat in Verhandlungen ein, die jedoch rasch scheiterten: Die Herausforderungen waren diesmal schlicht nicht erfüllbar. Der Streit endete

1388 mit einem weiteren Boykottbeschluß, aber diesmal nicht so einmütig wie vor dreißig Jahren: Der Deutsche Orden, die preußischen Städte, aber auch die Städte an der Zuidersee wollten sich nicht beteiligen. Vier Jahre zäher Verhandlungen vergingen, bis die Hanse so weit von ihren Maximalforderungen abgegangen war, daß die flandrischen Städte und Philipp der Kühne als Graf von Flandern zustimmen konnten: Die Privilegien wurden bestätigt, Schadensersatzzahlungen geleistet; für die Verhaftungen von 1378 entschuldigte man sich offiziell. Jetzt kehrten auch die deutschen Kaufleute wieder nach Brügge zurück, wie es dem Zeitgeschmack entsprach: 150 berittene hansische Kaufleute auf dem Zug von Dordrecht nach Brügge; in Brügge große Zeremonie vor den Vertretern der Städte, samt öffentlicher Verlesung des Sühnebriefes.

Nun dauerte es fast vierzig Jahre, die durchaus nicht immer in Eintracht verliefen, bis ein neuer Zwischenfall die Beziehungen der Hanse zu Flandern ernsthaft in Frage stellte. Da die Hanse als englandfreundlich galt, Flandern-Burgund aber gerade mit England im Krieg lag, kam es in Sluys 1436 zu massenhaftem Totschlag an · deutschen Kaufleuten. Boykott, Auszug aus Brügge und Mißernten brachten Flandern zu einem Friedensschluß und zu Entschädigungszahlungen; die Handelskaufleute kehrten in ihr Kontor zurück.

Doch welch ein brüchiger Frieden war das! Bei nächster Gelegenheit war es mit ihm schon wieder vorbei. Die hansischen Kaufleute waren in Brügge nur ihrer eigenen Jurisdiktion unterworfen. Als nun die Stadt gegen einen deutschen Kaufmann eine sechsjährige Verbannung verhängte, witterte das Kontor Verrat an seinen Privilegien; auch klagte es über Seeraub, der sogar von flandrischen Küsten ausgehe und für den Flandern keine Entschädigungen zahle; es klagte zudem über die Behinderung des kölnischen Weinhandels. Doch die Flamen wären keine guten Kaufleute gewesen, wenn sie nicht nach dem Motto «Klage über den anderen» die Medaille umgekehrt hätten. Sie lamentierten vor allem über die Umgehung des Brügger Stapels oder über hansische Eingriffe in das flandrische Wirtschaftsleben, sogar mangelhafte Waren würden von Hansekaufleuten angeliefert.

Eine hansische Gesandtschaft brachte 1447 keine Lösungen, weder mit der Stadt Brügge noch mit dem burgundischen Herzog. Außerdem gab es von Einigkeit innerhalb der Hanse weit und breit keine Spur. Der Deutsche Orden lehnte Sanktionen ebenso ab wie beispielsweise Köln. Acht Jahre gingen ins Land, bis sich aus dem Geflecht gegenseitiger Drohungen wieder so etwas wie Kooperation entwickeln konnte. Allerdings mit weitreichenden Zugeständnissen der Hanse: zum Beispiel die Anerkennung der uneingeschränkten Gerichtsbarkeit des burgundischen Herzogs. Andererseits leistete Brügge endlich die Entschädigungen, die von der Hanse so lange vergeblich gefordert worden waren. Folgenreicher aber war, daß sich in dieser langen Konfliktzeit die Holländer noch stärker im Osthandelsgeschäft etablieren konnten, daß sogar die oberdeutschen Kaufleute ihren Anteil erheblich auszuweiten vermochten, daß schließlich die Hanse erkennen mußte, daß ihre bisherigen besten Waffen – Kontorverlegung und Handelsboykott – gegen das moderne Staatsgebilde Burgund nichts mehr ausrichteten. Schließlich war allenthalben auch offenbar geworden, daß die Hanse kein einiges Städtebündnis mehr war.

Die nordischen Reiche
(1375–1460)

Im Norden regierte Margarete von Dänemark seit 1375 zunächst für ihren noch unmündigen Sohn Olav und nach dessen frühem Tode als Königin; ihre Herrschaft brachte eine längere Friedenszeit mit der Hanse. Margarete erwarb 1380, nach dem Tod ihres Mannes Hakon VI., zusätzlich die norwegische und 1389 die schwedische Krone. Diese Gemeinsamkeit aller drei nordischen Reiche fand ihren rechtlichen Abschluß mit der Kalmarer Union von 1397. In diesem einen und einigen Königreich bestimmte die Hanse den wirtschaftlichen Ton. Aber, daran sei erinnert, sie strebte nicht nach der politischen Macht, nach Vorherrschaft, nach Beherrschung! Sie wollte Handel treiben – und Geld verdienen.

Die Anerkennung Margaretes von Dänemark durch die Hanse als Regentin für ihren noch unmündigen Sohn Olav brachte eine längere Friedenszeit für das Verhältnis zwischen Dänemark und der

Hanse. Sie war zugleich aber Ausgangspunkt für einen ebenso lang anhaltenden Streit der Hanse mit Mecklenburg und führte zu dem vom Herzog von Mecklenburg ausgerufenen Kaperkrieg. Denn mit dieser Nachfolgeentscheidung waren weder der schwedische König Albrecht (ein Sohn des mecklenburgischen Herzogs) noch die mecklenburgischen Hansestädte einverstanden. Und hatten dabei – nach deutschen Vorstellungen – sogar das Recht auf ihrer Seite: Der dänische König Waldemar Atterdag und der mecklenburgische Herzog Albrecht II. hatten sich als die jeweiligen Großväter der noch unmündigen Enkel schon 1371 darauf verständigt, daß Albrecht IV., der Sohn Ingeborgs und der ältere der beiden Thronanwärter, dänischer König werden solle. Doch diese Rechnung war ohne den dänischen Adel gemacht. Der beharrte nämlich auf seinem Vorrecht, seinen König selbst zu wählen. Die Adeligen bestimmten Olav.

Die Mecklenburger also riefen den Kaperkrieg aus. Ein Teil der Hansestädte wollte zunächst mit kriegerischen Mitteln antworten, sogar ein Pfundzoll wurde für die Ausstattung von Kriegsschiffen geplant. Doch die mecklenburgischen Städte Wismar und Rostock beteiligten sich nicht, auch die preußischen Städte zogen sich bald zurück: Lübeck und Stralsund konnten oder wollten andererseits die Last des Krieges nicht allein tragen.

Doch irgendwann hatten die schwedischen Adeligen genug des königlichen Treibens: Sie verjagten 1389 ihren König Albrecht, nahmen ihn gar gefangen und beriefen Margarete von Dänemark auch auf den schwedischen Thron. Eine neue, wahrlich bittere Schlappe für den ehrgeizigen Albrecht, der doch seit 1364 schwedischer König war und 1375 eigentlich dänischer König hätte werden wollen. 25 Jahre, fast eine Generation lang, hatte er nun ohne langfristig gesicherten Erfolg gekämpft.

In dieser wirklich prekären Situation riefen die Mecklenburger – das Herzogshaus, der Adel wie auch die Hansestädte – den totalen Kaperkrieg gegen Dänemark aus. Mit Erfolg. Rostock und Wismar öffneten den Kaperern ihre Häfen. Hier wurden ihre Schiffe ausgerüstet, hier wurden die Kaperzüge geplant, hier wurde die Beute verteilt. Hansestädte beteiligten sich an einem Kaperkrieg, der auch Hanseschiffe nicht verschonte – angeblich, weil sie ihrem Stadtherrn, dem Herzog von Mecklenburg, verpflichtet waren. Wahrscheinlich aber auch, weil es dabei außer der Reihe eine Menge Geld zu verdienen gab. Von Rostock und Wismar stachen nicht nur die Schiffe in See, von hier aus gingen auch die Lieferungen nach Stockholm ab, das als einzige schwedische Stadt noch zu Albrecht hielt. Von hansischer Solidarität, dem unverzichtbaren Fundament der Gemeinschaft, war also wieder mal keine Rede. Das schnelle Geld lockte doch zu sehr. In raschem Zugriff eroberten die Mecklenburger 1401 Bornholm und Visby, griffen bis nach Finnland (Abo) aus, plünderten Malmö; hansestädtische Kaperschiffe machten Beute im norwegischen Bergen und bereiteten so dem Hansekontor großen Schaden.

Die Vitalienbrüder

Jetzt ist es an der Zeit, ein Kapitel der Hansegeschichte aufzuschlagen, das wie kaum ein anderes im Bewußtsein der Menschen bis heute lebendig geblieben ist: das Kapitel über die «Vitalienbrüder» oder, wie sie sich selbst nannten, die «Likedeeler» (d. h.: Gleichteiler). Und es ist an der Zeit, Bekanntschaft mit der wohl bekanntesten Figur der Hansegeschichte überhaupt zu machen: Klaus Störtebeker. (Siehe auch Seite 113 ff.) Dieser Pirat hat viele literarische und historische Deutungen gefunden. Die Schilderung seiner Person, seiner politischen und sozialen Motive nähert sich im Laufe der Zeit immer mehr den historisch gesehen ebenso unwahren, aber nicht minder schönen Geschichten über Robin Hood, den edlen englischen Räuber vom Sherwood Forest. Doch nur Personen, die nicht in die Geschichte eingehen, bleiben vor Fehlinterpretationen geschützt. Der Mensch aber, um den es hier geht, die Person Klaus Störtebeker, bleibt in der schriftlichen Überlieferung dieser Zeit durchaus blaß, ihm lassen sich also alle möglichen politischen und sozialen Motive unterstellen.

Nun war die Seeräuberei längst im Gange, als Störtebeker und sein Genosse Michels vor dem Mast die Ostsee, die Kaufleute und den Handel verunsicherten. Was aber in den städtischen Archiven insbesondere Hamburgs Leben, Prozeß und Sterben dieser beiden hätte dokumentieren können, ging in den zahlreichen Kriegsläuften und Stadtbränden späterer Zeiten verloren. Große Mengen Material verbrannten 1842 in Hamburg, als nahezu die ganze Stadt in Flammen aufging.

Seeraub, Piraterie, Kaperei, Strandraub: Mit diesen Risiken lebten die Hansekaufleute, lebten alle Fernhändler so ziemlich von Anfang ihrer Tätigkeit an bis in das vorige Jahrhundert – und vielleicht gar nicht einmal so schlecht. Das genossenschaftliche Reisen der Frühzeit erfolgte ja nicht, weil Reisen in Gesellschaft unterhaltender und abwechslungsreicher war, sondern gerade auch wegen der gemeinschaftlichen Gefahrenabwehr. War das Risiko erst erkannt, wälzten die Kaufleute die durch Seeräuberei entstehenden zusätzlichen Kosten natürlich auf die Verkaufspreise ab. Oder anders gesprochen: Wenn eine politische Macht einzelne Kapitäne mit Kaperbriefen ausstattete, diese also berechtigte, im Namen dieser Macht Kaperei an landfremden Schiffen zu begehen, so war das immer auch eine Vermögensumverteilung zugunsten der Kaperer und zu Lasten der eigenen Untertanen. Die nämlich mußten auf die gelieferten Waren eben den Risikozuschlag bezahlen.

Seeraub und Piraterie begleitet nahezu die gesamte Geschichte der Hanse – meist von den Kaufleuten, den Städten ignoriert. Wie auch Kriege kosteten Fahrten gegen Seeräuber Geld, und das setzte man nur ein, wenn es sich lohnte. Daher griffen die Kaufleute erst dann zu Gegenmaßnahmen, wenn die seeräuberischen Umtriebe den Handel gar zu sehr störten. Und das war um die Wende zum 15. Jahrhundert einmal der Fall: Der totale Kaperkrieg der Mecklenburger gegen Dänemark, der in praxi natürlich alle Kauffahrteischiffe betraf, zeigte gravierende Folgen. Die Hansen entschlossen sich – endlich – 1392 zu ihrem letzten Hilfsmittel: dem Boykott. Der gesamte Verkehr mit Schonen wurde für drei Jahre eingestellt, die Preise für Salzhering schnellten im ganzen Reich entsprechend in die Höhe, in Frankfurt angeblich um das Zehnfache. Erst drei Jahre später konnte die Hanse endlich den Frieden zwischen Dänemark und Albrecht von Mecklenburg wiederherstellen: Der abgesetzte und gefangene schwedische König wurde 1393 freigelassen und mußte auf die schwedische Krone verzichten. Stockholm kam unter dänische Oberhoheit. 1397 schließlich verkündete Margarete in der

«Kalmarer Union» die Vereinigung der drei skandinavischen Königreiche unter ihrem Großneffen Erich von Pommern.

An sich hätten die Kapereien jetzt enden sollen. Doch die «Likedeeler» hatten sich längst an ihr müheloses Einkommen unter staatlicher Garantie gewöhnt. Warum also sollten sie plötzlich davon ablassen? Aus Kaperern, also staatlich legitimierten Kapitänen, wurden jetzt schlichte Seeräuber. Erst der massive Einsatz des Hochmeisters des Deutschen Ordens vertrieb die Seeräuber zunächst von Gotland und aus Visby, wenig später war die Ostsee wieder ungefährdet zu besegeln. Allerdings hatten sich die meisten «Vitalienbrüder» längst nach (Ost-)Friesland verzogen, paktierten mit den dortigen Häuptlingen, machten vor allem Marienhafe zu ihrem ständigen Quartier. Mit guten Gründen natürlich: Dieser ferne Landstrich war in jenen Zeiten praktisch nur über See erreichbar. Zwischen Oldenburg und Friesland dehnten sich noch nahezu unüberwindbar weite Moore, die nur von wenigen Ortskundigen begangen werden konnten. Und die Grafen von Oldenburg wiederum, mit deren Zustimmung allein der Landweg hätte benutzt werden können, zeigten sich den «Vitalienbrüdern» gegenüber keineswegs unfreundlich. Ein idealer Schlupfwinkel, dieses Ostfriesland, Marienhafe sein Hauptort. Endlich aber gelang es den verbündeten Kräften aus Bremen und Hamburg, die Seeräuber vor der friesischen Küste vernichtend zu schlagen, auch wenn deren wichtigste Anführer Klaus Störtebeker und Godeke Michels zunächst noch einmal durchs Netz gingen. Doch 1401 wurden auch sie vor Helgoland gefangen genommen, im Triumph nach Hamburg geführt, dort verurteilt und mit ihrem Anhang in einer wahren Schauveranstaltung öffentlich enthauptet. Nach ihren angeblich an vielen Stellen vergrabenen Schätzen fahndet so mancher Ostfriese oder Ostseeanrainer noch immer vergeblich. Aber die deutsche Geschichte ist um einen Sagenstoff reicher.

Der Jahrhundertprozess von Hamburg

Claas Störtebeker und die wahren Hintergründe*

Vor über einem Jahr, Anno Domini 1402, ging der Prozeß der
Kaufleute und Reeder Cronen, Martens und Poller gegen Claas,
genannt Störtebeker, vor dem Rat der Stadt Hamburg wegen Seeräuberei, Diebstahls und Totschlags zu Ende. Das Urteil hatte
auf «Tod durch Enthaupten» gelautet und wurde drei Tage später
auf dem Grasbrook vollzogen. Cord Klööntje, unsere «Friesische Nachtigall», hatte seinerzeit landauf, landab in den Städten, in den Dörfern, auf den Märkten, in den Höfen und Burgen
die Moritat vom bösen Claas gesungen, dem raffgierigen, mör-
derischen Seeräuber auf Ost- und Nordsee, dem das gerechte
Schicksal dann doch den Kopf gekostet habe. Seine größten Erfolge hatte er mit diesem Lied erzielt, wurde von Bauern, Bürgern und
Burgherren (und natürlich deren Damen) stürmisch gefeiert,
konnte sich erstmals in seinem Leben von seiner Sangeskunst
ernähren, erhielt sogar den wichtigsten Lobpreis, der an fahrende
Sänger vergeben werden kann – den Ehrentitel «Friesische Nachtigall» eben. Bis unser Moritatensänger bei einer seiner vielen Reisen
auf Jan Heuermann traf, einen Kumpan des berüchtigten Liken-
deelers Störtebeker. Der nun wußte eine ganz andere Geschichte
über Claas und seine Mitstreiter zu erzählen. Dies nun verwirrte
Cord ganz erheblich, bereitete ihm größtes Unbehagen. Sollte er
in seiner Moritat jenen Claas zu Unrecht angeprangert und verurteilt haben? Sollten sich die Hamburger so sehr getäuscht haben?

* s. Fußnote S. 33

Sollte es denn wirklich so gewesen sein, wie Jan Heuermann es behauptete?

Sicher, ein paar Ungereimtheiten hatte es bei diesem Prozeß schon gegeben, ein paar ganz und gar auffällige Ungereimtheiten, wenn man denn genauer hinsehen wollte. Doch das wollte ja eigentlich keiner. War doch unbestreitbar und unwiderleglich, daß jener Claas in räuberischer Absicht Schiffe ausgeraubt, Seeleute und Kaufleute über Bord geworfen und sich an fremdem Gut bereichert hatte. Das alles hatte er im Prozeß doch schließlich selbst zugegeben. Nur bei genauerem Zusehen fielen diese Ungereimtheiten dann doch ins Auge: daß der Prozeß beispielsweise hinter verschlossenen Türen geführt wurde. In Hamburg werden Prozesse immer öffentlich ausgetragen, vor aller Augen. Und dann schon gar bei dieser Beweislage. Wer unter diesen so klaren Umständen die Türen verschließt, hat doch etwas zu verbergen. Dann, daß der Prozeß so ungewöhnlich schnell verlief, selbst für hamburgische Verhältnisse. Zwar wird hier in nur einer Woche erledigt, wofür andere wenigstens einen Monat benötigen (Hamburg ist berühmt für seine «schnellen» Prozesse). Aber in nur einem Tag? Morgens begonnen, mittags das Urteil gesprochen. Daß zudem die Zusammensetzung des Gerichtes anstößig war, nein eigentlich sogar unzulässig: War doch einer der Kläger Geschäftspartner eines der zwölf Richter. Doch der Vorsitzende Richter hat diesen Umstand nicht gerügt! Warum wohl? Zufall? Absicht?

Cord Klööntje fragte nach und fand heraus: Das war ein wahrer Schauprozeß. Schlimmer noch: Die wirklichen Täter blieben ungenannt und ungestraft. Sicher, Claas Störtebeker war ein Raubritter zur See, so wie viele mecklenburgische Adelige auf See geraubt hatten, so wie viele Adelige zu Land dem Gewerbe des Raubrittertums nachgingen. Sicher, Claas Störtebeker überfiel Schiffe, machte Beute und Gefangene. Doch was hätte er mit dieser Beute anfangen können? Felle kann man nicht essen, so wenig wie Wachs. Also verkaufen! Und wer kaufte das Raubgut? Genau die, die jetzt ungenannt und ungestraft weiter ihre Geschäfte betreiben können. Und genau die, das haben wir schon leidvoll erfahren, genau die lassen nichts unversucht, unserem Cord den Kragen umzudrehen. Der mußte jetzt um sein Leben fürchten. Auch wir, die wir seinen

Bericht abschreiben und im Land verbreiten. Je mehr Abschriften, desto besser. Und unser Cord heißt natürlich nicht Cord, wir haben ihm zu seiner Sicherheit einen anderen Namen gegeben.

Hier nun sein Bericht über die wahren Hintergründe von Claas, genannt Störtebeker:

Keine meiner vielen Moritaten war je auch nur annähernd so erfolgreich wie die «Vom bösen Claas». Wohin auch immer ich kam, in den Dörfern, in den Städten, auf den Burgen der Rittersleut – überall hingen mir die Zuhörer an den Lippen, waren begeistert, füllten gar meinen Geldbeutel! Der beste Beweis für meinen Erfolg: Ich mußte mich gegen Nachahmer wehren, sehr energisch wehren, die mit «meiner» Moritat über die Märkte zogen! «Friesische Nachtigall» – den Titel hatte ich mir wahrhaft verdient, diesen Titel habe ich mir gegen viele, viele Mitbewerber ersungen. Mit meiner Moritat «Vom bösen Claas» konnte ich zum erstenmal überhaupt von meiner Kunst nicht nur leben, sondern sogar Münzen zurücklegen.

Und dann diese Verunsicherung durch Jan Heuermann! Sollte das wirklich nicht stimmen, was der ehrenwerte Rat der Stadt Hamburg überall verbreitet hat und hat verbreiten lassen? Sollten sich wirklich diese Abgründe einer Kaufmannsmoral auftun, die mein Jan andeutete? Sollte dieser Claas wirklich der gute Räuber gewesen sein und der sehr ehrenwerte Rat der Stadt Hamburg nur ein böser Rächer? Sollte ich nun meinen größten Erfolg weitersingen? Oder sollte ich mich auf Wahrheitssuche begeben? Und würde man, wenn ich tatsächlich eine andere Wahrheit herausfände, als die von der Stadt Hamburg verbreitete, dem fahrenden Sänger eher glauben oder nicht doch dem weisen Rat, seinen honorigen Mitgliedern, den ehrenwerten Kaufleuten der sehr ehrenwerten Hansestadt?

Mir ließ die Sache keine Ruhe. Also tat ich das eine und ließ das andere nicht: Nur ein Sänger, und schon gar einer meines Könnens, kann sich ungehindert von Ort zu Ort bewegen, kann wie kein anderer ungehindert mit den Menschen reden, kann wie kein anderer mit ihnen ungehindert einen Krug Bier trinken. So kam ich weit durch das Land, durch die Städte, durch die Hafenstädte zumal.

Ohne Behinderungen. Alle liebten ihren Cord Klööntje, die «Friesische Nachtigall», und seine Moritat «Vom bösen Claas».

Je mehr ich mich weiterfragte, je mehr ich erfuhr, was bis jetzt nur wenige wissen, um so schwieriger wurde es indes für mich. Schwieriger jedenfalls, als ich es mir vorgestellt hatte. Heute, nachdem ich wohl alles erfahren habe in Sachen Claas, heute muß auch ich um mein Leben fürchten: Bis heute nämlich sind bereits zwei meiner Gewährsleute spurlos verschwunden – die kann niemand mehr befragen, die kann ich nicht mehr als Zeugen aufrufen. Ein dritter war in Wismar vom Kai gefallen und im Hafen ertrunken. Ein vierter starb im Londoner Stalhof unter sehr merkwürdigen Umständen. Zufall? Absicht? Ich bin jedenfalls vier Zeugen los.

Meine Wahrheitssuche begann mit einer Fahrt auf der «Weserstern» aus Bremen. Auf der hatte ich mich anheuern lassen als Seemann. Das ist das Geschäft, das ich neben dem Singen am besten verstehe. Und ein paar Abende lang die Seeleute vor dem Mast mit meinen Gesängen zu erfreuen, trug sicher zu meinem Bekanntheitsgrad bei. Natürlich geschah das alles nicht ohne Absicht. «Man» hatte mir in Hamburg nämlich angedeutet, daß J. (den Namen habe ich verändert) dieses Schiff für seine Reisen nach London regelmäßig benutzt hatte und nur dieses Schiff. J. war einer der Richter, die Claas zum Tode verurteilten. J. sei auch der Richter, der seither vermehrt dem Wein zuspreche, er, der vorher Wein oder andere Getränke dieser Art nie auch nur angerührt hätte. Nun, die Seereise war kurz, doch konnte ich sein Vertrauen ein wenig gewinnen. So viel Vertrauen wenigstens, daß er mir dies und das andeutete, zumal dann, als ich ihm versicherte, daß mich sein Name überhaupt nicht interessiere, daß ich seinen Namen nie auch nur erwähnen würde. Ich wolle doch nur Hintergründe erfahren, Hintergründe über Claas, sein Leben, seinen Prozeß und seinen Tod. Da könne er mir doch gewiß helfen.

Ja, das Verfahren sei auch seiner Meinung nach nur für die Menge aufgeführt worden, auch wenn die Verhandlung nicht öffentlich gewesen sei. Ja, der Vorsitzende Richter hätte die Wahl von Gerhard Baltes rügen müssen wegen seiner engen Geschäftsverbindung zu Holm Cronen, einem der Kläger. Ja, ich solle einmal nachfragen, wieso denn die Herren Baltes und Cronen so schnell hätten reich werden können. Dafür gebe es weder in der Vergangenheit noch in der Gegenwart vergleichbare Beispiele. Das müsse entweder mit dem Teufel zugegangen sein (was er nicht glaube, da es seiner Meinung nach keinen Teufel gebe – der sei etwas für arbeitsscheue Geistliche) oder mit unrechten Dingen. Ja, er wolle gern über das Verfahren gegen Claas mit mir reden. Ja, wir sollten uns wieder treffen in fünf Monaten, wenn er wieder nach London segele. Ja, er werde mir einen Platz auf der Heuerliste verschaffen, und selbstverständlich werde er mir die Namen von wichtigen Personen sagen und mich bei ihnen einführen.

Zu einem zweiten Treffen mit J. kam es dann doch nicht mehr: Er war drei Tage nach unserer Ankunft in London im Stalhof von einem umstürzenden Stapel Tuche so unglücklich mitgerissen worden, daß er noch auf der Stelle starb. Zufall? Absicht? Waren unsere nur kurzen Gespräche womöglich mitgehört worden?

Spätestens jetzt war mir klar, daß ein Wespennest ein erholsamer Ort ist gegenüber dem, was mir drohte, wenn ich weiterfragte und wenn ich dabei erwischt würde. Doch die Sache hatte mich längst zu sehr gepackt, als daß ich jetzt hätte noch aufgeben können! J. hatte mir Tatsachen beschrieben, Stichworte gegeben, Namen genannt. Der wichtigste war Regina. Regina war Claasens Frau, blondbezopft, selbstbewußt, Mutter zweier bildhübscher Töchter. Doch die waren für mich, den fahrenden Sänger, leider unerreichbar.

Niemand wußte bisher, daß Claas verheiratet war, ich jedenfalls habe keinen getroffen, nur eben J. Wo ich Regina und ihre bildhübschen Töchter fand, bleibt meine Sache. Ich habe sie jedenfalls getroffen, auf ihrem großen Gut in Mecklenburg. Das umfaßte damals wenigstens zehn Vorwerke mit mehr als fünfzig Familien. Claas also war ritterbürtig, stammte aus mecklenburgischem Adel (auch das war bisher nicht bekannt), besaß ein schönes steinernes Haus, das ursprünglich einmal eine Burg gewesen war. Die hatte Regina in ein gemütliches Heim umgewandelt – wer braucht denn in unseren Zeiten noch eine Burg? Fensterscheiben, mehrere Kamine, Teppiche auf den Steinböden. Alles in allem etwa fünfmal größer als unsere großen Patrizierhäuser in Bremen. Und für unsere friesischen Verhältnisse natürlich riesig; in Mecklenburg war das allerdings eher mittelgroß. Eine reiche Familie also, jedenfalls für meine heimischen Zustände.

Mit diesem Gut beginnt die ganze Geschichte, beginnt auch das Drama der Familie. Eigentlich hätten sie von ihrem Gut herrschaftlich leben können, wären da nicht die Schulden von Peer gewesen, dem älteren Bruder von Claas. Die hätten alles weggefressen. Eigentlich hätten sie ihr Gut sogar verkaufen müssen, doch weder sie noch Claas waren dazu bereit gewesen. Wie aber die Einkünfte verbessern? Sie hätten, so J., ständig auf Abhilfe gesonnen, hätten aber keinen Weg gefunden, hätten ihre Gläubiger immer wieder vertröstet. Da sei dann eines Tages der Aufruf von Herzog Johann zu ihnen gedrungen, des mecklenburgischen Regenten: Die dänische Königin verhindere, daß Albrecht, der rechtmäßige Erbe, die schwedische Königskrone übernehmen könne. Jahrelang habe Albrecht sich zurückgehalten, habe versucht, im Frieden mit ihr zu bleiben. Doch jetzt könne er nicht länger zusehen. Der schnellste Weg, Dänemark botmäßig zu machen, sei das Kapern seiner Schiffe. Daher fordere Albrecht jetzt – mit Zustimmung der Großen des Landes und der Städte – jeden auf, der könne und wolle, sich als Kaperer für Albrechts gerechte Sache einzusetzen. In Stralsund und Wismar warteten seine Agenten darauf, in seinem Namen die nötigen Kaperbriefe auszustellen. Ohne Kaperbrief keine Kaperei.

Claas und Regina hätten lange miteinander beraten, hätten die Sache hin und her gewogen. Ihnen sei bewußt gewesen, daß die Kaperer von heute die Seeräuber von morgen sind. Es brauchte doch nur der Fall einzutreten, daß sich Herzog Johann und Königin Margarete einigten, dann würden mit einem Schlag aus legalen Kaperern illegale Seeräuber, die mit der ganzen Härte des Gesetzes zu bestrafen seien, mit dem Tode nämlich. Andererseits könne man mit der Kaperei innerhalb kürzester Zeit – und ungestraft, da in herzoglichem Auftrag – große Reichtümer erwerben, Reichtümer, derer sie doch so bedürftig waren.

Claas sei, berichtete J. weiter, dann nach Wismar geritten, um sich genauer zu erkundigen. Dort habe man ihn an Jan Terhuusen verwiesen. Der stelle im Namen des Regenten die Kaperbriefe aus. Ich selbst habe Jan Terhuusen noch sieben Wochen vor seinem mysteriösen Verschwinden in Wismar getroffen, habe mit ihm auch gesprochen, aber doch nur herzlich wenig erfahren. Im Grunde nämlich bestätigte er immer nur das, was ich bereits wußte. Wenn ihr mich fragt, eine höchst zwielichtige Person. Und nur soweit seine Darstellung mit den Erzählungen von Regina übereinstimmt, werde ich sie übernehmen; er allein wäre mir als Zeuge viel zu unglaubwürdig. Als Befrachter, seinem Hauptberuf, wußte er natürlich genau Bescheid über Schiffe, Steuerleute, Kapitäne, Kaufleute und Reeder; über Waren und Termine.

Jedenfalls sei, so erzählte er mir, eines Tages ein stattlicher Mann in sein Haus getreten, etwas nachlässig gekleidet.

«Wer bist du? Was willst du? Was kannst du?» habe Jan den Besucher gefragt.

«Nennt mich Claas. Und das vertrauliche Du verbitte ich mir!»

«Und warum sollte ich das tun?»

«Weil ich es Euch sage!»

«Oho, so einer seid Ihr: das Befehlen gewöhnt und den Gehorsam anderer. Also: Was wollt Ihr? Was könnt Ihr?»

«Auf Kaperfahrt gehen», dabei griff er nach dem Kamineisen, bog es zu einem großen U und sogleich wieder gerade.

«Alles klar?»

«Alles klar. Könnt Ihr ein Schiff führen?»

«Nein, aber Menschen!»

«Habt Ihr schon Truppen geführt?»

«Das geht Euch nichts an!»

«Oho, so ist das. Nun denn.»

Dabei habe er Claas lange und intensiv gemustert und nach einigem Zögern gesagt:

«Ich gebe Euch die ‹Möwe›, die schnellste Schnigge im weiten Umkreis. Sie ist vor wenigen Tagen hier eingetroffen und wartet auf neue Order. Ich gebe Euch den Steuermann Heiner Wolfen, einen der Besten in der Ostsee, sowie etwa fünfzig Mann Besatzung. Bewaffnet. Gut ausgebildet. Dafür bekomme ich von Euch siebzig vom Hundert der Beute. Ihr zahlt von Eurem Anteil Heuer und Verpflegung der Mannschaft sowie den Waffenersatz.»

«Dafür geht Ihr selbst auf Kaperfahrt! Vierzig vom Hundert und die auch nur bis zum Höchstsatz von siebenhundert lübischen Pfund per Anno. Alles, was wir darüber hinaus erbeuten, behalten die Mannschaft und ich.»

«Fünfzig vom Hundert – und nur dänische Schiffe.»

«Fünfzig und alle Schiffe, außer denen aus Stralsund und Wismar.»

So ist das heutzutage mit Recht und Gesetz: Der herzogliche Agent Jan Terhuusen erteilt die Kaperlizenz und erhält dafür 50 Prozent der Beute. Wieviel davon er an den Herzog und den Hof abliefern mußte, darüber schwieg sich unser wackerer Agent beharrlich aus. Auch zu den anderen Fragen: Wohin kommt die Beute? Wer nimmt sie an? Wer verkauft sie weiter? Wer macht aus Raubgut wieder verkäufliche Waren? Unser fleißiger Agent, unser herzoglicher Beauftragter in Kaperlizenzangelegenheiten schwieg und schwieg.

Ich sagte schon: Jan Terhuusen verschwand sieben Wochen nach unserem Gespräch. Wenn er denn unfreiwillig dahingegangen ist, wofür nachgerade alles spricht, dann sei den Auftraggebern gesagt: Er hat geschwiegen. Er hat nie etwas zugegeben, was ich nicht schon gewußt hatte. Jan Terhuusen schwieg zu allen meinen Fragen. Er berichtete mir lediglich, für welche Reeder und Kaufleute er als Befrachter tätig sei. Unter anderem auch für Cronen und Baltes. Zufall? Absicht? Er hätte mir diese Namen doch auch verschweigen können! Oder wußte er vielleicht gar nichts über deren Verwicklungen?

Nun, unser guter Jan verschwand jedenfalls spurlos. Im Hafen hieß es, er sei nach Augsburg gereist, habe sich, seine Kenntnisse und Verbindungen in den Dienst der Fugger gestellt. Ich habe dort natürlich nachforschen lassen, durch mehrere Personen. Alle berichten übereinstimmend: Im Fuggerschen Kontor ist nie ein Gehilfe oder Agent namens Jan Terhuusen tätig gewesen. Auch gab und gibt es dort keine Person, auf die meine Beschreibung zugetroffen hat oder zutrifft. Ich jedenfalls bin fest überzeugt, daß nicht die blinde Nemesis in Wismar gewaltet hat, sondern daß andere, höchst irdische Mächte nachdrücklich und wohl auch endgültig eingegriffen haben. Solche Mächte nämlich, die zwar nicht wußten, was Jan Terhuusen mir gesagt *hat*, hingegen aber wußten, was er mir *hätte* sagen *können*. Diesen bisher unbekannten und ungenannten Mächten (nun ja, jetzt so unbekannt nun auch wieder nicht) sei noch einmal deutlich gesagt: Jan hat geschwiegen, er hat mir nichts verraten. Ich wünsche mir, daß auch diesen Dunkelmännern mein Bericht in die Hände fällt: Dann möge Gott sie mit einem so schlechten Gewissen plagen, das es ihnen ihr Leben lang keine Ruhe mehr läßt, dann mögen alle finsteren Kräfte der See über sie herfallen und sie quälen.

Ich aber hatte jetzt doch eine etwas genauere Vorstellung von diesen unbekannten Mächten, ahnte mehr von dem schwankenden Boden, auf dem ich mich bewegte. Doch weder diese finsteren Mächte und ihre Kräfte noch das Schicksal des ehrenwerten, verschwundenen herzoglichen Agenten Jan Terhuusen konnten mich von weiteren Fragen abhalten. In Hafenstädten bleibt selten etwas wirklich verborgen. Zu viele Augen, zu viele Ohren (und natürlich auch Mäuler) sind ständig aufgesperrt; zu viele Köpfe vergessen nicht, was sie einmal gesehen oder gehört haben; zu viele Zungen reden hier dies, reden dort das. Ganz besonders, wenn man mit einem Krug Bier nachhilft und sich Zeit nimmt.

Da war ich wieder in meinem Element. Wieder trank ich mich durch die Kneipen, sang meine Lieder. Wismars Kneipen sind wirklich nicht einladend. Doch dem singenden Fahrensmann Cord Klööntje standen sie natürlich offen, und mancher Wirt ließ mich hier kostenlos essen und trinken – gegen ein paar Lieder, versteht sich. So ergab sich für mich ziemlich rasch ein deutliches Bild, ein erschreckendes Bild. Wie kein anderer kannte unser wackerer Befrachter, Agent und Kaperlizenzaussteller die Reeder, Kapitäne und Kaufleute. Kannte wie kein anderer die Schiffe, ihre Routen, ihre Fahrtziele. Da genügte dann schon ein kurzer Hinweis in ein geneigtes Ohr, und dieser oder jener Kaperer kannte die Fahrtziele, das Schiff, seine Mannschaft, ihre Bewaffnung und seine mögliche Beute dann auch. Von seinen 50 Prozent Anteil an der Beute mußten so manche Hände geglättet werden – am herzoglichen Hof, im Hafen, im Rat der Stadt. Zum Schluß blieben ihm aber immer noch wenigstens zehn Prozent des Warenwertes – wahrlich kein schlechtes Geschäft. Nur für einen gezielten Hinweis, ohne jedes eigene Risiko! Ein fast müheloses Einkommen, das seine eigentlichen Einkünfte als Befrachter bei weitem überstieg. Das hat mir der gute

Jan natürlich nicht selbst erzählt. Doch ich habe gefragt. Und viele Fragen bringen viele Antworten, irgendwann auch die richtigen, die eigentlich wichtigen Antworten!

Jedenfalls fand ich bald heraus, daß Schiffe mit den Waren ganz bestimmter Kaufleute nie von den Kaperern überfallen wurden. Dazu gehörten auch die Schiffe der Herren Cronen und Baltes. Zufall? Absicht? Immer wieder tauchten die gleichen Namen auf. Nicht nur Cronen und Baltes. Doch die beiden sind deswegen wichtig, weil sie die einzigen Hamburger sind. Die sind in der Stadt, ja an der ganzen Küste höchst angesehen, sind Mitglieder des Rates. Der eine war Kläger gegen, der andere Richter über Claas, genannt Störtebeker. Sie vor allem haben das Gerücht erfunden und ausgestreut, daß Claas ein Totschläger gewesen sei. Also eine äußerst gerissene Firma, gegen deren guten Ruf mein Wissen, mein Bericht schwerlich etwas werden ausrichten können.

In dieses seit langem geknüpfte Netz von Beziehungen und Bereicherungen, von Betrug und Verrat ließ sich nun auch unser Claas einspannen. Aber eben doch nicht so ganz, wie sich bald herausstellen sollte. Denn als kluger Kopf, als kluger Planer, der er war, durchschaute er alsbald die Ausbeutungsmethoden und kehrte sie gegen ihre Urheber. Vielleicht hatte er damit schon damals sein Todesurteil unterschrieben. Selbstverständlich folgte auch er den «Empfehlungen» unseres ehrenwerten herzoglichen Agenten Jan Terhuusen. Das war sozusagen sein und seiner Mannschaft täglich Brot, ihre regelmäßige Beutequelle. Darüber hatte mir Jan Heuermann begeistert berichtet. Das ist übrigens einer derjenigen wichtigen Zeugen, die meine Nachforschungen gewissermaßen überlebt haben, ohne Schaden an Leib oder Seele zu nehmen. Wahrscheinlich halten die «interessierten» Kreise einen Seemann von vornherein nicht für glaub- und zeugenwürdig. Die haben doch eigens das Wort «Seemannsgarn» erfunden, um die Erzählungen unserer Teerjacken stets in den Ruch der Lüge zu rücken.

Jan Heuermann nun (ja, ja: Ich gebe zu. Jedesmal, wenn ich ihn traf, hatte er stets eine leichte bis mittlere Schlagseite. Aber für mich bleibt er weiterhin glaubwürdig!) erzählte:

«Also, der Claas, das war ein toller Kerl! Hatte immer den richtigen

Kopf, hatte immer die besten Ideen. Also, der Claas, der stand eines Morgens auf dem Kai. Keiner hatte ihn kommen sehen. Er war einfach da. Unsere ‹Möwe› lag zum Auslaufen bereit. Claas brüllte: ‹Ahoi, ich fahre mit!›

Heiner, unser Steuermann: ‹Wer bist du? Was willst du?›

‹Meine Empfehlung von Jan Terhuusen, werter Herr. Ich heiße Claas. Und ich übernehme das Kommando über die ‚Möwe!'›

Heiner hatte von Jan Terhuusen am Abend zuvor schon die Botschaft vernommen, schob eine Planke über die Reling, sprang an Land. Redete mit Claas, und Claas redete mit ihm. Wir standen natürlich neugierig herum, konnten aber nichts hören. Beide waren sehr ruhig, unser Claas freundlich. Er zeigte Heiner den Kaperbrief. Da strahlte Heiner, drückte und schüttelte Claas grinsend die Hand. Dann kamen beide an Bord, Claas mit einem Sack auf dem Rücken. Heiner wies ihm einen achterlichen Verschlag an, gerade so groß, daß eine Schlafbank mit einem Strohsack hineinpaßte.

Nur zu bald stellten wir fest, daß Claas von der christlichen Seefahrt nicht auch nur die geringsten Kenntnisse hatte, ja, daß er sogar jedesmal seekrank wurde, wenn er wieder von Land an Bord kam. Und das sollte unser Anführer werden? Wie der wohl zu einem Kaperbrief gekommen ist? Was den Terhuusen wohl gepackt hat, den zuzulassen? Wir zweifelten. Heftigst. Aber nicht lange, wir sollten schon bald anderen Sinnes werden!

Heiner mußte uns alle zusammenrufen – 53 Mann mitsamt Segelmacher, Schiffszimmermann, Koch und Schiffsjunge; Claas trat auf das Kastelldeck und rief:

‹Ich bin Claas. Ich bin euer neuer Kommandant. Heiner ist für das Schiff zuständig. Ich für das Kapern. Wir segeln mit dem nächsten guten Wind ab.›

Keine große Rede, nicht beeindruckend. Auf See ließ er dann, damit uns im Hafen niemand hören sollte, noch einmal alle zusammenrufen:

‹Übermorgen geht ein dänisches Schiff von Wismar nach Danzig. Die ‚Adler von Fünen'. Fünfzehn Mann an Bord, leichte Bewaffnung. Rheinischer Wein. Heiner wird uns an einen Punkt steuern, von dem aus wir die ‚Adler von Fünen' sehen können. Sie aber uns nicht. Bis zum Angriff bleiben wir unsichtbar.›

Schiff und Menschen unsichtbar? Das gibt's doch nicht. Das mußte Hexerei sein! Aber auf unserem Schiff gibt es keine Hexerei! Nein, nicht auf unserem Schiff! Doch bei Claas ging das auch ohne Zauberkünste.

‹Wie wird man auf See unsichtbar? Ganz einfach: Man versteckt sich hinter dem Horizont! Und wie macht man das? Wieder ganz einfach: Wir verlängern den Mast um etwa 30 Fuß. Ihr werdet ihn dann an seiner Spitze so einrichten, daß einer von dort Ausguck halten kann. Selbst ein aufmerksamer Beobachter wird in der Ferne immer nur ein Schiff entdecken können, niemals den kleinen Ausguck über dem Horizont! Wie ihr den Mast verlängert, überlasse ich euch, das wißt ihr besser. Wer hat die besten Augen?›

‹Michel.›

‹Also, Michel: Du wirst Heiner den Kurs der ,Adler von Fünen' stets so angeben, daß unser Schiff für sie unsichtbar bleibt. Alles klar?›

‹Alles klar!›

‹Na, dann man los!›

Der Tip mit dem dänischen Schiff war natürlich von Jan Terhuusen gekommen:

‹Wir empfehlen Euch...› Ja, er sagte wirklich ‹Wir›! Das kann doch nur heißen, daß die ‹interessierten› Kreise von Anfang an bei Claas mit im Boot saßen.»

Jan Heuermann weiter:

«Noch bevor Zimmermann und Segelmacher sich Gedanken machen konnten, wie sie denn den Mast verlängern sollten, ließ sich Claas von der Mannschaft einige Segelmanöver vorführen. Da unsere Leute, bis auf zwei, schon längere Zeit zusammen fuhren, waren wir bestens aufeinander eingespielt. Jeder hatte seinen festen Platz. Alle Handgriffe saßen. Und unsere Manöver gingen flott vonstatten. Enternetze wurden ausgebracht. Claas ließ sich im Beiboot vom Schiff wegrudern, um Schiff und Mannschaft aus der Ferne zu beobachten. Ließ dann sogar, wieder an Bord, vom Boot aus einen Angriff auf das Schiff führen. Schließlich ließ er sich auch noch unsere Waffenvorräte zeigen.

Jetzt konnten Zimmermann und Segelmacher beginnen, Spieren und Segeltuch nach den Wünschen von Claas zurecht zu sägen und zu schneiden. Die Spieren sollten am Mast angelascht und oben mit einem Querholz so versehen werden, daß man rittlings darauf sitzen konnte. Zwischen den Spieren befestigten sie eine Strickleiter, die bis an Deck reichte. Michel enterte mit einer Leine zum Topp auf. Unser Angriff sollte in der Nacht erfolgen. Und da uns Claas nicht durch Rufe vorzeitig verraten wollte, mußte Michel lernen, alle ‹Rufe› über die Leine an Deck weiterzugeben. Das übten wir bis zum Umfallen.

Zwei Tage später konnte Michel dann die ‹Adler von Fünen› an Steuerbord erkennen, ohne daß sie uns ausgemacht hätte. Der erste Teil von Claasens Plan war also gelungen. Der eine oder andere aus der Mannschaft begann schon freundlicher auf den Neuen zu schauen. Doch der nahm das gar nicht wahr. Der hing nur oder saß an der Reling, ganz und gar grün im Gesicht. Und das bei nur leichtem Seegang. Eine Nacht und einen Tag segelten wir hinter unserer Beute her. Michel beobachtete das Schiff, beurteilte sein Segelverhalten, schätzte die Mannschaft ein, probte immer wieder die Leinen-Post. In der zweiten Nacht – sie war weder hell noch dunkel, leicht wolkiger Himmel, mondfrei, die Sterne kaum zu sehen – ging's dann los. Mit dem Boot sollten 15 Mann – dunkle Kleidung, schwarze Gesichter und Hände, umwickelte Ruder – an die Backbordseite unserer Beute heranrudern. Lautlos und unsichtbar natürlich. Unsere ‹Möwe› sollte an der Steuerbordseite heransegeln. Das Gesicht der beiden Fahrensmänner auf dem anderen Schiff hätte ich gern gesehen, als wir plötzlich aus dem Nichts auftauchten.

Claas brüllte hinüber:

‹Bleibt ruhig! Laßt eure Waffen liegen! Wir sind fünfzig Mann! Ihr nur fünfzehn! Ergebt euch! Euch wird nichts geschehen!›

Während er noch brüllte, hatte sich unser Boot auf die Backbordseite geschlichen, seine Besatzung saß plötzlich beinebaumelnd auf der Backbordreling. Ich glaube immer noch, daß dieses Beinebaumeln unseren Opfern den letzten Rest gegeben hat. Die Gesichter zweier schlaftrunkener Kaufleute tauchten auf, völlig entgeistert. Sie sahen sich in der Zange, und sie sahen unsere Übermacht. So gaben dann die Dänen alsbald auf. Resigniert ließen sie Claas an Bord kommen.

Der verschwand mit dem Kapitän und einem Kaufmann in einen

Winkel. Wir – Feind und Freund gemeinsam im Dunkeln – mußten derweil warten, warten, warten. Als die Morgendämmerung heraufkam, traten sie wieder heraus. Was sie miteinander besprochen hatten, wollte Claas uns nicht verraten. Bei nächster Gelegenheit setzten wir Seeleute und Kaufleute an Land aus – sollten sie doch zusehen, wie sie in das nächste Dorf kamen. Schließlich hatten wir ihnen ihr Leben gelassen.

Das war dann bald eiserner Grundsatz bei Claas: Es wird nicht getötet.

‹Wer das tut, den werde ich dann eigenhändig umbringen›, nahm eine Spillspake und schlug sie mit der Handkante durch.

Und du wirst es mir nicht glauben: Ich bin wohl so an die dreißig Mal mit Claas ausgefahren, wir haben wenigstens einhundert Schiffe gekapert, aber es hat nie einen einzigen Toten gegeben! Wenn das vor dem Hamburger Gericht behauptet worden sein sollte, wie du mir erzählst, dann ist das eine hundsgemeine Lüge!

Natürlich hatten sich die Dänen bis zum nächsten Dorf durchschlagen können, hatten sich Pferde gemietet und sind – Seeleute! – auf dem Landweg bis nach Danzig gekommen. Und natürlich mußten sie dort von dem frechen Bubenstück des Claas und seiner Mannschaft und seiner ‹Möwe› berichten. Bald schwirrten Markt und Kneipen von Gerüchten, von Erzählungen, von den erstaunlichsten Geschichten über das, was sich in jener Nacht ereignet hatte. Du weißt jetzt die Wahrheit, die ganze nüchterne Wahrheit.

Also, unser Claas hatte den Gekaperten aufgetragen, überall, wohin sie auf ihrem Landweg kämen, zu erzählen, wie es ihnen ergangen war. Daß ihnen kein Haar gekrümmt worden sei. Daß wir sie pfleglich behandelt hätten. Daß alle Schiffsbesatzungen Obacht halten sollen auf unsere Schnigge: Die werde auf dem Mast stets eine Fahne mit einem schwarzen Stierkopf auf weißem Grund führen. Dann gelte es, entweder schnellstens Reißaus nehmen – oder sich ergeben. Natürlich blieb es beim Erzählen nicht bei diesen einfachen Sätzen. Da wurde ausgeschmückt, da wurde dazu erfunden, uns konnte das nur recht sein. Die Kühnheit und der Erfolg unserer ersten Kaperung unter Führung von Claas verschaffte uns den Respekt, der uns später fast jeglichen Widerstand ersparte. Wo auch immer in den nächsten Jahren der schwarze Stierkopf am Horizont auftauchte, ließ der Kapitän beidrehen, ergab er sich Claas und seiner Mannschaft.

Claas hatte nun bald genug Geld beieinander, um unsere ‹Möwe› zu kaufen. Jetzt mußte er zwar immer noch fünfzig Prozent der Beute abliefern, aber nur an den Rat der Stadt Wismar, damit der ihn und uns nicht gefangennehme und nach Dänemark oder Lübeck ausliefere. Claas hatte uns sogar angeboten, uns als Miteigner an dem Schiff zu beteiligen; schließlich erhielten wir dann einen höheren Anteil an der Beute. Den Vorschlag der Beteiligung haben wir alle abgelehnt. Diese Art Geschäfte war für unsere Köpfe zu schwer. Zugreifen – das konnten wir. Segel setzen. Aber als Schiffseigner waren wir nicht tauglich. Außerdem war uns das Geld sowieso lieber als irgendwelche andere Beute.

Jetzt, da ihm die ‹Möwe› selbst gehörte, fühlte sich Claas entschieden unabhängiger. Zwar übernahm er immer noch, aber auf Dauer immer weniger, die ‹Empfehlungen› unseres ehrenwerten Jan Terhuusen. Doch nach und nach suchte und fand er auch in Stralsund, später sogar in Lübeck und Hamburg Agenten, die ihm ähnliche Hinweise lieferten. Häufig war die Beute schon verkauft, bevor wir sie überhaupt gemacht hatten!

Von den 53 Mann, die an Bord der ‹Möwe› waren, als Claas das Kommando übernahm, haben bis zum Schluß, bis vor einem Jahr, noch 23 mitgemacht. Neun waren bei Stürmen über Bord gegangen, die anderen 21 hatten sich – meist schon nach wenigen Jahren – vom Kapergeschäft zurückgezogen. Ich auch. So verrückt war ich nämlich nicht: einen Haufen Geld zu besitzen – und den nicht ausgeben zu können, weil man ständig hinter mehr Geld her war. Nein, ich wollte mein Leben noch leben. Aber daß ich mich jeden Tag vollsaufen kann, wenn ich es denn will, das verdanke ich allein unserem listenreichen Claas. Sein Mut, sein Erfindungsreichtum haben mir, haben uns allen ein Vermögen eingebracht. Das meine habe ich natürlich gut versteckt, vor Frau und Kindern und Freunden!»

Soweit also unser Jan Heuermann. Möge er sich in Frieden zu Tode saufen, wenn er es denn will. Verdient hat er es sich jedenfalls. Doch das ist allein seine Sache, darüber möchte ich nicht urteilen. Eine wunderbare Vorstellung: in nur wenigen Jahren soviel Beute zu machen, daß man davon sein ganzes Leben leben und saufen kann. Ein höchst verlockender Gedanke. Auch für mich! Doch als fahrender Sänger wird man nicht reich, macht man keine Beute.

So also, wie sich der listenreiche Claas der Kaperei annahm, so konnte man in der Tat viel Beute machen. Und doch war das erst der Anfang. Pro «Jagdsaison» (Februar bis November) wollte er jeden Monat wenigstens zwei Schiffe erbeuten. Dank seines eigenen Informationsnetzes gelang ihm das relativ rasch. Dabei ging er bei der Auswahl seiner Beute ganz gezielt vor, suchte sich seine Opfer gezielt aus oder ließ sie sich von interessierter Seite empfehlen.

Claas kümmerte sich so wenig wie die anderen Kaperkapitäne um die politischen Konflikte von Königen, Herzögen und Städten rings um die Ostsee. Er wollte nur Beute machen, möglichst große Beute machen. Er brauchte das Geld, um endlich sein Gut schuldenfrei zu bekommen. Er brauchte das Geld, um es für den Augenblick zurückzulegen, in dem er die Kaperfahrerei aufgeben würde. Auch er mußte, wie schon Jan Heuermann, in wenigen Jahren so viel Geld zusammenbringen, daß er später davon würde leben können. Und all das schaffte er auch: In nur zwei Jahren konnte er die Schulden seines Bruders Peer bezahlen. In den nächsten Jahren kaufte er immer wieder Güter aus der Umgebung dazu. Bald hätten sie, erzählte Regina, das größte Gut im weiten Umkreis besessen, eines der größten Güter des Landes.

Zwischen November und Februar, wenn auf der Ostsee die Schiffahrt ruhte, sei er immer daheim gewesen, habe sich um das Gut gekümmert, habe mit den Nachbarn strittige Fragen geklärt. Doch dann, Ende Februar, sei die Unruhe über ihn gekommen, hätten sie Abschied voneinander genommen, nie wissend, ob sie sich im Herbst wiedersehen würden. In diesen Sommermonaten hätten sie und ihre Töchter noch zurückgezogener gelebt als sonst. Ihren Nachbarn haben sie, bei den seltenen Besuchen, erklärt, warum Claas so lange fortbleibe, warum er sich so wenig um sein Gut kümmere und dennoch in der Lage sei, immer mehr dazuzukaufen. Ihr Claas, sagte sie dann, sei im Dienst des englischen Königs in Frankreich unterwegs. Da könne man erstaunlich viel Beute machen, sehr viel Geld verdienen, ordentlich viel Schätze mitbringen. Wie gut nur, meinte Regina, daß die mecklenburgischen Gutsnachbarn, Herren und Rittersleut meist, so unendlich faul waren. Denen würde es nie einfallen, sich in fremde Dienste zu begeben. Die würden viel lieber auf ihren Gütern und Burgen hocken und andere für sich arbeiten lassen. Und auf genau diese Faulheit hätten der listenreiche Claas und sie bei diesen Lügen gebaut. Denn auf die Bequemlichkeit des mecklenburgischen Adels sei unbedingt Verlaß! Ihnen sei jedenfalls nie zu Ohren gekommen, daß es einen von denen je in englische oder sonstige Dienste verschlagen hätte. Nur dann hätte ihre Lüge vielleicht entdeckt werden können. Aber da sei keine Gefahr gewesen. Selbst ihren Verpflichtungen gegen ihren Herzog hätten sich die Herren Adeligen möglichst entzogen – meist sogar mit Erfolg. Und wenn es dann wirklich einmal in irgendeiner Familie knapp zugegangen sein sollte, dann hätte man sich einfach einen Kaufmannstreck geschnappt, irgendeinen Schaden vorgeschoben, für den dieser Kaufmann oder seine Stadt verantwortlich sei. Dann kassierte man Lösegeld und lebte fröhlich weiter.

Schwieriger sei, so Frau Regina, für Claas gewesen, in den Häfen den anderen mecklenburgischen Seehelden, sprich Kaperkapitänen, auszuweichen. Das waren ja nicht gerade wenig, eben wegen der doch so leichten Beute. Aber Claas war das stets gelungen. Niemand kannte ihn unter seinem richtigen Namen. Niemand wußte etwas über seine Herkunft, seine Heimat, seine Familie. In den Häfen blieb Claas immer auf dem Schiff, schickte seine Boten aus, ließ sich durch Dritte vertreten, ließ durch Dritte verhandeln, durch Dritte die Beute verkaufen. Das Beuteverkaufen brachte natürlich neue Probleme: So gut er im vorhinein über die künftige Beute informiert war, so wenig wußte er über ihre spätere «Verwendung», bekam von seinen Agenten immer nur mitgeteilt und ausgezahlt, was nach Abzug aller «Aufwendungen» für ihn und die Mannschaft übrigblieb.

Das habe unseren listenreichen Claas erheblich beunruhigt, erzählte mir Heiner, Claasens Steuermann. Den hatte ich zufällig im Wismarer Hafen kennengelernt, nicht ahnend, daß aus dieser Freundschaft eine neue Informationsquelle sprudeln würde. Auch Heiner ist glücklicherweise nie, bislang jedenfalls nicht, irgendwelchen Gefahren ausgesetzt gewesen. Nur weil er mir etwas erzählt hat oder erzählt haben könnte, was ich nicht wissen durfte.

Und weil wir uns auf Anhieb so prächtig verstanden, verabredeten wir bei Gelegenheit einmal einen Ausflug vor die Tore von Wismar.

Ein Weinschlauch mit bestem französischen Rotwein begleitete uns, ebenso Brot und Speck. Ein passender umgestürzter Baum war bald gefunden. Wir hatten alle Zeit der Welt. Und klönten einfach. Und redeten. Und klönten. Der Steuermann und der Sänger. Zwei Fahrensmänner, jeder mit seinem guten Ruf. Irgendwie kamen wir dann auch auf das Thema, das mich jetzt schon seit Monaten umtrieb: Claas Störtebeker. Und dann stellte sich heraus, daß mein neuer Freund Heiner den Kaperkönig mehrere Jahre begleitet hatte, ihn bestens kannte. Das war ja ein Glückstreffer. Heiner war, das hatte man mir früher schon gesteckt, einer der größten Geschichtenerfinder, der je die Ostseehäfen unsicher gemacht hatte. Der konnte Geschichten besser erfinden und erzählen als ich! Und das will etwas heißen. Aber ich erkenne es neidlos an. Es war stets ein Vergnügen, ihm zuzuhören. Eine Geschichte, die bei allen anderen Erzählern nur kurz dauerte, geriet ihm stets viel, viel länger.

Allerdings vermengten sich dabei häufig Wahrheit und Erfindung zu einem unauflöslichen Knäuel. Bei mir blieben jedenfalls immer Zweifel, ob denn die Geschichte so oder nicht doch anders wahr sein könnte. Alle rings um die Ostsee wissen längst, wie Claas zu seinem Namen, seinem Beinamen Störtebeker kam: Eines Tages war er mit Godeke Michels zusammengetroffen, dem berühmtesten Kaperkapitän. Damit sich Claas Pirat nennen durfte, erlegte Godeke ihm drei Proben auf: Kette zerreißen, Hufeisen auseinanderbrechen, Weinbecher leeren. Der Weinbecher war so groß wie ein Stiefel. Den hat Claas dann auf einen Zug heruntergestürzt. Seither hat man ihn Störtebeker genannt, das heißt «Stürz-den-Becher». In einer anderen Geschichte heißt es, daß es ein Stiefel mit Wein gefüllt gewesen sei. Und weil Claas den nicht in einem Zuge geschafft hatte, hätte die Mannschaft ihm Mut zugerufen: «Stürz-den-Becher».

Heiner nun schwört, daß die Geschichte völlig anders verlaufen

ist. Zum einen war es ein Ös-Faß. Zum anderen habe sich Claas den
Mut selber zugerufen. Der Inhalt von so einem Ös-Faß reicht
nämlich bequem für zwei Männer. Doch auch diese Geschichte sei
nur die halbe Wahrheit. Denn die eigentliche Geschichte, durch die
Störtebeker zu seinem Namen kam, sei schon drei Tage zuvor
passiert. Auf der ersten Ausfahrt nämlich, als sie die ‹Adler von
Fünen› gejagt hatten, da habe Claas sich wegen der Seekrankheit
einmal sehr weit über die Reling gebeugt. Und gerade in diesem
Augenblick habe ihr Schiff übergeholt, und Claas sei ganz unhel-
denhaft über Bord gestürzt. «Stürzt vom Back», hätte die Mann-
schaft ihm, Heiner, zugerufen. Daraufhin habe er das Schiff in den
Wind drehen lassen. Dann hätten sie Claas aus dem Wasser gefischt.
Die recht rüden Begleitworte der Mannschaft hätten den neuen
Kommandanten doch sehr gewurmt. Bei der Siegesfeier habe er
deshalb den berühmten Spruch getan: «Stürz-den-Becher», das Öl-
Faß auf einen Zug geleert – und die Lacher auf seiner Seite gehabt.
So wäre der Name dann an ihm hängengeblieben. An den höchst
peinlichen Wassersturz des Claas wollte sich später keiner von der
Mannschaft mehr erinnern. Ich, Cord, so betonte Heiner feierlich,
sei jetzt der einzige, der die wahre Geschichte kenne. Bis heute bin
ich allerdings nicht ganz sicher, ob der gute Heiner nicht doch
einiges Seemannsgarn dazu erfunden hat.

Wir hatten für unseren Ausflug einen prächtigen Tag erwischt
und einen schönen Platz dazu. Heiner zählte zu jenen Kämpen und
Mitstreitern Claasens, die sich frühzeitig von der Kaperei zurückgezogen hatten. Er mußte und wollte nicht mehr Kopf und Kragen
riskieren, wollte nicht länger Tag und Nacht auf die Rufe des
Lotgastes achten, um sicheren Kurs zu steuern, wollte sich nicht
mehr um die Schiffsführung kümmern. Er genoß sein jetziges
Leben, hatte für sich und seine Familie genügend zu essen und sogar
ein kleines Häuschen. Aus Strandgut fertigte er wunderschöne
Puppen oder auch Buddelschiffe; schließlich durfte niemand erfahren, daß er eigentlich gar nicht mehr arbeiten mußte. Eine in jeder
Hinsicht erfolgreiche Fassade. Jetzt konnte er in Ruhe am Kai stehen
und klönen. Er konnte in Ruhe in einer Kneipe sitzen. Er konnte,
was er noch am liebsten tat, in Ruhe Geschichten erzählen und – vor
allem – erfinden. Da kamen dann von den begeisterten Zuhörern

auch immer einige Münzen zusammen, bevorzugt in der «Grünen Eibe», da kannte und schätzte man ihn.

Ich erzählte Heiner bei unserem Ausflug vor die Tore Wismars, was ich bislang über Claas herausgefunden hatte. Daß unser Held Claas verheiratet war, wußte auch er nicht. Eines Winters, so erzählte er mir, sei er selbst einmal durch Mecklenburg gewandert, habe sich dabei Gut, Familie und Landwirtschaft Claasens angesehen. Habe sich in der Dorfkneipe umgehört, habe den Geschichten dort gelauscht und selber welche erzählt. Natürlich keine von Claas, sondern von der Seefahrt. Das Gut von Regina habe er übrigens im besten Zustand vorgefunden – wie ich ja auch schon. Daß man mit Räubereien, pardon: aus Kapergut etwas so Nützliches habe bewirken können, das war wieder einmal der alte Claas. Es habe ihn, Heiner, stolz gemacht, einmal zu dessen Mannschaft gehört zu haben. Über Frau Regina habe man ihm nur Gutes erzählt. Die Arme! Leider sei doch ihr Mann in englischen Diensten umgekommen, habe als Held gegen eine vielfache Übermacht gekämpft, sogar noch das Leben einer Prinzessin gerettet. Ja, ja, der Herr von... sei schon ein Pfundskerl gewesen. Habe nicht einmal die Felder aus Jagdlust zerstört! Habe sich häufig persönlich um die Kätner gekümmert, habe sogar einen Lehrer für deren Kinder angestellt. Natürlich nur im Winter, im Sommer hätten auch sie auf den Feldern arbeiten müssen. Innerhalb weniger Jahre habe er das fast verfallene Gut seines Vaters und seines Tunichtguts von älterem Bruder wieder neu aufblühen lassen, ja es sogar erheblich vergrößern können. Noch nie hatte man hier davon gehört, daß man durch Kriegsdienste reich werden könne. Herr von... habe es gezeigt!

Ja, die Regina habe zwei bildhübsche Töchter. Die werden sicher einmal in die besten mecklenburgischen Familien hineinheiraten. Indie Moltkes vielleicht oder sogar die Manteuffels – die hätten übrigens beide erfolgreiche Kaperkapitäne gestellt, sich aber rechtzeitig von dem Geschäft zurückgezogen. So rechtzeitig zurückgezogen, daß sie weder der Herzog noch der Deutsche Orden habe verfolgen oder verurteilen müssen. Regina stehe auch bei Hof in sehr gutem Ansehen. Dort munkele man zwar etwas von anrüchigem Geld, das Regina erhalten habe, um ihr Gut zu vergrößern. Aber gerade die Herzogin (auf die es an diesem Hofe besonders ankommt) wisse dieses Gerücht als solches einzuschätzen. Nein, nein, der Regina könne man auch durch üble Nachrede nichts anhaben.

All das erfuhr ich später, als sich Heiner auf meine Bitte hin mit mir in Hamburg getroffen hatte.

Noch aber saßen wir bei Wismar an einem wunderschönen Tag auf einem umgestürzten Baum, redeten miteinander, tranken miteinander, aßen miteinander, klönten miteinander. Einiges von dem, was ich bis jetzt herausgefunden hatte, konnte er bestätigen, anderes war auch ihm neu. Mir konnte er allerdings noch viele Neuigkeiten erzählen. Damals, auf dem Kai, als sie Claas zum ersten Mal gesehen hatten, sei ihm ein wenig bange gewesen, ob er denn weiterhin Steuermann bleiben könne. Doch als erstes habe ihm der Neue versichert, daß er keine Ahnung von der christlichen Seefahrt habe, daß er Heiner alles überlassen wolle. Er behalte sich nur das Kommando bei den Kapereien selbst vor. Er habe da so einige Ideen, wie man die Kaperei noch erfolgreicher, noch einträglicher machen könne. Darüber würden sie beide dann bei Gelegenheit reden. Zunächst aber solle Heiner ihm zeigen, wie man denn mit einem Schiff in den Kampf zieht, wie man mit einem Schiff umgeht, was ein Schiff leistet und was nicht. Danach wolle er sich schon die richtigen Kriegslisten ausdenken.

Die Geschichte ihrer ersten Beute, des dänischen Schiffes «Adler von Fünen» kenne ich ja bereits. Es war eine ungemein fette Beute, die Claas mit einer List erlegt hatte: Sie habe allen Seeleuten allein soviel wie eine dreifache Jahresheuer eingebracht. Trotz der Hof- und Hafengeier, an die man große Teile der Beute habe abliefern müssen. Einmal gekapert und schon die dreifache Jahresheuer: Das überstieg alle ihre bisherigen Erfahrungen. Da erst hätten sie erkannt, wieviel mit Kaperei zu verdienen sei. Und das alles noch unblutig! Das war ja die stärkste List von Claas: kein Totschlag, kein Lösegeld! Und der schwarze Stierkopf über dem Mast als künftiges und zukünftiges Signal für alle anderen Kaufleute, für alle anderen Seeleute: Ergebt euch oder macht euch raschest davon! Nur, mit dem Davonsegeln war es natürlich nichts: Die «Möwe» war in den allermeisten Fällen das deutlich schnellere Schiff. Also stets gute Beute. Seit dieser ersten erfolgreichen Kaperung war Claas ihr unbestrittener Führer.

Heiners Träume gingen in Erfüllung: Ein paar Jahre mitmachen und genügend Geld zur Seite legen. Heute ist er ein hochgeachteter Bürger seiner Heimatstadt – Kaperei war ja in Wismar seit je ein ehrenwertes Geschäft. Nur die Reise nach Hamburg, wohin ich ihn gebeten hatte, hätte ein Risiko für ihn werden können. Doch da er auf einem Wismarer Schiff angeheuert hatte, hätten ihm die Hamburger, selbst wenn sie ihn erkannt hätten, nichts anhaben können, da er ausschließlich der Gerichtsbarkeit seiner Heimatstadt unterstand. In der gab es keine Klagen gegen Kaperer. Und wo kein Kläger, da auch kein Richter. An der Kaperei hatten sich da doch alle beteiligt, ganz offiziell, vom Herzog dazu aufgefordert und von ihm geschützt. An ihr hatten doch alle gut verdient: vom Herzog bis zum ärmsten Stauer.

«In jeder Fangsaison hatten wir in den guten Zeiten wenigstens zwei Schiffe im Monat aufgebracht. Das war vielleicht eine Beute! Allein die Warenwerte. Dazu kam dann noch Geld, Gold, Silber, Edelsteine, Schmuck, die hatten wir gleich verteilt. Jeder durfte sich seine Verstecke selbst aussuchen, seine Schätze vergraben, wo er wollte – wenn er denn wollte. Ich selbst habe nichts vergraben – ich habe keine Erfahrung mit diesen edlen Stoffen. Und es wäre doch gar zu auffällig gewesen, wenn ein Steuermann mit Edelsteinen herumgelaufen wäre! Ich habe mich immer mit den Geldstücken begnügt, die gab es bei den reichen Kaufleuten zuhauf. Da hatte ich was in der Hand, damit konnte ich etwas anfangen. Die habe ich gut vergraben. Und unsere Agenten wußten natürlich nichts von diesem Geld, jedenfalls nicht die Menge. Die sorgten nur für den Verkauf der Beute. Und betrogen uns dabei sicher über alle Maßen. Aber was sollten wir dagegen machen? Irgend jemand mußte doch die Waren übernehmen und an den neuen Mann bringen. Genau an diesem Punkt hatte unser Claas eine weitere Idee. Die konnte er aber erst durchsetzen, als wir ein wenig bekannter waren. Die Erfolge traten dann ja auch rasch ein. Ohne Tote, nur gelegentlich ein paar Verletzte. Dennoch sorgte Claas immer für beste Bewaffnung, sogar ein kleines Geschütz hatte er an Bord schaffen lassen.

Was, so etwas kennst du nicht? Also, stell dir ein bronzenes Rohr vor, etwa zwei Zoll stark, hinten fest verschlossen. Das Rohr ist auf einem Gestell so befestigt, daß du es aufwärts, abwärts und seitwärts bewegen kannst. Im Rohr ist ein kleines Loch. In dem steckt eine Schnur, eine besondere Schnur, eine Lunte. Als erstes stopft man in dieses Rohr ein Pulver (was das ist, hat uns Claas nie verraten, er bediente das Ding immer eigenhändig), dann folgt eine Steinkugel, alles wird festgestopft. An die Lunte hältst du dann Feuer, die brennt ab und das Feuer verschwindet im Bronzeloch. Dann tut's einen schrecklichen Knall, und vorne aus dem Rohr fährt die Steinkugel heraus. Fliegt etwa einhundert Fuß weit. Trifft sie dabei auf einen Menschen, ist der gleich tot. Trifft sie in die Wanten, reißt gewiß eine Leine. Und für ein schönes großes Loch in den Segeln ist sie immer gut.

Doch eigentlich wollte ich dir ja erzählen, wie wir, wie Claas die Agenten ausgebootet hat. Diese Geschichte ist deswegen so wichtig, weil wir durch sie ganz nahe an ehrenwerte Kaufleute herankamen, die krumme Geschäfte machten. Praktisch unterschrieben wir in diesem Moment unser Todesurteil, wenn wir dann mal erwischt würden, nur wußten wir das damals noch nicht.

Claas verließ, ich sagte es schon, im Hafen nie das Schiff. Aber er ließ uns, mal den einen, mal den anderen, unseren ehrenwerten Jan Terhuusen beobachten. Unauffällig natürlich. Claas wollte wissen, mit wem der sich traf, mit wem der Geschäfte machte. Claas wollte auch wissen, wohin unsere Beute geschafft wurde. Dabei konnte es durchaus passieren, daß wir unseren Beobachter zurücklassen mußten, weil wir gerade wieder einmal frischer Beute nachjagten. Da der aber immer auch an der neuen Beute beteiligt wurde, kam es nie zu Streit. Ja, unser Claas war schon etwas Besonderes! Mochten wir uns auf dem Schiff oder auch im Hafen noch so streiten – Claas fand immer den richtigen Weg, daß wir wieder Frieden miteinander schlossen. Wir wurden tatsächlich so etwas wie verschworene Brüder. Claas sorgte natürlich auch für guten Proviant an Bord. Und für ein Faß Bier nach einem Erfolg stand er immer gerade. Meist waren wir etwa fünfzig Mann an Bord. Wer im Herbst abmusterte, heuerte im nächsten Frühjahr wieder an. Zumindest in den ersten Jahren. Bis die ersten dann genügend Beute hatten, um aufhören zu können.

Also, unser Hafenlöwe, der ging natürlich genausogern in die Kneipen, um etwas zu erfahren, wie du und wie ich. Hörte sich um, fragte mal hier, fragte mal da. Aber immer unauffällig. Und du wirst mir nicht glauben, wem der ‹unsere› Waren andrehte: Das waren nämlich die höchst ehrenwerten Kaufleute selbst, das waren die Ratsherren der Stadt Wismar, das waren natürlich die Beauftragten unseres allergnädigsten Herzogs; der hatte ein Vorrecht auf den Ankauf von Pelzen. Lauter noble Herren also. Die strichen den zusätzlichen Gewinn genüßlich ein. Wenn das nicht der wahre Raub ist! Was wären denn wir Kaperer gewesen ohne diese ehrsamen Bürger!

Bislang hatten wir immer geglaubt, daß sie das, was sie uns predigten, auch selbst einhielten! Da erzählen die uns etwas von Ehrbarkeit, da lassen die uns jedes Jahr unser Stadtrecht beschwören. Und in dem steht doch ausdrücklich, wie mit Dieben umgegangen wird. Und die, die uns das immer wieder erzählten, die waren die schlimmsten Diebe von allen! Wir mußten Wind und Wetter trotzen, wir setzten doch immerhin unser Leben ein; immerhin aber waren neun Mann bei Sturm über Bord gegangen. Und diese Herren Kaufleute, diese Herren Räte, die saßen derweil in ihren Stuben oder im Ratssaal, munkelten hier, kunkelten da. Hielten große Reden gegen Diebstahl und große Reden gegen Kaperei, wenn die Engländer oder die Flamen mal eines von ihren Schiffen aufgebracht hatten. Und machten dann doch das ganz große Geschäft – mit gekaperten Schiffen und fremden Ladungen.

Nachdem wir nun wußten, wohin unsere Beute ging, da schickte mich Claas als erstes zu Cons Conz. Der werte Herr Kaufmann möge ihm doch die Ehre geben und ihn auf unserem Schiff besuchen. Als der würdige Herr Ratsherr kam, saßen wir gerade beim Mittagsmahl. Jeder hatte seinen Napf voll Erbsensuppe, jeder hatte in der Hand sein Stück Brot. Für Claas und Conz gab es achtern eine eigene Bank. Pitt, was unser Smutje war, hatte für die beiden noch einen Krug Wein bereitgestellt. Der etwas schwergewichtige, um nicht zu sagen fettleibige Herr Conz konnte nur mühsam über die Planken an Bord steigen, wir mußten ihm dabei helfen. Conz, das wußten wir, war noch nie an Bord eines Schiffes gewesen, schon gar nicht eines Kaperschiffes. Ob er, fragte Claas, seinem hochverehrten Gast auch etwas von unserem Essen anbieten dürfe? Natürlich mühte sich Conz, nicht die Nase zu rümpfen über unser Leben, unsere Kleidung, unser Essen. Nein, danke, er habe bereits gespeist, mit dem Herrn Bürgermeister; nein danke, Schiffszwieback vertrage er nicht. Nur dem Wein sprach er dann zu, reichlich, wie mir schien. Unser listenreicher Claas genoß die Szenerie. Da saßen nun die beiden Herren achtern auf ihrer Bank, tranken und redeten miteinander. Derweil mußte ich den üblichen Schiffsbetrieb im Hafen weiterlaufen lassen: Segel flicken, Holz ausbessern, Löcher zuteeren, Proviant laden, Wasserfässer saubermachen und füllen, Bilge lenzen. Claas wollte dem nicht nur gewichtigen, sondern auch wichtigen Herrn Conz zeigen, unter welchen Umständen wir lebten, arbeiteten, schliefen, während er, der Herr Conz, an unserer Beute sauber verdiente.

Das solle, meinte Claas, auch in Zukunft so bleiben. Nur wolle er, mit Verlaub, mit dem ehrenwerten Herrn Conz die Geschäfte unmittelbar abwickeln und nicht noch einen geldgierigen Agenten mitbezahlen. Der Herr Conz mochte den Apfel nicht essen, den ihm Claas gereicht hatte. Irgend etwas mißhagte ihm an dem Vorschlag. Zu einer Einigung kam es nicht. Darauf waren wir natürlich auch vorbereitet. Plötzlich waren die Planken, über die Conz von Bord gehen wollte, pitschnaß. Obwohl es doch gar nicht geregnet hatte! Und unser sehr ehrenwerter, gewichtiger Herr Conz rutschte, vom Weingenuß leicht schlagseitig, natürlich aus und landete höchst unsanft auf dem hölzernen Kai. Das blieb im Hafen natürlich niemandem verborgen – schallendes Gelächter von allen Seiten. Nur nicht auf unserem Schiff. Zunächst jedenfalls nicht. Erst als Conz außer Hörweite war, brach's auch bei uns los.

Conzens Absage berührte unseren Claas überhaupt nicht. Wußte er doch, daß der ehrenwerte Ratsherr am nächsten Tag in der Ratsstube auf jenen seltsamen Vor-Fall im Hafen angesprochen werden würde. Daß Conz den anderen Ratsherren die Geschichte würde erzählen müssen. Niemand nämlich, das habe ich inzwischen schon häufiger erfahren, ist neugieriger als ein paar Ratsherren, die zusammensitzen. Da kommen selbst unsere Marktfrauen nicht mit!

Jan Terhuusen, unser famoser herzoglicher Agent, war höchst aufgeregt, die Gerüchte über das Gespräch waren natürlich auch zu ihm gedrungen. Was uns denn einfiele... Claas hörte sich das Gejammere und die Tirade eine Zeitlang geduldig an, dann ließ er zwei von uns kräftig zugreifen und Terhuusen sanft über Bord schaffen. Sorgfältig und ohne Sturz. Wenig später meldete sich dann ein Diener von Schalwack. Der war, das erfuhren wir aber erst später, ein ebenso reicher wie intriganter Kaufmann. Also, Schalwack lasse anfragen, ob unserem Claas ein Besuch bei ihm zu Hause genehm sei. Er könne sich vorstellen, daß sie eine Menge miteinander zu besprechen hätten. Er sei sicher, daß sie gute Geschäfte miteinander machen könnten. Nein, ließ Claas bestellen, er könne das Schiff jetzt nicht verlassen, so kurz vor der Abreise (das war natürlich geschwindelt). Aber wenn es dem hochverehrten Herrn Kaufmann recht sei und die möglichen Geschäfte tatsächlich so bedeutend, dann sei er, Schalwack, an Bord der ‹Möwe› herzlich willkommen. Aber möglichst bald. Denn morgen früh wolle er absegeln. Ein Krug Rheinwein stünde zu Belieben.

Dieser Schalwack, das war vielleicht ein Eisenbeißer! Dem brauchte man unser Schiff, das Bordleben nicht zu zeigen. Der ließ sich durch nichts beeindrucken. Claas präsentierte sich von seiner besten Seite. Hätte ich damals schon gewußt, was ich heute weiß, dann hätte ich gesagt: Na ja, bei der Herkunft! Wieder durfte unser Pitt, der Smutje, fleißig auftischen, Wein zumal. Dann kamen Suppe und Hühnchen. So ein Festessen hatte es auf unserem Schiff noch nie gegeben! Suppe, Hühnchen. Pitt sei zwar nicht der beste Koch, meinte Claas, aber mit geduldigem Zureden hätte er ihn doch dazu gebracht, etwas Eßbares servieren zu können, das nicht Erbsensuppe oder Pökelfleisch hieß.

Unsere Gelage nach erfolgreichem Abschluß einer Beutejagd waren ja bald rund um die Ostsee herum berühmt. Claas ließ uns dann immer an einer einsamen Stelle an Land gehen, ließ Feuerholz holen, die Vorräte der Kaufmannsschiffe ausräumen, auch Fische fangen. Wein und Bier gab's für jeden, so viel er wollte. Und endlose Speisefolgen! Das war immer der Höhepunkt unserer Kaperfahrten, schöner noch als Beute machen. Pitt also und sein Küchenjunge mußten dann ganz schön ran; aber bei solchen Gelegenheiten gab es immer ein paar zusätzliche hilfreiche Hände. Selbst unsere Gefangenen, die wir selbstverständlich einluden, an dem Essen aus ihren Vorräten teilzuhaben, wußten unsere Kochkünste und unsere Gastfreundschaft stets zu rühmen! Und wenn dann alle faul und satt im Grase herumlagen, dann kam meine Stunde. Dann mußte und durfte ich Geschichten erzählen. Ach, könnte ich doch nur so gut schreiben und lesen, wie ich erzählen kann!

Also, Schalwack an Bord. Ein langes Saufen und Fressen. Und wieder kein Ergebnis. So dachten jedenfalls wir. Schalwack ging von Bord, ohne daß eine Einigung zustande gekommen wäre. Aber das schien nur so. Der Claas behielt schon wieder recht: Am nächsten Morgen hatten wir gewonnen. Doch um welchen Preis! Nein, das war kein Sieg, das war der Anfang vom Ende.

Für uns alle gab es zunächst einmal einen größeren Anteil an der Beute. Dem Jan Terhuusen ging es natürlich nicht wirklich schlecht, nachdem er uns als ‹Lieferanten› verloren hatte; schließlich hatte er allein in Wismar sechs von solchen Schiffen laufen wie unsere ‹Möwe›. Schalwack bestellte bestimmte Waren und nahm auch nur die ab. Unsere Aufgabe war es herauszufinden, welche Schiffe eben diese Waren an Bord hatten, und sie dann zu kapern. Er zahlte dafür einen deutlich besseren Preis, als Jan Terhuusen es bislang getan hatte. Wir wurden also noch erfolgreicher, zumindest was die Einnahmen betraf. Im gleichen Jahr noch verlegten wir den Schwerpunkt unserer Tätigkeit mehr nach Westen, mehr gegen Lübeck. Und du wirst es mir kaum glauben: Auch in dieser Stadt fanden wir alsbald einen Schalwack! Einen ‹Kunden› für ‹unsere› Waren. Bestes lübisches Patriziat, sage ich dir, allererste Klasse, Ratsmitglied seit Generationen. Aber bis in die Haarspitzen verkommen, bis zu den Zehen korrupt! Außen hui, innen pfui. Im Fall von Probst hätten wir sagen müssen: innen doppelt pfui!

Durch Probst kam jener Kontakt nach Hamburg zustande, der unserem Claas ein paar Jahre später den Kopf kosten sollte: Zu eben jenem Holm Cronen, Reeder von wenigstens sieben Schiffen, also wirklich nicht arm, Spezialist für den Getreidehandel. Die ‹Empfehlungen› und ‹Bestellungen› von Schalwack, Probst und Cronen füllten unsere ‹Auftragsbücher› – wir kamen mit der Arbeit kaum nach. Die ‹Möwe› machte Beute wie nie zuvor. Obwohl die Städte angeblich in dieser Zeit besonders hinter den Kaperern hinterher waren. Wir haben jedenfalls keinen einzigen hansischen Auslieger, keinen Kaperjäger gesehen! Ob die Städte wieder einmal geschwindelt hatten?

Claas und ich trennten uns in Frieden und bestem Einvernehmen. Ich hatte genug. Nicht etwa vom Kampf oder von der Kaperei. Nein, nein: genug Geld! Genug Geld, um mir ein Haus kaufen, um meine Familie anständig ernähren und im übrigen den ganzen Tag faulenzen zu können. Claas gab mir seinen Segen.

Ob er damals schon sein schreckliches Ende ahnte? Ich weiß es nicht. Vor allem weiß ich nicht, warum er nicht rechtzeitig aufgehört hat mit der Kaperei. Warum mußte er sein Schicksal immer aufs neue herausfordern? Hatte er denn nicht längst schon genug erbeutet? Ich glaube, ganz zum Schluß freute er sich nur noch über seine Arbeit, die Beute selbst war längst unwichtig geworden. Ich glaube, er begann sich als unbesiegbar zu fühlen.

Jetzt war mein Heiner so richtig traurig geworden. Kam ihm doch die Erinnerung an Claas mächtig zurück. Doch ich bat ihn rasch, mir noch ein paar weitere Geschichten zu erzählen. Er ist ein begnadeter Erzähler, aber eben auch ein begnadeter Geschichtenerfinder. Wie sie beispielsweise eine ganz große Kogge mit bald 100 Mann Besatzung überlistet hatten. Claas in bester Kaufmannskleidung auf dem Kastelldeck, offenkundig schwer krank. Von der Mannschaft nur zwei Köpfe zu sehen, die Segel schlaff im Wind, das Schiff dümpelte in der See vor sich hin. Claas habe leidend um Hilfe gerufen. Nein, nicht gerufen: gekrächzt und mit den Armen gewunken. Die hätten dann ein Boot ausgesetzt, um zu Hilfe zu eilen. Da sei die «Möwe» plötzlich aus dem Ruder gelaufen, habe das Beiboot überfahren und sei mit voller Wucht auf die Beute geprallt. Beide Rahen seien heruntergekommen. In diesem Durcheinander seien dann plötzlich vierzig schwarze Männer aufgetaucht, Draggen und Entermesser in der Hand. Das sei ein Fest gewesen!

Also wenn ihr mich fragt: Da hat mein Heiner ganz schön in die Seemannskiste gegriffen und eine ordentliche Rolle Garn herausgeholt! Oder die andere Geschichte. Im dritten Jahr ihrer gemeinsamen Arbeit sei Claas plötzlich auf die Idee verfallen, Heringe zu schmuggeln: «Das war in dem Jahr, in dem die Hansestädte ein Heringsfang-, -handels- und -transportverbot für Schonen erlassen hatten. Die dänischen Fischer waren uns dankbar, die dänischen Fischweiber waren uns dankbar, die dänischen Küfer waren uns dankbar. Verschafften doch wenigstens wir ihnen ein wenig Arbeit und Geld. Noch dankbarer waren uns einige Danziger Kaufleute. Die saßen nämlich ganz schön auf dem Trockenen, guckten in ihre leeren Heringstonnen. Bis dann wir kamen und lieferten. Über zwanzig Mal sind wir in jenem Jahr zwischen Schonen und Danzig hin- und hergependelt. Das war das einzige Mal in unserer Kapererzeit, daß wir unser Geld auf – fast – ehrliche Weise verdienten. Denn den Boykott der Hanse unterlaufen hieß ja eigentlich gegen Gesetze und Gebote verstoßen. Aber wer hätte uns denn fangen können? Unsere ‹Möwe› war doch selbst voll beladen alleweil schneller als jede Kogge! Und da wir unseren Ausguck immer gut besetzt hielten, sahen wir die fremden Schiffe immer früher als sie uns. Wir konnten also stets ungefährdet hinter dem Horizont verschwinden.»

Mag diese Geschichte nun wahr sein oder nicht – Heiner jedenfalls kam wieder ins Erzählen, ohne Unterbrechung, bis wir in der Dämmerung in die Stadt zurückkehrten. Mit den Geschichten von Heiner im Kopf machte ich mich auf in Richtung Hamburg. Als Sänger diesmal. In Hamburg wollte ich den letzten Akt unseres Dramas um Claas erfahren und erfragen, wollte wissen, was in den letzten Tagen vor seinem Tode tatsächlich geschehen ist.

Nachdem die Vitalienbrüder aus der Ostsee vertrieben worden waren, fanden sie in Ostfrieslands Häfen neuen Schutz. Aber, von Ostfriesland aus konnte die Beute nicht mehr so leicht zu Geld gemacht werden wie in der Ostsee. Unser listenreicher Claas hatte sich jetzt auf Cronen als den alleinigen Abnehmer seiner Beute einlassen müssen. Jedenfalls fand ich in Friesland – immerhin meine Heimat – niemanden, der mit Claas irgendwelche Kapergeschäfte gemacht hätte. Die Häuptlinge natürlich ausgenommen. Doch die hatten sich eigentlich nur für die fetten «Liegegelder» interessiert, die sie den Kaperern abgenommen hatten.

Und dann lief plötzlich alles schief. Die Hamburger wußten auf einmal sehr genau, welche Schiffe sich die Kaperer als Beute aussuchen würden – und waren darauf vorbereitet. Die Hamburger kannten plötzlich die Liegeplätze der Kaperer. So hatten sie dann innerhalb kürzester Zeit alle Kaperkapitäne gefaßt, außer Claas und Michels. Aber dann war auch Claas an der Reihe. Nach dem einzigen Kampf, in dem wirklich Blut floß, nach dem einzigen

Kampf, in dem Seeleute starben. Vier von der eigenen Mannschaft, siebzehn des Gegners. Claas lag in Haft und Banden. Das war natürlich die Sensation des Jahres, ach, was sage ich: die Sensation des Jahrhunderts! Der listenreiche Claas in den Händen der Hamburger. Die augenscheinlich noch listenreicher waren. Auf jeden Fall kosteten die Hamburger ihren Triumph voll aus. Nicht die Lübecker, nicht die anderen Ostseestädte, nicht der Deutsche Orden, auch nicht die Bremer, nein, sie, die Hamburger, hätten es allein geschafft: den gefährlichsten Seeräuber gefangenzunehmen. Den Godeke Michels, den wollten sie dann auch noch schaffen.

Dieses elende Geprahle! Allein das schon hätte Mißtrauen erzeugen müssen. Auch bei mir. Seit wann denn prahlen die Hamburger? Das hat es bislang noch nie gegeben! Seit wann denn setzt der Rat der Stadt Hamburg einen Preis aus für die beste Moritat über Claas, genannt Störtebeker? Seit wann fördern Kaufleute – uneigennützig – die Kunst? Auch das hat es bislang noch nie gegeben! Doch niemandem fielen diese Ungereimtheiten auf, auch mir nicht.

Ich war in diesem Moritatenwettbewerb – nur – zweiter geworden. Aber auch das brachte mir einen schönen Sack Geld ein. Schön jedenfalls für meine Verhältnisse. Und mit diesem Lied, mit dieser Moritat zog ich dann ja von Stadt zu Stadt, von Dorf zu Dorf, von Burg zu Burg – und verdiente noch mehr Geld. Ja, sogar die «Friesische Nachtigall» ließ sich auf meiner Schulter nieder! Und doch war das alles nur auf Lug und Trug aufgebaut!

Nach dem wunderschönen Ausflug mit Heiner und den für mich so wichtigen und neuen Einzelheiten zog ich wieder gen Hamburg, von Ort zu Ort. Schließlich muß ein Sänger für seinen guten Ruf sorgen. Sich in Erinnerung bringen. In Hamburg begann ich dann wieder meine beliebte Kneipentour. Die Stadt ist groß, hat also auch viele Kneipen. Das nun war der schwierigste und aufwendigste Teil – die richtige Kneipe zu finden. Auch jetzt ließ mich mein Glück nicht im Stich: Im *Goldenen Anker* gleich beim Hafen traf ich einen von Claasens Hafenlöwen. Der wußte sehr genau Bescheid über die Beziehungen zwischen Claas und Holm Cronen, der wußte um die Geschäfte der beiden miteinander. Der wußte auch, daß jener Cronen innerhalb von gerade einmal vier Jahren unendlich reich geworden war. In genau jenen vier Jahren, in denen er mit Claas zusammenarbeitete. In der übrigen Kaufmannschaft genieße er einen vorzüglichen Ruf – gerade eben wegen seiner offensichtlichen Geschäftstüchtigkeit. Kein einziges seiner Schiffe sei gesunken, kein einziges gekapert worden, er habe stets pünktlich und gut geliefert und sei überhaupt sehr vertrauenswürdig. Erzählte man sich in Kaufmannskreisen.

Jener Cronen nun sei, so werde auch erzählt, der wichtigste Ankläger gegen Claas gewesen; die beiden anderen – Martens und Poller – hätten überhaupt keine Rolle gespielt. Jener Cronen also, der wohl durch seine Geschäfte mit Claas erst eigentlich reich geworden war. Mein Hafenlöwe meinte anklagend:

«Das ist der Dank der Reichen! Erst machen die das ganz dicke Geld, dann werfen sie uns den Wölfen vor!»

Im Hafen werde weiter gemunkelt, daß sich am Tage vor dem Prozeß der Vorsitzende Richter und Claas getroffen hätten. Nur zu zweit. Sie hätten sehr lange miteinander geredet. Am nächsten Morgen sei dann das Gericht zusammengetreten. Hinter verschlossenen Türen – eine Bedingung von Claas. Denn der habe dem Gericht erklärt: Er nehme alle Schuld auf sich und werde sich dem Spruch des Gerichtes und Gottes Willen beugen. Seine weitere Bedingung: Alle seine Mitgefangenen müßten freigelassen werden. Würde sich das Gericht dazu nicht entschließen können, würde er die Geschichte von Claas und Cronen oder die von Cronen und Claas, also die Geschichte vom bösen Räuber und vom guten Kaufmann (oder doch besser: die Geschichte vom bösen Kaufmann und guten Räuber) überall herum erzählen lassen. Damit alle Welt erfahre, welche Schlange die Hamburger an ihrem Busen nährten. Die Folgen könnten sich die verehrten Herren Richter selbst ausmalen.

Da hätten, so wird im Hafen erzählt, dann diese noblen Herren sehr verdattert im Saale gesessen, einander bedenkenvoll angeschaut, mit ihren würdigen Häuptern gewackelt: Sei es nun, weil sie dem ehrenwerten Cronen eine solche Mittäterschaft nicht zugetraut hätten, sei es, weil sie die Anschuldigung gern aufnahmen (denn einige hätten zuvor schon Zweifel an der Würde und der Ehrlichkeit des Klägers gehabt), sei es, weil sie nicht gewohnt waren, sich den Drohungen eines Seeräubers zu fügen. Doch letztlich habe sich

Hinrichtung von Piraten, dargestellt auf einem Flugblatt von 1573.

Claas durchgesetzt. Und mit Cronen wollte seither kein ehrbarer Hamburger Kaufmann mehr Geschäfte machen. Der soll dann übrigens, der Nemesis sei Dank, auf einer Fahrt nach Spanien mit seinem Schiff untergegangen sein, wenn es denn stimmt. Merkwürdig nur: Die gesamte Besatzung konnte gerettet werden – nur nicht Holm Cronen.

Als dann drei Tage später das Urteil vollstreckt wurde, wurde Claas zwar von zahlreichen Mitgefangenen begleitet, nur waren das nicht die aus seiner Mannschaft, sondern Häftlinge, die aus anderen Gründen zum Tode verurteilt waren. Und von denen hatte Claas ja noch einige retten können.

Ich aber, Cord Klööntje, werde mir einen neuen Beruf suchen müssen – die Moritat «Vom bösen Claas» mag ich jedenfalls nicht mehr singen. Überhaupt ist mir die Lust zum Gesang vergangen.

Ein Ende ohne Schrecken

Die relative Ruhe in den nordischen Königreichen unter dänischer Führung endete 1412, als Herzog Erich von Pommern die Nachfolge von Königin Margarete antrat. Er begünstigte holländische und englische Kaufleute zu Lasten der Hanse, er verbündete sich mit Polen/Litauen gegen den Deutschen Orden, er legte schließlich einen Zoll auf alle den Sund passierenden Schiffe, das Passiergeld (diese Abgabe wurde bis 1857 entrichtet). Jetzt war wieder einmal der wirtschaftliche Lebensnerv der hansischen Kaufleute bedroht. Man beschloß, wenn auch wieder nicht einstimmig, eine Blockade, rüstete auch eine Flotte aus – und erlitt 1427 erneut eine gewaltige Schlappe. Ihr Kommandant, der lübische Bürgermeister Tiedemann Steen, wurde diesmal nicht – wie noch vor sechzig Jahren sein Vorgänger Johann Wittenborg – hingerichtet, sondern wanderte für drei Jahre ins Gefängnis.

Diese Blockade nutzte auf kurze Sicht Lübeck am meisten: Der größere Teil des Ostseehandels ging über die holsteinische Landenge; das Lüneburger Salz verkauften die lübischen Kaufherren für teures Geld bei den Ostseeanrainern. Auf lange Sicht allerdings nutzte die Blockade aber mehr den Engländern und Holländern: Die belieferten nämlich inzwischen die skandinavischen Königreiche. Das ständige Hin und Her in den folgenden Jahren endete schließlich mit dem Frieden von Vordingborg 1435. Wieder einmal hatte sich hansische Zähigkeit durchgesetzt. König Erich bestätigte alle ihre Privilegien, den wendischen und pommerschen Städten wurde der Sundzoll erlassen. Die preußischen und livländischen Städte, die dem Kampf der Hanse – ihrer Hanse – nur aus der Ferne zugeschaut hatten, hatten, Strafe muß sein, diesen Sundzoll weiterhin zu entrichten. Der dänische Reichsrat enthob Erich 1439 seines Königsamtes und wählte statt seiner Christoph von Bayern (wieder einmal mit wohlwollender Unterstützung der Hanse), der auch in Schweden und Norwegen Anerkennung fand.

Was macht nun aber ein König im Ruhestand, womit verdiente er seinen Lebensunterhalt in einer Zeit, in der es noch keine Rentenversicherung gab? Erich widmete sich in den nächsten Jahren von Gotland aus vornehmlich dem Geschäft der Seeräuberei.

Zu Christoph von Bayerns Nachfolger wählte der dänische Reichsrat, auch diesmal unterstützt von Lübeck und der Hanse, 1448 Graf Christian von Oldenburg, den Stammvater des heutigen dänischen Königshauses. Da auch er nicht auf die schwedische Krone verzichten wollte, die Schweden indes einen anderen König gewählt hatten, kam es wieder einmal zu kriegerischen Auseinandersetzungen. Und die Hanse war diesmal wieder mitten drin: Christoph suchte zunächst die Annäherung an die Holländer und privilegierte sie zu diesem Zweck; dann wieder schwenkte er zur Hanse um, weil die sich mit den Schweden zu verbünden drohte. Danzig suchte den Rückhalt bei den Schweden, während der Deutsche Orden und die Holländer sich mit König Christoph zusammentaten. Die livländischen Städte standen an der Seite des Deutschen Ordens – Hansemitglieder also auf beiden Seiten der Front. Und alle Parteien schickten – wieder einmal – Kaperer aus!

Erst als die Schweden 1457 ihren bisherigen Kronprätendenten Karl Knutsson im Stich ließen und Christian zum König wählten, kam es – auf lübischen Vorschlag – vorläufig zu einem allgemeinen Waffenstillstand, wenn auch noch nicht zu einem geregelten Frieden. Gerade aber in dem Anspruch auf eine enge Verbindung zwischen der dänischen, der norwegischen und der schwedischen Krone lagen auch die dauernden Auseinandersetzungen zwischen den einzelnen Parteien begründet: Zwischen den Dänen und den Schweden und ihren jeweiligen Kronanwärtern, zwischen diesen die untereinander durchaus nicht einigen Hansestädte, alles überlagert von dem vom Dänenkönig gezielt geförderten und ständig steigenden Anteil der Holländer an den Sundfahrten einerseits und dem schwindenden Einfluß des Deutschen Ordens andererseits. Und im Osten drohte wieder einmal das russische Zarenreich.

In diese vielschichtigen Interessenverflechtungen kam eine gewisse Ordnung erst wieder im letzten Drittel des 15. Jahrhunderts, als Christian I. von Dänemark endlich einsah, daß er nicht genügend Macht besaß, die Hanse in ihre Schranken zu weisen. Als 1460 das Herzogtum Schleswig und die Grafschaft Holstein mit der dänischen Krone vereinigt wurden, wuchs das nordische Königreich bis unmittelbar vor die Tore Lübecks und Hamburgs. Jetzt kontrollierte es zu dem Sundweg auch noch den Landweg zwischen Nordsee und Ostsee! Die Machtprobe zwischen Christian und den Städten hatte kaum begonnen, da mußte sich dieser schon mit seinen Brüdern um Schleswig und Holstein streiten. Diesmal war die Hanse der lachende Dritte, zumal sich wenig später der eigentlich schon gescheiterte schwedische Kronanwärter Karl Knutsson mächtig zurückmeldete. Zwei Hochzeiten gleichzeitig schaffte auch Christian nicht: Zwar wurde er seine Brüder wieder los, doch kam nach einer Niederlage gegen den Nachfolger Knutssons, Sven Sture, 1473 das Ende seiner schwedischen Träume. Daran änderten auch seine Verhandlungen und Absprachen mit Kaiser Friedrich III. nichts, denn sie waren das Pergament nicht wert, auf das sie geschrieben wurden. Die Hanse hatte nämlich gerade in dem Augenblick, in dem sich Christian mit kaiserlicher Hilfe im Norden doch noch als Sieger zu etablieren suchte, auf einem anderen Schauplatz einen bedeutenden Sieg errungen: im Frieden von Utrecht 1473.

Beim Bergener Kontor machte sich der wachsende Einfluß der Niederländer schon stark bemerkbar. Wie die Bremer und Hamburger begannen sie, Getreide und Bier zu liefern. In Bergen selbst drängten sich einheimische Kaufleute als Händler zwischen die Hansen und die Bevölkerung. Die beginnende Islandfischerei brachte den Stockfisch jetzt gleich nach England oder Deutschland, entwickelte sich so zu einem gewichtigen Konkurrenten.

Die Holländer hatten schon seit der zweiten Hälfte des 14. Jahrhunderts zur großen Aufholjagd gegen die Hanse geblasen, erschlossen einstige Handelsbastionen der Hanse nach und nach für sich; sie wußten zudem einen Keil in die Phalanx der deutschen

Handelsstädte zu treiben, indem sie sich mit einem Teil von ihnen, mit den livländischen Städten, verbündeten. Auch der Orden war ihnen nicht abgeneigt. Lübeck und Hamburg vor allem verloren an Passage und Warenumsatz; schlimmer noch: Die preußischen Städte nutzten diese Gelegenheit, um sich zunehmend unabhängiger von den westlichen Städten zu machen. Das war allerdings eine zweischneidige Entscheidung. Um des kurzfristigen Profits willen brachen die preußischen Städte zeitweilig aus dem Verband aus, der allein ihnen auf Dauer Vorteile gewähren und bewahren konnte. Diesen sich ausweitenden Direkthandel zwischen Holland und Ostpreußen unterstützten die Niederlande noch durch eine dezidierte Förderung des Kaperwesens gegen hamburgische und lübische Englandfahrer. Das bot natürlich weiteren Stoff für hanseinterne Konflikte. Gerade einmal 20 Jahre benötigten die Holländer, um der Hanse das Transport- und das Handelsmonopol durch den Sund zu entreißen. Sie erwiesen sich als die gefährlichsten Konkurrenten der immer uneiniger werdenden und handelnden deutschen Kaufleute. Diese hatten zudem durch ihr Festhalten an Brügge zugleich auch Anteil an dessen wirtschaftlichem Niedergang. Die Hansen fanden den Weg nach Antwerpen entschieden zu spät. Im Frieden von Kopenhagen (1441) mußten sie sich sogar damit einverstanden erklären, daß die Holländer in den skandinavischen Königreichen die gleichen Rechte haben sollten wie sie selbst.

Nowgorod
(bis 1478)

Zwar waren die Nowgoroder zu einem guten Teil ihres Handels von der Hanse abhängig, umgekehrt galt es genauso. Das hinderte die Bürger der russischen Stadt aber nicht, am deutschen Kaufmann Vergeltungsmaßnahmen zu exerzieren, wenn denn der Deutsche Orden wieder einmal in Nowgoroder Gebiet eingefallen war oder sie sich vom Orden anderswo bedrängt fühlten. So verhafteten im Jahre 1367 die Nowgoroder hansische Kaufleute, weil der Orden und seine Ritter Pleskau (Pskow) verwüstet hatten. Pleskau am südlichen Ufer des Peipussees gehörte aber zum Fürstentum Nowgorod. Diese Verhaftung ließ nun weder Orden noch Hanse ruhen: Man verhaftete im Gegenzug russische Kaufleute in Livland, verbot die Ausfuhr von Salz und Hering nach Rußland. Sechs Jahre verhandelte man miteinander und erreichte doch nur eine vorläufige Übereinkunft. Und so kam es 1388, in dem Jahr, in dem England und Flandern von der Hanse bereits boykottiert wurden, auch zu einem Boykott Rußlands – sozusagen Boykott an allen Fronten. Und so wie England und Flandern sich noch einmal der Hanse beugten, so auch die Nowgoroder: Mit der «Kreuzküssung Nieburs» endeten die Friedensverhandlungen 1392 (der lübische Ratsherr Johann Niebur leitete sie) und sicherten so für weitere 80 Jahre hansische Privilegien in Rußland und russische Privilegien in Dorpat und Visby. Nur daß nach der folgenreichen Schlacht bei Tannenberg 1410 die livländischen Städte im Bereich der östlichen Ostsee die Führungsfunktionen übernahmen; Lübeck war durch seinen Verfassungskonflikt praktisch nicht politikfähig. Später, trotz der Rückkehr zu den alten Verhältnissen, mußte es Dorpat die Leitung des Nowgoroder Kontors zugestehen. Das wird allerdings so bedeutend nicht gewesen sein: Zum einen gab es immer wieder schwere Behinderungen des russischen Handels, zum anderen verlagerte sich der Wachs- und Pelzhandel von Nowgorod weg mehr in die finnischen und livländischen Städte. Die Stadt am Ilmensee hatte schon vor ihrer Eroberung durch Iwan III. im Jahr 1478 seine einstige Bedeutung längst verloren. Und dadurch, daß der Deutsche Orden als Machtfaktor seit der Niederlage bei Tannenberg von 1410 weitgehend abgedankt hatte, öffnete er zugleich die Tür für den Expansionsdrang des Großfürstentums Moskau nach Westen – und damit zugleich für die Kontrolle Nowgorods und seinen Ostseehandel.

Polen, Litauen und Deutscher Orden (1386–1562)

Seit sich das Königreich Polen und das Großfürstentum Litauen im Vertrag von Krewo 1386 vereint hatten, trennten sie das Gebiet des Deutschen Ordens im Norden (die heutigen baltischen Staaten) und im Süden (Westpreußen und das spätere Ostpreußen mit Danzig) endgültig voneinander; den Rittern erwuchs ein höchst gewichtiger Gegner, ein Gegner zumal, dessen Einflußgebiet sich alsbald von der Ostsee bis an das Schwarze Meer erstreckte. Ein mächtiger Gegner aber auch, weil mit der Bekehrung der Litauer dem Orden sein eigentliches Wirkungsfeld, sein eigentlicher Auftrag abhanden gekommen war: die Heidenmissionierung. Viel zu lange wollten die Ordensritter diese neue Entwicklung nicht wahrhaben – mit drei fatalen Folgen: Denn unverkennbar versiegte seither der ständige Zustrom der gläubigen Ritter, der ständige personelle Nachschub aus dem Reich. Damit drohte aber auch der Kontakt des Ordens zur kulturellen Entwicklung im Westen zu versiegen. Der Orden mußte, die zweite Folge, für seine militärischen Aufgaben inzwischen sogar Söldner anheuern! Und zum dritten, als Wichtigstes: Die Ordensritter kapselten sich zunehmend von der Bevölkerung in Preußen ab. Jetzt verdienen sie ihren Titel Deutsch-*Herren* zu Recht. Sie bleiben Fremde im eigenen Staat. Der preußische Adel organisierte sich seit 1397 im «Eidechsenbund», den zu unterstützen sich der polnische König natürlich nicht entgehen ließ. Dennoch hielten die Ritter sich und ihren Staat noch weitere 180 Jahre an der Macht, 1398 bis 1408 besetzten sie die schwedische Insel Gotland – offiziell zur Bekämpfung der Vitalienbrüder, inoffiziell aber auch, um ihre Machtposition in der östlichen Ostsee noch zu verbessern. 1402 erreichte man mit dem Kauf der Neumark sogar die größte territoriale Ausdehnung.

Der polnisch-litauische König Wladislaw Jagiello unterstützte nicht nur den «Eidechsenbund», sondern erschwerte auf jedem Weg den Handel der preußischen Kaufleute. Er schnitt ihnen den Zugang zu den ungarischen Kupferminen ab, die dann in die Hände der oberdeutschen Frühkapitalisten gerieten. Diese Einschränkungen scheinen so gravierend gewesen zu sein, daß der Orden dem polnischen König den Krieg erklärte. Der führte zu der gewaltigen Niederlage bei Tannenberg. Voreilig und gänzlich unvorbereitet hatte der Ordenshochmeister Ulrich von Jungingen die Kraftprobe mit dem jungen Königreich gewagt und verloren: «Im Kampf für deutsches Wesen, deutsches Recht starb hier der Hochmeister Ulrich von Jungingen am 15. Juli 1410 den Heldentod» – das liest man unter einem älteren Foto, das den «Hochmeisterstein» bei Tannenberg zeigt. So dankbar die Polen bis heute nationale Kraft aus diesem Sieg über den Deutschen Orden schöpfen, so verblasen erinnern sich deutsche Politiker, deutsche Militärs, deutsche Professoren 1935 beim «Reichsehrenmal Tannenberg» an den Sieg Hindenburgs über die russischen Armeen im Sommer 1914.

Doch die Folgen der ersten Schlacht bei Tannenberg blieben zunächst gering. Dank Heinrich von Plauen, der die Marienburg acht Wochen erfolgreich gegen die feindlichen Heere hielt und der es im ersten Thorner Frieden von 1411 fertigbrachte, den Orden vor weitreichenden territorialen Verlusten zu schützen; lediglich das Dobriner Land und – zeitweilig – Samaiten gingen verloren. Das eigentlich Erstaunliche: Dieser Frieden kam zustande, obwohl die preußischen Städte und Stände vom Orden abgefallen waren und dem polnischen König die Treue geschworen hatten. Allerdings mußte der Orden eine große Summe für die in polnische Gefangenschaft geratenen Ritter entrichten, eine übergroße Last für das weithin zerstörte Land. Denn der Orden zahlte die «Gebühr» nicht aus eigenem Geldbeutel, sondern legte sie auf die Untertanen um. Die Bischöfe aber, die Stände und die Städte vermochte auch Heinrich von Plauen nicht mehr für den Ordensstaat zurückzugewinnen. Denn zu tief war die Kluft zwischen dem Selbstbewußtsein der Untertanen und dem Herrschaftsgebaren der meist aus dem deutschen Reich zugewanderten Ritter geworden. Schlimmer noch, die eigenen Ritter setzten den Hochmeister, der sie doch soeben noch vor dem Untergang gerettet hatte, zwei Jahre später schon wieder ab – wahrscheinlich, weil er mehr Ordnung und Zucht von ihnen verlangte als seine Vorgänger; offiziell hieß es allerdings, weil er schon wieder Krieg gegen Polen führen wollte. Anders als er verweigerten die Ordensritter außerdem den Ständen und Städten rigoros jede Teilnahme an der Gestaltung und Verwaltung des Landes, verordneten zudem zusätzliche Abgaben und Lasten. Innenpolitisch führte das nach einer schweren wirtschaftlichen Krise, die durch die ständigen Kriege der Ordensleute noch verschärft wurde, zu stetig wachsendem Widerstand der Preußen aller Schichten gegen die Ordensherrschaft. Und außenpolitisch konnten die Ritter schließlich der Auseinandersetzung mit dem erstarkenden Nachbarn Polen/Litauen auch nicht mehr entgehen. Zwar vereinbarte man 1422 einen «ewigen Frieden» mit dem jungen Königreich, doch der hielt so wenig wie der von 1435. Bürgerliche und adelige Opponenten schlossen 1440 den «Preußischen Bund», der auf eine Beteiligung an der Landesherrschaft drängte. In einem Gerichtsverfahren erklärte Kaiser Friedrich III. den Bund für unrechtmäßig. Die Folge: Aufstand im Ordensstaat, Angebot des Adels und der Städte, sich dem polnischen König zu unterwerfen, selbstredend gegen Gewährung und Sicherung von Privilegien.

Diese Chance ließ sich Kasimir IV. natürlich nicht zweimal anbieten. Nach dreizehnjährigem Krieg verlor der Orden 1466 Westpreußen mit Ermland, Danzig und Pommerellen gänzlich an Polen; für den verbleibenden Besitz in Ostpreußen mußte er sich unter die Lehenshoheit des polnischen Königs begeben. Die Marienburg hatten Söldner schon 1457 an den polnischen König verkauft, weil der Orden ihnen keinen Sold mehr hatte zahlen können. Im gleichen Jahr verlegten die Ritter daher ihren Ordenssitz auf die Burg in Königsberg. Ein trauriges, aber selbstverschuldetes Ende für die einst so mächtige Institution «Deutscher Orden». Oder doch noch nicht ganz das Ende: 1525 tritt der Ordenshochmeister Albrecht Markgraf von Brandenburg-Ansbach zum Protestantismus über. Der polnische König belehnt ihn in Krakau als erblichen «Herzog in Preußen». Er war es auch, der 1544 die Universität Königsberg gründete. Livland kam 1562 an Schweden und Polen, das den allerletzten Hochmeister Gottfried von Kettler schließlich als Herzog von Kurland und Semgallen einsetzte.

Die Folge der Ordenskriege im 15. Jahrhundert für die Hanse: Der einstige Reichtum des Ordens und der Städte war in den Kriegsläuften verschwunden. Die Städte Ostpreußens und Westpreußens waren gänzlich verarmt, nur noch Schatten ihrer einstigen Kraft, Kulm sogar niedergebrannt. Nur Danzig konnte sich halten und profitierte als einzige von der Niederlage des Ordens und dem Niedergang der übrigen Städte. Nahezu der ganze überregionale Wirtschaftsverkehr Polens und Litauens lief seither über die Weichselstadt. Seine Bürger hatten sich bei ihrer Unterwerfung unter den polnischen König versichern lassen, daß er auf seine landesherrlichen Rechte ihnen gegenüber verzichten wolle.

Der lübische Verfassungskonflikt
(1405–1416)

In der Zeit, in der es an allen Enden der hansischen Welt lichterloh brannte, in dieser Zeit loderte in Lübeck, der «Mutter der Hanse», der Konflikt zwischen den Ständen zu einer Verfassungskrise auf. Lange schon schwelte die Unzufriedenheit zwischen Stadtbewohnern und Patriziat mit seiner Exklusivität. Aber auf der langen Liste der Bürgerkämpfe in den großen und mittleren Städten des Reiches während des 14. Jahrhunderts erscheint Lübeck erst spät: 1380 und 1384 machten sich die Knochenhauer zum Wortführer der innerstädtischen Opposition. Doch erst die schlechte Finanzsituation der Stadt und die deswegen nötige Erhebung zusätzlicher Abgaben brachten das Faß zum Überlaufen. Der Kampf gegen die Vitalienbrüder hatte vor allem Lübeck viel Geld gekostet. In der Ostsee mußten nämlich Lübeck und Stralsund viele Jahre lang die «Friedeschiffe», die kriegsmäßig ausgerüsteten und bemannten Koggen, allein finanzieren. Gleichzeitig kamen auch noch die Kosten für den Bau des Elbe-Trave-Kanals (1390–1398) hinzu.

1403 offenbarte der Rat erstmals das finanzielle Desaster der Stadt. Zwei Jahre später kam er nicht umhin, erneut eine zusätzliche Abgabe zu erheben; allerdings mußte er im Gegenzug einen 60köpfigen Ausschuß hinnehmen, dessen personelle Zusammensetzung die Gemeinde bestimmte; der sollte den Rat bei den anstehenden Entscheidungen beraten und unterstützen. Diese Kommission hielt sich natürlich nicht an ihren Auftrag (welche Kommission fühlt sich nicht zu Höherem berufen?) und listete nicht nur all die inzwischen angefallenen Beschwerden auf, sondern forderte zusätzlich eine Verfassungsreform. Wichtigster Punkt: Beteiligung der Gemeinde an der Ratsherrenwahl.

Nach einigem Hin und Her trat der bisherige Rat 1408 zurück. 15 von 23 Ratsmitgliedern, darunter vier Bürgermeister, verließen auf der Stelle die ungeratene Stadt. Die wählte nach einem neuen, auch die Handwerker beteiligenden Wahlsystem den Neuen Rat mit 24 Mitgliedern. Der Kampf zwischen Altem Rat und Neuem Rat um die Vorherrschaft beschäftigte in den nächsten acht Jahren nicht nur die Lübecker, sondern auch Kaiser, Reichshofgericht und natürlich die anderen Hansestädte, die ihrerseits solche Konflikte schon ausgestanden hatten oder noch ausstehen würden. Lübeck kam, weil es kaiserlichen Geboten nicht folgte, sogar in die Reichsacht. Aber der Neue Rat fand Verbündete, so die Städte Wismar und Rostock – und sogar Kaiser Sigismund, wenigstens zeitweilig. Der bestätigte – gegen Zahlung von 24 000 Gulden – die alten Privilegien Lübecks und hob auch die Reichsacht auf. Nur – Lübeck zahlte nicht. Warum nicht, ist nicht bekannt. Und so widerrief Sigismund, der Neue Rat war am Ende, zumal da der dänische König den Streit nutzte und lübische Kaufleute auf Schonen verhaften ließ.

Die – sehr maßvolle – Friedensregelung lautete: Der Alte Rat, von dessen Mitgliedern inzwischen einige verstorben waren, ergänzte sich entsprechend aus den bisherigen (etwa 40) Ratsfamilien und nahm zusätzlich fünf Mitglieder des Neuen Rates auf. Die Schulden an Sigismund wurden auf 13 000 Gulden ermäßigt. Ansonsten blieb es bei der früheren Ordnung.

Diese Krise in Lübeck hätte zum Zusammenbruch des ganzen Bündnisses führen können. Doch das Gegenteil trat ein: Schon zwei Jahre später, 1418, kam es zu dem bislang glanzvollsten Hansetag – und zu weitreichenden Absprachen. Unter Jordan Pleskow, der auch schon den lübischen Konflikt erfolgreich moderiert hatte, beschlossen die Städtevertreter eine Zusammenfassung bereits geltender Handels-, See-, Rechts- und Münzvorschriften. Weiterhin einigten sie sich auf einen Maßnahmenkatalog für den Fall, daß in irgendeiner Stadt erneut Bürgerkämpfe entflammen würden: Die Aufrührer sollten hingerichtet, die Stadt aus der Hansegemeinschaft ausgeschlossen werden. Und schließlich betonten die Städtevertreter erneut den Vorrang Lübecks vor allen anderen Hansestädten. Für weiterreichende Pläne des Herrn Präsidenten gab es augenscheinlich keine allgemeine Zustimmung: Jordan Pleskow hatte die Ausweitung des Handelsbündnisses in ein politisches und militärisches Bündnis angeregt. Das Nein des Deutschen Ordens, obwohl der doch schon reichlich geschwächt war, genügte, diese Gedanken Gedanken bleiben zu lassen.

Hundert Jahre Stagnation
(1473–1554)

Der Friede von Utrecht zeigte die Hanse auf ihrem letzten großen Höhepunkt. So jedenfalls erscheint es dem späteren Beobachter. Auch den Zeitgenossen ging es anscheinend nicht anders. Doch noch liegen über 100 Jahre «Stagnation auf sehr hohem Niveau» (würden heutige Wirtschaftspolitiker sagen) vor der Hanse, eine Stagnation, in der sich aber die Gegenkräfte immer stärker formierten. Nicht etwa, daß sie einheitlich gehandelt hätten, nach einem gemeinsamen, abgesprochenen Plan. Nur das Ziel einte sie – aber auch das nur scheinbar. An allen Enden hansischer Geschäftsbeziehungen wuchsen diese Gegenkräfte, forderten ein Städtebündnis heraus, das eigentlich gar kein Bündnis mehr war. Andererseits ermöglichte diese 100jährige Stagnation dennoch wirtschaftliche wie kulturelle Höhepunkte hansischer Geschichte wie nie zuvor und auch erst sehr viel später wieder; eine Stagnation, in der ganz besonders das bauliche Bild der Städte geprägt wird, wie es uns bis heute entgegentritt und das wir mit dem Begriff «Backsteingotik» zusammenfassen; die Spätphase wird dann zunehmend von den behäbigen Zügen bürgerlicher Renaissance geprägt.

In den Verhandlungen, die zum Frieden von Utrecht führten, trat bezeichnenderweise eine politische Macht nicht in Erscheinung: der Kaiser des Heiligen Römischen Reiches Deutscher Nation. Es gibt viele Gründe für den allmählichen Verfall des Hansebündnisses. Dazu zählt auch das traditionelle Desinteresse der deutschen Könige und ihrer Kanzleien für die nördlichen Teile des Reiches. Mindestens ebenso wichtig ist das beinahe sprichwörtliche Desinteresse deutscher Könige für die wirtschaftlichen Belange ihrer Untertanen. Das Los der Bauern rührte weder sie noch die Adelsoligarchie, die im Reich die politischen Töne sang. Und die Bürger, noch in der Stauferzeit von der gleichen sozialen Klasse mit weitreichenden Privilegien ausgestattet, die Bürger beäugte man höheren Orts seit dem 14. Jahrhundert eher mit scheelem Blick: Die Freiheiten der Städte, die Freiheiten ihrer Bürger paßten nicht mehr in die politischen Vorstellungen der frühen Neuzeit. Hatten doch die Bürger, die Städte darüber hinaus in verhältnismäßig kurzer Zeit mehr

Reichtum in ihre Keller geschafft, als manch Adelsgeschlecht in vielen Jahrhunderten zusammenraffen konnte. Und das ohne Mord, ohne Totschlag, ohne Krieg, ohne Raub, ohne unrechtmäßige Bereicherung auf Kosten anderer.

Anerkennung für die Bürger gab es nur dann, wenn sie sich in ihrem ganzen Verhaltenskodex der führenden Schicht im Reich anpaßten. Die oberdeutschen Frühkapitalisten fanden vor allem deswegen viel schneller Zugang zu den Spitzen der Gesellschaft als eben die Hansekaufleute, weil sie es nämlich verstanden, ihr Gewinnstreben und die politische Kultur unter einen Hut, unter *ihren* Hut zu bringen.

Es gab noch einen weiteren Grund für die politische Klasse, mißtrauisch die Entwicklung in den Städten zu verfolgen: Hatten sich doch dort seit dem ausgehenden 14. Jahrhundert neue interne Konflikte abgespielt, die in ihrer Art weit über die bisher bekannten Streitfälle unterschiedlicher Bevölkerungsgruppen hinausgingen. Diese Kämpfe zwischen dem Patriziat, der Kaufmannschaft also, und den Handwerkern, die man als «Zunftkämpfe, Zunftrevolutionen, Bürgerkämpfe, städtische Konflikte» bezeichnet, sind allerdings zur Zeit des Utrechter Friedens längst Vergangenheit. In jeder Stadt hatte sich ein je spezifisches Stadtregiment mit den unterschiedlichsten Beteiligungsformen der meisten Bürger entwickelt. Aber eben: Beteiligung. Und das hieß: Mitverantwortung. Die aber wollte man in den fürstlichen und bischöflichen Kanzleien niemandem gönnen außer sich selbst.

Es ist die Zeit, in der aus Ländern Staaten werden. Da konnte man keine unabhängigen Städte und Bürger brauchen. Da galt es vielmehr, die eigenen Untertanen zu fördern und Untertanen fremder Herren zu behindern. Das galt für die Herrscher und Fürsten des deutschen Reiches ebenso wie für die anderen Herrscher und Fürsten Europas. Es ist die Zeit, in der sich das Individuum von den gedanklichen Zwängen zu befreien beginnt, die von einer volks- und lebensfernen Kirche ausgehen. Es ist die Zeit, in der viele Universitäten gegründet werden – weniger um dem geistigen Höhenflug des Renaissancemenschen und des Humanismus einen organisatorischen Ort zu bieten, das gewiß auch. Wichtiger war den Gründern, den Fürsten und Grafen, Landesherren also, die geregelte

Ausbildung von Theologen und anderen Staatsdienern, Juristen zumal. Es ist die Zeit, in der gelehrte Räte die Fundamente legen für eine geordnete Verwaltung. Es ist die Zeit, in der auf Reichsebene Überlegungen zu einer Strukturreform reifen: Die bisherige Reichsorganisation entspricht nicht länger modernen Bedürfnissen. Und es ist die Zeit, in der Spanien und Portugal die Weltmeere erkunden, neue Kontinente entdecken, Gold und Waren von nie gekanntem Ausmaß importieren, die Wirtschaftsströme Europas grundlegend verändern.

In England hatten die Hansen zwar den Frieden zum eigenen Vorteil sichern können. Aber die Entwicklung dieses Landes zu einer Großmacht mit weltumspannenden Interessen konnte auch der Vertrag von Utrecht nicht aufhalten. Immerhin, auch wenn es immer wieder zu Auseinandersetzungen mit der einheimischen Konkurrenz kam: Die Umsätze der Kaufleute im Londoner Kontor florierten wie nie zuvor. Wie schon früher lieferten die Hansen vor allem Wein und Wachs, exportierten englisches Tuch. Nur der Pelzhandel ging in andere Hände über. Binnen weniger Jahre hatten die oberdeutschen Fugger nicht nur den Handel mit slowakischem und ungarischem Kupfer ganz an sich gerissen, auf den gleichen Wegen – über Krakau und Danzig nach Antwerpen – lief auch ihr Pelzhandel. Die Fugger hatten zudem im Einzugsbereich der Hanse systematisch Filialen begründet: 1491 Posen, 1494 Antwerpen, 1496 Lübeck, 1502 Stettin und Danzig. Die Hanse, Lübeck voran, versuchte zwar noch Blockademaßnahmen. Doch die mußten erfolglos bleiben, denn einige Städte, vor allem Hamburg und Danzig, profitierten ja gerade vom Fuggerschen Aufschwung.

Also gab es wieder mal keine einheitliche Linie der Hansestädte. Zwar zogen sich die Fugger, später auch die anderen Augsburger Kaufleute, aus dem nordeuropäischen Hansebereich zurück, um in die lukrativeren Niederlande und vor allem nach Spanien zu ziehen. Dort reussierte der Überseehandel, dort hatte sich der kaiserliche Hof etabliert. Doch offensichtlich hatten die Fugger es verstanden, das Grundelement hansischen Handels geschickt zu durchbrechen – nämlich die Solidarität. Dadurch, daß sie in Danzig und Hamburg erfolgreich Geschäfte tätigten, brachen diese Städte aus dem Solidarverband aus. Augenscheinlich war die Hanse nicht mehr in der Lage, den Osthandel systematisch in ihrer Hand zu behalten.

In Flandern war aus einem stark zersplitterten Machtgefüge ein einheitliches Staatswesen Burgund erwachsen. Ebenso entscheidend: Brügge verliert in dieser Zeit seine Stellung als das internationale Handelszentrum in Nordwesteuropa. Dafür gibt es einfache Gründe. Vor allem: Der Reye, über den Brügge mit dem Schiff erreichbar war, versandete; die technischen Kenntnisse der Zeit ließen eine dauerhafte Korrektur dieser natürlichen Entwicklung noch nicht zu. So kommt es, daß auf dem einst bedeutendsten Hafengelände Europas heute flämische Bauern ihre Pflüge ziehen oder Autos rasen. Brügge begegnete dieser Herausforderung durch die Anlage von «Vorhäfen», zunächst in Damme, später in Sluys. Monetarius bereiste 1495 auch Flandern und berichtet, daß Brügge einen altmodischen Charme habe, während Damme ihn als «sehr schöne Stadt» beeindruckte und Sluys ihn sogar zu dem begeisterten Ausruf «herrlicher Hafen» hinriß. Zum zweiten: Flanderns neuer Herr, Herzog Karl der Kühne von Burgund, beendete die Privilegierung der Stadt, setzte sie dem Druck der flandrischen Konkurrenz aus. Er negierte auch den hansischen Stapelzwang als Einmischung in innere Angelegenheiten. Zum dritten: Durch die eigene Boykottpolitik hatte die Hanse ihren Stapel in Brügge selbst diskreditiert; so kehrten nach dem letzten Auszug des Kontors 1451 nach Antwerpen nicht mehr alle Kaufleute dorthin zurück. Antwerpen war schon deswegen attraktiver, weil es, anders als Brügge, die Einfuhr englischer Tuche zuließ.

Auch die deutschen Kaufleute begannen also, sich um ihre Stapelpflicht zu drücken, ihre Waren nach Amsterdam, Utrecht und vor allem nach Antwerpen zu liefern. Das aber widersprach – vor allem nach Meinung des Kontors und der wendischen Städte – gesamthansischen Interessen. Ein vergeblicher Kampf. 1520 zog auch das Kontor offiziell nach Antwerpen, nannte sich aber weiterhin «Kontor von Brügge». Nur, die deutschen Kaufleute folgten nicht länger seinen Weisungen, zahlten nicht einmal mehr die Gebühren (und Strafen noch weniger). Das Kontor litt an Auszehrung – keiner ging mehr hin.

Preußen war im zweiten Thorner Frieden von 1466 der polni-

Das alte Rathaus von Antwerpen.

schen Krone unterworfen worden. Im Osten fiel Nowgorod 1478 in die Hände des russischen Zaren Iwan III. Der hatte mit den privilegierten Hansekaufleuten nichts mehr im Sinn, wollte er doch den Wohlstand seiner eigenen Untertanen fördern, der moskowitischen Kaufleute zumal. Außerdem verwehrte ihm der Deutsche Orden, ein ausgewiesenes Mitglied der Hanse, noch immer den freien Zugang zur Ostsee. Die Folge: Das Nowgoroder Kontor wurde geschlossen, wieder geöffnet, wieder geschlossen, wieder geöffnet, letztmals 1514. Da zeigte sich, daß die zaristische Handelspolitik im Ergebnis nicht die eigenen Untertanen, sondern die Bürger der Städte Reval, Riga und Dorpat begünstigt hatte. Aus dieser Zeit vor allem stammt der Reichtum der baltischen Städte. Auch hatte sich seit dem beginnenden 16. Jahrhundert unter dem Einfluß der Fugger die neue Landverkehrsverbindung über Krakau ergeben. In Nowgorod aber wollte jetzt kein Ausländer mehr Geschäfte treiben; fünfzig Jahre später seien, so berichteten die Reisenden, die Gebäude des Kontors verfallen und die Stadt weitgehend verödet gewesen.

Zur etwa gleichen Zeit, 1518, beschloß ein Hansetag, 31 Städte aus dem Kreis der Privilegienberechtigten auszuschließen, weil sie diese Privilegien entweder nicht mehr in Anspruch nahmen oder weil sie nicht mehr an den Hansetagen teilnahmen oder weil sie ihre jeweiligen Stadtherren über die – an sich geheimen – Beschlüsse der Hansetage informiert hatten. Dazu gehörten beispielsweise Krakau – ein wichtiger Fugger-Standort – oder auch Stettin.

In dieser wirtschaftlichen Umbruchsituation macht sich mit wachsendem Einfluß die Erschließung der Weltmeere und der neuen Kontinente durch Spanier und Portugiesen bemerkbar. Für die Hanse war das zunächst vorteilhaft, weil sie in die frei werdenden Märkte eindringen konnte. Langfristig war das natürlich von Nachteil, weil sie keinerlei Anteil am wachsenden Welthandel hatte. Schließlich veränderte in diesen unruhigen Zeiten auch noch die Kirchenspaltung alle bisherigen Sicherheiten und Orientierungen der Menschen. Über dreißig Jahre lang, bis zum Augsburger Religionsfrieden, wird der Glaubensstreit die Gemüter erhitzen, die Menschen verunsichern, Freunde und Familien trennen, Unruhe in die Stadtverfassung bringen, politische Parteien entzweien und Handel wie Wandel beeinträchtigen.

Auch die Hansestädte werden innerlich zerrissen und voneinander getrennt. Während Osnabrück schon 1521 als erste Hansestadt zum neuen Glauben umschwenkte, trotzte der lübische Rat mitsamt dem Domkapitel bis 1528 den Neuerungen. Außenpolitische Gründe (wegen des Krieges gegen Dänemark benötigte der Rat wieder einmal Geld) erzwangen die Bildung eines bürgerschaftlichen Ausschusses, der sich sogleich auch für die Kirchenfrage zuständig erklärte. Ohne Bekenntnis zu Luthers Lehre keine Steuern! Das ist unter den gewiß zahlreichen, oft quälenden Gründen für eine Entscheidung im Kirchenkampf sicher die merkwürdigste. Johann Bugenhagen, der schon in Braunschweig der neuen Kirche zum Durchbruch verholfen hatte, zog 1530 auch in Lübeck ein. Jetzt trat Lübeck sogar dem Schmalkaldischen Bund bei. Allerdings flohen zu Ostern 1531 die beiden ältesten Bürgermeister mit der Mehrheit des Alten Rates aus der Stadt und erbaten kaiserliche Unterstützung.

In ihrer Heimat übernahm jetzt Jürgen Wullenwewer das Kommando, die schillerndste Figur in der hansischen Geschichte. Seine

Familie stammte aus der Nähe von Schwerin, der Vater hatte sich zu Ende des 15. Jahrhunderts in Hamburg niedergelassen. Jürgen Wullenwewer war wohl geschäftlich nicht so erfolgreich wie sein Vater und seine Brüder. Seinen Bürgereid in Lübeck leistete er erst im Februar 1533, als er in den Rat gewählt worden war. Beredsamkeit und entschiedenes Bekenntnis zur lutherischen Kirche zeichneten ihn aus. Schon einen Monat später wählte ihn der Rat zum Bürgermeister. Zwei Jahre nur bestimmte er die lübische Politik, vom März 1533 bis zum August 1535. Wir wollen aber hier nicht die einzelnen Schritte und Hakenschläge eines der genialsten politischen Dilettanten der Neuzeit nachzeichnen.

Sein Ziel war, die Vorherrschaft Lübecks in einem – wie auch immer gestalteten – protestantisch geprägten Bund der nordischen Länder zu etablieren. Nebenbei sollte auch der stetig wachsende Anteil der Holländer an den Sundpassagen wenigstens gemindert, wenn nicht unterbunden werden. Der Anlaß war der Tod König Friedrichs von Dänemark im April 1533, seine Mittel: diplomatische Verhandlungen und Krieg. Seine Partner, wechselweise auch Gegner, waren so ziemlich alle west- und nordeuropäischen Länder. Und das Ende hieß: ein 1537 in Bremen wegen angeblicher Verbindungen zu den Wiedertäufern enthaupteter, gevierteilter und geräderter Jürgen Wullenwewer. Zurück blieb eine einmal mehr geschwächte Hanse.

Die kriegerischen Auseinandersetzungen des Kaisers mit dem Schmalkaldischen Bund ließen natürlich auch die Hansestädte nicht verschont, wenn auch die Hanse als Bündnis sich in diese Angelegenheiten nicht einmischte. Erst der Augsburger Religionsfrieden von 1555 brachte eine längere Friedenspause, die dann aber in einem noch schrecklicheren Inferno endete. Und er brachte wirtschaftlichen Aufschwung.

Das Ende
(1555–1669)

In England neigte sich die hansische Bedeutung in der zweiten Hälfte des 16. Jahrhunderts ihrem Ende entgegen. Zwar suchten die englischen Könige die *Merchant Adventurers* zu Lasten der Hansen zu fördern, doch letztlich zerbrach die hansische Repräsentanz in London an den egoistischen Interessen einzelner Städte wie Köln und Hamburg, als nämlich beispielsweise die Elbestadt 1567 den Engländern das Niederlassungsrecht einräumte und obendrein noch Zollfreiheiten gewährte. Die Hanse duldete dieses eigenmächtige hamburgische Vorgehen. 1579 folgte Elbing mit einer ähnlichen Privilegierung. Wieder kam kein wirksamer Protest von der Hanse. Der Seesieg der Engländer über die spanische Armada 1588 brachte in der Folge dann das endgültige Aus. Nach langen Beratungen (über die adäquate Antwort auf die Kaperung von hansischen Schiffen durch Francis Drake) schloß das Reich 1597 die Engländer vom Handelsplatz Deutschland aus; hier griff der Kaiser erstmals aktiv in die nordischen Angelegenheiten, in die Angelegenheiten der Hanse ein – und schon wird es ein Rohrkrepierer. Die radikale Antwort von Königin Elisabeth I. hieß 1598 nämlich: Schließung und Konfiskation des Stalhofes, Handelsverbot für die Hansen, Ausweisung der deutschen Kaufleute, ausgenommen die Elbinger. Die Wiedereröffnung des Kontors 1606 brachte dann keinen Aufschwung mehr.

Wie so viele andere Kaufleute waren in Flandern auch die Hansen zu Beginn des 16. Jahrhunderts nach Antwerpen gezogen. Das Kontor selbst folgte nur mürrisch. Um nun die hansische Präsenz in den Niederlanden auf Dauer zu verbessern und zu festigen, beschloß der Hansetag von 1555, in Antwerpen ein neues Kontorgebäude zu errichten. Nach längeren Verhandlungen kam es 1564 zum Baubeginn und 1568 zur Vollendung dieses imposanten Wohn- und Lagerhauses. Antwerpen hatte das Grundstück zur Verfügung gestellt und zahlte ein Drittel der Baukosten. Da es 1893 abbrannte, stehen uns nur ältere Abbildungen zur Verfügung – ein höchst repräsentatives Gebäude. Und ein riesiges zumal: Auf 5000 Quadratmetern Grundfläche um einen Hof herum gebaut, 80 Meter Fassadenlänge; es besaß ebensoviel Fenster wie das Jahr Tage; es bot 23 Lagerräume, 133 Schlafzimmer, 27 Keller und weitere größere Räume. In diesem Kontorgebäude sollte sich der deutsche Kaufmann mitsamt Familie und Gehilfen niederlassen. Doch außer Schönheit, Repräsentation und dickem Lob der Architekturhistoriker brachte diese letzte große gemeinschaftliche Anstrengung der Hanse nur Kosten ein: Keiner ging hin. Der erhoffte und benötigte Aufschwung des Handels mit den Niederlanden trat nicht ein, die Hanse mußte später sogar das Tafelsilber des Kontors verkaufen.

Schon zum Zeitpunkt des Neubaus war Antwerpen nämlich nicht mehr unbestritten die führende niederländische Handelsstadt. Amsterdam meldete nachdrücklich Ansprüche an. Und auch die deutschen Kaufleute waren nicht mehr die erste Adresse. Längst nämlich hatten die Kaufleute und Reeder aus den Niederlanden soviel wirtschaftliche Bedeutung errungen, daß sie auf die Zusammenarbeit mit den Hansen nicht mehr angewiesen waren und deren Unwillen leicht verschmerzen konnten. Das hatte sich schon während der Wullenwewerschen Jahre in Lübeck gezeigt: Allein die Holländer profitierten seinerzeit von den nordischen Auseinandersetzungen.

In allen Ländern Nordeuropas brachen jetzt die hansischen Fronten zusammen. Dänemark und Schweden lösten sich systematisch von der Vorherrschaft der deutschen Kaufleute. Preußen begab sich unter die polnisch-litauische Oberhoheit, Livland fiel an Schweden. Nowgorod war als Handelsstadt längst unbedeutend geworden, die Städte Reval, Riga und Dorpat rückten an seine Stelle, auch gewann Narwa an Bedeutung. Bis dann 1558 der russische Zar Iwan der Schreckliche eingriff: Narwa fällt ihm zu, Dorpat wird zerstört. Narwa wächst sogar zeitweilig in die frühere Rolle Nowgorods hinein. Reval kommt unter schwedischen Schutz, Riga 1582 unter polnischen. Der polnische König erhebt 1562 den letzten Ordenshochmeister Ketteler zum Herzog von Kurland und Semgallen – nach vorheriger Auflösung des Ordens. Alle livländischen und preußischen Städte stehen entweder unter schwedischer oder unter polnischer Hoheit, können de facto jetzt nicht mehr als Hansestädte angesehen werden.

Die Hanse wuchs dennoch ein letztes Mal zusammen. Man gab sich eine neue Verfassung: Statt der bisher drei *Drittel* nunmehr vier Quartiere unter Führung von Lübeck, Köln, Braunschweig und Danzig; ein jährlich zu entrichtender Beitrag (annuum) in je Stadt unterschiedlicher Höhe (die Zahlungsmoral ließ allerdings dringend zu wünschen übrig!); Bestallung eines «Syndicus». Bis dahin waren alle hansischen Geschäfte von den Beamten der Stadt Lübeck mit erledigt worden, die Hanse selbst verfügte über kein eigenes Personal. Heinrich Sudermann aus dem Kölner Patriziat, Doktor beider Rechte, wurde 1556 diese Aufgabe übertragen, die er 35 Jahre lang zu allseitiger Zufriedenheit wahrnahm. Nach seinem Tod regte sich städtischer Geiz, trotz des erwiesenen Erfolgs. Erst 1605 rang man sich mit der Bestallung des Stralsunder Syndikus Johann Doman zu einer Wiederbesetzung des Amtes durch. Nach dessen Tod 1618 erledigte wie schon früher einer der lübischen Syndici die Arbeiten.

Trotz dieses hansischen Desasters an allen Fronten bringt das ausgehende 16. Jahrhundert den deutschen Kaufleuten die größten Umsätze ihrer bisherigen Geschichte, doch keineswegs aus eigenem Verdienst, sondern wegen eines allgemeinen Handelsaufschwungs in ganz Europa. Noch stärker profitierten von dieser Entwicklung allerdings die Holländer. Ihre Flotte hatte die Hansetonnage bald überholt. Auch konnten sie ihre Schiffsbautechnik so verbessern, daß mit der Fluite ein völlig neuer Schiffstyp Nord- und Ostsee durcheilte. Dank verbesserter Rümpfe und verbesserter Segeleigenschaften konnten diese Schiffe beispielsweise die Fahrt zwischen Spanien und Ostsee zweimal jährlich absolvieren; hansische Schiffe waren nur zu einer jährlichen Tour in der Lage. Während des spanisch-niederländischen Krieges konnten sich die Hansen teilweise in das umfängliche Spaniengeschäft einschalten: Sie lieferten hauptsächlich Getreide auf die Pyrenäenhalbinsel. Diese Scheinblüte endete dann 1609 nach dem spanisch-holländischen Waffenstillstand. In diesen Jahren sah man hansische Schiffe sogar im Mittelmeer: Wegen häufiger Mißernten war nämlich Italiens Getreideversorgung zusammengebrochen.

Von dem allgemeinen Handels- und Wirtschaftsaufschwung des ausgehenden 16. Jahrhunderts profitierten vor allem die Küstenstädte, und hier besonders Hamburg und Danzig. Hamburg hatte

schon früher als andere Städte fremden Kaufleuten Niederlassungsrechte eingeräumt, konnte so – neben Amsterdam – einen Teil des
antwerpischen Erbes auf sich ziehen. Es verdreifachte seine Einwohnerzahl binnen eines Jahrhunderts, während Lübeck oder Köln
stagnierten. In Hamburg tummelten sich Kaufleute aus allen europäischen Ländern, nachdrücklich von der Stadt unterstützt. Anders
als in Köln beispielsweise, wo man den Ausländern, den Portugiesen, den Italienern und den Niederländern zumal, mehr als zurückhaltend begegnete. Lübeck versteckte seine frühere Expansionskraft
hinter Traditionsbewußtsein; das drückt sich vor allem darin aus,
daß sie Ausländern keinerlei Rechte einräumte. Statt dessen warf
man den Hamburgern 1609 vor, daß die Ausländer einen zu großen
Anteil hätten an den dortigen Geschäften: Nicht einmal ein Hun-
dertstel (!) werde von den Hamburgern selbst getätigt. Das ist
natürlich übertrieben, da spielt Konkurrenzdenken sicher eine
Rolle. Aber so ganz unberechtigt war der Vorwurf wohl nicht. War
Hamburg seit seiner Gründung bis in das 17. Jahrhundert hinein
Vorhafen Lübecks an der Nordsee gewesen, so wird Lübeck jetzt
hamburgischer Vorhafen an der Ostsee.

Mit dem Dreißigjährigen Krieg endet die Geschichte der Hanse.
1669 wird noch einmal ein allgemeiner Hansetag nach Lübeck
einberufen, doch folgen nur neun Städte (Lübeck, Hamburg, Bremen, Danzig, Rostock, Braunschweig, Hildesheim, Osnabrück
und Köln) der Einladung. Aus der randvollen Tagesordnung wird
nicht ein einziger Punkt entschieden. Der 1630 zwischen Bremen,
Hamburg und Lübeck geschlossene Bund trat in den nächsten
Jahrhunderten als juristischer Erbe der Hanse auf – der Stalhof in
London wurde 1853 verkauft, das Antwerpener Haus 1882. Doch
eine wirkliche Kraft ging auch von diesem Bündnis nicht mehr aus.
Es rettete die Erinnerung an die Hanse bis in das 19. Jahrhundert.
Dann erst begann die Forschung, sich dieser einmaligen Leistung
von Kaufleuten in Europa zu erinnern.

DER AUSSTEIGER

Zehn Monate im Leben des Hamburger Kaufmanns Jan tom Dieck im frühen 17. Jahrhundert*

26. März 1603

Endlich war Lavrentz fertig, hatte alles vorgetragen, packte seine Zettel und Zettelchen zusammen, verabschiedete sich. Heute hatte es leider schon wieder einmal länger gedauert, unser tägliches Gespräch am Morgen, gleich nach Sonnenaufgang: Was denn im Laufe des Tages zu erledigen sein wird, welche Schiffe einlaufen werden, welche Leute ich besuchen muß. Dafür genügt sonst eigentlich eine knappe Stunde. Heute aber gab es wieder so viel zu bereden, so viel zu entscheiden wie sonst in einer Woche nicht. Alles furchtbar lästig, aber leider notwendig. Schließlich lebe ich von diesem Geschäft, leben meine Familie und meine Gehilfen davon. Und schließlich hatte ich versprochen, mich dem Wohle des groß-väterlichen Geschäftes zu widmen, seinen Nutzen zu mehren, Schaden von ihm abzuhalten; mit einem Wort, es sorgfältig zu vergrößern und fortzuführen. Vater war da sehr unnachgiebig. Entweder – oder. Entweder ich übernehme, dann nach seinen Grundsätzen. Oder ich suche ein anderes Geschäft. Dann könnte ich mich verhalten, wie ich es für richtig halte.

Doch ich hatte «Berndsen & tom Dieck» übernommen. Berndsen gab es schon lange nicht mehr. Den hatte Vater ausbezahlt, weil er sich hat ausbezahlen lassen wollen. Aber unser Geschäft war welt-weit bekannt und sollte unbedingt unter dem bisherigen Namen

* s. Fußnote S. 33

weitergeführt werden. So habe ich es übernommen, so sollen es meine Kinder und Enkel weiterführen.

Auf Berndsen & tom Dieck ist Verlaß. Wir liefern. Und von allem nur das Beste! Jede Generation bisher auf ihre Weise. Großvater begann mit Tuchen. Vater verlegte sich dann mehr auf den Wein, auf den Rheinwein. Er lebte sein Leben auf ganz und gar unhamburgische Weise: fröhlich nämlich und beschwingt. Eher rheinisch also. Seine Weinqualitäten waren weitum berühmt. Jeder (jedenfalls jeder, der es sich leisten konnte) wollte Rheinwein von Heeren tom Dieck geliefert bekommen. Schiff um Schiff segelte rheinabwärts, dann die friesische Küste entlang (Seeräuber gab es ja keine mehr, nur noch friesische Strandräuber) nach Hamburg. Eine schier endlose Kette von Fässern in den Rümpfen. Heimlich genossen unsere ehrbaren Hamburger nämlich den rheinischen Wein in unheimlichen Mengen. Natürlich längst nicht in dem Umfang wie das Bier.

Die Firma Berndsen & tom Dieck lieferte diesen Rheinwein in allen gewünschten Mengen und allen geschmacklichen Varianten, gewürzt mit Pfeffer oder Nelken; gewürzt mit Kardamom oder Piment. Welche Gewürze in welchen Mengen hinzugefügt wurden, verrate ich natürlich nicht, das geht niemanden etwas an. Da wir viel Wein verkauften, auch exportierten, mußten wir viele Gewürze einkaufen. Warum also nicht auch Gewürze verkaufen? Und das war dann nun meine Domäne. Damit gab ich Berndsen & tom Dieck ein neues Gesicht. Deswegen liefern wir heute Wein *und* Würze. Und Weihrauch.

Mein Leben ist aber nicht ausschließlich unserem Geschäft gewidmet. Während Vater noch den ganzen Tag arbeitete, die Bücher sogar meist selbst führte, Lagerhäuser inspizierte, Waren besichtigte, Wein probierte, versuche ich, nur das Allernotwendigste selbst zu machen. Lavrentz ist ein sehr zuverlässiger Kontorleiter, Thays ein fabelhafter Weinkenner und Tobias der beste Gewürzmeister im weiten Umkreis. Im Kontor stehen ständig vier Schreiber, die meine Bücher führen, die alle meine Korrespondenz erledigen, die jegliches Einer- und Allerlei von mir fernhalten müssen. Es geht ja auch so. Prächtig sogar.

Obwohl bei mir ständig sieben Leute arbeiten, manchmal sogar mehr, habe ich mehr Geld als Vater und viel mehr als Großvater. Und das bei wesentlich weniger Arbeit! Und ich kann mir dennoch das leisten, was allein mich interessiert: meine Handschriften, meine Bücher. Dafür kaufe und verkaufe ich Wein. Dafür kaufe und verkaufe ich Pfeffer, Zimt, Nelken, Muskat, Kardamom, Ingwer und Safran. Verkaufe alles, wessen unsere kaiserlichen, königlichen, bischöflichen, fürstlichen, herzoglichen, gräflichen und bürgerlichen Herrlichkeiten meiner bedürftig zu sein. Daher gehört auch Weihrauch zu meinem Geschäft. Für Luxus ist mir übrigens nichts unmöglich: Im letzten Jahr besorgte ich meinem niederländischen Partner sogar eine ganze Tonne voll Tulpenzwiebeln aus Konstantinopel! Und da viele Adelige und Bürger im letzten halben Jahrhundert sehr reich geworden sind (seit der Zeit, da sich Protestanten und Katholiken nicht mehr streiten), leisten sich viele das, wovon unsere Großväter nur haben träumen können! Und Berndsen & tom Dieck liefern alles, was begehrt, folglich gut und teuer ist. Die Großen und die Reichen unseres Heiligen Römischen Reiches Deutscher Nation lassen bei mir kaufen, zahlen gern die besten Preise. Ich liefere. Von allem nur das Beste. Vater brachte neuen Schwung in den hamburgischen Rheinweinhandel. Unsere Aufkäufer in Köln oder Mainz konnten fast nicht so viel beschaffen, wie wir hier und im Ausland verkauften.

Ganz nebenher läuft da das Geschäft, das Vater vor etwa 40 Jahren aufgenommen hat – die Lieferung von Weihrauch. Weihrauch war seit Dr. Martinus Luther verpönt, wurde in den protestantischen Kirchen nicht mehr verwendet. Lange Zeit beherrschte die junge Religion das Land und die Städte. Sogar der Staat des Deutschen Ordens in Preußen kehrte sich von der alten Kirche ab. Die Folge: Es wurde kaum noch Weihrauch benötigt, die Liefermengen sanken ins Bodenlose, die meisten Lieferanten mußten aufgeben.

Bis sich vor etwa 50 Jahren die Jesuiten auch in Bayern und Wien niederließen. Seither kehrten auch in Deutschland die Menschen allmählich wieder zum alten Glauben zurück. Doch woher jetzt den Weihrauch nehmen? Die alten Geschäftsbeziehungen waren zerstört. Vater jedoch hatte noch aus seiner Lehrzeit gute Freunde in Venedig. Er konnte den jetzt wieder begehrten Weihrauch liefern, beste arabische Qualitäten zu besten Preisen. Nicht den billigeren indischen (der ist für das gemeine Kirchenvolk, den sollen andere liefern), der kommt über Portugal und Spanien nach Europa. Also liefern wir unseren Eminenzen, unseren Bischöfen das, was nur sie bezahlen wollen und können. Und dieses Geschäft macht, das ist das Allerschönste, überhaupt keine Arbeit. Wir wissen natürlich, wieviel in etwa geräuchert wird, also kann Lavrentz die Mengen in Venedig im voraus ordern, sie werden über See geliefert (der Landweg ist mir zu unsicher) und von uns weiterverteilt – bis nach Köln und Mainz, bis nach Posen oder Riga. Ein müheloses Einkommen. Ich habe überhaupt keine Bedenken, der katholischen Kirche dafür Geld abzunehmen. Soll sie doch bezahlen für dieses penetrant Kopf, Herz und Nase vernebelnde Produkt, diesen schrecklich auf- und durchdringlichen Geruch.

Ich bin sicher der einzige Hamburger (und ganz gewiß einer der wenigen im Reich), der sämtliche Flugschriften und Bücher Martin Luthers besitzt, unseres so hochverehrten großen Lehrers. Mag sein, daß es im Heiligen Römischen Reich Deutscher Nation – wer sich solch blöde Titel ausgedacht haben mag? – noch anderswo eine ähnlich vollständige Sammlung gibt. Aber das interessiert mich eigentlich auch nicht. Ich höre nur, daß unsere Gelehrten in Wittenberg oder Tübingen, oder wo sonst sie auch immer leben und sich der Theologie verschrieben haben, unseren unvergleichlichen Dr. Martinus so einzuspinnen beginnen in die kleine Welt ihrer großen Gedankengebäude wie einst die Scholastiker die katholische Kirche. Da sitzen sie in ihren dumpfen Stuben und bewegen die Welt in ihrem Kopfe. Und das Erschreckende: Die Welt bewegt sich um diese Köpfe! Die Theologen machen sich die Welt untertan, gestalten die Welt nach ihrem Bilde.

Vor fast zwei Generationen hatten in Augsburg die politischen Mächte in unserem Land religiösen Frieden beschworen. Und bis heute eingehalten. Fünfzig Jahre Frieden, fünfzig Jahre lang keine wesentlichen Zerstörungen – auch an unserer Stadt könnt ihr sehen, was das bedeutet. Dieser Friede wird natürlich nicht lange mehr halten, zu sehr gewinnen die Rechthaber in den Universitäten, den Kirchen, den Höfen an Bedeutung. Was denn um Gottes willen soll man davon halten, daß seit 1577 jeder Pfarrer, jeder Universitätslehrer jene ominöse Konkordienformel unterschreiben muß? Da haben ein paar Theologen unseren guten Dr. Martinus ganz schön auf die Füße gestellt! Theologengezänk im Namen der Kirche, sage ich! Gelehrtes Geschwätz, das doch nur dem eigenen Ruhme oder dem eigenen Fortkommen dient! Nur wer so denkt wie wir, so wird dem gläubigen Publikum verheißen (und gedroht), ist ein rechtgläubiger Protestant! Hat denn nicht Martin Luther gerade diese Selbstgerechtigkeiten angegriffen? Ein guter Hamburger Protestant hat für diese Gelehrtenstubenweisheiten kein Verständnis. Doch die Ausschließlichkeit, mit der diese Ansichten vertreten werden, lassen unsereinen nichts Gutes ahnen. Kein Kaufmann könnte überstehen, wenn er denn darauf beharrte, immer im Recht zu sein. Wir müssen auf unsere Partner zugehen können, auch nachgeben können.

Mir will scheinen, daß unserem großartigen Reich, seinen mächtigen Fürsten und seinen weniger mächtigen Bürgern schwere Zeiten bevorstehen. Zu bedeutend scheinen die theologischen Auseinandersetzungen zu sein, zu sehr verknüpft mit machtpolitischen Wünschen. Da fürchte ich große Gefahren! Zu unvereinbar scheinen die geistlichen Fronten zu werden, zu bedeutend ihr Stellenwert in der Reichspolitik, im Streit zwischen den Ständen. Ich ahne ein großes Hauen und Stechen aller gegen alle. Und das im Namen der Religion, einer friedensstiftenden Religion! Krieg und Totschlag und Plünderung im Namen der Religion!

Nein, meine Söhne, ihr werdet diese friedlichen Zeiten nicht erleben, die ich erleben durfte. Fünfzig Jahre Frieden! Ihr werdet euch nicht so aus eurem Kontor zurückziehen können, wie ich es jeden Tag tue. Ihr werdet vor größeren, vor schwierigeren Aufgaben stehen als ich.

7. März

Meister Roloff wird in den nächsten Tagen mein Bildnis endlich fertigstellen. Zwei Jahre lang hat er mich jeden Monat zweimal aufgesucht, hat seine Farben gemischt, seine Pinsel geschwungen. Er soll ja gern sein Geld bekommen, den Preis hatten wir bereits vorher ausgemacht. Aber er hat mir einfach zuviel Zeit weggenommen. Ich glaube, er macht sich und seine Kunst einfach nur wichtig. Davon abgesehen, fühle ich mich gut getroffen. Er hat den Blick für das Wesentliche ebenso wie für das Detail. Ich bin ihm dankbar, daß ich während der «Sitzungen», so drückte er sich aus, das Mühlrad nicht tragen mußte, jenes entsetzliche Kleidungsstück aus weißer Spitze. Das kann nur jemand erfunden haben, der sich sein Genick stützen lassen mußte, der einen schweren Kopf hatte. Und das tragen heute mit Vorliebe unsere Hamburger Pastoren!

6. April
Arnd Pageldorf war heute bei mir. Er berichtete mir ausführlich über die Debatten im Rat, ob und wie man den Städtebund *van der dudischen Hanse* wieder beleben, ihm neue Kraft verleihen solle. Vater Heeren tom Dieck hatte mir noch viel von der Hanse erzählt, viel über die Bemühungen in seiner Zeit und von ihm selber, diesen Bund von Kaufleuten und Städten zeitgemäß zu gestalten, ihm neuen Schwung zu geben. Schließlich habe man doch im Rahmen dieses Bundes schon jahrhundertelang erfolgreich Geschäfte betrieben. Und seit die Schiffe über den Atlantik oder um Afrika herumsegeln, seien doch völlig neue Märkte zu erschließen gewesen. Märkte, auf denen ebenso wichtige wie teure Güter gehandelt würden. Würden die *stede van der dudischen Hanse* wieder so gut zusammenarbeiten, wie das früher üblich gewesen sei, dann könnte man doch gemeinsam auf diesen neuen Märkten erscheinen. Dr. Sudermann aus Lübeck habe dann fleißig Konzepte ausgearbeitet, habe in den alten Schriften gelesen; die Städte hätten sich fleißig beraten, so fleißig wie schon lange nicht. Aber, so sagte Vater tom Dieck auch: «Der Geist war nicht mehr vorhanden. Das Gefühl für und um gemeinsame Interessen. Der Wille zur Gemeinschaft fehlte völlig. Und so spukt doch nur der Gedanke an die Hanse in den ratsherrlichen Köpfen, ohne jeden Willen zur Verwirklichung.»

Vater tom Diecks Verhältnis zum Rat unserer Stadt ist ja weidlich bekannt: Wenn sich die Ratsherren eines Gedankens annehmen, dann ist er bereits wirkungslos. Dann ist er bereits zerredet. Dann erreicht er die Menschen nicht mehr. Uns Kaufleuten helfen diese Ratsdebatten überhaupt nicht – wer denn, außer den hohen Herren selbst, hört ihren Reden zu?

In einem Punkt hat Vater tom Dieck dann doch recht, heute noch mehr als zu seiner Zeit: Die Hanse ist tot. Sie hat sich überlebt. Kein

Kaufmann läßt sich jetzt mehr von den Städten vorschreiben, wo er seine Waren anbieten muß, wann er sie anbieten darf und welche Regeln er – bitteschön – dabei beachten möge. Der Schutz der Städte – einst durchaus willkommen in den Zeiten der Unsicherheit – ist heute nur noch Last. Nein, nein: Die Zeit der Hanse ist vorbei. Heute läßt sich kein Kaufmann mehr vorschreiben, daß er mit bestimmten Städten keinen Handel mehr treiben dürfe. Heute gestaltet jeder Kaufmann seine eigene Welt, gestaltet sein eigenes Geschäft. Hat seine eigenen Geschäftspartner in anderen Städten, vertraut nur einzelnen Personen, nicht aber einer fernen Organisation.

Als ich alt genug war, in das väterliche Geschäft einzutreten, mußte ich erstmal in die Lehre. Nicht bei ihm, nein, bei seinen Geschäftsfreunden in Riga, in London, in Amsterdam. Und Venedig. Zwar sei diese Stadt nur noch ein Abglanz früheren Ruhms, aber über Venedig liefen die Verbindungen nach Konstantinopel, auf die käme es ihm an. Da sollte ich schon frühzeitig Kontakte knüpfen. Von dem einstigen Elan der italienischen Kaufleute sei allerdings nichts mehr zu spüren. Man könne von ihnen nichts mehr lernen, was Hamburger Kaufleute nicht schon längst kannten.

Vier Jahre war ich unterwegs. Im Rückblick, so würde ich heute sagen, fehlt in meinen Ausbildungsstätten Spanien. Spanien war für mich damals das Handelstor zu Amerika, zu den ungeheuerlichsten Reichtümern, die unsere Welt je gesehen hat. An den Geschäften mit ihnen hätten auch wir Hamburger teilhaben sollen. Haben wir aber nicht. So wenig wie an den Geschäften mit Portugal, dessen Schiffe um Afrika herum bis nach Indien segeln, und noch weiter. Vor wenigen Jahren ist ein niederländisches Schiff direkt dorthin gesegelt, wo der Pfeffer wächst, wo die Nelken auf Bäumen wachsen – da hätte ich dabei sein mögen! Aber das werde ich wohl doch nicht mehr erleben! Wir Hamburger sind für diese Abenteuer nicht geschaffen; für eine Reise dorthin würde eigentlich kein Kaufmann sein Geld hergeben. Warum selber segeln, wenn es andere genauso tun können? Aber ein wenig reizen würde mich eine solche Reise schon!

Wenn Vater mich damals nach Spanien oder Portugal geschickt hätte, dann hätte ich heute direkte Beziehungen dorthin, würde dort die Kaufleute kennen, die den Pfeffer nach Europa schaffen lassen. Aber das nun ist der Welten Lauf. Inzwischen sind die Niederländer in Ostindien angekommen, beginnen die Portugiesen zu verdrängen. Und zu den Niederländern wiederum habe ich die besten Beziehungen. In London hat sich vor wenigen Jahren eine Gesellschaft von Kaufleuten gebildet, die, unter dem Schutz des Königs, Ostindien mit England verbinden will. Spanien und Portugal verlieren an Boden. Vielleicht sollte ich unseren Mats auch nach London schicken?

10. März

Ich war noch keine 14 Jahre alt, als Vater tom Dieck mich nach Riga schickte. Heute mag ich meinen ebenfalls 14jährigen Heinrich gar nicht ziehen lassen: Er will unbedingt auf die Universität. Wenn doch die Wittenberger nicht so schrecklich einseitig wären, so eng im Geiste, könnte er dort Theologie studieren. So recht froh werde ich bei diesem Gedanken nicht, daß Heinrich nach Wittenberg ziehen will. Hatte ich doch gehofft, daß er Gelegenheit bekäme, sich freie Gedanken zu machen. Doch das wird schwierig, sind doch die protestantischen Gelehrten überall so festgefügt in ihren Gedanken, so unerbittlich rechthabend, so starr wie die katholische Kirche es eigentlich nie war, wie es die Jesuiten auch heute nicht sind.

Da sitze ich nun in meinem Kontor am Hafen und denke über die Theologie, die protestantische zumal, nach. Ein Hamburger Kaufmann mit Verbindungen in alle Welt macht sich Gedanken über die kleingeistigen deutschen protestantischen Theologen. Aber wenn der Sohn Heinrich unbedingt dieses Fach studieren will? Da mag ein Vater schon besinnlich werden. Ach, würde er sich doch für ein anderes Studium entscheiden können – Juristerei meinetwegen. Da könnte ich ihn frohen Herzens nach Rostock schicken. Könnte ihm dort durch unseren Agenten ein Zimmer mieten lassen. Wüßte ihn dort unter bester Aufsicht. Aber ausgerechnet Theologie! Und dann noch in Wittenberg! Warum nicht Marburg?

Bei Mats hingegen müssen wir uns deswegen keine Gedanken machen! Der weiß schon heute, daß er Kaufmann werden will wie ich. Am liebsten würde er sofort anfangen. Doch erst kommt die Schule. In zwei Jahren, wenn sie beendet ist, werde ich ihn nach

London schicken, zu Peterson, dem besten englischen Kaufmann, den ich kenne. London wird das Zentrum der Handelswelt. Sir Francis Drake hat mit seinem Sieg über die spanische Armada vor 15 Jahren schon gezeigt, wer in Zukunft auf den Weltmeeren herrschen wird. Und jeder Kaufmann tut gut daran, mit diesem Land beste Kontakte zu pflegen. Von London aus, von England aus werden in den nächsten Jahrzehnten die Schiffe über die Meere segeln, werden fremde Häfen aufsuchen, fremde Waren mitbringen. Das heute noch mächtige Spanien wird den Engländern unterliegen.

10. April

Eigentlich ist es ja schon beeindruckend, wie sehr sich in gerade einhundert Jahren die Welt verändert hat. Erst entdecken die Spanier einen neuen Kontinent; Colombo oder so ähnlich soll der wagemutige Kapitän geheißen haben. Im Heiligen Römischen Reich fordert wenig später ein entlaufener Mönch seine frühere Kirche heraus, stellt ihre Theologie fundamental in Frage – und kann sich damit durchsetzen, bringt Unruhe unter Bürger, Adel und Geistliche. Dann beweisen die Portugiesen, daß man um Afrika herumsegeln kann, sie kommen bis Indien. Auch da ist die Welt noch nicht zu Ende! Das hat Sir Francis Drake doch bewiesen.

Und dann kommt Arnd Pageldorf daher und meint, meine Unterstützung für eine neue Hanse anfordern zu dürfen. Vater tom Dieck glaubte noch bis zu meinem Eintritt in das Geschäft, auf der nordeuropäischen Route mit den nordeuropäischen Waren bei den nordeuropäischen Kaufleuten gut verdienen zu können. Riga und London miteinander verbinden, norwegischen oder schwedischen Fisch gegen preußisches Getreide. Anders aber als viele Hamburger und Lübecker hat er dann doch rechtzeitig eingesehen, daß nach den ruhmreichen Entdeckungsfahrten der Portugiesen und Spanier rund um den Erdball unser Nordeuropa im Vergleich zu den neuen Märkten nur noch ein kleines Handelsgebiet sein wird. Er hat rechtzeitig eingesehen, daß auch wir Hamburger lernen müssen, weltweit zu agieren. Er hat dann schon bald die richtigen Verbindungen geknüpft, die ich dann nur fortgesetzt habe. Mit Glück und mit der richtigen Nase für die richtigen Geschäfte. Möge Gott unser Geschäft auch weiterhin beschützen!

16. April
Heute ist Katharina mit den Kindern in unser Haus in der Marsch aufgebrochen. Eine ruhige Reise: Mit dem Segelschiff bis Buxtehude und dann mit dem Pferdewagen zu unserem Haus. Dort wird sie, wie gewohnt, die meiste Zeit bis zum Herbst verbringen. Es ist nun das letzte Mal, daß sie unseren Heinrich mit dabei hat. Der wird dann ja nach Rostock gehen. Darauf nämlich haben wir uns geeinigt: Das Jahr an der Artistenfakultät wird er in Rostock zubringen. Danach beraten wir erneut über die weiteren Studien und mögliche Universitäten.

Lavrentz bringt die Nachricht, daß die «Seute Deern» wohlbehalten in Amsterdam gelandet ist; nur im Kanal seien zwei Spieren zerbrochen und ein Segel gerissen. Ich habe dieses Schiff und seinen Kapitän nie kennengelernt. Aber es bringt mir seit nunmehr 15 Jahren nichts als Glück. Jetzt wird es wohl noch etwa drei Wochen dauern, bis wir unsere Vorräte an Pfeffer und Nelken wieder soweit aufgefüllt haben, daß wir unsere Kunden nahezu ein Jahr lang beliefern können.

15. Mai
Vor vier Tagen bin ich aus Braunschweig zurückgekehrt, mit einem unglaublichen Schatz in der Kiste. Sorgfältig in Leinen eingehüllt. Während der ganzen Reise habe ich diese Kiste nie aus den Augen gelassen. In den Nächten stand sie sogar neben meinem Bett. Ich überwachte ihr Aufladen, ich überwachte ihr Abladen. Ein unglaublicher Schatz! Was es genau ist, weiß ich noch nicht. Vielleicht finde ich es heraus, vielleicht auch nicht. Jedenfalls ist es eine Handschrift in einem sehr sorgfältig gearbeiteten Ledereinband mit Bronzeschließen. Als man mir den Band zeigte und ich die ersten Blätter aufschlug, da wußte ich bereits: Den Band will ich, koste er, was er wolle. Der Mann, der ihn mir anbot (ich nenne seinen Namen deswegen nicht, weil ich überzeugt bin, daß er den Band nicht rechtmäßig besaß) sah natürlich sofort meine Erregung. Aber der Preis, den er mir nannte, lag dennoch weit unter dem, den ich erwartet hatte. Ein bißchen handeln, dann waren wir uns einig.

Das Pergament ist mit einer solchen Schrift beschrieben, wie ich sie noch nie gesehen habe. Dabei habe ich doch schon einige alte

Texte in meiner Sammlung, meist allerdings nur einzelne Blätter. Aber keinen Text in so einer Schrift. Ich vermute, daß sie sehr alt ist, älter als alles, was ich bisher kenne. Es ist eine ganz und gar schnörkellose Schrift, völlig anders, als wir Kaufleute uns inzwischen angewöhnt haben. Nach anfänglichen Schwierigkeiten kann ich sie jetzt aber gut lesen und die ganz andere Sprache auch gut verstehen. Sie beginnt: «Uns ist in alten maeren wunders vil geseit von helden lobebaeren, von grôzer arebeit, von froeuden, hochgeziten, von weinen und von klagen, von küener recken striten muget ir nu wunder hoeren sagen.» Da erzählt ein blinder Sänger namens Volker 39 Geschichten von einem Siegfried und einer Kriemhild, von einem Gunther und einer Brunhilde, von einem Hagen, alle aus dem Reiche Burgund, und von einem Etzel, einem Hunnenkönig. Viel Liebe und Lüge, viel Trug und Tod: «daz ist der Nibelunge not.» So endet die lange Geschichte. Ganz gewiß ein erhebendes Gedicht. Wunderschön gereimt. Wenn ich doch nur wüßte, wo ich mehr darüber erfahren könnte. Ich werde mal unseren Pastor fragen müssen, ob er je von einer solchen Geschichte gehört hat. Von einem solchen Gedicht. Wer wohl der Verfasser sein mag?

18. Juni

Jetzt hat sich mein Lavrentz schon vier Wochen über mich geärgert, ärgern müssen. Ich sehe es ja ein. Aber ich mußte dieses Pergament wieder und wieder lesen. Da waren mir meine Geschäfte noch weniger wichtig als sonst. Lavrentz hat sich geärgert. Aber er hat nun einmal keinen Sinn für den Reiz des Lesens. Heute habe ich ihn mit einem Krug Rheinwein getröstet. Es war für ihn sicher eine schwere Zeit: Nichts nämlich hatte mich am Geschäft interessiert. Ich hörte ihm zu und doch nicht hin. Ich nickte. Und wußte doch nicht, wozu ich nickte.

Nein, all die Tage seit meiner Rückkehr aus Braunschweig hatte ich mich um den Pfeffer oder den Wein oder den Weihrauch nicht kümmern wollen. Hatte nichts hören wollen von Schiffen oder Kaufleuten. Fast hätte ich auf unsere morgendlichen Gespräche verzichtet. Hatte vier Wochen lang nur Auge, Ohr und alle Sinne für meinen Pergamentband.

Unser Pastor übrigens kannte die Geschichte nicht. Nibelungen,

Der Hamburger Hafen im 15. Jahrhundert.

Eine Kogge wird überholt. Miniatur aus dem 15. Jahrhundert.

Porträt des Kaufmanns Georg Giese, 1532 von Hans Holbein d. J. in London gemalt.

Ein starker Konkurrent der Hanse-Kaufleute:
Jakob Fugger 1520 in Augsburg.

Das Gildehaus der Kapitäne in Lübeck, heute noch existent als «Schiffer-gesellschaft». Das schöne Beispiel von Bachsteingotik wurde 1535 als Hospiz für arme Seeleute gegründet.

Eine flandrische Kaufmannsstraße im 14. Jahrhundert (unterer Teil), zugleich eine Allegorie zur «Ethik» von Aristoteles.

Eine Ladung Wein wird gelöscht:
der Hafen von Brügge im 16. Jahrhundert.

Gerichtsszene im Hamburger Rathaus gegen Ende des 15. Jahrhunderts.

Hunnen? – nein, da wüßte er auch nicht, wo weiter zu fragen wäre. O diese Theologen. Was denn die nur auf der Universität treiben? Lesen denn die nur die Bibel und Texte von ihresgleichen? Es ist zum Haare ausraufen! Und so einen würde ich vielleicht auch noch in der eigenen Familie haben! Da denken die Herren Tage und Nächte über ein einziges Wort nach. Und wenn es dann ein ganzer Satz ist, dann artet ihr Denken in Schwerarbeit aus. Daß einen Menschen diese Tätigkeit befriedigen kann.

Nun ja, in den Augen von Lavrentz tue ich sicher auch nichts Besseres! Lesen und Staunen über das, was vor Zeiten einmal jemand in Verse gefaßt und aufgeschrieben hat. Für Lavrentz stellt sich die Frage doch sicher so: Sind unsere Rechnungsbücher von vor drei, vier Jahren heute noch wichtig, außer wenn jemand noch Schulden zu bezahlen hat? Ich aber, sein Kaufmann, ich lese Texte, die noch viel, viel älter sind. Da wird er in den letzten Wochen noch ein paarmal mehr als sonst am Tag seinen Kopf geschüttelt haben. Ob unser Heiner sich bei mir angesteckt hat? Daß ihn Sprache und Literatur mehr interessieren als alles andere? Ach, wäre das schön, wenn er meine Sammlung wenigstens in Ehren halten würde, wenn er sie schon nicht fortsetzen mag.

23. Juni
Heute von der Marsch zurückgekommen. Frau und Kinder wohlauf. Schönes Wetter. Das Haus noch immer in gutem Zustand. Nur der Stall müßte einmal neugebaut werden. Werde Harms Friesen bitten, sich darum zu kümmern. Und mit ihm klären, ob das Reetdach nicht doch herunter sollte und Ziegel hinauf. Die sind zwar teuer, aber auch haltbarer. Hier in Hamburg werden ja alle neuen Häuser schon lange nur noch mit Ziegelsteinen gebaut und mit Ziegeln belegt. Des Feuers wegen. Auf dem Land ist man noch längst nicht so weit. Wenn es dort brennt, dann brennt ja immer nur ein einzelnes Haus.

Jens Meyer, unser Pächter, hat schon wieder Schwierigkeiten. Sein Einkommen reicht einfach nicht aus. Dabei verlange ich doch eine Pacht, die weit niedriger ist als ringsum sonst. Wie kommen dann die anderen Bauern zurecht? Ich glaube, daß man in unserer Zeit mit Getreide, mit Stroh, mit Viehzucht keinen Hof auf Dauer halten kann; die Preise sind einfach zu niedrig! Aber Pfeffer wächst nun einmal nicht in der Elbmarsch. Und wenn er dort wüchse, wäre er so billig wie Getreide. Und ich hätte überhaupt kein Geschäft, zumindest kein so gutes wie jetzt. Nein, lieber erlasse ich dem Meyer die Pacht zur Gänze. Hauptsache, Frau und Kinder sind dort gut aufgehoben! Werde Lavrentz entsprechend anweisen.

24. Juni

Arnd Pageldorf war schon wieder da. Habe vor ein paar Tagen bereits einmal hereingeschaut. Da hätte ich mich aber in der Marsch aufgehalten. Ihn läßt das Hansethema nicht los. Er belästigt mich weiter damit, will einfach nicht einsehen, daß ich mich für dieses Kapitel nicht begeistern kann. Wo doch so viele im Rat und um den Rat herum immer wieder darüber beraten. Nein, er und seine Mit-Räte wollen einfach nicht einsehen, daß dieses Thema ein für alle Mal erledigt ist. Daß Gemeinschaft nicht befohlen werden kann, schon gar nicht von denen, die diese Gemeinschaft gerade eben nicht wollen. Ich glaube, daß andere Hamburger Kaufleute genauso denken. Werde mich doch bei Gelegenheit einmal umhören müssen. Nein, nein, die Hanse ist erledigt. Erstaunlicherweise sieht Lavrentz das genauso. Der hatte heute einen Teil unseres Gespräches mitbekommen, beteiligte sich aber nicht daran. Hinterher sprachen wir darüber. Mein Lavrentz betrachtet die ganze Angelegenheit noch nüchterner als ich, noch kaufmännischer: Er sieht das Soll und das Haben, er zieht den Saldo. Schon seit über fünfzig Jahren, schon zu meines Vaters Zeiten, wollte doch kein Kaufmann, wollte doch keine Stadt, wollte doch kein Rat von der Hanse etwas wissen. Da hat man dann zwar den Dr. Henricus Sudermann zum Syndicus ernannt, da hat man sogar mit großem Aufwand in Antwerpen ein riesiges Kontorgebäude errichtet. Aber so recht ernst habe doch kein Mensch mehr die Hanse genommen. Warum sollte sich das ausgerechnet jetzt anders darstellen? Recht hat er, mein guter Lavrentz, nur zu recht. Und ich fügte noch hinzu: Warum hat denn niemand für Dr. Sudermann einen Nachfolger bestimmt?

Arnd Pageldorf mußte ich alle meine Überlegungen wiederholen. Und ich fügte noch hinzu: Die frühere Niederlassung der Hanse in London, der Stalhof, der sei doch inzwischen seit fünf Jahren geschlossen, ohne daß wir sein Fehlen überhaupt bemerkt hätten! Der werde meiner Meinung nach wohl auch für immer geschlossen bleiben. Und hat denn nicht der gleiche ehrenwerte Rat der Stadt Hamburg, der heute hansisches Interesse bekundet, vor über dreißig Jahren englischen Kaufleuten ein dauerndes Niederlassungsrecht in unserer Stadt eingeräumt? Will dieser Rat denn diese Entscheidung wieder rückgängig machen? Will er die Engländer der Stadt verweisen? Wo bleiben denn da die Grundsätze von Treu und Glauben?

Ja, ja, ich hatte wohl gehört, daß auch Lübeck und die anderen wendischen Städte auf eine Belebung des alten Bundes drängten. Doch die, so sagte ich Arnd Pageldorf, die verfolgen doch nur ihre eigenen Interessen, seit sie den Zugang zum Londoner Markt immer mehr an uns Hamburger haben abtreten müssen! Was wäre denn mein Geschäft, zum Exempel, ohne unsere Londoner Freunde, ohne Peterson? Und was wäre der ohne uns? All das müßten wir doch verändern, vielleicht gar rückgängig machen! Nein, nein, wenn auch viele, auch Hamburger Räte, das gleiche wollten, nämlich die Hanse neu beleben, so ist doch dieses Ziel nicht erstrebenswert: Wir müßten doch im Gegenzug viel zuviel wieder aufgeben.

Mich verärgere diese Diskussion immer mehr, sagte ich Arnd Pageldorf. Ich könne nicht begreifen, wieso so viele kluge Köpfe sich so viel überflüssige Gedanken machen, mir meine Zeit wegnähmen: Die Zukunft unserer Stadt, unserer Kaufleute, die Zukunft meiner Kinder liegt nun einmal nicht in der Ostsee. Nein, da ist nicht mehr viel zu holen. Unsere Zukunft liegt in England, liegt in Übersee! Aus Amerika, aus Afrika, aus Indien werden die Waren kommen, die für uns wichtig sind. Genau genommen: Sie kommen ja schon von dort. Nur haben das bisher die wenigsten bemerkt! Ich wiederholte: Hätten denn nicht die Engländer vor 15 Jahren gezeigt, wer alsbald Herr aller Meere sein wird, als sie die spanische Armada, immerhin fünfmal größer als die englische Flotte, vernichteten? Und hätten denn nicht die Hamburger, weil sie die Engländer viel früher als andere Städte in ihre Mauern gelassen hätten, einen fast uneinholbaren Vorsprung vor allen anderen Städten? Warum diesen

Vorteil aufgeben? Für was? Was bekommen wir dafür zurück? Und warum eigentlich sollten wir uns jetzt wieder lübischen Wünschen beugen? Ich, das Geschäft Berndsen & tom Dieck, wir brauchen die Lübecker nicht mehr, wir müßten dort schon gar nicht mehr selbst auftreten, da genüge heutzutage doch ein Agent. Meine Niederlassung in Riga reicht völlig aus, alle ostseeischen Geschäfte abzuwickeln. Ich hielte es sogar nicht für ausgeschlossen, daß schon ich vielleicht, ganz gewiß aber Mats – wenn er denn unser Geschäft übernimmt – auch diese Niederlassung aufgeben werde.

Bei dieser Debatte – Hanse neu beleben, Hanse nicht neu beleben – bleibt mir unklar, warum Arnd Pageldorf so viel Wert darauf legt, mich in sie hineinzuziehen; mir bleibt weiterhin unklar, warum denn gerade ich bei der Wiederbelebung der Hanse mitwirken soll. Ausgerechnet ich, von dem man doch weiß, daß mich die rätlichen Debatten überhaupt nicht beschäftigen; ausgerechnet mich einspannen wollen, der sich doch bislang stets geweigert hat, im Rat der Stadt mitzuwirken. Arnd gibt selbstverständlich keine Gründe an. Und ich gebe keinen Zoll nach.

25. August

Ein paar Wochen später hörte ich, daß sich einige der früheren Hansestädte verbündet und gemeinschaftliche Gesandtschaften nach Moskau und nach Spanien abgeordnet hätten. Über diese Absicht hatte mir Arnd Pageldorf bislang nicht berichtet. Vielleicht kam dieser Entschluß aber auch erst später zustande, nach unserem Gespräch. Doch hätte ich es rechtzeitig gewußt – ich hätte noch entschiedener widersprochen! Moskau ist doch für uns überhaupt kein Markt mehr. Wer meint, dort noch Geschäfte machen zu können, zeigt zwar, daß er sich in der hansischen Geschichte auskennt, nicht aber im Handelsleben. Wenn wir russische Waren brauchen, dann holen wir uns die über Riga. Ich mache das doch jetzt schon so viele Jahre lang, kenne mich doch in diesen Geschäften aus. Was soll uns Moskau dabei helfen? Und wozu muß das alte Kontor, muß der alte Markt in Nowgorod wiederbelebt werden? Das brächte doch nur zusätzlichen Aufwand, ohne daß dadurch mehr Waren geliefert würden! Wer will denn heute noch russische Waren kaufen, mehr jedenfalls als bisher geliefert werden?

Und Spanien! Natürlich gibt es dort viel Gold und Geld, mehr, als wir uns vorstellen könnten. Doch wo sind denn die nordeuropäischen Güter, auf die reiche Spanier Wert legen, für die sie einen Teil von ihrem Gold und Geld hergeben würden? Das sollten eigentlich unsere hochmögenden Herren Räte selbst wissen. Schließlich sind die meisten doch auch Kaufleute. Dieser Gedanke, Spanien für ein neues hansisches Handeln zu gewinnen, ist einfach lächerlich. Und überhaupt sehr kurz gedacht: Gerade eben erst hat doch die spanische Armada eine fürchterliche Niederlage gegen die viel kleinere englische Flotte erlitten, wurden die spanischen Granden zum Gespött von ganz Europa! Und holt sich nicht jener Admiral, der die englische Flotte so erfolgreich führte, reihenweise die spanischen Goldschiffe, sozusagen zur eigenen Belohnung? Zeigt er nicht, wie wenig Spanien tatsächlich noch eine wichtige Seemacht ist? Und das alles sollten unsere hansischen Unterhändler nicht gewußt haben? All das sollten sie nicht richtig eingeschätzt haben?

Mein guter Arnd Pageldorf ist seit unserem letzten Gespräch sehr verstimmt über mich. Das wird sich, so hoffe und erwarte ich jedenfalls, irgendwann wieder ändern. Ich habe mit meiner Einschätzung der Hanse recht! Meine Nase juckt nämlich schon wieder. Meine unschätzbare Nase: Immer wenn ich auf dem richtigen Weg war, juckte sie. Zum ersten Mal und am heftigsten, als Katharina und ich uns die Ehe versprachen. Mitten im Gottesdienst! Das war vielleicht unangenehm! Da konnte ich doch schlecht abhelfen! Da hätte ich gewiß ein sehr lächerliches Bild abgegeben: Mitten im Gottesdienst die Nase zu reiben!

Vater tom Dieck hatte sich schon früh von den flandrischen Märkten zurückgezogen. Brügge war für ihn längst unwichtig, und Antwerpen lockte ihn kaum. Er ließ sich statt dessen in Amsterdam nieder. Eine richtige Entscheidung, wie sich heute zeigt! Damals noch hatte die Führung der Hansestädte, hatten die Lübecker durchgesetzt, daß in Antwerpen ein neues Kontor gebaut werden müsse. Für viel Geld ein prächtiges Haus, wohl, wohl. Doch so richtig überflüssig, weil wenigstens einhundert Jahre zu spät! Damals sei doch längst deutlich gewesen (sonst hätte sich Vater nicht für Amsterdam entschieden), daß der deutsche Handel, der hansische Handel mit Flandern am Ende gewesen sei. Die Niederländer hatten ihn doch fast vollständig in ihre Hände bekommen. Sie hatten die größeren Schiffe. Sie hatten doch längst schon mehr Waren zwischen Hansestädten hin und her transportiert als die Hansekaufleute selber! Mehr als alle hansischen Schiffe zusammen. Statt den guten Doktor beider Rechte Henricus Sudermann ständig durch die Gegend reisen, ständig verhandeln, ständig Verträge entwerfen zu lassen, statt diesen Riesenpalast in Antwerpen bauen zu lassen – ach, was hätte man mit diesem vielen Geld alles anfangen können! Ich persönlich hätte da eine Idee, eine Idee, die ich aber nicht laut sagen darf, man würde mich auslachen. Und ein ausgelachter Kaufmann kann seine Sachen packen. Bei allem Abstand zu meinem Beruf – lächerlich möchte ich mich dennoch nicht machen. Also, meine Idee: man könnte doch all die Urkunden, all die Schriftstücke sammeln, die mit der Hanse etwas zu tun hatten. Der Sudermann hatte damit ja schon angefangen, diese Arbeit aber – wegen der vielen überflüssigen Aktivitäten – nicht zu Ende bringen können. Eine spätere Zeit würde uns eine solche Sammlung sehr danken. Irgendwann nämlich wird sich irgend jemand mit der Hanse beschäftigen, vielleicht sogar so intensiv wie unsere theologischen Gelehrten sich mit Augustinus beschäftigt haben. Allein über dieses Thema habe ich schon 13 Handschriften. Lateinische Texte. Die kann ich zwar lesen. Aber sie sprechen mich überhaupt nicht an. Na ja, ich und die gelehrten Theologen.

26. August

Heute früh zähle ich von meinem Kontorfenster aus die Schiffe im Hafen: Vier kommen aus Hamburg, 28 aus fremden Häfen. Von diesen 28 stammen drei aus Lübeck und vier aus Danzig, aus Hansestädten also. Von 32 Schiffen stammen zwölf aus Hansestädten, die übrigen aus London (7), Amsterdam (7), Utrecht (3), Spanien (1), Frankreich (1) und Schweden (1). Das sind die Tatsachen: Zwei Drittel der Schiffe kommen aus fremden Häfen, sind darüber hinaus auch größer und schneller als unsere eigenen Schiffe. Nein, nein: Vergeßt nur die Hanse, die ist nur noch ein Schatten ihrer einstigen Bedeutung. Zu ihrer Zeit war sie wichtig. Was wäre denn aus Hamburg, was wäre denn aus Lübeck ohne diesen Städtebund geworden? Gewiß verdanken auch wir, verdankt auch unser

Geschäft den hansischen Kaufleuten viel, sehr viel. Aber was vorbei ist, ist vorbei.

27. August

Katharina kommt mit unseren fünf Kindern und Anna, unserer Magd, zurück. Große Freude allseits, daß die Familie wieder beieinander ist. Unser Haus am Markt hallt jetzt vor Leben wider. Nun ja, der Kaufmann Jan tom Dieck und sein Diener Franz sind nun einmal sehr stille Hausbewohner. Der eine bemüht, Küche und Wäsche zu versorgen, der andere in seine Bücher und Handschriften versunken, wenn er nicht gerade im Kontor zu tun hat. Gelegentlich kommen zwar Gäste. Aber alles bescheiden.

Die Kiste für Heinrich muß gepackt werden. Fraglos wird er mit dem Schiff nach Rostock segeln. Bernhard Gildemeister hat dort ein schönes Zimmer für ihn gefunden, die Hauswirtin wird unseren Sohn auch mit Essen versorgen, sich sogar um seine Kleider kümmern. So wissen wir denn unseren Heinrich in bester Hut. Bernhard Gildemeister hat genügend Anweisungen von mir bekommen, um Kollegs, Bücher, Kost und Logis zu bezahlen. Der Danziger Dreimaster «Steuwecke» wird in etwa drei Wochen Hamburg Richtung Rostock verlassen und unseren Heinrich mitnehmen. Seine erste Seereise überhaupt, die Segelfahrten auf der Elbe nach Buxtehude nicht gerechnet. Viel Aufregung für einen so jungen Menschen. Doch ich hatte das ja auch ausgehalten und viele, viele andere angehende Kaufleute auch. Die meisten Schiffsjungen gingen sogar schon mit zehn Jahren an Bord. Unser Heinrich bemüht sich, tapfer dreinzuschauen.

31. August

Mein Geburtstag. Ganz «zufällig» kommt Peterson aus London vorbei. Ja, ein paar Tage schon sei er in Hamburg. Habe schon gute Geschäfte getätigt. Wollte aber erst heute zu mir kommen. Mein guter, alter Peterson: Er redet englisch, ich rede deutsch, manchmal aber auch umgekehrt und durcheinander. Jedenfalls verstehen wir uns noch immer prächtig. Ich war bei seinem Vater in London in der Lehre, er bei Vater tom Dieck. Riga und Antwerpen erlebten wir gemeinsam: Zwei junge Leute, zwei Jahre gemeinsam in zwei fremden Städten, und dann auch noch Venedig – das bindet. Uns jedenfalls. Peterson freut sich, auch Katharina und die Kinder anzutreffen. Nein, übernachten wolle er bei uns nicht. Morgen nachmittag käme er gerne vorbei. Ob Katharina ihm zu Ehren wohl ihre berühmte Rumflockentorte zubereiten würde? Das bitte er sich doch aus! Nirgendwo bekäme er etwas so Köstliches, schon gar nicht in London.

1. September
Peterson den ganzen Tag unser Gast. Morgens zuerst im Kontor. Diesmal längeres Gespräch. Auch Lavrentz war mit dabei. Ob ich denn schon den Tabak kenne, das Rauchkraut aus Amerika? Nun ja, gehört hatte ich schon davon, aber gesehen noch nie. Peterson berichtete, daß man in London schon einige Zeit Tabak rauche, daß sich immer mehr Engländer dieser Lust zuwandten. Dort sei inzwischen Mode, sogar in Gesellschaft zu rauchen. Ob er mir das auch einmal vorführen dürfe? Peterson zeigte uns das Kraut, zerbröselte und stopfte es in eine «Pipe» (so nannte er das Gerät, das er zum Rauchen benutzte), danach griff er zu einer Kerze und hielt die Pipe darüber. Alsbald quoll Rauch aus dem Rohr und aus Petersons Mund. Mir gefiel der Duft, der sich in unserem Kontor ausbreitete. Als ich dann ein Kontorfenster öffnete, um den Nebel ins Freie zu lassen, schrie auf dem Platz gleich jemand: «Feuer!» Zuerst wollte er seinen Irrtum nicht einsehen, doch Peterson zeigte ihm Pipe und Rauch. Dann war unser Lebensretter zufrieden. Das war aber auch zu absonderlich: Da kommt Rauch aus einem Fenster und dennoch brennt das Haus nicht! Ich konnte unseren so hilfswilligen Freund wirklich gut verstehen!

Peterson meint, daß sich daraus gewiß ein gutes Geschäft ergeben wird. Er wolle mir jedenfalls ein größeres Päckchen hier lassen, auch ein paar Pipes würde er mir geben. Also schickte ich wenig später einen meiner Schreiber in Petersons Gasthof, Tabak und Pfeifen dort abzuholen.

Mein Lavrentz mußte dann auch gleich eine Pipe ausprobieren. Und war begeistert. Unkaufmännisch gesagt: hingerissen! Mein Lavrentz, der immer nüchterne Lavrentz gibt sich einem Genuß hin! Strahlt über das ganze Gesicht. Wenn das man kein gutes Vorzeichen für ein noch besseres Geschäft ist! Also wird ihm Peterson noch ein eigenes Päckchen und zwei eigene Pipes hier lassen.

Später, wir hatten unsere geschäftlichen Absprachen getroffen, Lavrentz qualmte derweil ununterbrochen, begleitete mich Peterson zu unserem neuen Haus am Markt. Ich hatte es dort bauen lassen, weil ich es leid war, in dem gleichen Haus zu wohnen, in dem sich unser Kontor befand. Peterson kannte es noch nicht, es gefiel ihm aber aufs erste Hinschauen. Drei Stockwerke hoch, darüber noch zwei Stockwerke Dach. Ziegelsteinmauern. Der Giebel reich verziert. Vor der Fassade ein drei Fenster breiter Erker, dessen Oberkante im dritten Stock endet. Die Erkerfenster und das andere Erdgeschoßfenster von Säulen eingerahmt. Alle Fenster in Sandsteingewänden. Auch die Innenwände aus Ziegelsteinen, schön verputzt und bemalt, ebenso wie die Decke in der guten Stube. Ein würdiges Haus an einem würdigen Platz in einer würdigen Stadt. Hamburg eben. Möge Gott seine schützende Hand über Haus und Familie tom Dieck halten.

Katharina hatte Peterson natürlich seinen Wunsch erfüllt und eine Rumflockentorte bereitet. Überhaupt ist sie die beste Ehefrau. Und dazuhin noch eine begnadete Köchin! Da kommt dann etwas anderes auf den Tisch als bei Franz mit seiner Erbsensuppe oder dem Pökelfleisch. Jedesmal, wenn sie aus der Marsch in die Stadt zurückkehrt, macht sie uns Brathühner. Die bringt sie frischgeschlachtet vom Land mit. Brathühner von Katharina sind unübertrefflich! Ein Gedicht! Ein Traum! Und sie wird dann ganz vergnügt, wenn ich sie so bewundere und lobe.

Also, Peterson bekam seine Rumflockentorte, so gut zubereitet wie immer. Und dazu Kaffee. Den kennt man in Hamburg noch nicht besonders gut. Ich lasse ihn immer aus Venedig kommen. Von Vaters und meinen alten Geschäftspartnern. Die beziehen ihn wiederum aus Konstantinopel. Leider nur in kleinen Mengen. Ich glaube, daß sich daraus ein einträgliches Geschäft entwickeln würde, wenn man größere Mengen beschaffen könnte. Peterson kannte das Getränk dem Namen nach, wußte, daß es in England – sehr gelegentlich – getrunken wird. Doch es sagte ihm sehr zu. Er bringt mir also Tabak, ich bringe ihm Kaffee. Leider gibt es die Kaffeebohnen immer nur in kleinen Mengen zu kaufen. Wenn man selbst anbauen könnte oder jemanden fände, der das in geeigneten Gegenden täte, dann würde man unabhängig von den Osmanen, würde unabhängig von Konstantinopel. Zwar lohnt sich der Handel zwischen Venedig und der Stadt am Goldenen Horn, ist aber mit vielen Unwägbarkeiten belastet. Peterson hört bedächtig zu. Ich wisse ja, meint er, daß sich in London vor ein paar Jahren Kaufleute zur «Privilegierten Ostindischen Kompanie» zusammengetan haben. Er sei zwar nicht selbst mit dabei, aber habe gute Kontakte dorthin. Da könnten wir sicher gemeinsam etwas in Gang bringen.

Morgens Tabak, mittags Kaffee und Rumflockentorte, abends Klönschnack. Das ist ein guter hamburgischer Tag, das ist ein Tag nach meinem Geschmack! Das tägliche Einerlei der Geschäfte langweilt mich über alle Maßen. Wenn aber etwas Neues in Gang gesetzt wird, da bin ich dann ganz dabei.

Am Abend also Klönschnack. Zur Feier des Gastes von Rheinwein begleitet. Katharina hatte im Kamin ein Feuer anzünden lassen, dessen wohlige Wärme uns bestrahlte. Und weil unser Heinrich gar so aufgeregt ist, reden wir über unsere ersten Seereisen. Peterson machte seine von London nach Amsterdam. Nichts Besonderes. Denn kaum habe er sich auf dem Schiff einigermaßen zurechtgefunden, da seien sie auch schon im fremden Hafen eingelaufen. Nein, seekrank sei er nicht geworden, bei klarer Sicht und stetem Wind. Nein, an wirklich bleibende Eindrücke könne er sich nicht erinnern, antwortete er auf Heinrichs entsprechende Frage. Außer vielleicht an George, den Segelmacher mit dem Holzbein. Der sei immer mürrisch gewesen – wie alle Menschen, denen ein Arm oder ein Bein fehlt. Aber sonst? Viel Abwechslung natürlich auf dem Schiff, aber nichts eigentlich Aufregendes oder Erinnernswertes. Ihm sei auch auf allen späteren Schiffsreisen nie langweilig geworden. Damals ging's in der Hängematte ja noch ziemlich eng zu. Heute habe er immer seine eigene Kajüte. Dahin könne er sich zurückziehen, wenn er wolle. Oder auf Deck hin- und herwandern. Jetzt sei er ein hochgeachteter Reisender, auf den die Mannschaft wo nur irgend möglich Rücksicht nehme, auf dessen Wohl der Kapitän Wert lege.

Und ich selbst? Nun ja: Vater tom Dieck schickte mich in dem Alter, in dem du, Heinrich, bald nach Rostock reisen wirst, nach

Riga. Dort sollte ich bei Asin Valaitis Handel lernen, sollte Einblick gewinnen in die dortige Warenwelt, sollte Menschen in einem anderen Land kennenlernen, sollte schließlich lernen, mich in einer fremden Stadt einzuleben. Die Seereise dorthin, etwa 28 Tage, war für mich höchst aufregend, war sehr abwechslungsreich, weil wir in nahezu jedem Ostseehafen anlegten. Unser Kapitän war damals schon ein wahres Unikum, eine höchst seltene Mischung: nämlich Eigner, Reeder und Kapitän in einer Person. Der segelte die Route zwischen Hamburg und Riga regelmäßig hin und her. Hatte in jedem Hafen Agenten, die für ihn Transportgut beschafften. Meist nur einzelne Partien. Auch Briefe. Aber wohl doch lohnend. Getreide und Salz transportierte er nie – vielleicht irgendeines Aberglaubens wegen. Lieber fuhr er mit halber Ladung.

Vater tom Dieck hatte sich mit Bedacht Jörg Jörgens und die «Magdalena» ausgesucht: War doch der Kapitän ein langjähriger Freund, außerordentlich zuverlässig, mit einer erprobten Mannschaft. Außerdem bot das Schiff zwei Räume für Reisende. So bekam ich auf meiner ersten großen Seereise meine eigene Kajüte. Außerdem landete, wie gesagt, unser Schiff in den meisten Häfen – die lernte ich dann so nebenbei kennen. Jörg hat sich meiner während dieser vierwöchigen Reise besonders angenommen. Nicht daß er mich irgendwie bevorzugt behandelt hätte. Zuerst führte er mich durch das Schiff, zeigte mir dies, erläuterte mir das, erklärte mir jenes. Stellte mich seiner Mannschaft vor. Und ich durfte fragen, was immer ich wissen wollte. Nun sind vier Wochen keine lange Zeit – mir jedenfalls vergingen sie wie im Nu. Du wirst nach Rostock nur zwei, höchstens vier Tage unterwegs sein.

Die meiste Zeit verbrachte unser Schiff natürlich in den Häfen, zum Entladen und zum Beladen. Meist nahm mich Jörg zu seinem Agenten mit, stellte mich vor. Ich lernte sie ein wenig kennen – und sie mich. Schließlich war das Haus Berndsen & tom Dieck damals schon recht bedeutend, Vaters ständiger Arbeit sei Dank. Wenn dann der Junior dieses Hauses in der Tür stand, dann kümmerte man sich um ihn. Immerhin ein künftiger Kunde, ein möglicher künftiger Kunde, auch wenn er jetzt von den Geschäften noch nicht viel verstand. Aber das würde ja noch kommen. Abends fiel ich dann regelmäßig todmüde in meine Koje, zog die Decke über den Kopf und war von niemandem mehr anzusprechen. Dann stand ich aber bei der ersten Dämmerung schon wieder an Deck. Schlafen hätte man sowieso nicht mehr können, bei dem ständigen Quietschen der Winschen und Taljen. Entladen und beladen wurde den ganzen hellen Tag. Jörg mußte im Hafen natürlich Liegegebühren bezahlen. Und die nicht zu knapp. Also gingen die Waren ununterbrochen von Bord oder an Bord. Auch die eigene Mannschaft griff zu, arbeitete bis zum Umfallen. Dafür zahlte Jörg zusätzlich zur Heuer. Und da er überhaupt mehr zahlte als die anderen Kapitäne, blieb seine Mannschaft auch immer beieinander. Niemand verließ vor dem Herbst sein Schiff. Und im zeitigen Frühjahr waren sie dann alle wieder da.

Ja, ja, auf der «Magdalena» war ständig etwas los. Die vier Wochen vergingen wie im Flug. In Riga begrüßte uns Asin Valaitis, Jörg kannte ihn natürlich und stellte mich vor. Ein Jahr nun lebte ich in dieser inzwischen polnischen Stadt, arbeitete im Kontor, lernte kaufmännisches Denken und Handeln. Aber das ist eine andere Geschichte. Jetzt will der junge Heinrich auch noch wissen, wo und wie Peterson und ich uns kennengelernt haben. Doch das zu erzählen, würde heute abend zu lange dauern. Vielleicht könnten wir unseren Schnack ein anderes Mal fortsetzen? Peterson stimmt sofort zu – am Freitag vielleicht.

5. September
Peterson wieder zu Besuch: Wir hatten versprochen zu spinnen. Nein, nicht Seemannsgarn, sondern die Fäden unserer gemeinsamen Erinnerung. Heinrich ganz gespannt; auch Mats ist heute mit dabei.

Vater tom Dieck und Petersons Vater hatten verabredet, daß beide Söhne bei Lunardi in Venedig italienische Kaufmannsart lernen sollten. Also ließen sie für uns im März 1570 auf der «Queen of the Oceans» Plätze reservieren. Die Passagekosten waren inzwischen für Vater tom Dieck kein Problem mehr, so gut gingen seine Geschäfte bereits. Auch hatte ihn die Auszahlung Berndsens, des unwilligen Partners, mehr befreit als belastet: Ihre ständigen Differenzen erschwerten Handlungsfreiheit und Entscheidungen, lähmten häufig das Geschäft. Ein einziges Mal waren sie sich dann doch sofort handelseinig: als es um die Trennung ging. Vater also zahlte Berndsen aus. Er mußte dafür bei anderen Kaufleuten Kredit aufnehmen, konnte ihn aber schon nach knapp zwei Jahren wieder vollständig tilgen.

Wie auch immer: Im März lief unser Schiff von Southampton nach Venedig aus. Kapitän Henry St. George steckte die beiden knapp Zwanzigjährigen kurzerhand in die gleiche Kajüte. Da mußten wir dann notgedrungen miteinander auskommen. War aber gar nicht schwierig: Wir verstanden uns sofort prächtig. Er lernte unsere Sprache, ich lernte seine Sprache.

Aus purem Spaß nahm ich am nautischen Unterricht von John Turtle teil, den er den hoffnungsvollen Nachwuchsseeleuten erteilte. Mit mäßigem Erfolg. Außer bei mir. Schon nach wenigen Tagen lagen meine mittäglichen Standortbestimmungen bereits dicht bei seinen, nach zwei Wochen waren wir dann stets gleichauf. Peterson trieb sich derweil lieber mit den Seeleuten herum, enterte schon bald ebenso schnell die Wanten hinauf wie sie. Diese Art Bewegung lag mir schon immer fern: Ich liebe festen Boden unter den Füßen. Auch wenn er, wie das Schiffsdeck, schwankt. Aber die Wanten hinauf oder Rahen entlang – nein, das war nichts für mich.

Unsere «Queen of the Oceans», das war vielleicht ein Schiff! So etwas gab es in Hamburg damals noch nicht. Für den Bau wird wohl ein ganzer Wald gefällt worden sein. Ein Dreimaster mit weit vorragendem Bugspriet, ein Handelsschiff, das auch bis zu zehn Passagiere mitnehmen konnte. Die Kapitänskajüte ging über die ganze Breite des Schiffs – war also erheblich größer als unsere Stube! Sehr bequem eingerichtet: Bücherregale, Kisten mit Seekarten, nautischen Instrumenten, eigenen Tellern. Ringsum verglast, kleine Fenster, die Fenstergewände reich geschnitzt. Unsere Kajüte war natürlich bescheidener, zwei Kojen übereinander, ein kleiner Tisch. Aber auch mit einem Fenster. Seit der gemeinsamen Reise der beiden hoffnungsvollen Jungkaufleute und ihrer gemeinsamen Lehre bei Lunardi in Venedig sind auch Peterson jr. und ich, so wie unsere Väter, bestens befreundet.

Diese Freundschaft glich ein wenig die Enttäuschung aus, die Venedig mir bereitete. Ich jedenfalls fand nichts Königliches an dieser Stadt. Auch den berühmten venezianischen Unternehmungsgeist fand ich nicht vor, weder bei Lunardi noch bei anderen Bankhäusern und Kaufleuten. Und lernen konnte ich dort – außer der italienischen Sprache natürlich – auch nicht mehr, als ich schon in Riga oder Amsterdam gelernt hatte. Ein wenig ähnelt das Venedig vor dreißig Jahren unserem Hamburg heute – so mancher blickt auf eine glorreiche Vergangenheit zurück, vergißt dabei die Gegenwart und denkt schon gar nicht an das Morgen.

Jetzt sind die beiden Jungen doch müde geworden. Heinrich hatte sich allerdings von unseren Erzählungen gar nicht fesseln lassen, irgendwie scheint er Seegeschichten nicht zu mögen. Franz leuchtete Peterson zu seinem Gasthof heim. Irgendwann einmal wird sich doch auch unser löbliches Hamburg eine Straßenbeleuchtung leisten können!

25. September
Heinrich mitsamt seefester Kiste auf der «Steuwecke» eingeschifft. Er verkroch sich sogleich in seiner Koje, wollte von dem Treiben auf Deck nichts sehen und nichts hören. Morgen segelt er los. Dann wird wieder einmal tom Diecksches Wetter herrschen: gutes Segelwetter. Katharina scheint ein wenig traurig. Meine Mutter, daran erinnere ich mich sehr gut, zeigte das gleiche Gesicht, als ich damals nach Riga absegelte. Ich jedenfalls bin stolz auf meinen Ältesten: Verspricht er doch, ein Mann des Geistes zu werden, der erste in unserer Kaufmannsfamilie überhaupt. Katharina möchte das gern auch so sehen, trotzdem fällt ihr der Abschied von Heinrich sehr schwer.

26. September
Die «Steuwecke» war schon in der Frühe abgesegelt. Katharina hatte noch einmal winken wollen, doch das Schiff war schon weg. Mütter und Söhne!

30. September
Dietrich Geyer, der Lehrer von Mats, kommt zu uns nach Hause. Er könne dem Jungen nichts mehr beibringen. Beim Lesen und Rechnen sei er allen anderen Schülern weit voraus, könne es bald sogar besser als er, der Lehrer! Nur das Latein könnte besser sein. Aber

eigentlich sei es nicht mehr sinnvoll, Mats weiterhin zu ihm zu
schicken. Ob ich ihn denn nicht schon in die Kontoraufgaben
einführen könnte?

War das ein Jubel bei Mats. Mit zwölf Jahren schon so gut wie
andere mit vierzehn! Selbst Katharina vergaß darauf ihre Trauer
über Heinrichs Abreise. Lavrentz würde Mats sehr gern in unser
Kontor aufnehmen. Doch da bin ich strikt dagegen. Im Kontor des
Vaters zu lernen? Nicht bei mir! Nein, er könne sich aussuchen: gute
Kaufmannschaft in einem englischen Haus; oder Geld-, Bank- und
Kreditwesen in einem italienischen Haus. Aber Mats kann nur über
die Reihenfolge entscheiden. Gelernt werden muß beides, sagte der
Vater. Und der Sohn murrte: Wollte er doch sofort auf eine
Seereise, möglichst mit den Engländern, mit der Ostindischen
Kompanie nach Indien. Später ja, doch erst London oder Genua.
Und Katharina mußte schon wieder Abschied nehmen.

8. Oktober
Heinrich meldet aus Rostock: Schiffsreise gut überstanden, keine
Seekrankheit, die meiste Zeit in der Koje gewesen. Vor sechs Tagen
angekommen. Quartier und Wirtin angenehm. Gildemeister habe
ihn abgeholt. Sehr nett! Gar nichts Kaufmännisches an sich. Da
«Seute Deern» tags darauf nach Hamburg ging, habe er dem
Kapitän seinen Brief gleich mitgegeben. Katharina strahlt. Und
macht uns wieder ein Brathuhn.

14. Oktober
Heinrich aus Rostock: Gildemeister habe ihn zur Universität beglei-
tet. Eingeschrieben. Durch die Universität geführt. Vorgestellt.
Welche Leute so ein Handelsagent doch kennt!

20. Oktober
Arnd Pageldorf wieder zu Gast. Im Pesel allein mit ihm und einem
Becher Rheinwein. Gelöste Zunge, freie Rede: Ob ich so etwas
nicht einmal mit einem größeren Kreise machen sollte? *Bei Jan am
Kamin!* Ein paar Herren einladen zum Gespräch über alle Themen –
außer Politik? Wein trinken und Tabak rauchen? Mal mit Katharina
reden.

Arnd Pageldorf bestätigt, daß er sich über mich gewundert, schließlich sogar geärgert habe. Ich, der doch wie kaum einer der Tradition zugewandt sei, der wie kaum ein anderer auf Tradition achte – ich hätte (für ihn äußerst überraschend) so heftig gegen eine Neubelebung der Hanse gewettert. Dabei habe doch mein Vater noch den Dr. Henricus Sudermann so kräftig unterstützt. Da er mich aber für einen sehr klugen (was sollen solche Floskeln, denke ich bei mir) Mann erachte, habe er mir meinen Irrtum erklären wollen, deswegen immer wieder nachgehakt.

Aber dann habe er doch auch über meine Bedenken nachgedacht. Habe mit anderen Leuten gesprochen, habe sich in unserer Stadt, bei den Fern- und Großkaufleuten umgesehen. Habe den Hafen besucht. Und dann seien auch ihm die Augen aufgegangen: Der Hafenmeister habe ihm Schiffs- und Ladelisten gezeigt. In der Tat seien die bei weitem meisten Schiffe im Hafen Schiffe aus Städten, die nie zur Hanse gehört hätten. Schiffe aus Frankreich, aus England, aus Spanien, aus Genua. Und aus Amsterdam. Auch die Kaufmannschaft habe sich geändert. Zu den Genuesen und Venezianern, die ja schon lange hier lebten, seien sehr viele Engländer gekommen, Niederländer, aber auch Bayern! Aus Lübeck habe er gehört, daß sich die dortigen Räte schon heftig über den ihrer Meinung nach zu großen Anteil von Ausländern am Hamburger Handel beschwert hätten: Angeblich hätten die schon 99 Prozent Anteil am hamburgischen Handel! Und die Niederländer, das habe ihm der Hafenmeister vorgerechnet, hätten längst über die Hälfte aller Waren zwischen Ostsee und Nordsee auf ihren Schiffen, hätten also die Sundroute fest in ihrer Hand.

Er sei dann sogar nach Lübeck gereist, um auch mit den lübischen Kaufleuten zu reden, sie zu fragen. Dabei habe er – sehr zu seinem Erstaunen – überwiegend schrecklich vertrocknete Köpfe kennengelernt. Solche Köpfe, die nach völlig veralteten Vorstellungen Handel betreiben. Solche Köpfe, die von festen Anteilen an Waren und Märkten schwärmen, von *ihren* festen Anteilen, versteht sich. Solche Köpfe, die ihr Selbstverständnis aus der Tradition beziehen, Neuem gegenüber völlig verschlossen sind. Das Thema Spanien-Amerika habe sie überhaupt nicht interessiert. Dabei liege doch dort ebenso die fernhändlerische Zukunft wie in England-Indien!

Nein, nein, jetzt sei auch er überzeugt, daß ein Festhalten an Traditionen allein nicht hilft und niemandem nützt. Der Geist der Hanse, der von eben diesen Traditionsträgern immer wieder beschworen werde, sei doch gerade von diesen Trockenköpfen immer wieder ignoriert worden. Die Hansestädte allein hätten sich durch ihre wachsende Uneinigkeit die Schwierigkeiten selbst bereitet: «Uneins wie die Hanse!» – das sei doch inzwischen ein geflügeltes Wort!

Und zu diesen schrecklich vertrockneten Köpfen, wie er sie in Lübeck angetroffen habe, zu diesen Menschen habe er selbst einmal gehört.

Ich bin froh, daß Arnd Pageldorf sich, ohne zu fragen, bei uns eingeladen hat. Mich hatte es jedenfalls sehr bedrückt, aus diesem Grund eine gute Freundschaft wanken zu sehen. Ich hatte doch gar nichts dagegen, daß er anderer Meinung war. Aber: Es gibt nirgendwo ein «richtig», es kann immer nur ein «richtiger» geben. Und das auch nur auf den Tag bezogen, denn morgen sieht die Welt schon wieder anders aus. Alle, die vorgeben zu wissen, was «richtig» ist, sind entweder dumm oder verbergen ihre wahren Absichten. Aber was soll's: Wichtig ist heute nur, daß Arnd Pageldorf wieder seinen Frieden mit uns geschlossen hat.

29. Oktober

Heinrich aus Rostock: Zufrieden. In den Vorlesungen nur zuhören zu müssen, sei anstrengend. Alles Lateinisch. Habe festes Programm. Aber auch freie Zeit, zu Hause zu lernen. Besonders Geometrie und Astronomie sagen ihm zu, Musik und Grammatik weniger. Sieh da, sieh da: Unser kleiner Heinrich hat wohl doch wie ich einen Hang zu Zahlen...

DIE ORGANISATION

Zu den vielen faszinierenden Facetten hansischer Geschichte gehört auch, daß hier zweihundert Jahre lang eine «Organisation» funktionierte, bevor sie sich – auf dem Hansetag von 1356 – erst eigentlich als «Organisation» zu formen begann. Es gibt bis dahin keine formell genau abgrenzbare Organisation, sondern einzelne Gruppen von Kaufleuten, die sich in einer etwa vergleichbaren, lockeren Weise formierten. Es gibt bis dahin keine Firma «Hanse». Es gibt also auch keine Firmenangehörigen. Es gibt keinen Verein «Hanse». Es gibt also auch keine eingetragenen Mitglieder. Es gibt keine formell geregelten Informations- und Entscheidungsstrukturen. Es gibt (fast) keine Hierarchie.

Man kennt neuerdings als Allheilmittel für in wirtschaftliche Schwierigkeiten geratene Unternehmen das Schlagwort lean production. Von lean organisation oder gar lean overhead redet übrigens niemand. Genau an diesen Grundsätzen: die Organisation so «flach» wie möglich zu halten und, ebenso wichtig, keine Zentrale einzurichten – hat die Hanse fast fünfhundert Jahre ehern festgehalten. Lediglich Lübeck ist als Gesamtsprecher (meist) unumstritten, hinzu kommen die drei Vororte (Sprecher) der Drittel, später die vier Vororte der Quartiere sowie die hansischen Niederlassungen im Ausland, insbesondere die vier Kontore. Es gibt also eine allenfalls vierstufige Hierarchie: Lübeck, Drittelvororte (Quartiersvororte), «Mitglieds»städte und die Niederlassungen.

Die Hansetage (seit 1356) werden allgemein als oberstes Organ des Bündnisses angesehen. Sie sind die einzige gemeinhansische

Institution, bis 1556 zum erstenmal ein Syndicus berufen wurde. Auf ihnen wurden im Grundsatz alle Angelegenheiten des Bündnisses beraten und entschieden. Doch weder wurden sie regelmäßig noch bei allen wichtigen Fragen einberufen, noch wurden sie von allen Städten regelmäßig besucht, noch kamen sie stets zu allgemein verpflichtenden Entscheidungen. Die Kontore, eigentlich in sich lebensfähige Organisationen, wurden seit 1356 der Hanse, den Städten nachgeordnet.

Es gibt kein formelles Oberhaupt mit Befehlsgewalt oder Anordnungsbefugnis. Es gibt keine dauerhaften Einnahmen oder Abgaben; die wurden nur gelegentlich und fallbezogen erhoben. Es gibt keine zentrale Verwaltung, es gibt daher auch keine ständigen Ausgaben. Es gibt kein dauerhaft angestelltes Personal, es gibt keine Karriereplanung auf Kosten der Institution. Es gibt keinerlei Militärorganisation: Auf- und ausgerüstet wurden Flotten und Heere für den konkreten Fall und nur auf eine bestimmte Zeit.

Moderne Organisationswissenschaftler würden sich die Haare raufen, müßten sie die Hanse nach ihren Kategorien analysieren. Vielleicht aber würden sie auch etwas Neues lernen. Fast nichts von dem, was heute zu einer Organisation gehört, findet sich bei der Hanse. Unsere Fachleute kämen allenfalls auf den Begriff «informelle Organisation». Die aber eben all dessen entbehrt, was eine Organisation formaliter zu einer solchen macht. Das eigentlich Unglaubliche ist ja nicht erfunden, nicht in den Köpfen von Historikern entstanden: In der abendländischen Geschichte gibt es weder zuvor noch später irgendeinen anderen der Hanse vergleichbaren «Sozialkörper», weder der Art nach noch nach dem Umfang, noch nach seiner zeitlichen Dauer. Zu den faszinierenden Facetten hansischer Geschichte zählt denn auch das Nachdenken des Spätergeborenen über die Frage, wie dieses formlose Gebilde so lange und so hervorragend hat seine Aufgaben erfüllen können.

Fünfhundert Jahre west-, nord- und osteuropäischer Geschichte und Wirtschaftsgeschichte, maßgeblich geprägt durch ein freies Bündnis von Kaufleuten, durch ein freies Bündnis von Städten: Das könnte der Stoff sein, von dem eine moderne Organisationslehre träumen könnte und müßte, von dem womöglich europäisch orientierte Politikwissenschaft träumen könnte und müßte.

Doch nichts von alledem. Nur ein paar Politiker rund um die Ostsee träumen heute von einer Neuauflage der Hanse, von ihrer Wiederbelebung. Die Hanse in Politikerhand? Das wäre ja wohl das Verkehrteste, das wäre ihr endgültiges Todesurteil! Denn dann würde eben all das getan, was die Hanse zeit ihres Daseins möglichst vermieden hat, eben all das vertan, was zur Stärke der Hanse gehörte – und zu ihrer Schwäche: Man würde als erstes Gremien (möglichst nach Proporz) einrichten – von einem Ostseerat wird bereits gesprochen. Man würde Regeln des Miteinander aufstellen, man würde formale Prozeduren einführen. Man würde sich regelmäßig treffen wollen. Man bräuchte zur Vorbereitung und Ausführung der Beschlüsse Kommissionen in eigenen Büros. Zu den Ursachen des Niedergangs der Hanse zählt denn auch, daß sie in ihrer Spätzeit diese bisher gültigen Grundsätze aufgab und sich Elemente einer formalen Organisation anzueignen begann oder dazu vorhandene Ansätze stärker ausprägte. Die «Hansetage der Neuzeit» suchen seit 1980 den «Geist der Hanse als einer Lebens- und Kulturgemeinschaft» wiederzubeleben.

Wie soll man eigentlich eine Organisation beschreiben, die ausdrücklich und willentlich keine ist? Wie soll man eine Organisation beschreiben, die ihre Vorteile gerade aus dem Umstand zog, unbeschrieben und unbeschreibbar zu sein? Bis zum Hansetag von 1356, bei dem sich die Hanse erstmals erkennbare organisatorische Strukturen zulegte, waren Mitglieder alle deutschen Kaufleute in der Fremde, jedenfalls dem Prinzip nach. Bei Licht betrachtet, galt das natürlich nur für Kaufleute aus dem Rheinland, aus Westfalen, aus Lübeck und den späteren Ostseehafenstädten. Eine förmliche Aufnahmeprozedur gab es nicht. Diese prinzipielle (dennoch eingeschränkte) Offenheit änderte sich nach 1356. Danach konnten nur solche Kaufleute hansische Privilegien in Anspruch nehmen, die Bürger in einer Mitgliedsstadt waren. Das schloß Mißbrauch keineswegs aus; darum gab es einhundert Jahre später die Regel, daß nur den in einer Hansestadt *geborenen* Kaufleuten hansische Privilegien zugute kommen sollten. Aber: «Mitglieds»-Stadt täuschte Klarheit natürlich nur vor, weil es ja keine förmlichen Regeln gab, nach denen ein Mitglied zu bestimmen war.

Auch haben die Städte nie ein Interesse daran gezeigt, ein Mitgliederverzeichnis zusammenzustellen. Erst ab 1554 gibt es eine solche Liste, und die war systembedingt unvollständig: Ein Hansekaufmann war dann Hansekaufmann, wenn er aus einer Hansestadt kam. Eine Hansestadt war dann eine Hansestadt, wenn ihre Kaufleute in nennenswertem Umfang am hansischen Außenhandel beteiligt waren, also von den der Hanse erteilten Privilegien profitierten. Ein klassischer Zirkelschluß. Selbstverständlich veränderte sich die Zusammensetzung der Hanse im Laufe der Zeit: Städte gehörten ihr an, beantragten förmlich die Aufnahme, schieden aus, wurden ausgeschlossen. Insgesamt zählt man heute etwa zweihundert Städte zur Hanse. Die einen waren dabei nur zeitweilig Mitglied, die anderen auf Dauer. Im ausgehenden 15. Jahrhundert schreibt das Brügger Kontor von «72 guten Städten», denen noch weitere «ungenannte anhängen», eine Größenordnung, die auch dem französischen König Ludwig XII. bekannt war. Lübeck selbst schreibt in einem Brief an Papst Urban VI. von «77 großen Städten». Das mag so gewesen sein. Doch täuschen solche Angaben eigentlich nur eine Präzision vor, an welcher der Hanse gar nicht sonderlich gelegen war.

Diese (sicher immer gewollte) Unbestimmtheit der Hanse in ihrem Selbstverständnis scheint die Zeitgenossen, scheint die politischen Kräfte so wenig wie die damaligen Juristen gestört zu haben. Nur in ganz wenigen Fällen ist Irritation erkennbar, und dann meist aus politischen Gründen – wenn sich beispielsweise ein Landesherr hansischer Privilegien entziehen wollte.

Wirklich irritiert hat die Unbestimmtheit der hansischen Strukturen eigentlich nur spätere Historikergenerationen. In der Frage, welche Stadt denn nun eine Hansestadt gewesen sei, nehmen eine vermittelnde Position die Forscher ein, die etwa 70 Städte als «aktive Mitglieder» akzeptieren und weitere etwa 100 als «passive Mitglieder». Wer es genau wissen will und das wissenschaftlich begründet, welche Stadt denn je einmal Mitglied der Hanse war, der nehme sich die Liste vor, die Philippe Dollinger zusammengestellt hat.

Im Jahr 1469 stellt die Hanse auf Anfrage des englischen Kronrates all die Punkte zu ihrem Selbstverständnis zusammen, die den Zeitgenossen manchmal, den späteren Historikern häufiger so viel Mühe bereitet haben: «Die Hanse ist ein festes Bündnis von vielen

Städten, Orten und Gemeinschaften zu dem Zwecke, daß die Handelsunternehmen zu Wasser und zu Land den erwünschten und günstigen Erfolg haben... Sie wird nicht von den Kaufleuten geleitet, sondern jede Stadt und jeder Ort haben ihre eigenen Herren, durch die sie regiert werden... Auch hat die Hanse kein gemeinsames Siegel und keinen gemeinsamen Rat... Jede einzelne Stadt schickt Gesandte..., sooft man über schwebende Fragen beraten muß.» Keine Stadt verfüge über ein Einberufungsrecht zu den Versammlungen, keiner Stadt gebühre eine Vorrangstellung vor den anderen. Die Hanse, so wird einleitend festgestellt, sei weder eine societas noch ein collegium noch eine universitas. Sie sei keine societas, weil es keine Gütergemeinschaft gebe und jeder Kaufmann auf eigene Rechnung und eigenes Risiko handele. Die Hanse sei kein collegium, weil sie aus getrennten Städten bestehe. Sie sei auch keine universitas, weil «im bürgerlichen wie auch im kanonischen Recht für eine... universitas... gefordert wird, daß sie gemeinsamen Besitz, einen gemeinsamen Schatz, ein gemeinsames Siegel, einen gemeinsamen Syndicus und einen gemeinsamen Geschäftsführer besitzt; aber nichts von all dem ist in der Hanse zu finden...» (Dollinger)

Mit diesen Angaben betreibt die Hanse allerdings Mimikry: Denn zum einen bleiben die Hansetage, die es inzwischen gibt und die doch eine wesentliche Rolle bei der gemeinhansischen Entscheidungsfindung spielen, zum anderen gibt es den Beschluß von 1418, nach dem Lübeck auch formell als Oberhaupt der Hanse anzuerkennen ist. Im übrigen bilden die Stadt Lübeck, ihre Kaufleute, die lübischen Beamten den organisatorischen Kern des ganzen «Unternehmens» Hanse. Und zwar von Anfang an. Das wird selten expressis verbis betont, auch nicht in der neueren geschichtswissenschaftlichen Literatur.

Die lübischen Ratsherren, die ja immer auch Handelsherren waren, verstanden mit diplomatischem Geschick, ihre Interessen so mit den Interessen des Bündnisses zu verknüpfen, daß gemeinsames Handeln möglich war, daß ihre Interessen sich in Bündnisinteressen umwandelten. Und wenn Einigung einmal nicht erreichbar war, dann ließ man den Gedanken eben ganz fallen oder verhandelte so lange, bis doch Gemeinsamkeit entstand. Und das fünfhundert

Jahre lang! Über diese diplomatischen Fähigkeiten urteilte der englische Unterhändler John Russel beim Frieden von Utrecht (1473), daß er lieber mit jedem Fürsten der Welt verhandeln würde als mit einem hansischen Ratsherrn.

Die üblichen Grenzen, die der Geschichtsschreibung über das Mittelalter auferlegt sind, der Umfang und die Eigenart der Quellen, werden bei der Hanse noch zusätzlich erschwert. Lese- und Schreibkenntnisse blieben bis weit in das 13. Jahrhundert der Geistlichkeit und insbesondere den Mönchen vorbehalten. Es gab nichts Schriftliches bei Laien, also auch keine schriftliche Überlieferung aus Kaufmanns- oder Städtehand. Die Geschichtsschreibung der frühen Hansezeit lag fest in der Hand von Mönchen. Und die zeigten keinerlei Interesse an wirtschaftlichen Vorgängen und nur wenig an städtischen Angelegenheiten. Der Bericht von Helmold von Bosau über die Gründung Lübecks erfolgt, um die Leistungen des Herzogs Heinrich des Löwen bei der Christianisierung der Slawen zu preisen; eher beiläufig werden auch die Kaufleute erwähnt; es wird aber nicht bewußt und ausdrücklich festgehalten, in welchem Umfang sie beispielsweise an der Stadtgründung beteiligt waren, oder daß in Lübeck planvoll die Basis für ein überregionales Handelszentrum gelegt wurde.

Im Einzugsbereich der Hanse gab es überdies längst nicht so viele und bedeutende Klöster wie im Altsiedelland: Klostergründungen waren im ausgehenden 12. Jahrhundert längst nicht mehr so an der Tagesordnung wie noch einhundert Jahre zuvor. Daher gab es hier auch weniger Kolonisationsklöster wie etwa die der Zisterzienser. Also gab es in dieser reichsfernen Region auch weniger Mönche, die etwas über Handel und Städte hätten aufschreiben können. Und in den staufischen Chroniken, die dem Reichszentrum folgend in südlicheren Reichsgegenden entstehen, werden Nachrichten und Ereignisse aus diesem reichsfernen Norden nur sehr selten überliefert. Die städtische Geschichtsschreibung setzt erst viel später ein. Erste chronikartige Berichte von lübischen Ratsbeamten stammen vom Ende des 13. Jahrhunderts, also aus der Zeit, in der die Kaufmannshanse sich zu einer Städtehanse wandelt, rund einhundert Jahre nach der Gründung Lübecks. Es gibt zwar in Lübeck von Anfang an eine eigene städtische Verwaltung. Doch die war, wie in jener Zeit üblich, nicht schriftlich orientiert, jedenfalls gibt es keine Überlieferung über ihre Tätigkeit. Noch viel weniger Quellen gibt es aus der Frühzeit, die das genossenschaftliche Handeln und Reisen der lübischen Kaufleute unmittelbar belegen, Quellen, die uns Auskunft geben könnten über die gruppeninternen Strukturen einer solchen spontanen und zeitlich begrenzten Handels- und Reisegesellschaft.

Die Hanse war anfänglich ein see- und landumspannendes, freies und lediglich auf Zeit beschlossenes Bündnis von selbständigen Kaufleuten, von Großhändlern. Es war ein Bündnis, dessen Existenz und Wirkung ausschließlich darauf beruhte, daß es seinen Mitgliedern besonderen Nutzen und wirtschaftliche Vorteile gegenüber der Konkurrenz versprach und sicherte. Seine Mittel zur Erreichung dieser Vorteile waren: Privilegien, Monopole, Abgabenbefreiung, Rechtssicherheit im fremden Land, feste Markt- und Umschlagplätze für hochwertige Waren (allen voran die Kontore in London, Brügge, Bergen und Nowgorod). Die Mittel zur Sicherung hansischer Interessen: gemeinsames Handeln, Verhandlungen, Absprachen, Bündnisse, Bestechung, Boykott, Krieg. Vor allem und immer wieder aber Verhandlungen.

Dieses Zweckbündnis, das um etwa 1300 in ein Bündnis von Städten umgewandelt wird, hielt so lange, wie es den vielen Mitgliedern, den Kaufleuten, den Reedern, den Schiffsherren und den Städten (der Deutsche Orden gehörte als einzige Landmacht zur Hanse) eben diese Vorteile ermöglichte und sicherte. Allein die Bündnisfähigkeit von Kaufleuten und Städten ist in dieser Zeit schon ungewöhnlich genug: Jeder und jede von ihnen war zunächst und vorderhand einem Stadtherrn unterworfen, unterstand dessen Rechtsordnung, Bündnisse jedweder Art bedurften seiner Zustimmung; so wie das Artlenburger Privileg von 1161 noch unter Vermittlung von Herzog Heinrich zustande kam und von ihm ausgestellt wurde.

Doch nicht einmal 30 Jahre später urkundet die Gotländische Genossenschaft schon als eigene Rechtsperson, und zwar im Vertrag von 1189 mit dem Fürsten von Nowgorod. Das ist als Ausweis für die gewachsene Autonomie der Gotländischen Genossenschaft an sich schon bedeutungsvoll genug. Auf der Basis dieses Vertrages erwerben die Hansen dann nur wenige Jahre später am Rande des Marktes in Nowgorod Grund und Boden für eine eigene Niederlassung. Der Clou: Noch 60 Jahre zuvor (1136) hatten die Nowgoroder Bürger beschlossen, daß niemand außer ihnen selbst auf ihrem Gebiet Land erwerben dürfe; damit hatten sie den Kiewer Großfürsten, ihren Stadtherrn also, aus der Stadt vertrieben. Lübische Kaufleute dürfen jetzt, was man dem rechtmäßigen Stadtherrn verwehrt: Grund und Boden kaufen und Gebäude errichten! Der Handel macht's möglich.

Natürlich suchten sich die Territorialherren die Städte zu unterwerfen. Das geschieht in der langen hansischen Geschichte immer wieder. Doch erst in den letzten Jahrzehnten des Bündnisses gelang es diesen Stadt- und Landesherren, ihre Hoheitsansprüche gegen die Kaufleute und Städte auch tatsächlich durchzusetzen und sie zu ihren Untertanen zu machen. Damit versetzten sie dem Bündnis einen weiteren Todesstoß.

Der europäische Fernhandel endete nicht mit dem Niedergang der antiken Welt. Nur sein Volumen nahm entscheidend ab, und sein Einzugsbereich änderte sich. Dabei gingen vor allem die Verbindungen zur islamischen Welt rund um das Mittelmeer, zu dem noch jungen, aber schon ungemein erfolgreichen Kalifenreich zurück. Sie blieben in Ansätzen aber immer erhalten. Hingegen gewann der nordeuropäische Fernhandel an Bedeutung. Die karolingischen Herrscher wußten sehr wohl um die wirtschaftliche Bedeutung des Handels. Mehr als alle anderen vor ihm und noch lange nach ihm ließ es sich Karl der Große angelegen sein, den überregionalen Handel ebenso zu fördern wie den regionalen Handel zu erleichtern. Allein der Versuch, Münzen, Maße und Gewichte reichsweit – und das hieß damals: europaweit! – einheitlich festzulegen, zielt in diese Richtung. An der Ostgrenze seines Reiches ließ er darüber hinaus beispielsweise in Bardowick, Magdeburg oder Erfurt eigene Handelsplätze mit den Slawen einrichten, gewährte Bardowick das Münzrecht, förderte den Handel insgesamt also in Gebieten, zu deren Eroberung er zuvor nahezu dreißig Jahre lang Kriege geführt hatte.

In Karls Zeit branden auch die ersten Wikingerwogen an die nordeuropäischen Küsten. Bis nach Köln dringen sie vor. Die

Nordmänner rauben zunächst nur, plündern und brandschatzen. Später sind sie dann aber – wie die Flamen, Friesen, Gotländer oder Russen – eher als Händler unterwegs; sicher auch aus der Einsicht heraus, daß Plündern allein auf Dauer nicht gewinnbringend ist. Wikinger verbinden geographisch Norwegen mit Sizilien, England mit Byzanz. Auf ihren schnellen, leichten Booten stapeln sich die Luxusgüter der Zeit. Zur Not konnten diese Boote sogar über Land gezogen werden, um Stromschnellen auszuweichen oder Wasserscheiden zu überwinden oder um zeitraubende und auch gefährliche Umwege zu vermeiden.

In der Zeit, in der Lübeck gegründet wird, zu Beginn der Hanse also, gibt es in Nordeuropa bereits einen funktionierenden Fernhandel. Beteiligt sind alle Nordsee- und Ostseeanrainer: die Norweger, Dänen, Gotländer und Russen, die Engländer, Flamen und Friesen. Und dennoch erliegt ihr Handel, erliegen die Kaufleute, erliegen die Schiffsherren dem Schwung der Neuen aus Lübeck. Vieles haben diese gemeinsam mit den Alten. Und doch muß sie irgend etwas von ihnen unterscheiden. Und da fällt zunächst die Zielgerichtetheit, die Entschlossenheit ihres Handelns ins Auge. Und als nächstes die *Gemeinschaftlichkeit* all ihrer Aktivitäten. Schon die (Neu-)Gründung Lübecks ist – wie alle Stadtgründungen – Aufgabe und Anlaß zu gemeinsamem Handeln. Nur fällt in Lübeck die Planmäßigkeit noch stärker auf als in anderen Städten. Dann kommt nur wenig später das Abkommen mit den Gotländern (1161) zustande, in dem sie sich als «alle Kaufleute des Reiches» bezeichnen lassen, «die Gotland besuchen» (universi mercatores imperii romani gotlandiam frequentantes).

Natürlich kamen seit 1161 nicht «alle Kaufleute des Reiches» in den Genuß der gotländischen Privilegien, sondern nur eine begrenzte Gruppe aus Westfalen, aus dem Rheinland, aus Lübeck. Keine dieser Gruppen tritt als Personen in Erscheinung; es ist deshalb nur zu vermuten, daß es die Gründungsväter Lübecks waren, also rheinische und westfälische Kaufleute, die sich zu einer Schwurgemeinschaft zusammenschlossen. Schließlich ist eine rasch steigende Zahl von Kaufleuten auf Gotland nachweisbar, so zahlreich immerhin, daß die Deutschen alsbald eine eigene Stadt errichten konnten.

Wenig weiß man allerdings über die innere Verfassung dieser Genossenschaft in der Frühzeit. Man sieht einen vermutlich jährlich gewählten Ältermann an der Spitze, dem man gemeinsam Treue und Gehorsam schwört. Im 13. Jahrhundert gibt es dann vier Ältermänner, einen aus Lübeck, einen aus Visby und zwei aus Westfalen (Soest und Dortmund). Die Genossenschaft führt ein eigenes Siegel mit dem Bild der Lilie. Das älteste Siegel der Stadt Lübeck aus dem Jahr 1224 zeigt zwei Männer auf einer Kogge, die jeder einen Eid leisten, also möglicherweise die Schwurgemeinschaft von Kaufmann und Schiffer personifizieren.

Gemeinschaftliches Handeln stärkt die lübischen Kaufleute gegenüber der Konkurrenz. Privilegien werden der Gemeinschaft erteilt, gemeinsam wird Gotland angelaufen, gemeinsam errichtet man eine Generation später die erste Handelsniederlassung in Nowgorod, gemeinsam werden die Risiken getragen, gemeinsam werden neue Schiffe finanziert.

Wohl von Anfang an setzten die Neuen auf einen Schiffstyp, der nur scheinbar neu ist, in Wahrheit aber sehr alt: die Kogge. Es gibt allerdings keinen unmittelbaren quellenkundlichen Beleg für die Existenz dieses Schiffes in der ganz frühen Hansezeit. Paul Heinsius hat schon 1956 «Das Schiff der hansischen Frühzeit» erschlossen, in einem Beitrag, der zwar in wenigen Punkten inzwischen widerlegt ist, in vielen anderen aber durch den Fund der Bremer Hansekogge von 1380 bestätigt wurde.

Die Kogge ist ein einmastiges, rahbesegeltes und dickbauchiges Schiff, das seit der Zeitenwende nachgewiesen werden kann und wohl über die (schon damals traditionsbewußten) Friesen an die Ostsee nach Lübeck gelangte und hier nur eben in ganz andere Größenordnungen umgesetzt wurde. Heinsius vermutet, daß an der Konstruktion und dem Bau dieser, im Verhältnis zu den skandinavischen Booten viel größeren Schiffe auch Zimmerleute beteiligt waren, die ursprünglich vom Hausbau herkamen.

Ob im Kalkül dieser rheinisch-westfälischen Fernhändler von Anfang an die längst laufende Ostkolonisation, die ihnen auf lange Sicht viele neue Märkte und Lieferanten zuführen würde, eine Rolle gespielt hat, ist nicht nachweisbar, aber sicher nicht auszuschließen. Die großen Küstenstädte an der südlichen Ostsee werden allerdings erst viele Jahre später gegründet beziehungsweise mit lübischem Recht ausgestattet (Rostock gegr. 1160, lüb. Recht 1218; Wismar lüb. Recht 1228; Greifswald 1193, lüb. Recht 1250; Stralsund lüb. Recht 1234) – deutlich später also als beispielsweise die Landstadt Schwerin (Stadtrecht 1160) oder sogar Riga (Stadtrecht 1201). Auf längere Sicht wäre der Hanse sicher ein bescheidenerer Erfolg beschieden gewesen, wenn es die Ostkolonisation nicht gegeben hätte.

Auch wenn die Hanse die alten Handelsverbindungen an sich zu ziehen vermag, auch wenn sie schon bald die übrigen Konkurrenten verdrängt: Der große geschäftliche Aufschwung des Bündnisses kommt erst im Laufe des 13. Jahrhunderts. So mag denn die Tatsache, daß zur Geschichte der hansischen Frühzeit nur wenige Quellen zur Verfügung stehen, auch damit zusammenhängen, daß das Bündnis, daß diese Schwurgemeinschaft zwar existierte und sich bald entschieden durchsetzte, im Prinzip aber nur den bisherigen Kaufleuten die schon vorhandenen Handelsvolumina abnahm. Der großangelegte Aufschwung, die wirklichen Umsatzsteigerungen kamen dann später.

So konsequent wie bisher schon bei der Gründung Lübecks, beim Schiffbau oder den gemeinsamen Reisen nach Gotland, so konsequent erobern die hansischen Kaufleute gemeinsam den Stützpunkt Nowgorod. Sie verdrängen alle Konkurrenten, erreichen alsbald ein hansisches Handelsmonopol auf die begehrten russischen Waren, errichten gemeinsam den St. Peterhof, nachdem sie sich zuvor schon eine steinerne Kirche gebaut hatten. Hier in Nowgorod entwickeln die Hansen – nach gotländischem Vorbild – die Organisationsform des Gemeinschaftslebens und -handelns, die später Kontor genannt wird. Auf Nowgoroder Boden wachsen so die Grundlagen für den Reichtum der Hanse, für die Grundstrukturen der Gemeinschaft, für ihren wirtschaftlichen Erfolg.

In Nowgorod entsteht auch die erste Quelle, die etwas über die innere Struktur dieser Schwurgemeinschaft, dieser Genossenschaft verrät: die Ordnung des St. Peterhofes. Die älteste erhaltene Fassung datiert aus der Mitte des 13. Jahrhunderts. Ob es eine noch ältere gegeben hat, ist nicht bekannt, aber wenig wahrscheinlich; in jener fernen Zeit regelte man eben noch nicht so bürokratischgründlich wie heute. Und wenn, dann gewiß nicht vorausschauend, sondern auf Einzelvorkommnisse reagierend, also nach Bedarf.

Finanziert wurde das Kontor Nowgorod wie später die anderen Kontore auch durch eine Art Umsatzsteuer, den Schoß, der auf die Waren erhoben wurde und sich hier eigentlich aus einer Zollabgabe an den Nowgoroder Fürsten entwickelt hatte. Wie zu allen Zeiten suchten sich die Steuerpflichtigen dieser Ausgabe zu entziehen; häufige Strafandrohungen durch die Hanse an die Säumigen belegen Steuerflucht. Das Kontor verfügte also, anders als die Hanse selbst, über eigene Geldeinnahmen. Geleitet wurde es von einem von allen Kaufleuten jedes Jahr gewählten Ältermann. Der wiederum ernannte vier Beisitzer. Die Gewählten mußten die Wahl annehmen, denn keiner drängte sich nach dem Amt, schließlich brachte es überwiegend Lasten und Ärger mit sich. Zu den Aufgaben des Ältermannes zählte die Verwaltung der gemeinsamen Kasse, in die auch die Strafgelder flossen; der Ältermann hielt den Kontakt zu den örtlichen Behörden – Vereinbarungen mit diesen blieben aber den einzelnen Gesandtschaften der Hanse vorbehalten; der Ältermann hielt den Kontakt zu den Städten im Westen, zur Hanse; er übte schließlich die Gerichtsbarkeit über alle Genossen aus. Gegen sein Urteil konnte zunächst in Visby, nach 1293 in Lübeck Berufung eingelegt werden.

Das Kontor war, wiederum im Gegensatz zur Hanse selbst, eine eigenständige juristische Person und führte ein eigenes Siegel mit dem Petersschlüssel. Jeder ankommende Reisende mußte sich beim Ältermann melden und im St. Peterhof Quartier nehmen. Nur bei Überfüllung durfte später auch außerhalb genächtigt werden. Dafür stand dann seit dem 14. Jahrhundert auch der St. Olafshof zur Verfügung, den man von den Gotländern übernommen hatte. Im St. Peterhof herrschte strengste Disziplin, man nannte die Kontore deswegen sogar Kaufmannsklöster; nur Brügge machte eine Ausnahme. Nach der Unterordnung des Kontors unter die Städte ernannten Lübeck und Visby abwechelnd den Ältermann, der noch später von den beiden «Olderluden von St. Peter» abgelöst wurde. Die nahmen ihr Amt aber nicht selbst wahr, sondern traten es an «Vorstender» ab. Seit dem 15. Jahrhundert übernahm der von den livländischen Städten eingesetzte «Hofknecht» die faktische Leitung des Kontors: Er war hier ständig, mindestens aber mehrere Jahre ansässig, sprach russisch, pflegte den Kontakt mit den örtlichen Behörden. Auch die Priester, die ursprünglich von den Kaufleuten auf ihren Reisen mitgenommen wurden, wurden nach 1356 von den Städten ernannt.

Der St. Peterhof lag am rechten, am östlichen Wolchowufer auf der Handelsseite von Nowgorod, am Südostende des Marktes, vis-á-vis vom Fürstenhof. Das gesamte Gelände war mit einem Palisadenzaun umgeben, ein geschlossener Bezirk, beinahe autark. Holzhäuser für Speicher und Wohnbauten umgaben die steinerne Peterskirche. Den Besuchern und Benutzern standen neben den Verkaufshallen, in denen sie ihre Waren anboten, weitere Räumlichkeiten zur Verfügung: Schlafräume für bis zu hundert Kaufleute, mehrere Aufenthaltsräume, davon wurde einer als Speise- und Trinkraum genutzt, der Potklet; die Gehilfen wurden in der «großen Kinderstube» untergebracht, mit eigenen Schlafräumen und eigenem Speiseraum. Zudem gab es ein Pfarrhaus, ein Siechenhaus, ein Gefängnis, eine Badstube sowie eine Küche. Die Kaufleute zahlten Miete für ihre Unterkunft in die Gemeinschaftskasse. Abends wurde das Hoftor abgeschlossen, kein Russe durfte im Hof übernachten, eine Frau ihn nicht einmal betreten. Tor und Kirche wurden die ganze Nacht hindurch bewacht, denn in der Kirche lagerten neben wertvollem Kaufmannsgut das Archiv und die Geldkiste; hier wurde auch die Waage aufgehoben.

Natürlich bedurfte diese reine Männergesellschaft einer straffen Disziplin; die differenzierten Strafmaßnahmen waren ebenfalls in der Schra, in der Hofordnung festgelegt, sie wurde allen Anwesenden zweimal jährlich vorgelesen. Dennoch blieb Streit nicht aus – weder zwischen den Deutschen untereinander noch zwischen Russen und Deutschen. Handelspartner waren auf russischer Seite die in der Johannisgilde zusammengeschlossenen Großkaufleute; ein Direkthandel, ein Einzelhandel der Hansekaufleute mit russischen Einzelhändlern fand in Nowgorod nicht statt. Die Geschäfte waren Tauschgeschäfte; als Rechnungseinheit diente die Kune, das Marderfell; erst sehr spät wurde hier wie in Pleskau deutsches Silbergeld akzeptiert.

Die Nowgoroder Besucher aus Deutschland teilten sich in Winter- und Sommerfahrer, auch wurde zwischen Wasserfahrern und Landfahrern unterschieden: Die einen kamen und gingen den Sommer über, die anderen kamen vor Einbruch des Winters und blieben bis zum nächsten Frühjahr in Nowgorod. Seit der Gründung Rigas (1201) reisten Kaufleute vermehrt auch über Land nach Nowgorod, auch hier die einen während des Sommers hin und zurück, die anderen den Winter über in der russischen Stadt bleibend. Jede dieser Gruppen prägte ihre eigene innere Struktur aus, bildete nach außen abgeschlossene Eß-, Wohn- und Trinkgesellschaften. Häufig genug begegneten die Sommer- und Winterfahrer einander überhaupt nicht.

Die zweite Stadt, in der sich die Hanse eine eigene Niederlassung zulegt, ist London, wenn auch erstaunlich viel später. Ein Grund ist sicher, daß in dieser Stadt die kölnischen Kaufleute schon seit dem 11. Jahrhundert vertreten sind, die mit dem begehrten Rheinwein handeln. Deswegen wehren sie sich mit allen Mitteln, den lukrativen Markt mit anderen Kaufleuten teilen zu müssen. So werden die Kaufleute des Reiches zwar schon 1130 privilegiert, doch den Hamburgern ist erst ab 1266 (und ab 1267 den Lübeckern) gestattet, sich zu einer Hanse zusammenzuschließen; über einhundert Jahre blockierten die Kölner den Londoner Markt für die hansischen Kaufleute. Zu einer gemeinsamen Einrichtung kommt es erst 1282, als sich die rheinischen, die westfälischen und die wendischen Kaufleute endlich zu einer Hanse zusammenfinden. Seither nannten die Engländer das deutsche Handelshaus Gildhalla Theutonicorum oder auch Esterlingshalle.

Die Gildhalle, der Kern des späteren Stalhofes, war von Beginn an kölnisches Eigentum. Sie lag an der Thamesstreet und reichte bis zur Themse hinunter. Die umliegenden Grundstücke und Gebäude wurden von den deutschen Kaufleuten nach und nach angemietet, ihren Erwerb sicherte dann 1474 der Frieden von Utrecht. Es war ein großes Areal mit zahlreichen Häusern, Buden und Speichern und ausgestattet mit allen Notwendigkeiten wie Speisesaal, Festsaal, Gesellschaftsraum (alle in der Gildhalle), Schlafräumen, Küche, Wohnungen für die Clerks, die seit dem 15. Jahrhundert angestellten Sekretäre, die im Auftrag des Kontors den Schriftverkehr erledigten, die Buchhaltung führten und wohl auch diplomatische Aufgaben übernahmen. Der Stalhof verfügte über eine eigene Kapelle «Zu unseres Herrn Grab», zur Messe zogen die Kaufleute allerdings in die nahegelegene englische Kirche «All Hallows the Great», in der sie sogar ihr eigenes Gestühl besaßen.

Die Kontorordnung ist erst in einer sehr späten Fassung von 1437 überliefert. Auch hier ist nicht endgültig klar, ob es keine ältere Version gab oder man früher kein Bedürfnis für entsprechende Regelungen hatte. Diese Kontorordnung entsprach in weiten Teilen der von Nowgorod. Auch in London lebten die deutschen Kaufleute in einer klausurähnlichen Atmosphäre – weder durften sich im Hof Frauen aufhalten noch Fremde ohne Genehmigung des Ältermannes. In späterer Zeit hielt man diese Regeln wohl nicht mehr ganz so streng ein, jedenfalls war die vornehme englische Gesellschaft gern Gast in der «Rheinischen Weinstube», die auf dem Gelände des Stalhofes lag. Den Ältermann wählte die Gesamtheit aller anwesenden Kaufleute einmal jährlich auf der «Morgensprache» und gab ihm noch einen «Zwölferrat» mit (paritätisch aus den Dritteln besetzt); der Ältermann wiederum ernannte zwei Beisitzer, die nicht aus seinem Drittel stammten. Alle Kaufleute waren entsprechend ihrer Herkunft diesen Dritteln zugeordnet, die unter kölnischer (rheinische Städte), lübischer (sächsische und wendische Städte) und Danziger (preußisch–livländisch–gotländische Städte) Leitung standen.

Zu diesem deutschen Ältermann gesellte sich in London noch als Besonderheit der englische Ältermann, den man gelegentlich auch den «oversten alderman van al Engellant» nannte. Seine Zuständigkeit beschränkte sich nämlich nicht auf London, sondern umfaßte alle hansischen Niederlassungen in England. Er war Schlichter in Streitigkeiten zwischen Engländern und Deutschen und vertrat als Diplomat die deutschen Interessen gegenüber den englischen Behörden. Er wurde von den Kaufleuten vorgeschlagen und vom englischen König eingesetzt. Er war Londoner Bürger, Mitglied des Stadtrates, manchmal sogar der Bürgermeister selbst. Meist war er ein aus Deutschland stammender, naturalisierter Engländer.

Wieder anders gestaltete die Hanse ihr Kontor in Brügge. Hier gab es kein klosterähnlich abgeschlossenes Areal, die Kaufleute und ihre Gehilfen wohnten in der Stadt selbst oder in Damme oder in

Das Oosterlingenhuis in Brügge auf einer Zeichnung von 1602.

Sluys. Man traf und versammelte sich im Refektorium des Karmeliterklosters, bis sich die «Osterlinge» 1442 ein eigenes Haus zulegten. Seit 1478 verfügte die Hanse über ein neues, geräumigeres Haus (bis heute erhalten), das aber mehr den Charakter eines Clubs hatte, da man dort ja nicht wohnte. Das erste Statut ist von 1347 überliefert, ein eigenes Statutenbuch wird eingeführt. Allerdings hatten sich die Kaufleute schon anläßlich des Boykotts gegen Flandern und ihres Auszugs nach Aardenburg (1280–1282) Rudimente einer Ordnung gegeben. Man regelte Rechtsfähigkeit, Rechtsprechung, Leitung und Verwaltung, Haftung und Bürgschaft. 1309, nach dem zweiten Auszug nach Aardenburg und der erneuten Rückkehr nach Brügge, werden einer «Gesellschaft von Kaufleuten» Versammlungsfreiheit und das Recht, sich Statuten zu geben, eingeräumt.

Auch in Brügge wurden 1347 die Kaufleute entsprechend ihrer Herkunft in drei Drittel aufgeteilt. Doch hier traf sich jedes Drittel zu eigenen Versammlungen, wählte jeweils zwei Ältermänner, die weitere sechs Beisitzer ernannten. Jedes Drittel führte seine eigene Kasse. Der wirtschaftliche Niedergang Brügges im ausgehenden 15. Jahrhundert schlug sich auch in einem wirtschaftlichen Niedergang des Kontors nieder und führte zu einer Reorganisation: Zunächst legte man zur Jahrhundertmitte die drei Kassen zusammen, dann gab es seit 1486 für jedes Drittel nur noch einen Ältermann und drei Beisitzer. Natürlich änderte diese Maßnahme nichts mehr an der abnehmenden Bedeutung Brügges: Längst waren die deutschen wie auch die anderen fremden Kaufleute nach Antwerpen weitergezogen, in die Stadt, die das wirtschaftliche Erbe der flandrischen Hauptstadt angetreten hatte. Gegen jede Vernunft blieben aber das Kontor und die Ältermänner noch lange in Brügge.

Wie auch in den anderen Kontoren vertraten die Ältermänner die Interessen der deutschen Kaufleute nach außen, sie überwachten das Geschäftsgebaren, sie verwalteten die Kasse, die aus einer Umsatzsteuer auf den Warenwert sowie Strafgeldern gespeist wurde, sie hatten die Gerichtszuständigkeit bei Streitigkeiten der Deutschen untereinander. Jeder deutsche Kaufmann mußte zweimal am Tag zur «Morgensprache» erscheinen, einer Mischung aus Versammlung und Markt, außerdem zu den von den Älterleuten gesondert einberufenen Versammlungen. Bei unentschuldigtem Fehlen während einer ältermännerlichen Rede gab's Strafgelder, auch beim vorzeitigen Verlassen der Versammlung.

Brügge war bis in das 15. Jahrhundert hinein der wichtigste Handelsplatz in Nordeuropa, man nannte ihn deswegen auch den «Stapel der Christenheit». Auch die Hansekaufleute waren hier äußerst zahlreich vertreten. Aber sie stellten nicht die größte Gruppe von Ausländern und waren nach Ansicht des burgundischen Hofes auch nicht die bedeutendste: Bei der Hochzeit Herzog Karl des Kühnen mit Margarete von England 1468 durften sie erst an fünfter Stelle im Festzug mitwirken, auch wenn sie die meisten Reiter stellten.

Bleibt von den vier Kontoren noch das norwegische Bergen. Die *Tyskebrygge* ist die einzige hansische Niederlassung, die man heute – in Teilen – noch bewundern kann; die Norweger haben hier das «Hanseatische Museum» eingerichtet. Die «Deutsche Brücke» bestand aus zwanzig nebeneinanderliegenden Grundstücken auf der Ostseite des Vaagen, die zunächst gemietet, seit dem 15. Jahrhundert gekauft wurden. Jedes war 100 Meter lang und 18 bis 20 Meter breit. Die Schmalseiten stießen an das Wasser des Fjords, hier legten die Schiffe an. Auf den Grundstücken standen bis zu fünfzehn Holzhäuser zum Wohnen und Versammeln (Schüttinge), zum Arbeiten oder Speichern; einige waren heizbar, andere nicht. Die Deutsche Brücke brannte mehrfach ab, wurde regelmäßig wieder aufgebaut, letztmals 1958.

Bergen erhielt seine erste Kontorordnung erst 1343, als die Hanse gerade einmal wieder Frieden mit Norwegen geschlossen, also vom König erneut ihre alten Privilegien zugestanden bekommen hatte. Zum Ältermann konnte nur gewählt werden, wer aus einer Stadt lübischen Rechts kam: Lübeck dominierte das Kontor in Bergen. Nur gelegentlich sind hier Kaufleute aus anderen Hansestädten nachweisbar. Zeitweilig gab es sechs Ältermänner, später dann nur noch zwei, denen achtzehn Beisitzer zur Seite gestellt wurden. In seiner inneren Organisation unterschied sich das Kontor in Bergen nicht von dem Nowgorods, aber in seiner sozialen Zusammensetzung: Zum einen überwogen hier zunächst die jüngeren selbständigen Kaufleute, viele blieben sogar ihr Leben lang in Bergen. Später reisten die Kaufherren gar nicht mehr nach Bergen, sondern sandten ihre Gehilfen aus. Das bot dann Anlaß zu den die ehrbaren Bergener Bürger und die ebenso ehrbaren hansischen Kaufleute höchst irritierenden «Bergener Spielen». Zu Pfingsten fanden diese Feste statt, wenn nach der Winterpause die ersten hansischen Schiffe eintrafen. Dann führten die «Altgedienten» die Neulinge in ihren Kreis ein: Mummenschanz und mehr als derber Humor regierten, und das über Jahrhunderte hinweg bis in die nachhansische Zeit hinein. Noch 1671 mußte die dänische Regierung schwere Strafen androhen, um dem Possenreißen ein Ende zu bereiten. Beim «Burgspiel» gab es ein Narrengericht über die Neulinge, die auferlegten Strafen bestanden aus schwerem Prügeln, das durch Zimbeln und Pauken begleitet wurde. Oder das «Hautwerfen»: Dabei wurde der Delinquent in einer Ochsenhaut durch den Kamin des Schüttings auf das Dach hinaufgezogen. Wasserspiel, Rauchspiel, Beichtspiel oder auch Schweinchenbrühen waren weitere Belustigungen. Die Namen sprechen für sich.

Bergen war eine verhältnismäßig kleine Stadt mit einem großen hansischen Kontor. Während sich in Nowgorod, Brügge oder London die deutschen Kaufleute in der Menge der Einheimischen verloren, machten die Deutschen in Bergen beinahe ein Drittel der Stadtbevölkerung aus. Zu den Kaufleuten und ihren Gehilfen kam nämlich noch eine stark deutsch geprägte Handwerkerschaft, die außerhalb der Deutschen Brücke wohnte, vor allem Schuster waren zahlreich vertreten. Aber auch andere «Ämter» (= Zünfte) gesellten sich dazu, zum Beispiel die der Goldschmiede, der Bäcker oder der Barbiere. Alle wohnten an der Südseite des Vaagen in je eigenen Straßen und unterstanden seit dem Ende des 14. Jahrhunderts der Gerichtsbarkeit des Kontors. Die Deutschen waren in den Handwerksberufen bis 1559 so dominierend, daß sie sogar einheimische Lehrlinge ablehnen konnten; danach mußten sie entweder die Stadt verlassen oder Norweger werden.

Zu den vier Kontoren gesellten sich weitere Niederlassungen hansischer Kaufleute im Ausland, die sich, soweit sie überhaupt bekannt sind, in ihrer Innenstruktur an den Kontoren orientierten. Auch sie wählten ihren Ältermann. Allein in England gab es neben der Gildhalle, neben dem Stalhof noch weitere hansische Gemeinschaften in Yarmouth, Lynn, Boston, Hull, York und Newcastle.

Alle schickten sie seit dem 14. Jahrhundert Vertreter nach London, um an den dortigen Beratungen und Entscheidungen teilzuhaben. Das Kontor versuchte, sich die übrigen Niederlassungen zu unterstellen, was im Fall von Boston erst 1474 gelang. Boston wurde überwiegend von lübischen Kaufleuten besucht, die aus Norwegen kamen, und unterstand eigentlich dem Bergener Kontor; das sprach gelegentlich von «unserem Ältermann zu Boston in England».

Auf Schonen organisierten sich die Schonenfahrer städteweise in den «Fitten»; Lübeck nahm hier die allgemeineren Belange der Deutschen durch einen Vogt wahr. Man besaß in Falsterbo und Ystad «Kontorhäuser», in Ystad und Malmö Miteigentum an den Kirchen, in Falsterbo gab es eine lübische Kirche. Sogar auf den Shetlandinseln fanden sich die Kaufleute ebenfalls in je eigenen Buchten zusammen mit Liegeplätzen, Kirchen, Lager- und Aufenthaltsräumen. Noch heute gibt es auf der Insel Unst eine *Hamburger booth*.

Weitere bedeutende hansische Niederlassungen mit Kontoreigenschaften befanden sich in Pleskau, Polozk, Kowno, Tönsberg, Oslo und Kopenhagen; dort hatte sich 1378 eine «Gesellschaft des gemeinen Kaufmanns von den deutschen Städten in Kopenhagen» gebildet. An der Atlantikküste liegen wie Perlen auf der Schnur die Niederlassungen in Nantes, Bourgneuf, La Rochelle, Bordeaux und Lissabon. Alle teilten miteinander das gleiche Schicksal wie Boston in England: Die Kontore selbst (im Westen) oder einzelne Städte (im Osten) suchten seit der Mitte des 14. Jahrhunderts diese Niederlassungen unter ihre Oberhoheit zu bringen.

Spät erst, beinahe zweihundert Jahre nach der Gründung Lübecks, legt sich die Hanse ein Organ zu, auf dem gemeinhansische Interessen besser verhandelt, das Bündnis besser repräsentiert werden sollte: den «Hansetag». Anlaß waren Kaperungen vor der flandrischen Küste während des französisch-englischen Krieges und die nach Ansicht der deutschen Kaufleute unzureichenden Schadensersatzregelungen durch Brügge. Im Zuge dieser deutsch-flandrisch-englischen Verwicklungen führte das Brügger Kontor ohne Auftrag und eigenmächtig Verhandlungen mit Flandern, deren Ergebnisse die Hansestädte hätten möglicherweise mitverpflichten können. Diesem drohenden Übelstand abzuhelfen, lud Lübeck 1356 die übrigen Städte zu einer Versammlung ein, die man als den ersten «Hansetag» bezeichnet. Man kennt die Teilnehmer dieser Tagung nicht, vermutet aber sowohl eine rege wie repräsentative Beteiligung aller Städte. Die Beratungen und Beschlüsse sind nicht überliefert – bis auf zwei wichtige Entscheidungen: Zum einen teilten sich die Städte in drei Gruppen auf, die Drittel genannt wurden – das wendisch-sächsische, das westfälisch-preußische und das gotländisch-livländische Drittel. Vorbild für diese Einteilung war das Statut, das sich das Brügger Kontor 1347 gegeben hatte. Zum anderen beschloß man, eine Gesandtschaft unter Führung des lübischen Ratsherrn Jakob Pleskow in Begleitung von Vertretern jedes Drittels nach Brügge reisen zu lassen. Die Erfolglosigkeit dieser Delegation bei den Verhandlungen mit Brügge und Flandern wird deutlich dadurch, daß auf dem zweiten Hansetag 1358 die Blockade Flanderns beschlossen werden muß. Einen durchschlagenden Erfolg hingegen buchten die hansestädtischen Vertreter bei der Einbindung des Kontors in gesamthansische Verantwortung: Sie bestätigten ausdrücklich dessen Statut von 1347 (mit kleineren Ergänzungen) und übernahmen damit die Rolle des Oberherrn über das bis dahin unabhängige Kontor.

Die Institution «Hansetag» zeigt also, nach einem ersten tastenden Versuch, mit einem Paukenschlag ihre Bedeutung – mit der Boykotterklärung an Flandern von 1358. Kleiner Schönheitsfehler: Die westfälischen und livländischen Städte fehlten bei dieser Entscheidung. Flandern und Brügge beugten sich zwei Jahre später vor der mächtigen Hanse. Und der Hansetag war jetzt fest institutionalisiert. Aber nicht in dem uns heute geläufigen formalen Sinne: Er entbehrte einer geregelten Zuständigkeit, ihm fehlte die Regelmäßigkeit des Zusammentreffens und die repräsentative Beteiligung der Städte. Mehr noch, der Beschluß des Hansetages von 1418 – «die Stadt Lübeck und die anderen ehrbaren Städte in ihrer Nachbarschaft» zu bitten, «daß sie es um des gemeinsamen Besten willen an ihrer aller Statt auf sich nähmen, für die Städte und des Kaufmanns Bestes so zu sorgen, wie sie es gern täten» – dieser Beschluß hätte die junge Institution eigentlich außer Funktion setzen müssen, zumindest können. Doch die Lübecker waren viel zu klug, sich des Instrumentes Hansetag zu begeben.

Selbst bei großzügiger Berechnung tagten die Hansestädte im 14. Jahrhundert etwas weniger als einmal im Jahr, im 15. Jahrhundert im Durchschnitt sogar höchstens alle drei Jahre. Das hängt gewiß zusammen mit den hohen Reisekosten, die ein solcher Hansetag der eine Delegation entsendenden Stadt verursachte. Jedenfalls dienten diese hohen Reisekosten immer wieder als Entschuldigung dafür, sich nicht an einem Hansetag zu beteiligen. Dieses Argument zeigt aber nur die eine Seite der Medaille. Teilnahme an den Hansetagen bedeutete Mitentscheidung, also Mitverantwortung. Da die Tagesordnungen immer Monate vorab versandt wurden, kannte jede Stadt die Entscheidungspunkte. Und so manche konnte oder wollte sich in dieser oder jener konkreten Angelegenheit nicht entscheiden – und blieb deswegen einfach zu Hause. Oder man reiste hin – und berief sich dann auf ein nicht ausreichendes Mandat, eine nicht ausreichende Vollmacht. Die Städte gaben ihren Delegationen genau umrissene Aufträge mit, übten ein imperatives Mandat aus. Oder man reiste vorzeitig ab, um nicht mit abstimmen zu müssen. Stimmberechtigt waren nur die Ratsherren der Städte selbst. Die Beschlüsse eines solchen Hansetages wurden in einem Rezeß zusammengestellt. Jede Delegation erhielt davon eine Abschrift, die mit dem Siegel der gastgebenden Stadt (in der Regel Lübeck) beglaubigt wurde; die anderen Städte wurden ebenfalls schriftlich benachrichtigt. Die Verbindlichkeit der Beschlüsse und Rezesse für alle Städte wurde zwar immer behauptet, nicht aber immer wirklich durchgesetzt.

Die Hansetage waren aber auch nicht repräsentativ. Nur die wenigsten Städte beteiligten sich überhaupt: 1447 kamen gerade 39 Delegationen zusammen, und das war die höchste Anzahl überhaupt, die je auf einem Hansetag vertreten war. In der Regel sollen nur zehn bis zwanzig Städte anwesend gewesen sein, die übrigen ließen sich durch die Vororte ihres Drittels vertreten. Die Städte organisierten sich neben den Drittel-Tagen, die selten Bedeutung fanden, in Regionaltagen, zu denen auch nichthansische Städte zugelassen waren. Hier traf man sich bis zu mehrmals jährlich, hier konnte mit geringem Kostenaufwand eine gemeinsame Haltung zu konkreten Fragen erörtert und beschlossen werden. Der wichtigste Regionaltag umfaßte «die Stadt Lübeck und die anderen ehrbaren

Städte in ihrer Nachbarschaft» – das waren neben den wendischen Städten eine sächsische Stadt (Lüneburg) und eine pommersche Stadt (Stralsund). Der Hanserezeß von 1418 installierte also gewissermaßen einen «Gemeinsamen Ausschuß», dessen Beschlüsse in der Folge zwar häufig, dessen Führungsfunktionen zwischen einzelnen Hansetagen aber nie wirklich umstritten waren.

Wie nun vermochte ein doch nur zeitlich befristetes, lockeres, also keineswegs geordnetes Bündnis von norddeutschen Kaufleuten mächtigen Staaten, Königen und Fürsten nicht nur Widerstand zu leisten, sondern ihnen auch noch Vorrechte abzutrotzen? Mit welchen Mitteln gelang es ihnen, sich durchzusetzen?

Zu Beginn fand ihre Tätigkeit die ausdrückliche Förderung durch Herzog Heinrich den Löwen – in seinem eigenen Namen und im Namen des fernen Kaisers. Ihr rasches Eindringen in die nordeuropäischen Handelsbastionen und die Erhebung Lübecks zur freien Reichsstadt 1226 bedingten einander gegenseitig. Förderlich für den wirtschaftlichen Aufschwung war gewiß auch die traditionell enge Kooperation mit dem Deutschen Orden. Doch so recht fügen sich die jährlich wiederkehrenden Kaufmannszüge nach Gotland und Nowgorod nicht zum Bild eines geordneten Bündnisses über den Tag hinaus und über Staaten hinweg. Einheitsstiftend scheint hier der gemeinsame Boykott aller in Brügge anwesenden fremden Kaufleute gewirkt zu haben, der 1280 zum Auszug nach Aardenburg führte und erst zwei Jahre später beendet wurde. Lübeck sandte den Ratsherrn Johann von Doway nach Flandern, der diese Handelssperre vorbereitete und sich bei seiner Mission der Unterstützung anderer Städte versicherte (Münster, Dortmund, Goslar). Lübeck – nicht Visby – greift initiativ in eine schwierige Auseinandersetzung ein. Lübeck schickt einen Gesandten, der weitere Städte zur Mitwirkung veranlaßt. In der weiteren Hansegeschichte sind «Gesandtschaften» das meist eingesetzte Mittel, Konflikte mit den fremden Städten oder Fürsten abzustellen oder auch die Kontore zu überwachen. Gesandtschaften wurden immer nur für den konkreten Anlaß gebildet, sie bestanden aus sach- und diplomatiekundigen Bürgermeistern und Ratsherren verschiedener Städte meist unter lübischer Führung. Zu keiner Zeit verfügte die Hanse über eine ständige Gesandtschaft an irgendeinem Hof. Die Kosten für solche, häufig bewußt pompösen Gesandtschaften trugen alle Hansestädte gemeinsam. Aber nur im Prinzip. Denn wenn es um das Geld ging, fand das Streiten und Feilschen der Städte untereinander meist lange kein Ende. Die einen bestritten die Notwendigkeit überhaupt, die anderen zogen den Aufwand in Zweifel.

Ein weiteres Mittel hansischen Durchsetzungswillens auf fremden Märkten war die Handelssperre, die wirksamste Waffe überhaupt. Es war ein allseits unbeliebtes Instrument, unterbrach es doch den Warenverkehr, schadete Boykotteuren wie Boykottierten gleichermaßen. So wurde es erst dann eingesetzt, wenn auch geduldigste Verhandlungen das erwünschte Ziel nicht oder nicht einmal annäherungsweise erreichten. Handelsboykotts trafen im Lauf der Hansegeschichte Flandern, England, Norwegen, Schottland, Kastilien, Polen, auf Anordnung von Kaiser Sigismund sogar Venedig.

Die Handelssperre war aber auch ein Instrument, das so recht nur im 13. und 14. Jahrhundert wirkte – in Flandern, in Norwegen und in England. Doch auch hier verlor es im Lauf der Zeit seine Schärfe, denn nie wieder waren sich Kaufleute und Städte so einig wie beim ersten Boykott gegen Brügge 1280 und wenig später, 1284, gegen Norwegen. Wen wundert's, galt es doch in dieser frühen Zeit, relativ wenige Beteiligte zu koordinieren.

Als letztes Mittel zur Durchsetzung ihrer Ansprüche setzte die Hanse auf Krieg. Aber, so faßte der lübische Ratsherr Heinrich Castorp die Widersprüche gegen diese Konsequenz zusammen: «Lasset uns tagfahrten, gar leicht ist das Fähnlein aufgezogen, aber nur schwer in Ehren herabgeholet.» Krieg unterbrach die Handelsströme noch rigoroser als Boykott, hatte stets vermehrte Seeräuberei zur Folge, Krieg kostete unendlich viel Geld. Nur einmal hat die Hanse als Hanse richtig Krieg geführt: gegen König Waldemar IV. Atterdag von Dänemark; sonst waren es immer nur Städtebündnisse, meist die wendischen Städte. Da die Kaufleute ihr Geld besser anzulegen wußten, als in ein stehendes Heer oder in eine Flotte zu investieren, dauerte es immer eine geraume Weile, bis sie Kauffahrerschiffe in «Friedeschiffe» umgerüstet und Kriegsmannschaften angeworben hatten. Lediglich die Waffenlager waren stets gut gefüllt. Wenn die Städte in den Krieg zogen, war es naturgemäß stets ein Seekrieg – nie ein Angriffskrieg.

Einmal, im Jahr 1418, Lübeck veranstaltete gerade einen glanz-vollen Hansetag und ließ sich formell als Oberhaupt des Bündnisses einsetzen, versuchte man eine grundlegende Änderung herbeizu-führen. Lübeck, an seiner Spitze Bürgermeister Jordan Pleskow, wollte den wirtschaftlichen Charakter der Hanse um politische und militärische Aspekte erweitern. Dieses neue Bündnis sollte als Tohopesate (das «Zuhaufesitzen») unter Führung Lübecks auf zwölf Jahre abgeschlossen werden. Die beteiligten Städte sollten regelmäßige Beiträge leisten und feste Militärkontingente aufstel-len. Der Deutsche Orden verweigerte seine Zustimmung – was Wunder auch, mußte er doch wachsende militärische Macht der Hansestädte in seinem Staat befürchten. Der Plan verschwand rasch in der Versenkung.

Nun gab es nicht nur zwischen Hansestädten und fremden Staa-ten Konflikte, sondern naturgemäß auch zwischen der Hanse und einer einzelnen Stadt sowie zwischen Hansestädten untereinander. Auch für diese Art von Problemen fand man bündnistypische Lösungen – nämlich ohne Einsatz von Gewalt. Die abtrünnige Stadt wurde gemahnt und mit dem Entzug der Hansekonzessionen bedroht, man sandte Briefe und Boten, meist mit Erfolg. Für den Fall des Streites zwischen zwei Hansestädten legte man 1381 einige Grundsätze fest. Deren wichtigster: In einem solchen Streit darf von keiner Stadt der jeweilige Landesherr als Schlichter angerufen wer-den; anders gesagt: Konflikte sind Hanse-intern auszutragen. Ent-weder fanden sich benachbarte Städte als Schlichter bereit, oder die Angelegenheit wurde auf einem Hansetag behandelt. Meist aber beschritt man den Weg mühsamer Verhandlungen, die hanse-typische Konfliktbeilegung. In nur ganz wenigen Fällen wurde eine Stadt «verhanst», also von den Hanseprivilegien ausgeschlossen: So Bremen 1284 (weil es sich am Norwegen-Boykott nicht beteiligen wollte), Braunschweig 1375 (Zunftkämpfe, 1380 wieder aufge-nommen), erneut Bremen 1427 (Aufruhr, 1433 wieder aufgenom-men) und Köln 1471 (weil es sich nicht am Boykott Englands beteiligte, 1476 wieder aufgenommen).

Die Reformation trennte das Bündnis auf seine Weise, trennte katholische Städte von protestantischen. Doch schon im Vorfeld des Augsburger Religionsfriedens raffen sich auch die Hansestädte zu neuen organisatorischen Strukturen auf. Von 1553 bis 1567 werden vierzehn Hansetage abgehalten, so viele wie schon lange nicht mehr. Man stellte eine Satzung zusammen, in der die bisherigen Verpflichtungen der Städte gegenüber dem Bündnis aufgelistet wurden: Präsenzpflicht auf Hansetagen; Akzeptanz ihrer Beschlüsse; hanseinterne Lösung innerhansischer Konflikte; Verbot, nichthansische Instanzen anzurufen; Kostenübernahme für Gesandtschaften, Entschädigungen oder Verkehrssicherungsmaßnahmen zu Lande und zu Wasser; gemeinsames Handeln gegen Übergriffe von Landesherren; gemeinsames Handeln gegen einen innerstädtischen Aufruhr. Im Jahr 1554 beschloß man sogar, eine Bundeskasse einzurichten, in die regelmäßige Beiträge der Städte (das annuum) fließen sollten – eine Verpflichtung, der kaum ein Mitglied nachkam.

Schließlich setzte die Hanse 1556 mit dem Doktor beider Rechte Heinrich Sudermann den ersten Syndicus ein; ihm oblag die ständige Geschäftsführung zwischen einzelnen Hansetagen. Viel ist er herumgekommen auf seinen etwa fünfzig diplomatischen Reisen in 35 Berufsjahren, viel hat er zur Wiederbelebung des Bündnisses beigetragen. Sogar an einer Zusammenstellung aller Urkunden über die Hanse war er beteiligt, befaßte sich mit der Geschichte der Hanse ebenso wie mit der Niederlegung des Seerechts. Dennoch waren seine Bemühungen auf Dauer vergeblich. Trotz des offensichtlichen Erfolgs (oder vielleicht gerade deswegen?) von Sudermann führte die Sparsamkeit zur Entscheidung, seine Position nicht wieder zu besetzen.

Die Städte

Wer zählt die Städte, nennt die Namen, die als Hanse einst zusammenkamen? Gezählt hat man sie schon, die Hansestädte, und auch ihre Namen genannt: Das Bündnis selbst widmete sich diesem Thema aus guten Gründen allerdings erst in seinen letzten Jahren (1554). Und die Geschichtsforschung kam erst in unserem Jahrhundert zu klaren Ergebnissen, wohl auch deswegen, weil es ein schwieriges Unterfangen gewesen ist, denn keine Stadt, auch nicht «unser aller Haupt Lübeck», war je nur und ausschließlich Hansestadt. Die meisten Städte gehörten nur zeitweilig und mit wechselnden Bindungen diesem überregionalen und übernationalen Kaufleute- und Städtebund an. Das Ergebnis dieser diffizilen Arbeit, nämlich herauszufinden, welche Stadt je zur Hanse gehört hat, ist im Anhang nachzulesen. Außer den Reichsstädten gehörten *alle* Hansestädte in Deutschland unter die Oberhoheit eines Landesherrn. Die Abhängigkeiten von ihm schwankten natürlich von Ort zu Ort und veränderten sich zudem in der Zeit. Immerhin umfaßt die hansische Geschichte auch 500 Jahre deutsche und nordeuropäische Stadtgeschichte. Und wem die deutsche Stadtgeschichte noch nicht vielfältig genug ist: Die Stadtgeschichte in den einzelnen Ländern Europas differiert gegenüber der deutschen noch einmal außerordentlich.

In Norditalien, auf Reichsboden also, entwickeln sich seit der Stauferzeit die großen Stadtstaaten. Sie können jegliche fürstliche oder königliche Gewalt über sich abstreifen, jede überregionale Staatsgewalt ausschalten, teilen das Umland unter sich auf. Nur in

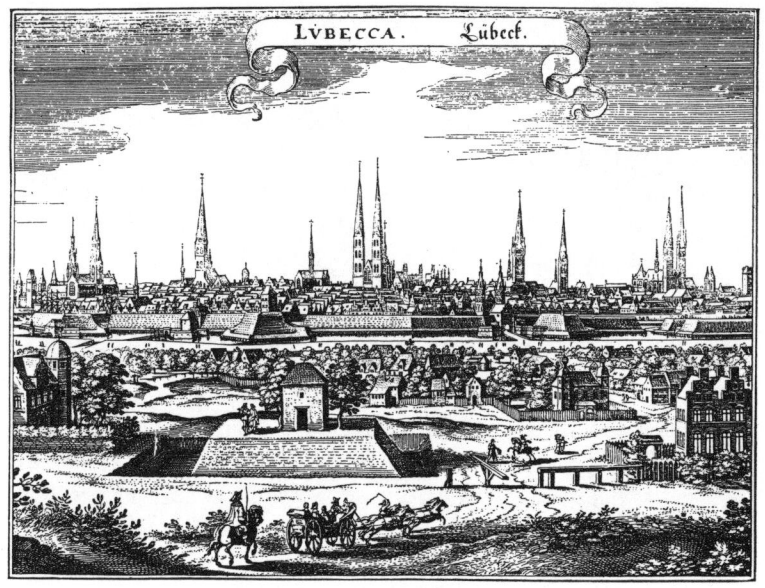

Lübeck, nach einem Kupferstich von Merian.

Italien und Deutschland haben die Städte jene Selbständigkeit gegenüber dem zentralen Staat gewinnen können, die ihnen eine eigenständige Außenpolitik ermöglichte. Die französischen Städte werden sehr früh vom König und seinen Beamten systematisch in den Staatsverband eingegliedert. In Flandern kommt es wiederum zu einer gänzlich anderen Entwicklung. Hier verbünden sich die Grafen von Flandern und die mächtigen Städte – allen voran Brügge und Gent, Ypern und Arras, Douai und Lille – und können sich faktisch vom französischen Lehnsherrn befreien. Hier in Flandern stützen sich Stadtherr und Bürgertum gegenseitig, während in den Bischofsstädten Cambrai und vor allem Lüttich schwerste Kämpfe zwischen Bürgern und Bischof entbrennen.

Das englische Bürgertum findet schon frühzeitig Zugang zu dem für das ganze Land zuständigen zentralen Parlament mit seiner noch in der Hansezeit wachsenden Bedeutung für das Land. Hier gewinnen nicht die Städte als Gemeinschaft Autonomie gegenüber dem englischen König, sondern ihre Bürger nehmen über das Unterhaus Einfluß auf seine Politik.

Eine ganz eigenständige, singuläre Entwicklung durchläuft Nowgorod, das sich schon sehr frühzeitig (jedenfalls für reichsdeutsche Verhältnisse) vom Stadtherrn, dem Kiewer Großfürsten, lösen kann. Einige Jahrhunderte lang wird hier eine Stadtrepublik, eine Kaufleuterepublik existieren, die erst zusammenbricht, als sie in den russischen Staatsverband eingegliedert wird.

Es gibt nicht *die* Hansestadt. Es gibt auch keine Stadtlandschaft in Norddeutschland, in der es nur Hansestädte gegeben hätte. Im ganzen Einzugsbereich der Hanse existieren nämlich neben den Hansestädten immer auch andere Städte: Großstädte, Landstädte, Ackerbürgerstädtchen. Stets vermischen sich die unterschiedlichsten Teilaspekte, die den Begriff «Stadt» mit Inhalt füllen, zu einer je *stadt*spezifischen Erscheinung. So banal es auch klingt: Jede Stadt hat nun einmal ihre eigene Geschichte, hat ihre eigene Struktur, ihren eigenen Charakter. Der – angeblich – an klare Kategorien gewohnte moderne Mensch hat daher einige Schwierigkeiten damit, sich die mittelalterliche Stadt, die mittelalterliche Hansestadt vorzustellen; er hat Schwierigkeiten damit, in der unendlichen Vielfalt, in der ihm die Stadtgeschichte entgegentritt, gleiche Grundstrukturen zu erkennen. Was nun ist eine mittelalterliche Stadt? Unter welchen Aspekten kann man sie beschreiben?

Es gibt nicht *die* Hansestadt. Und so wird denn dieses Kapitel über die Hansestädte eher zu einer (nord)deutschen Städtegeschichte geraten. Die mittelalterliche Stadt war zum Beispiel nie fertig. Das gilt vordergründig natürlich für ihr bauliches Erscheinungsbild. Wichtiger aber waren die ständigen innerstädtischen Veränderungen. Auf dem Lande blieben dagegen die rechtlichen Verhältnisse während der ganzen Hansezeit weitgehend stabil. Für diesen Zeitraum kann man sagen: Land ist Stagnation, Stadt ist Bewegung. Bevölkerungsstatistisch ist die Stadt als Siedlungsform bis in das 18. Jahrhundert hinein in jeder Hinsicht die absolute Ausnahme, das Sondermodell: Maximal 10 Prozent der Bevölkerung lebten in Städten, 90 Prozent hingegen auf dem Land. Was meist übersehen oder vergessen wird: Die mittelalterliche Stadt ist als Typus – trotz aller zentralen Funktionen – ganz überwiegend

*Land*stadt. Die agrarische Tätigkeit ist vielen Einwohnern ebenso wichtig wie handwerkliche Arbeit oder Handel, wenn nicht sogar wichtiger, nur sie kann das physische Überleben bei Hungersnöten sichern. Dieser Begriff *Land*stadt gilt auch für alle Hansestädte. Städte wie beispielsweise Rostock besaßen außerhalb der Stadtmauern eigenes Land, das entweder an die Bürger verlost oder verpachtet oder den Räten als Entgelt für ihre Tätigkeit zugunsten der Stadt zur Verfügung gestellt wurde. Sogar innerhalb der Stadtmauern gab es jede Menge Vieh und Misthaufen, Gärten und Weingärten, Äcker und Wiesen. Nur wenige Hansestädte – wie Lübeck, Hamburg, Dortmund oder Köln im Westen, Danzig oder Riga im Osten – konnten sich deutlich über den Durchschnitt erheben.

Man schätzt, daß es in Deutschland um 1400 etwa 3000 Städte gegeben hat, von denen 2800 weniger als 1000 Einwohner hatten, etwa 150 hatten bis 2000 Einwohner, weitere etwa 80 bis zu 10 000 Einwohner, und lediglich 15 könnte man als «Großstadt» bezeichnen, allen voran Köln, die «Mutter der Städte», das 30 000 Einwohner in seinen Mauern beherbergt haben soll. Schon bald folgt Lübeck mit seinen geschätzten 25 000 Einwohnern; zum Vergleich ein paar nichthansische Städte: Frankfurt/M, Basel, Zürich hatten je 10 000, Prag 40 000, Brügge 50 000 Einwohner. Zu Beginn des 17. Jahrhunderts, am Ende der Hanse, hatte Hamburg Lübeck längst überholt – in vielerlei Hinsicht, aber auch bevölkerungsmäßig. Die Einwohnerschaft der Städte veränderte sich ununterbrochen: Das gilt hinsichtlich der Einwohnerzahl, aber auch hinsichtlich ihrer sozialen und «nationalen» Zusammensetzung. Pest und Cholera und andere Epidemien sorgten seit dem 14. Jahrhundert für eine regelmäßige Reduzierung der Stadtbevölkerung, die ebenso regelmäßig, vor allem durch erleichterten Zugang zum Bürgerrecht, wieder ausgeglichen wurde.

Die mittelalterliche Gesellschaft war bis etwa zum Ende der Hansezeit und der endgültigen Ausbildung des deutschen Territorialstaates außerordentlich mobil, entschieden mobiler, als man heute vermuten möchte. Mobil nicht in dem heutigen Sinne, der sich mehr auf die gern und oft genutzten Verkehrsmittel, auf das Reisen als solches bezieht. Mobil vielmehr in dem Sinne, daß man seine Geburtsstadt bereitwillig ver- und sich in einer anderen Stadt niederließ, wenn dort bessere Lebenschancen zu erwarten waren. Dabei gibt es augenscheinlich sehr deutliche Unterschiede zwischen den Städten des Altsiedellandes, deren Zuzug eher aus der unmittelbaren Umgebung stammte und denen des Neusiedellandes, in denen die Zuzügler bis in das 17. Jahrhundert hinein die Mehrheit der Einwohner gestellt haben sollen. Eine Tatsache, die sich – vielleicht – auch darin spiegelt, daß sowohl Hamburg wie Lübeck viele Bürgermeister kennen, die nicht in der Stadt selbst geboren wurden. Gerade an diesem Beispiel wird nebenbei auch deutlich, wie prinzipiell sozial durchlässig die führenden Schichten der Hansestädte waren.

In den Städten im Neusiedelland änderte sich auch das Verhältnis der Nationalitäten zueinander ständig – zahlenmäßig und politisch. Allerdings stellten die Deutschen östlich der Elbe immer die Mehrheit der Stadtbevölkerung, und die deutschen Patrizier verstanden es, ihre politische, wirtschaftliche und soziale Vorrangstellung bis zum Ende der Hanse zu bewahren. Gegenüber den Slawen war man bis in das 14. Jahrhundert hinein keineswegs abweisend, verweigerte ihnen auch nicht das Bürgerrecht. In Lübeck gibt es sogar Ratsmitglieder mit den slawischen Namen Went und Ruce.

Doch danach griffen die Deutschen zunehmend zu immer rigoroseren Methoden, um die Fremden auszuschließen, so wenn beispielsweise Marienwerder 1480 verordnet: «Es soll kein geborener Pole Bürger werden noch Bürgernahrung betreiben.» In den baltischen Hansestädten waren die Deutschen (bis auf Riga) zwar national die deutliche Minderheit, bildeten aber dennoch sozial wie politisch die Oberschicht.

Näherte man sich einer mittelalterlichen Stadt, dann fiel als erstes ihre äußerliche Geschlossenheit, ja Abgeschlossenheit ins Auge: Die mächtige Stadtmauer – bis 15 Meter hoch – prägte den ersten Eindruck. Wehrhaft und abweisend präsentierte sich die Stadt dem friedlichen wie feindlichen Ankömmling. Vor den Mauern und Toren lagen weithin offene Felder und Wiesen, die Landschaft war (aus Verteidigungsgründen) weiträumig offen. Keine Siedlung wucherte vor den Mauern, verwischte diese so manifeste Grenze zwischen Stadt und Umland. Heute kann man eine Stadt nicht mehr «betreten», sie hat keine erkennbare Grenze mehr, es gibt nur fließende Übergänge. Nur Städte durften sich mit einer Stadtmauer umgeben, allen anderen Siedlungen war nur ein (Flecht)Zaun gestattet; sie konnten also jederzeit überrannt werden. Doch selbst dieser einfache Zaun hatte noch rechtssymbolische Funktion: die Trennung von Dorfflur und Feldflur.

Seit der Antike gilt der militärische Grundsatz, die Lebensgrundlagen des Gegners zu zerstören. Also wurden Dörfer und Feldfluren zerstört, verbrannt, niedergemacht. Nicht aber die Städte. Die belagerte man, und wenn sie aufgaben, dann wurde allenfalls eine Anzahl Verteidiger umgebracht, aufgehängt, geköpft oder was auch immer sich soldatische Phantasie ausgedacht haben mag. Selten aber wurde gezielt der Organismus Stadt zerstört.

Mittelalterliche Städte waren immer auch Großburgen. In der Frühzeit der Stadt, bis weit in das 12. Jahrhundert hinein, heißen deswegen die cives (Bürger) noch burgliute, ja, man latinisiert sogar das deutsche Wort Bürger zu burgenses, man spricht noch von der burchmûra (Burgmauer) und dem burctor (Burgtor). Nur wenige Städte in Deutschland leisten sich heute noch den geschlossenen Mauerring um den alten Stadtkern – Rothenburg ob der Tauber, Dinkelsbühl, Nördlingen sind nur wenige, aber bekannte touristische Attraktionen. Doch auch die können das wehrhafte Aussehen mittelalterlicher Städte nicht sinnfällig, nicht augenscheinlich machen: Zu viele neue Siedlungen vor den Mauern versperren den freien Blick. Außerhalb Deutschlands gibt es da noch sehr viel eindrucksvollere Stadtmauerreste: In Visby, einer der ältesten Hansestädte, ist heute noch ein Großteil der gewaltigen Mauern erhalten. Um ein 90 Hektar großes Stadtgebiet zieht sich eine 3400 Meter lange Stadtmauer mit 44 Türmen.

Den Übergang vom baulichen Erscheinungsbild der mittelalterlichen zur modernen Stadt markiert sinnfällig das Niederreißen der Stadtmauer zu Beginn des 19. Jahrhunderts. Nur wenige kluge Stadtväter haben sich damals wenigstens teilweise dem Modernisierungsdruck entzogen und an Stelle der alten Befestigungsanlagen immerhin die Anlage von Grünringen durchsetzen können. Aber auch die können den Trutz- und Schutzcharakter und den ungeheuren Raumbedarf einer mittelalterlichen Stadtmauer und ihres Vorfeldes nicht mehr so richtig veranschaulichen: Frankfurt am Main oder Hamburg oder Bremen oder auch Lübeck. Stadt und Land sind seit dem 19. Jahrhundert keine so tiefen Gegensätze mehr. Die alten rechtlichen Unterschiede zwischen Bürgern und Bauern, zwischen Stadtbewohnern und Landbewohnern galten nicht mehr. Wozu dann noch die teuren Mauern erhalten? Eine Verteidigungsfunktion hatten sie längst nicht mehr. Das Einreißen der Mauern erhielt so auch noch Symbolcharakter für die neue Zeit, für die Gleichheit der Untertanen, und es brachte frische Luft in die dumpfen Städte – im wörtlichen wie im übertragenen Sinn.

Bis in unsere Zeit hinein aber lebt dieser ein Jahrtausend alte, ein Jahrtausend lang gelebte, erfahrene und im Unterbewußtsein vererbte Unterschied zwischen Stadtbewohnern und Landbewohnern weiter. Noch immer blickt der Städter ein wenig verächtlich auf den Ländler herab (außer in Urlaubszeiten). Und noch immer muß der Bauer wie in den früheren Zeiten mehr arbeiten, um das gleiche Einkommen zu erzielen wie der Städter. Nur Sozialromantiker träumen heute noch vom «ganzen Haus», in dem es keine entfremdete Arbeit geben soll, in dem es keine Arbeitsteilung gibt, in dem jeder alles kann und macht und deswegen so zufrieden ist. Dieses «ganze Haus» hat es, Marx und Engels zum Trotz, in Europa nie gegeben.

Stadtmauern waren, kein Zweifel, eine kostspielige Angelegenheit und darum auch der Aufwand für ihre Erhaltung steter Streitpunkt. Im Köln des ausgehenden 14. Jahrhunderts sollen die Kosten über 80 Prozent des städtischen Haushaltes verschlungen haben (nach heutigen Preisen werden das Millionenbeträge gewesen sein). Die Bürger zahlten dafür eigene Abgaben oder stellten ihre Arbeitskraft zur Verfügung, sogar die Bauern der Umgebung wurden zur Mithilfe verpflichtet – dafür durften sie im Kriegsfalle hinter diese Mauern flüchten.

Stadtmauern erfüllten neben dem fortifikatorischen Auftrag noch eine weitere Funktion: Stadtmauern hoben die Stadt augenscheinlich und symbolisch aus dem umgebenden Land hervor. Nur an ganz wenigen, an genau kontrollierbaren Punkten waren diese Mauern durchbrochen: bei den Stadttoren. Wer ein solches Tor passierte, passierte auch Rechtsgrenzen, betrat einen eigenen

Rechtsbezirk. Das Stadttor war Zäsur im Hinblick auf rechtliche, wirtschaftliche, soziale und kulturelle Verhältnisse, das Stadttor bringt die Differenzen zwischen Stadt und Land auf den topographischen Punkt: Stadt ist Freiheit, Land ist Abhängigkeit. Nicht nur, aber auch aus diesem Grunde wurden die Stadttore architektonisch entsprechend aufwendig gestaltet. Die Bedeutung der Stadttore für das Selbstbewußtsein der Städte zeigt sich auch darin, daß sie häufig in die Stadtsiegel geschnitten wurden.

Noch heute geläufig ist der Leitspruch: «Stadtluft macht frei!» Zwar führte und führt die Wissenschaft heiße Debatten um Inhalt und Klarheit dieses Satzes, doch welcher Rechtssatz fände in den Köpfen von Fachleuten nicht die unterschiedlichsten Interpretationen. Ein ganzer Berufsstand müßte sich nach neuen Tätigkeiten umsehen, hätten seine Angehörigen nicht die Fähigkeit, Rechtssätze fall- und interessenbezogen gegensätzlich auszulegen. Warum sollten denn nicht auch Historiker, Rechtshistoriker zumal, einem solch zentralen Leitspruch so viele unterschiedliche Aspekte abgewinnen können.

«Stadtluft macht frei!» – nach Jahr und Tag Aufenthalt in der Stadt war jeder bislang Abhängige frei, wenn er in dieser Zeit von seinem Herrn nicht zurückgefordert wurde, er war aller bisherigen rechtlichen und wirtschaftlichen Bindungen ledig (dafür ging er neue, andersartige Bindungen ein). Der Bauer, der Landhandwerker hatte ein gewaltiges Ausmaß an Leistungen zu erbringen, auf ihrer Arbeit ruhte die mittelalterliche Gesellschaft: im Lauf der Zeit schwankende und in den einzelnen Regionen Deutschlands höchst unterschiedlich ausgeprägte Formen der Leibeigenschaft; gemessene und ungemessene (d. h.: im Wert festgesetzte oder nicht festgesetzte) Fronen (unentgeltliche Mithilfe bei Burgen- oder Straßenbau, bei der Einbringung der herrschaftlichen Ernte u. a. m.); Erbuntertänigkeit; Abgaben auf alles und jedes, sogar auf Geburt, Hochzeit und Tod; Mühlenbann (das Getreide durfte nur in dieser einen, der herrschaftlichen Mühle gemahlen werden) und andere Banne mehr; selbst am Schnaps oder am Bier verdiente der Grundherr mit; der (große) Zehnt von allen Ackerfrüchten, der Blutzehnt vom geschlachteten Vieh, der kleine Zehnt oder Neuzehnt von neu gerodeten Flächen gingen meist an die Kirche.

«Stadtluft macht frei!» – das galt auch in einem weniger bekannten, aber vielleicht noch wichtigeren Sinn: Der Großvater des wohl berühmtesten deutschen Frühkapitalisten – Jakob Fugger der Reiche – war 1367 als unbekannter Landweber in Augsburg eingewandert. Auch das ist ein Beispiel dafür, wie sehr die städtischen Oberschichten, die patrizischen Geschlechter, erfolgreichen Aufsteigern zur Einheirat immer offenstanden. Nur für Köln galt das nicht, dort hatte sich das Patriziat nach unten hermetisch abgeschlossen; wohl auch deswegen wurde es 1396 mit einer nahezu vollständigen Ausschaltung als politischer Faktor bestraft.

Viele bedeutende lübische Kaufleute stammten aus den unteren Volksschichten, gar vom Lande, oder waren aus anderen Städten zugezogen. Bei den Bürgern stand der Selbsterhaltungstrieb alleweil höher zu Buche als beim Adel der Standesdünkel. Warum denn sich gegen einen erfolgreichen Nachwuchs wehren – ihn einbinden in das eigene Geschäft, in seinen eigenen Handel, ihn wirken lassen zum Wohle der Stadt (und natürlich der Kaufmannschaft), das war doch entschieden vernünftiger und zudem für alle auch lukrativer. Anfänglich waren Heiraten zwischen Patriziat und Adel verpönt: In Lübeck durfte eine Bürgerstochter in diesem Fall nur das mitnehmen, was sie am Leibe trug! Vom 13. bis 15. Jahrhundert waren Patrizier und Adel gleichberechtigt, auch bei der Besetzung der Pfründen in Domkapiteln und an Stiftskirchen. Erst Ende des 15. Jahrhunderts sprachen süddeutsche Adelsgesellschaften dem Patriziat ausdrücklich die Turnierfähigkeit ab.

Die patrizische Gesellschaft war zu ihrer eigenen Erhaltung auch biologisch auf diese Aufsteiger angewiesen. Die Kaufmannsfamilien bildeten in nahezu allen Hansestädten keine Handelsdynastien aus, konnten es nicht – die Geschlechter starben nämlich schon meist in der dritten oder vierten Generation aus. «Es sind unter den alten Lübecker Geschlechtern nicht drei und vier, in denen der vierte Erbe wohnet», notiert ein zeitgenössischer Chronist. Als große Ausnahme wird immer die Familie Warendorp genannt, die vom 12. bis 16. Jahrhundert hier gelebt und gewirkt hat. Thomas Mann hat dieses Phänomen der so regelmäßig aussterbenden Geschlechter auf den Buddenbrooks-Punkt gebracht. Dem Roman gibt er den beziehungsreichen Untertitel: «Verfall einer Familie». Nur daß im mittelalterlichen Lübeck – wie in den anderen Städten auch – nicht allein die Degeneration, sondern auch die Abwanderung in andere Städte und die Dezimierung durch Seuchen als Ursachen für die Kurzlebigkeit der Geschlechter zu nennen sind. Als eine frühe Form der Gleichberechtigung von Mann und Frau, die aus eben dieser Not geboren worden war, räumte das lübische Recht der Kauffrau schon im 13. Jahrhundert dieselbe rechtliche Stellung für ihre geschäftlichen Handlungen ein wie dem Mann. Häufig genug heiratete der einstige Lehrling die Tochter seines Handelsherrn, wurde Teilhaber, übernahm das Geschäft seines Lehrherrn. Diesen «Trick» beherrschten die oberdeutschen Kaufleute im 15. Jahrhundert meisterhaft: Sie heirateten systematisch in das Patriziat der Hansestädte ein, um hier eine Niederlassung eröffnen zu können. Das war der leichteste Weg, in den Genuß hansischer Privilegien und Monopole zu kommen.

Standesunterschiede wurden nur dann betont, wenn es um die politische Macht in der Stadt ging, bei den Zunftkonflikten zumal. Im Kern wurde dabei aber, trotz aller Gewalttätigkeit auf beiden Seiten, trotz allen Mordens, im besten Fall eine alte Oligarchie (Patrizier) um eine neue Oligarchie (Zünfte) ergänzt, zeitweise auch abgelöst. Nur in Köln und Magdeburg brachten die politischen Differenzen eine fundamental neue Zusammensetzung der Stadtspitze. Doch waren seither nicht etwa demokratische Zeiten in unserem Verständnis angebrochen, denn selbstverständlich waren nicht alle zünftisch zwangsorganisierten Menschen wirklich ratsfähig. Nur die Zunftherren, wir würden heute sagen: die Zunftpolitiker oder die Zunftfunktionäre, kamen zum Zuge. Von einer Beteiligung der Unterschichten an der stadtpolitischen Verantwortung ist nie die Rede. Die Oligarchie der Patrizier ergänzte sich, ließ sich ergänzen um die Oligarchie der obersten Handwerkerführung.

Die Geschlechter und ihre Angehörigen erhielten regional unterschiedliche Bezeichnungen wie «Erbgesessene» in Westfalen, «Kunstabelen» in Niedersachsen oder «Junker» in den wendischen Städten. Sie schlossen sich überall zu Gesellschaften zusammen, deren bekannteste die Kölner «Richerzeche» (auf gut deutsch: der Club der Reichen) seit der Mitte des 12. Jahrhunderts bis 1396, die lübische «Zirkelgesellschaft» (1379 förmlich gegründet), die Danziger «St. Georgs-Bruderschaft» (im Artushof) und die rigaische Gesellschaft der «Schwarzhäupter» waren.

Die mittelalterliche Stadt ist also immer auch ein eigener Rechtsbezirk, der sich fundamental vom umgebenden Land unterschied. Meist wurde er durch das Stadtrecht von einem Stadtherrn förmlich konstituiert, manchmal auch von einer Stadt nur usurpiert. Ein solches Stadtrecht erhält durch die Beteiligung des Stadtherrn (durch den Akt der Verleihung weist er sich als Inhaber der Rechte aus) ein herrschaftliches Element und durch die Einung, den Schwurverband der Bürger (Alt- und Neubürger mußten jedes Jahr das Stadtrecht gemeinsam beschwören) ein genossenschaftliches Element. Stadtrechtsverleihung bedeutet entweder die förmliche Anerkennung einer bereits vorhandenen Siedlung, vor allem im deutschen Altsiedelland, als Stadt oder die planvolle Gründung einer neuen Siedlung. Stadtrecht, Stadt und Bürger sind verfassungsrechtlich betrachtet fundamentale Neuerungen und damit zugleich auch Gegenentwürfe zu den bisherigen Reichsständen Adel, Klerus und Bauern.

Diese Stadtrechte haben sich in der Frühzeit naturgemäß außerordentlich unterschiedlich entwickelt und sind durchaus unterschiedlich ausgestaltet; sie gehen zurück auf das ius mercatorum der ottonischen Zeit, das wiederum auf karolingische Privilegien zurückgeht: Schutz der Kaufleute gegen Leistung von Abgaben, Handels- und Zollvorrechte, Befreiung von Heeresdienst und Gottesurteil, Gewährung eines eigenen Gerichtsstandes und Verfügungsfreiheit über den Boden. Im Westen des Reiches bauen sie auch auf den sehr individuellen älteren Grundlagen; die Stadtrechte müssen jedoch gegen den Stadtherrn erst erkämpft werden – hier ist das bischöfliche Köln das alle Städte überragende Vorbild.

Im Osten, in den Gründungsstädten jenseits der Elbe, wird den Seestädten überwiegend lübisches Recht, den binnenländischen Städten das magdeburgische Recht, das wiederum auf dem lübischen aufbaut, verliehen. Hier im Osten gewähren die Stadtherren freiwillig jene Rechte, deren Hergabe von den Amtsinhabern im Westen so lange verweigert wurde. Man brauchte eben Neubürger. Und die bekam man nur um den Preis besonderer Freiheiten. Anlaß genug also, auf die Einhaltung von Prinzipien zu verzichten. Hier im Neusiedelland entsteht eine Zone mit weitgehend einheitlichem Stadtrecht. Diese gemeinsame stadtrechtliche Grundlage verband die betroffenen Städte zu Stadtrechtsfamilien. Diese Entwicklung wurde noch durch den Rechtsweg nach Lübeck oder Magdeburg verstärkt: In rechtlichen Zweifelsfällen mußten nämlich die Obergerichte der Mutterrechtsstädte angerufen werden. Diesem Rechtsweg folgen übrigens auch viele familiären Verbindungen.

Wenn dann nun eine Siedlung zur Stadt erhoben oder planmäßig als Stadt errichtet wurde, ergaben sich aus dieser exemten Stellung der Stadt selbst wie auch ihrer Bürger zahlreiche Probleme. So mußte geklärt werden, wer denn überhaupt Bürger ist, also an den Bürgerrechten teilhaben kann. Es mußte das Verhältnis der Stadt zum Umland und zum Stadtherrn rechtlich und verwaltungsmäßig geklärt werden. Und für die innere Entwicklung der Stadt, für die Lösung stadtinterner Probleme und Konflikte, bedurfte es neuer Organisationsstrukturen. Im Altsiedelland erkämpften sich die Bürger in jahrzehntelangem zähem Ringen, manchmal auch mit gewalttätigen Ausbrüchen, ihre wachsende Unabhängigkeit vom Stadtherrn. Und schon in diesem Ringen prägen sich die Lösungen aus, die später zur Regel und im Neusiedelgebiet von vornherein gewährt wurden. Hier im Osten entwickelte sich die Stadt als Ort bürgerlichen autonomen Handelns viel schneller als im Westen, bald schon gehen die inhaltlichen Impulse bei der Entwicklung des Stadtrechts nicht mehr von West nach Ost, sondern von Ost nach West.

Treibende Kräfte dieses städtischen, bürgerlichen Autonomiestrebens waren immer die Kaufleute, die Fernhändler, das Patriziat ganz allgemein. Größere Unabhängigkeit vom Stadtherrn bedeutete wachsende Zuständigkeit in immer mehr Angelegenheiten. Die zu regeln, übernahm man nach flandrischem oder italienischem oder antikem Vorbild als entscheidungsfindende und -durchsetzende Instanz den Rat, einen Bürgerausschuß. Dieser Rat von 12 bis 36 Mitgliedern (lat. consules) wurde aus den Angehörigen jener Familien gebildet, die sich als die führenden Kräfte bei den Autonomiebestrebungen oder bei den Neugründungen erwiesen hatten – eben dem späteren Patriziat. Dieser Rat ergänzte sich übrigens selbst, und seine Mitglieder waren es in der Regel auf Lebenszeit.

Vorsteher dieses Gremiums war der Bürgermeister (lat. proconsul). Meist teilten sich zwei oder vier Personen diese Aufgabe. Man nimmt mit guten Gründen an, daß es in Lübeck von Zeiten der Stadtgründung an bereits eine bürgerliche Verwaltung und schon wenig später auch einen Rat gegeben hat.

Anders beispielsweise als in Köln, wo sich die Patrizier diese Mitwirkungs-, später Entscheidungsbefugnisse, die in der Ausbildung des Rates als gemeinsamem Organ gipfelten, gegenüber dem Bischof, dem Stadtherrn, erst erkämpfen mußten. Die inhaltliche Zuständigkeit des Rates wuchs natürlich im Laufe der Jahrhunderte mit dem Grad der Unabhängigkeit vom Stadtherrn: Sicherung der öffentlichen Ordnung, Sicherung der Verteidigung, Aufsicht über die Ämter (= Zünfte), Ausübung der Gerichtsbarkeit, Errichtung und Erhaltung der städtischen Gebäude, der Straßen und der Hafenanlagen (Städte lagen immer an Flüssen oder am Meer; bis in das 16. Jahrhundert erfolgten die wesentlichen Transportleistungen für die Waren auch im Binnenland auf Schiffen).

Um diese Aufgaben wahrnehmen zu können, bedurfte es der Einnahmen, also legte der Rat Abgaben, Steuern und Zölle fest und erhob sie. Diese Einnahmen und das sich aus ihnen und aus anderen Quellen entwickelnde Stadtvermögen mußten verwaltet werden ebenso wie die Münze, wenn der Stadt das Münzrecht eingeräumt worden war. All dieses mußte förmlich geregelt werden, also beschloß der Rat die nötigen Gesetze und Verordnungen. Die Freiheit Lübecks ging so weit, daß 1188 Kaiser Friedrich I. der Stadt das Recht einräumte, ihr Stadtrecht nach eigenen Vorstellungen und Erfahrungen weiterzuentwickeln. Dieses Privileg war im Frieden von Konstanz fünf Jahre zuvor gedanklich schon angelegt, mit dem Friedrich I. die städtische Gebietshoheit anerkannte, freies Wahlrecht der Räte zugestand wie auch die Bündnisfähigkeit der Städte bestätigte – nur waren es die lombardischen Städte!

Die Hansestädte verfügten über kein eigenes Militär, aber natürlich über eine Wehrverfassung. *Alle* Bürger waren im Verteidigungs- und Kriegsfall zum Einsatz verpflichtet. Das begann beim Wachdienst auf der Stadtmauer, der von den Zünften organisiert wurde. Die Patrizier stellten die Reitertruppen und rüsteten sie aus, die Zünfte stellten das Fußvolk. Die Waffen wurden von den

Städten beschafft und verwahrt. Seit dem Einsatz von Schußwaffen leisteten sich manche Städte für den Bau von Mörsern, Haubitzen oder Feldschlangen eigene Geschützgießer und Büchsenmacher. Die Wehrverfassung der Städte war hauptsächlich auf die Verteidigung ausgerichtet, in der Regel zogen die Städte nicht in den Krieg. Um die Verteidigungskraft zu erhöhen, gingen die Städte seit dem 13. Jahrhundert dazu über, außerhalb der Mauern wohnenden Personen, insbesondere Rittersleuten, das Bürgerrecht zu verleihen, die dann als Pfahlbürger ihren Beitrag zur Verteidigung zu leisten hatten. Wie die Territorialstaaten heuerten die Städte bei Konflikten später auch Söldnertruppen an. Im Verteidigungsfall traten die Bürgermeister an die Spitze des städtischen Aufgebots, gelegentlich gab es auch eigene Bürgerhauptleute.

Die Bürgermeister vertraten bei allen diplomatischen Verhandlungen mit Bischöfen, Fürsten, Königen und Kaisern die Stadt selbst, häufig auch die Hanse als solche. Auf den Hansetagen durften bis in die Spätzeit hinein die Städte ausschließlich von den Bürgermeistern repräsentiert werden. Die Bürgermeister konnten all die im Laufe der Jahre stetig wachsenden Aufgaben natürlich nicht mehr allein bewältigen, darum wies man den einzelnen Ratsherren paarweise je eigene Zuständigkeiten zu. Alsbald verfestigte sich auch die Stadtverwaltung zu einer Organisation: Neben dem Stadtschreiber, dem Kanzleileiter, beschäftigten die Städte nun auch «Beamte», die, anders als die Ratsherren, besoldet wurden. Da gab es Marktknechte wie Münzmeister, Torwächter wie Waageknechte, Strandmeister und Schulmeister. Und Schreiber (Kanzlisten) sowieso. Sogar Hirten und Ratsschmiede leistete man sich.

Das Stadtrecht und die rechtlichen Regelungen des Rates wurden jedes Jahr einmal den Einwohnern verlesen und beschworen, sei es, weil im vorangegangenen Jahr neue Verordnungen erlassen worden oder auch weil seither wieder einige Neubürger in die Stadt gezogen waren: Die «Bursprake» in Bremen, die «Willkür» in Danzig oder auch der «Sentenzbogen» in Münster erfüllten diesen Zweck, der heute noch im nichthansischen Ulm als «Schwörmontag» traditionell begangen wird. Manchmal wurden die neuen Bestimmungen auch durch den «Kirchenruf» von der Kanzel herunter verkündet.

Das Heilige Römische Reich hatte keine festen eigenen Einnahmen. Lediglich die Städte zahlten – auf freiwilliger Basis – Jahresabgaben, trugen die Lasten der Hof- und Reichstage, leisteten später auch Steuern aus besonderem Anlaß. Allerdings durfte ihnen niemand in die Art und Weise der Erhebung bei den Stadtbürgern hineinreden. Rudolf von Habsburg hat's anfänglich versucht und sich sogleich eine blutige Nase geholt; danach gab es von seiner Seite aus keine weiteren Versuche mehr. Über die Steuerhöhe und über das Finanzgebaren der Städte herrschte natürlich ständig Streit zwischen Rat und Bürgern. In Lübeck kam es aus diesem Anlaß sogar zu der schweren Verfassungskrise 1408 bis 1416, aus der die Hanse wider Erwarten fast noch gestärkt hervorging: Der Alte Rat hatte die Schulden der Stadt in gerade einmal zehn Jahren auf das Fünffache erhöht (wegen der Piratenbekämpfung und des Baues des Stecknitzkanals – beides um die Jahrhundertwende), diese Tatsache den Bürgern aber viel zu lange verschwiegen.

Die Stadtoberen waren auch schon in jenen fernen Zeiten äußerst erfinderisch, wenn es um die Erhebung zusätzlicher Abgaben ging. Auf das Vermögen wurde eine Steuer erhoben, die man Schoß nannte – sie lag in der Regel unter einem Prozent. Eine Art Umsatzsteuer war die Akzise, die auf Getreide, Mehl, Fleisch, Bier, Wein oder Salz erhoben wurde und damit alle Einwohner traf. Hinzu kamen Einkünfte aus Benutzungs- und Pachtgebühren für die städtische Waage oder für städtische Buden, Marktabgaben oder auch Gerichtsgelder. In besonders kritischen Zeiten erhob man eine Kopfsteuer. Zölle auf Ein- und Ausfuhr waren selbstverständlich. Anders als in England, in dem der Zoll über all die Jahrhunderte hinweg königliches Regal blieb, hatten die deutschen Könige und Kaiser den ursprünglich auch hier königlichen Zoll an die Fürsten und Städte verschenkt, meist aus aktuellem Anlaß, meist nur, um sich kurzfristig Wohlwollen zu erkaufen. Alle Abgaben und Steuern zusammengerechnet aber waren lächerlich gering gegenüber dem, was uns der Fiskus heute zumutet. Allerdings hatte man damals auch noch nicht alle Daseinsvorsorge dem Staat übertragen. Und die staatliche Geldverwaltung, das ist bekannt, kostet allein schon einen ganz beträchtlichen Teil des Steueraufkommens.

Von den vorsichtig tastenden Versuchen der Städte im frühen Mittelalter, sich von der Gerichtsbarkeit der Stadtherren zu befreien, bis zur umfassenden Zuständigkeit im ausgehenden Mittelalter ist es ein weiter, ein steiniger Weg. Anfänglich war der stadtherrliche «Vogt», anderswo nannte man ihn auch «Schultheiß», für Verwaltung und Gericht allein zuständig und verantwortlich. Zuerst entzogen ihm die Städte die Verwaltungsaufgaben, dann folgte meist durch Kauf die Niedere Gerichtsbarkeit, zum Schluß die Hohe Gerichtsbarkeit und die Blutgerichtsbarkeit, das Recht also, Todesstrafen auszusprechen und zu vollziehen. Sinnbild für dieses Recht sollen im hansischen Raum die Rolande sein. Auf dem Gebiet des Strafrechtes übernahmen die Städte also Funktionen des Stadtherren und konnten sich auf diesem Feld an gewohnte Regeln der Urteilsfindung und der Strafzumessung anschließen.

Völlig neue rechtliche Aufgaben ergaben sich für die Städte bei den Regelungen ihrer inneren Struktur. Das begann bei der internen politischen Willensbildung und -entscheidung und der Frage, wer dafür zuständig sein sollte. Bezeichnenderweise ist es ein Kollegialorgan, dem die Städte ihre innen- und außenpolitische Verantwortung anvertrauen, der Rat. Auch wenn nur wenige Geschlechter ratsfähig waren, also eine Oligarchie herrschte, war das eine prinzipiell andere Struktur als die alleinige Verantwortung und Befugnis eines einzelnen, des Stadt- oder Landesherrn. Auf den weitaus meisten Rechtsgebieten mußten die Städte, mußten die Räte Neuland betreten, selbst schöpferisch tätig werden. Das galt ganz besonders und vor allem für das Handelsrecht: Städte konnten ohne einen funktionierenden Fernhandel nicht überleben. Und der mußte – wegen fehlender Regelungen durch die Landesherren – von den Städten auch rechtlich geschützt werden. Die Notwendigkeit, rechtsschöpferisch tätig zu werden, ergab sich natürlich auch für alle Bereiche der öffentlichen Sicherheit und Ordnung innerhalb der Stadt. In diesem lang andauernden Prozeß der allmählichen rechtlichen Formung und Durchdringung des gesamten städtischen Lebens gibt es am Ende des Mittelalters kaum einen Bereich der bürgerlichen und gewerblichen Existenz, für die der weise Rat einer hohen Obrigkeit nicht entsprechende Regelungen gefunden hätte. Die Polizeiaufgaben reichten dabei von der Marktaufsicht (Marktzeit, Maß, Gewicht) über die Sicherheits-, Gesundheits-, Sitten- und Armenpolizei bis hin zur Verkehrs-, Bau- und Feuerpolizei.

So richtig reich wurden in der mittelalterlichen Stadt nur die Kaufleute. Da konnten schon Millionenvermögen zusammenkommen, doch genauso schnell auch wieder verlorengehen: Zwei Schiffsladungen Waren und Güter durch Sturm vernichtet genügten. Doch Vermögenserwerb war, den Eindruck hat man jedenfalls heute, nicht unbedingt nur Selbstzweck. Das eigene Alter und die Familie mußten ebenso finanziell gesichert werden wie das künftige Seelenheil: In der Frühzeit der Hanse redete die Kirche den Kaufleuten noch durchaus ein schlechtes Gewissen ein angesichts ihres Tuns (auf das Zinsverbot der Bibel gestützt), schließlich verdienten sie nicht durch ihrer Hände Arbeit, sondern am Handel. Das kirchliche Vorurteil formulierte Berthold von Regensburg im 13. Jahrhundert bündig: «Der ist ein trügener an sinem loufe, der git wazzer für win, der verkouft luft für brot und machet ez mit gorwen, daz ez innen hol wirt.» Auch Dr. Martinus Luther scheint zwischen Bewunderung und Zweifel hin und her zu schwanken, wenn er sagt, daß bei ihm zwei und zwei vier, bei Jakob Fugger aber immer fünf gebe.

Mehr dem inneren Bedürfnis nach diesem Seelenheil also anstatt einer unausgesprochenen Ehrenpflicht genügen zu wollen, stifteten die reichen Patrizier einen Teil ihres Vermögens schon zu Lebzeiten: fromme Stiftungen für den Bau der Kaufmannskirche, fromme Stiftungen für die Errichtung eines Altars oder einer eigenen Kapelle in dieser Kaufmannskirche oder in einer anderen Kirche, fromme Stiftungen an das Spital. Kaufleutegemeinschaften stifteten Altäre oder Kirchenfenster. Das lübische Patriziat hat das lübische Johanneskloster wie auch mecklenburgische und holsteinische Klöster als Versorgungstätten unverheirateter Töchter reich beschenkt. Später kamen diese Damen auch in den Beginenhäusern unter, in denen die Frauen ein gemeinsames Leben in einer Laiengemeinschaft mit sozialen Aufgaben führten.

Die Handwerker hatten ihr – nach heutigen Maßstäben: durchaus bescheidenes – Auskommen. Dieses zu sichern, darauf war die Politik der hohen Obrigkeit ebenso wie die Zunftpolitik gerichtet, dafür sorgten beide Seiten durch alle möglichen, im Laufe der Zeit immer enger werdende Vorschriften, durch Zulassungsbeschränkungen, durch Preisgebote, durch scharfe Kontrollen. Harte Vorschriften erließ diese hohe Obrigkeit auch für das sittliche Verhalten der Städter. Da indes diese Gebote ständig wiederholt wurden, darf man vermuten, daß sie nicht beachtet wurden, jedenfalls nicht in dem Maß, wie es sich der fürsorgliche Rat gewünscht hätte. Beliebte Gelegenheiten zu ausschweifenden Festlichkeiten – und natürlich deren prompte Verbote – waren die Familienfeiern. In Lübeck beispielsweise durften zur Geburt nur zwanzig Frauen aus der Verwandtschaft, der Freundschaft oder der Nachbarschaft an das Bett der Wöchnerin geladen werden, zu der Taufe gar nur zwölf. Bei diesen Anlässen wurde obrigkeitlicher Meinung nach nämlich entschieden zuviel gebechert. Entsprechende Vorschriften gab es natürlich auch für Hochzeiten. Es ist heute nachgerade unvorstellbar, was der Hohe Rat meinte alles regeln zu müssen. Die Ehe war also verabredet (Liebesheiraten waren die große Ausnahme, das galt für die Patrizier wie für die Handwerker), der Ehevertrag ausgehandelt, die Festivitäten konnten beginnen. Das öffentliche Aufgebot – mit Verlobungsschmaus – durfte in Stralsund erst vier Monate später folgen. Die Zahl der Brautwerber wurde beschränkt, weil die Brautwerbung ja wieder Anlaß zu Festlichkeiten war. Auch die Hochzeitslader mußten sich genauen Vorschriften fügen. Das Brautpaar selbst durfte sich nur bis zu einem festgelegten Höchstwert gegenseitig beschenken. Die eigentliche Hochzeitsfeier gab natürlich erneuten Anlaß zu obrigkeitlichen Regelungen: Kirchliche Trauung um 10 Uhr (wer zu spät kam, den bestrafte man oder vollzog die Trauung nicht), am Hochzeitsmahl durften bei Kaufleuten 60 Personen, bei Handwerkern 48 Personen teilnehmen. Oder aber die wohlmeinende Obrigkeit beschränkte die Zahl der Gänge, sogar die Gerichte selbst. Natürlich durfte zeitlich ebensowenig unbegrenzt gespeist werden, wie es auch in der Art und Zahl der Getränke Beschränkungen gab! Ein solches Fest endete natürlich mit einem Tanz, der wiederum zeitlich begrenzt wurde. Da nun nicht alle Töchter (nur die aus den hohen Häusern sind jetzt gemeint) verheiratet werden konnten (sei es, weil es bei dem generell herrschenden Frauenüberschuß von bis zu 20 Prozent tatsächlich keinen heiratsfähigen Mann gab, sei es, weil das Vermögen der Brauteltern für Ausstattung und Festivitäten nicht reichte), steckte man die jungen Damen in Klöster – natürlich nicht ohne ein

Fest zu feiern. Das wiederum vom wohlmeinenden Rat in seinem Ausmaß weise beschränkt wurde.

Die häufigsten und schlimmsten Vergehen aber, jedenfalls der Zahl der Verordnungen und Verbote nach, waren die Verstöße gegen die Kleiderordnung. Legionen von Paragraphen waren nötig, um all das zu regeln, was Frau oder Mann tragen durften, vielmehr nicht tragen durften. Was schickte sich alles *nicht* für Damen und Herren, und zwar wohlsortiert nach sozialem Status und Berufsstand. Die Herren Räte (Damen gab es in diesem Beruf nicht) hatten schon ein gerüttelt Maß an (Kleider-)Verantwortung für ihre Mitbürger zu tragen. Da mußten Stoffart und -mengen für Ober- und Unterkleid genau bestimmt werden, auch der Besatz oder der Schmuck standen nicht in jedermanns und jederfrau Belieben, da wurden Frisuren ebenso vorgeschrieben wie Häubchen, deren Material und deren Aussehen. Und da die Modemacher auch damals schon höchst erfinderisch waren und immer neue Moden präsentierten (allerdings nicht zweimal jährlich), kam der Rat mit seinen Beschränkungen nie so recht nach. Schließlich mußte er alle seine Vorschriften fein säuberlich getrennt erlassen nach Männlein, Weiblein, Kindlein; nach Patriziat, Handwerkern, sonstigen; nach Verheirateten, Verwitweten und Ledigen. In Universitätsstädten kamen dann noch Professoren, Studenten und Universitätsverwandte (freie Handwerker, deren Arbeit von der Universität zugelassen werden mußte und die wie Studenten immatrikuliert wurden – Buchdrucker z. B.) sowie deren Angehörige hinzu. Für die war dann der wohllöbliche und ehrenwerte Senat der Universität zuständig, beziehungsweise der Landesherr. Die Universitätsangehörigen unterstanden nicht der Gerichtsbarkeit der Stadt, was wiederum ständigen Anlaß zu Querelen zwischen Universität und Stadt zur Folge hatte. «Das ist ein bös anzeichen, wenn man die Stendt nit me in der Cleidung unterscheiden kann», wird der berühmte Straßburger Prediger Geiler von Kaysersberg gern zitiert. Ach, was gäbe das für einen wunderschönen, einen exquisiten Bildband: Die Garderobe der Menschen, sagen wir, vor 400 Jahren, zu Dr. Martinus Luthers Zeiten etwa. Dem modernen Menschen mit seinem Hang zum Ausziehen würden wahrscheinlich die Augen übergehen.

Diesem heutigen Zeitgenossen würde natürlich auch sofort auffallen, daß man nur durch ein ausgefeiltes Computerprogramm all diese vielen Regelungen präzise hätte einhalten können, wenn man denn wirklich die Absicht gehabt hätte. Mit dem Willen dazu stand es freilich, behaupteten schon böse Zungen von damals, nicht zum besten: Wer sich Kleiderluxus leisten wollte und konnte, der nahm auch gern den Luxus der (übrigens bescheidenen) Strafen auf sich. Nicht als Luxus betrachtete man in den Städten den Besuch der Badestuben. Dabei stand der Reinigungszweck eigentlich erst an zweiter Stelle. Entschieden wichtiger war das fröhliche Beieinandersein beider Geschlechter. Ein Beieinandersein, das stundenlang dauern konnte und dann von Trank- und Eßgelagen begleitet wurde. Dort ging es entschieden freizügiger zu als in unseren sterilen Gemeinschaftssaunen. Zwar gab es gegen das feuchte und fröhliche Treiben ebenso moralische Eiferer wie gegen den Kleiderluxus, doch der hohen Obrigkeit fiel es nicht ein, den sinnen- und genußfrohen Mitmenschen ihrer Zeit auf diesem Gebiet Grenzen der Freizügigkeit zu setzen, zumal da diese Badestuben häufig in städtischem Besitz waren und eine willkommene Einnahmequelle bildeten.

Ebenso zurückhaltend verhielt man sich mit Verboten gegenüber den Frauen- und Freudenhäusern. Waren es doch erklärtermaßen die gleichen sozialen Schichten, die diese Häuser frequentierten – und ihre Benutzung zu verbieten hatten: Wenn ein Ratsherr dienstlich in einer fremden Stadt unterwegs war und dort ein Freudenhaus besuchte, dann reichte er die Auslagen ungeniert als Spesen bei seiner Heimatstadt ein, die auch prompt bezahlte. Die städtischen Badehäuser kamen mit der Ausbreitung der Syphilis in Europa rasch aus der Mode.

Dem Bedürfnis der mittelalterlichen Menschen nach Kleiderluxus entsprach auch das Bedürfnis nach großen Gastereien, und zwar in allen sozialen Schichten. Nicht etwa, daß die mittelalterlichen Zeitgenossen in der Stadt (die Ländler konnten sich das eh nicht leisten) ununterbrochen getafelt hätten, im Gegenteil. Aber wenn schon, dann bitte richtig. Im Lauf der Jahre wurden die Anlässe zu solchen Festen allerdings immer zahlreicher und dementsprechend auch die obrigkeitlichen Regelungen; stellten sie doch eine wirklich

Badestube im 16. Jahrhundert: ein Ort freizügiger Begegnung.

willkommene Abwechslung dar im ansonsten frugalen Küchenplan. Aus der Frühzeit kennen wir die Eßgewohnheiten nicht so genau. Doch schon für 1303 ist das Menü überliefert, das die Stadt Weißenfels für den Bischof Benno von Zeitz anläßlich der Kirchweihe ihrer Stadtkirche hat anrichten lassen. Wir möchten den koch- und genußgeneigten Lesern wenigstens das Vergnügen, in der Phantasie an ihm teilzunehmen, nicht vorenthalten: Am ersten Tag servierte die Stadt «Eiersuppe mit Safran, Pfefferkörnern und Honig, Hirsegemüse, Schafffleisch mit Zwiebeln, gebratenes Huhn mit Zwetschgen, Stockfisch mit Öl und Rosinen, in Öl gebackene Bleie, gesottener Aal mit Pfeffer, gerösteter Bückling mit Leipziger Senf, sauer zubereitete, gesottene Fische, gebackene Barben, in Schmalz zart gebratene kleine Vögel mit Rettich, eine Schweinskeule mit Gurken.» Das hat aber nicht gereicht! Am zweiten Tag gab's: «Schweinefleisch, Eierkuchen mit Honig und Weinbeeren, gebratenen Hering, kleine Fische mit Rosen, aufgebratene Bleie, gebratene Gans mit roten Rüben, gesalzene Hechte mit Petersilie, Salat mit Eiern, Gallert und Mandeln.» (Zitiert nach Trude Ehlert: Das Kochbuch des Mittelalters. Neben einer Kulturgeschichte der mittelalterlichen Küche findet hier jeder Kochfanatiker genügend Rezepte zum Nachkochen von mittelalterlichen Gerichten.)

In jenen Zeiten kamen Hungersnöte und Pestilenzien häufiger vor. Darum wurde der innerstädtische Getreidehandel genauestens reglementiert und kontrolliert, wurden die Bewohner verpflichtet, ihren eigenen Jahresbedarf zu bevorraten; für die Stadtarmen legten die Städte eigene Kornhäuser an, um in Notzeiten Vorräte zu haben, aber auch, um Wucherpreise ausgleichen zu können.

«Stadt» ist wie im Verfassungsrecht so auch im ökonomischen Bereich eine fundamentale Neuerung. Trotz der im Verhältnis zu heute weit höheren Eigenwirtschaft ihrer Bewohner ist die mittelalterliche Stadt in ihrer Versorgung mit den Gütern des täglichen Bedarfs auf das Umland angewiesen. Die Stadt ist also umgekehrt dem Bauern garantierter Markt für den Absatz seiner Produkte – ein Markt, der über Jahrhunderte hinweg mit dem Wachstum der Stadtbevölkerung ständig weiterwuchs. Im Gegenzug liefern die Handwerker der Stadt dem Bauern die Gebrauchsgegenstände, die er nicht selbst erzeugen kann oder die im Dorf nicht erzeugt werden:

ein Beispiel früher Arbeitsteilung, und zwar in viel höherem Maß, als Sozialromantiker sich das heute träumen lassen. Doch so wichtig dieser lokale Güteraustausch für Bauern und Stadt auch ist: Die Stadt gewinnt ihre wirtschaftliche Bedeutung, ihre wirtschaftliche Vorrangstellung erst durch den Fernhandel. Fernhandel und Stadt, Fernhandel und Hansestädte gehören untrennbar zur gleichen Medaille. Stadt ist ohne Fernhandel nicht denkbar, schon gar nicht die Hansestadt. So ist es ganz selbstverständlich, daß die Städte in ihrer inneren Entwicklung den Bedürfnissen der Fernhändler folgen. Das beginnt bei den Neugründungen bereits mit dem Grundriß der Stadt: zentraler Markt für den Warenverkehr. Um den Platz herum die wichtigsten Gebäude der Stadt: Rathaus, Markthaus, Stadtkirche. Die Fernhändler sind Eigentümer der wichtigsten Grundstücke in der Stadt. Die Fernhändler übernehmen die politische Verantwortung und damit auch für alle anderen Lebensbereiche. Manchen Städten wird das Münzrecht verliehen; gemünzt wurde immer nur in der Stadt, auch landesherrliche Münzen standen immer in einer Stadt. Die Vielzahl der Münzrechte geistlicher und weltlicher Territorialherren wie auch der Städte in Deutschland verhindert eine überregional anerkannte Münze. Lübeck erhält das Münzrecht zu dem gleichen Zeitpunkt verliehen, in dem in England König Heinrich II. (1154–1189) das alleinige Münzrecht der Krone im ganzen Land durchsetzt. Dank seiner überragenden wirtschaftlichen Bedeutung kann Lübeck seiner Münze für lange Zeit übernationale Geltung verschaffen.

Die Stadt ist zudem auch in ihrer Sozialstruktur eine fundamentale Neuerung. Wo sonst denn konnte man einem so bunt gemischten Volk und so außerordentlich unterschiedlichen Bevölkerungsschichten begegnen? Wir treffen auf Ministeriale des Stadtherrn, auf den niederen Adel also, auf Rittersleut, Bischöfe samt Domkapitel, Kleriker aller Couleur: Mönche, Priester, Nonnen, Laien in klösterlicher Gemeinschaft; freie Fernhändler mit besonderer Rechtsstellung, Patrizier (in Lüneburg gehörten die Salzherren, in Wismar die Bierbrauer neben den Kaufleuten dazu), ortsansässige Kleinkaufleute, Bürger, Schreiber und andere städtische Angestellte (Münzmeister, Eichmeister, Marktknecht u. v. a. m.); Handwerker: Meister und Meisterinnen, Gesellen, Knechte, Mägde,

Tagelöhner, arbeitslose Unterschichten, Bettler, Narren, fahrende Leute wie Scholaren, Musiker, Schauspieler, Soldaten, Schullehrer. An Markttagen kommen noch auswärtige Besucher als Anbieter und Käufer hinzu. Die Sozialstruktur ist dabei in hansischen Städten signifikant anders als in anderen Städten. Der Vergleich zwischen Lübeck und Augsburg, zwei ausgeprägten Fernhändlerstädten im 15. Jahrhundert, zeigt die Unterschiede: In Lübeck wurde eine starke Oberschicht (27 Prozent) ermittelt, die sich auf eine solide Mittelschicht (13 Prozent) stützt, das kleinere Bürgertum erreicht hier 60 Prozent; dagegen weist Augsburg zur gleichen Zeit mit nur vier Prozent eine dünne Oberschicht aus, 16 Prozent werden dem Mittelstand zugerechnet, aber 80 Prozent dem kleineren Bürgertum. Die Augsburger Verhältnisse entsprechen am ehesten den Verhältnissen in anderen nichthansischen Städten. Juden waren in Lübeck nicht heimisch, aber das war auch für Hansestädte die ganz seltene Ausnahme: «Tho Lubeke syn nene joeden, men bedervet erer ock nicht», schreibt ein lübischer Chronist 1499; aber Juden lebten zumeist in der Stadt, sie mußten dort leben, schließlich durften sie keinen Grundbesitz erwerben oder Landwirtschaft betreiben.

Die Stadt ist Architektur, aus dem Land hoch aufragend und ihm gegenüber verschlossen. Übermannshohe Stadtmauern, riesige Stadttore verbergen von außen den freien Blick auf die Häuser in der Stadt, sie werden nur von den Kirchtürmen überragt. Mögen die Straßen in der Stadt auch noch so gradlinig gebaut sein (im Neusiedelland die Regel), so enden sie optisch doch immer an einem festen Punkt: am lebhaft besuchten Marktplatz beispielsweise oder an einem der Stadttore. Schon eine leichte Straßenkrümmung schafft im Verbund mit der sehr engen Bauweise den Eindruck eines geschlossenen Raumes, der nur nach oben hin offen ist. Da die Häuser in den oberen Stockwerken aber in die Straßenfluchten hineinragten, auskragten, blieb auch der Blick nach oben meist beschränkt. Viele Marktplätze zeigen bis heute eine unregelmäßige, vieleckige Grundfläche (der rechteckige oder quadratische Platz ist ein Produkt neuzeitlicherer Stadtplanung), der Zugang erfolgt über die Ecken. Nirgendwo gerät der Blick des Fußgängers oder Reiters ins Leere, ins unbeschränkte Offene, keine Straße ist als lediglich den Verkehrsfluß fördernde Schneise geplant oder gebaut. Der mittelalterlichen Stadt ist nicht die schnelle Bewältigung des Verkehrs, nicht der Durchreisende wichtig, sondern ausschließlich der Mensch, der hier seinen Aufenthalt nimmt, der hier seine Waren oder seine Dienstleistungen anbietet, der hier als Käufer auftritt. Die mittelalterliche städtische Straße, lange Zeit ungepflastert und morastig, häufig mit Trittbohlen belegt, nahm den Verkehr der Fußgänger, Reiter und Fuhrwerke auf. Sie war aber auch zugleich der Ort, an dem die Handwerker ihre Berufe ausübten und an dem sie ihre Waren für den Verkauf auslegten, wenn sie die nicht in den Krambuden am Markt anboten.

Die mittelalterliche Stadt ist durch eine Reihe von völlig neuen Spezialbauten geprägt. Die bis dahin in der Architektur ausgebildeten Gebäudetypen: Kirche, Kloster, Burg, Fachwerkhaus und die verwendeten Baumaterialien (Naturstein, Holz, Lehm, Stroh) erfahren bedeutende Erweiterungen und Differenzierungen. Stadtmauern und Stadttore, Patrizierhäuser, Rathäuser, Zunft- oder Amtshäuser, Markthallen, Kaufhäuser, Tuchhallen, Krambuden, Spitäler, Leprosenheime, Siechenhäuser, Salinen, Waagen, Brükken, hafenspezifische Gebäude wie Werften, Speicher oder Kräne, Kaimauern, auch Schleusen, später zudem Badehäuser sind die stadtspezifischen Antworten auf neue Bauaufgaben. Selbst die Bürgerhäuser, die in den Hansestädten in der Frühzeit das norddeutsche Hallenhaus zum Vorbild haben, weisen im Inneren schon bald räumliche Differenzierungen auf, die diesen Vorbildern eben fehlen: Genannt seien nur die *skrivekamere*, das Bürozimmer des Kaufmanns, und die Viehställe, die es in diesen Kaufmannshäusern ja durchaus noch gibt. Sie werden aus diesen Häusern in eigene Gebäude im Hof ausgelagert. Der ständigen Feuergefahr wegen ordneten die Städte schon früh an, daß die Häuser statt aus Lehm, Holz und Strohdächern aus Stein gemauert und mit Ziegeln bedacht werden mußten. Feuersbrünste waren übrigens, so zynisch das auch klingt, aus heutiger Sicht die einzige Form der Desinfektion.

Mit diesem Material Ziegelstein entwickelten die Bauherren, Architekten und Maurer alsbald jenen Stil, der als «Backsteingotik» bis heute noch das optische Erscheinungsbild vieler hansischer Städte des norddeutschen und ostdeutschen Raumes bis in das

Steinmetze bei der Arbeit, 14. Jahrhundert.

Baltikum hinein prägt. Zu den Bauaufgaben des Rates gehörte bald auch die Pflege der Straßen. In den Städten beginnt man im 14. Jahrhundert die Straßen zu pflastern, während die außerörtlichen Straßen, die zur Baulast der Landesherren oder der Reichskreise gehörten, immer mehr verfallen. Innerstädtische Beleuchtung kommt erst in nachhansischer Zeit auf. Bis dahin nahm, wer nachts unterwegs sein mußte, eine Laterne mit oder mietete sich einen Fackelträger.

Die Stadt ist Handwerk, meist höchst differenziertes Handwerk, Handwerk, das nahezu ein Jahrtausend lang zünftisch organisiert wurde. Ein erster Beleg für Mainzer Weber stammt aus dem Jahr 1099, letzte gesetzliche Regelungen zur Gewerbefreiheit werden im ausgehenden 19. Jahrhundert erlassen. Das Amt (= Zunft) war Zwangsgenossenschaft: Wer ein Handwerk ausüben wollte, mußte einer Zunft angehören, nichtzünftischen Handwerkern, die gelegentlich doch vorkamen, legten nicht nur die Zunftgenossen, sondern auch die Stadtobrigkeiten ständig Steine in den Weg. Organe der Zunft waren die Zunftversammlung, die «Morgensprache» und die «Ältermänner». Ihnen oblag auch die Gerichtsbarkeit in Zunft- und Gewerbeangelegenheiten. Zunft ist Versorgung mit dem Lebensnotwendigen: materiell und immateriell, denn, so sagte Ranke, Zunft ist eine «künstliche Familie». Ihr gehörten neben den Meistern, deren Frauen und Kindern auch die Witwen sowie die Gesellen an, allerdings nur die Meister als Vollgenossen; seit dem 14. Jahrhundert gibt es neben den Zünften eigene Gesellenbruderschaften, die, von heute aus gesehen, gewerkschaftliche Aufgaben erfüllten und die Verbesserung der Arbeits- und Lebensbedingungen erreichen sollten. Die Zunft regelte in den Zunftordnungen die Bedingungen der Berufsausübung. Beim Erlaß dieser Zunftordnungen waren die Zünfte aber keineswegs autonom: Die Stadtobrigkeit selbst erließ diese Ordnungen oder mußte sie zumindest bestätigen. Zur Zunft konnte gehören und damit ein Handwerk ausüben, wer entsprechende Fähigkeiten nachwies (seit dem 14. Jahrhundert mit dem Meisterstück), von freiem Stand war und einen guten Leumund besaß. Die Zunftordnung regelte das Arbeitsrecht, die Ausbildung (Lehrzeit, Gesellzeit, Wanderzeit), die tägliche Arbeitszeit, den Lohn, die Arbeitsteilung, die Betriebsgröße (maximal zwei bis drei Lehrlinge), ja sogar den Produktionsumfang. Eine penible Kontrolle vor allem der Nahrungsmittel durch Stadt und Zunft sorgte für die Einhaltung der Qualitäts-, Gewichts- und Gütevorschriften. Die Zunft sicherte den gemeinsamen Einkauf der Rohstoffe und regelte den Absatz der Produkte; ihr Ziel war es, allen Zunftangehörigen ein Lebensminimum zu sichern oder anders ausgedrückt: allen Zunftgenossen einen etwa gleichen Lebensstandard zu garantieren.

In diesem Rahmen konnte sich natürlich aus einem Handwerksbetrieb kein größeres, kein überregional orientiertes Unternehmen entwickeln. Im Lauf der Jahrzehnte wurde denn auch das Netz der Vorschriften immer enger, ließ es individuellen Kräften immer weniger Spielraum. Die Zunft bot ihren Angehörigen Krankenversicherung und Altersversorgung. Jede Stadt hatte ihre je spezifische Zunftorganisation. Für Lübeck werden beispielsweise 65 Ämter genannt (das niederdeutsche «Amt» entspricht der oberdeutschen «Zunft», in manchen sächsischen Städten heißt das «Innung», in Dortmund gab es «Gilden», in Cölln oder Rostock «Gewerke»); davon war übrigens ein Fünftel erst nach 1500 entstanden. Ähnliche Zahlen gelten für Köln oder Hamburg (58 Zünfte, davon in Hamburg 50 Prozent nach 1500 entstanden). Die Zuordnung eines Handwerkes zu einer Zunft wurde in jeder Stadt spezifisch geregelt. Dabei konnte eine Zunft durchaus mehrere Handwerke umfassen. Oder aber eine Branche hatte sich so weit diversifiziert wie in Köln, wo für das Textilgewerbe allein elf Zünfte genannt werden. Vom Decklakenweber bis zum Wappensticker reichten die Tätigkeiten, dabei bildeten sogar auch Frauen ihre eigenen Zünfte: die Garnmacherinnen, die Goldspinnerinnen und die Seidenspinnerinnen.

Neben den Zünften und Gesellenbruderschaften gab es in den Städten noch eine Vielzahl weiterer geselliger und gesellschaftlicher Vereinigungen: die Zirkelgesellschaft in Lübeck, die Richerzeche in Köln oder die St. Georgs-Bruderschaft in Danzig wurden als Patriziergesellschaften schon erwähnt. Andernorts existierten Kaufmannsgilden oder Schiffergilden. Manche von ihnen leisteten sich ein eigenes Gebäude als Treffpunkt für ihre Veranstaltungen, so die Artushöfe in allen preußischen Hansestädten oder, noch heute höchst sehenswert, das «Haus der Schiffergesellschaft» in Lübeck von 1535. Nahezu jede Stadt kannte eine Schützengesellschaft, in Hansestädten «Papagoien-Gesellschaft» genannt nach ihrem Wahrzeichen, dem buntgefiederten Papagei. Meist zu Pfingsten gab's das große Volksfest des Papageienschießens.

Die mittelalterliche Stadt sorgte sich in breitem Umfang um öffentliche Sicherheit und Ordnung, so um die Bewachung der Stadttore und Stadtmauern. Dazu gehörten Pflichten der Straßenanwohner wie auch Verbote. So mußte immer wieder das Ausleeren der Nachtgeschirre («Seychscherb» oder «Brunzkachel») auf die Straße untersagt werden. Die städtische Obrigkeit erließ Bauvorschriften – nicht nur wegen der ständigen Feuersgefahr, sondern auch, um unnötigen Luxus zu vermeiden. Sie kümmerte sich seit dem 14. Jahrhundert um die Pflege des innerstädtischen Straßennetzes, schuf öffentliche Brunnen ebenso wie Wasser- und Abwasserleitungen. In Freiburg im Breisgau können wir heute wieder die oberirdischen Frischwasserkanäle inmitten der Stadt bewundern. In der Regel verfügte jedes Haus über einen eigenen Brunnen oder teilte ihn sich mit zwei, drei Nachbarn. Zu jedem Haus gehörten Abortgruben (die aus Unkenntnis häufig genug in dichter Nähe zum Brunnen lagen). Deren Leerung mußte natürlich auch von der Obrigkeit geregelt werden. Das durfte nur nachts passieren, und die stinkenden Fuhrwerke durften keine Patrizierhäuser passieren. Nur in Tübingen ging's anders: Da leerte ein Gôg (Weingärtner) die Latrine eines Professors. Auf die beredte Klage des Eigentümers, daß es doch gar fürchterlich stinke, kam die prompte Antwort: «Hend Sie des gschisse, Herr Professor, oder i?»

Mit dem Abbröckeln der kirchlich bestimmten und finanzierten Sozial-, Kranken- und Altersfürsorge übernahmen die Städte in wachsendem Maße diese Aufgaben. Die Reformation und in ihrem Gefolge die Teilenteignung kirchlichen Besitzes, vor allem der Klöster, hatte die gänzliche Überantwortung dieses Aufgabenkreises an die Städte zur Folge. In den Hansestädten war es in allen sozialen Schichten schon früh üblich geworden, Teile seines Vermögens nicht nur für die Kaufmannskirche zu spenden, sondern auch für Sozialeinrichtungen.

Die städtische Obrigkeit kümmerte sich bereits sehr früh um die kirchenunabhängige Schulausbildung. Erste städtische Schulen gibt

248

es seit dem ausgehenden 13. Jahrhundert in Lübeck. Das mag aus dem wachsenden Selbstbewußtsein der städtischen Bürger und ihrer Oberschichten resultieren, die sich nicht nur von der weltlichen Obrigkeit emanzipieren, sondern in Einzelfällen auch von der Kirche. Ganz gewiß aber gibt es einen Zusammenhang mit den grundlegenden Veränderungen im Handel dieser Zeit, dem Seßhaftwerden der Kaufleute, dem Übergang vom Einzelhandel zum Großhandel und damit zu weit größeren Warenmengen. Diese Veränderungen setzten die Schriftlichkeit der Geschäftsvorgänge voraus. So selbstverständlich der hansestädtische Bürger einen Teil seines Vermögens in fromme Stiftungen umwandelt, so selbstverständlich unterstützt er – mit deutlich kleineren Beträgen, gewiß – die städtischen Schulen oder die Ausbildung einzelner Personen, meist von Verwandten.

Überhaupt nicht zu überschätzen ist der Anteil der Städte an der Entwicklung, Ausbildung und Gestaltung des öffentlichen Rechnungswesens. In dem Maß, in dem die Städte für ihre wachsenden Aufgaben Steuern, Abgaben, Zölle erhoben, in dem Maße wuchs das Bedürfnis nach schriftlicher Fixierung der Einnahmen und Ausgaben, sicher auch, um selbst den Überblick zu behalten. Ganz gewiß vor allem aber, um eine Überprüfung der städtischen Einkünfte und Ausgaben überhaupt erst zu ermöglichen: Schließlich wurde der Rat der Städte in der Frühzeit vom Kaufmannsstand dominiert. Und der verstand sich auf das Rechnen wie auf das Kontrollieren. Der Rat war, wie in allen städtischen Angelegenheiten überhaupt, für die Finanzen allein verantwortlich. Er setzte hierfür verantwortliche Personen ein, die in regelmäßigem Turnus wechselten und später von entsprechendem Fachpersonal unterstützt wurden. Dieses städtische Rechnungswesen ist einer der wenigen Bereiche, in dem es zu Zeiten der Zunftkonflikte und der Beteiligung der Zünfte am Stadtregiment zu keinen oder nur geringen Differenzen zwischen den Alten und den Neuen kam.

Augenscheinlich wußten auch die Handwerker zu rechnen. Jedenfalls wollten sie sich von den Kaufleuten kein X für ein U vormachen lassen. Zwei kleine kulturgeschichtliche Details am Rande: Die süddeutschen Städte bis hinauf nach Köln verboten bis in das 15. Jahrhundert hinein (Köln bis 1626) die Verwendung von arabischen Ziffern in den Stadtrechnungen. Gründe dafür werden nicht genannt. Und: In der Reichsstadt Überlingen am Bodensee gehörten 1605 die Goldmünzen «in den ersten Trog, darauf gemainlich der Stüblinschreiber (das war dort der «beamtete» Haushaltsdezernent) pflegt ze sitzen». Augenscheinlich gab es auch schon vor bald 400 Jahren Menschen, Beamte gar, die auf dem Geld saßen.

Die mittelalterlichen Städte kannten kein Budget, keinen Etat. Man hatte augenscheinlich kein Bedürfnis danach, also gab es keinen Anlaß zur Entwicklung neuer Ideen in dieser Richtung. Der Grund dürfte vermutlich einfach sein: Zu sehr nämlich konnte die Höhe der gleichen Ausgabepositionen von Jahr zu Jahr wechseln, in Kriegsläuften zumal. Grundsätzlich aber war man auf den Ausgleich von Einnahmen und Ausgaben bedacht. Kurzfristigen Geldbedarf deckte man durch Anleihen, die, da quasi mündelsicher, gern gezeichnet wurden. Gab es mal einen Überschuß in der Kasse, wurde auch gegen Zinsen Geld verliehen. Daß man die Bedeutung einzelner städtischer Aufgaben in den einzelnen Städten unterschiedlich bewertete, liegt auf der Hand. Köln verwendete beispielsweise im ausgehenden 14. Jahrhundert 80 Prozent seiner städtischen Ausgaben nur für die Erhaltung der Stadtmauer; die Stadt Schwäbisch Hall kam auf gerade einmal 30 Prozent, einschließlich aller weiteren Verteidigungsmaßnahmen.

Mittelalterliche Stadtgeschichte endet nicht. Ist eine Stadt einmal gegründet, mit Stadtrecht versehen, beginnt eine «ohn-endliche» Geschichte. Burgen, Klöster, Dörfer und Höfe können aufgegeben werden, können zu Ruinen verfallen, können von feindlicher Soldateska zerstört werden, gar ganz von der Landkarte verschwinden. Städte dauern fort, auch wenn, wie so schön gesagt wird, ihre «Gründung steckenbleibt», sie also nicht halten, was sich Gründer und Bürger von ihnen versprochen haben. Die Stadt unterliegt einem ständigen Wandel: in ihrem baulichen Erscheinungsbild, in ihrer rechtlichen Verfassung, in ihrer inneren Organisation, in ihrer Sozialstruktur, in ihrer wirtschaftlichen Bedeutung, in ihrem Verhältnis zur ländlichen Umgebung, in ihren Abhängigkeiten vom sozusagen als Stadterweiterung der mittelalterlichen Art. So gab es auf dem Boden des heutigen Rostock zunächst drei Städte nebeneinander. Die Siedlung um den Alten Markt und die Petrikirche erhielt

1218 (lübisches) Stadtrecht; 1232 folgte eine Siedlung bei der Marienkirche; und schließlich gab es eine weitere um den Hopfenmarkt (Universitätsplatz) und die Jacobikirche. Erst 1265 schlossen sich alle drei Städte zusammen und umgaben sich mit einer gemeinsamen Stadtmauer. Ähnliche Verhältnisse liegen in Wismar, Greifswald und Stralsund vor. Bei allen vier Städten kann man diesen Prozeß des Zusammenwachsens ursprünglich getrennter Teile heute noch auf dem Stadtplan nachvollziehen. Königsberg, seit seiner Gründung Hansestadt, bestand aus der Altstadt zwischen Burg und Fluß (Stadtrecht 1286), dem Löbenicht im Osten (Stadtrecht 1300) und dem Kneiphof auf der Insel (Stadtrecht 1327), alle drei mit eigener Verfassung, Befestigung, Markt und Kirche. Erst 1724 wurden die drei Städte zu einer vereinigt.

Der spätmittelalterliche Territorialisierungsprozeß, der den Wandel von lockeren Herrschaftsverhältnissen hin zum Staat im modernen Sinne einleitet, beendet die Stadtgeschichte nicht. Er beendet die Autonomie der Stadt und ihre verfassungsrechtliche Sonderstellung. Städte können jetzt nicht mehr unabhängig von ihrem Stadtherrn agieren, keine eigenständige Politik mehr betreiben. Seither ist undenkbar, was sich Wismar und Rostock im 16. Jahrhundert noch erlauben konnten: die Benutzung ihrer Häfen für die Eigenschiffahrt ihres Landesherrn zu verbieten – und dieses Verbot auch durchzusetzen. Mit dieser Einbindung in das größere Territorium, mit der Unterordnung unter einen Landesherrn geht bei den meisten Städten ein Bedeutungsverlust einher, ein Bedeutungsverlust in wirtschaftlicher Beziehung zumal. Das gilt auch für die Hansestädte, von denen sich nur Hamburg und Danzig längerfristig noch ein hohes Maß an Unabhängigkeit und wirtschaftlicher Selbständigkeit bewahren können. So ganz eindeutig ist allerdings der Zusammenhang zwischen dem Ausbau der Landesherrschaft und sinkender wirtschaftlicher Bedeutung einer Stadt wiederum auch nicht, und möglicherweise gilt auch der umgekehrte Satz: Weil so viele Städte längst schon ihre wirtschaftliche Potenz, ihre innere Kraft und vielleicht auch ihren Selbstbehauptungswillen verloren hatten, konnten sie sich des Ausbaus der Landesherrschaft, des Zugriffs ihres Landesherrn nicht mehr erwehren.

Die Kaufleute

Seefest und reiselustig mußten sie sein, die frühmittelalterlichen Kaufleute. Wohl die meiste Zeit ihres Lebens waren sie unterwegs, wenigstens zur Sommerzeit. Sie segelten mit ihren Waren über die See, zogen mit ihnen über Land von Ort zu Ort auf meist unwegsamen Straßen. Seit der Römerzeit hatte sich kein Germanenfürst, kein Frankenkönig, kein römischer Kaiser um Pflege und Erhalt der Wege gekümmert, schon gar nicht um deren Ausbau. Fluß, Brücke und Straße waren königliches Regal. Zur Deckung des Aufwandes für die Pflege erhob man Weggebühren und Zölle, für die Sicherheit der Reisenden bot man Geleitschutz, gegen Geld selbstverständlich. Wie andere Regalien und Besitzungen auch verschenkten die fränkischen, karolingischen und ottonischen Könige ihre Rechte an Wegen und Straßen, begaben sich auch hier einer Machtposition nach der anderen, meist nur kurzfristiger Vorteile wegen. Und die Regionalfürsten – dazu zählten auch die Bischöfe – dachten gar nicht daran, das so leicht verdiente Geld dem eigentlichen Zweck zuzuführen.

Das Beispiel Heinrich des Löwen, der irgendwann zwischen 1156 und 1158 die Brücke bei Oberföhring an der Isar (deren Zoll dem Erzbischof von Freising gehörte) widerrechtlich abreißen und die Straße über seinen soeben gegründeten Ort München führen ließ, macht zweierlei deutlich: Ein Reichsfürst war in der Lage, seine Interessen gegen einen anderen bedeutenden Reichsfürsten (hier Bischof Otto von Freising), ja sogar gegen den Kaiser durchzusetzen; und die Verfügungsgewalt über Straßen bedeutete immer auch

Herrschaft und damit wirtschaftliche Potenz. Dieser Vorgang wiederholte sich seither immer wieder: Ein Fürst läßt eine alte Straße so umlegen, daß sie über sein Herrschaftsgebiet führt. Aber was heißt da schon «umlegen»? Der Herr verbot einfach die Benutzung des bisherigen Übergangs über einen Fluß, die Benutzung einer Straße, die Benutzung einer Brücke. Die Wege mußten sich die Fuhr- und Kaufleute dann auch meist noch selbst bahnen. Ein bißchen Schwertgerassel, und schon flossen bei geringem Aufwand ordentlich Gelder in die herrschaftliche Kasse. Wenn sich denn der Nachbarfürst darauf einließ. Die Kaufleute konnten sich dagegen nicht wehren, aber vielleicht war es ihnen auch egal, wem sie zollen mußten – zahlen mußten sie in jedem Fall. Zwar durften sie zur Abwehr von Räubern das Schwert führen (Reichslandfriede von 1152), aber natürlich nicht gegen einen gebührenerhebenden Territorialherrn.

Auf diesen Straßen, die am ehesten noch mit heutigen Feldwegen zu vergleichen sind (ungepflastert, ungeteert, ungekoffert), transportierten die Fuhr- und Kaufleute auf einfachen Karren ihre kostbaren Waren. Und wenn dann Unwetter die Straße unpassierbar machten, fuhr man mit seinem Karren einfach neben der alten Trasse weiter. Auf diese Weise konnten die Trassen bis einen Kilometer breit werden. Da eine solche Erweiterung auf Kosten der Anlieger ging, gab's natürlich jede Menge Ärger. Nur kostbare Waren lohnten folglich überhaupt den Aufwand der langen und mühseligen Reisen und ihre Risiken, die zudem stetig stiegen. Denn auch dem Räuber waren diese Waren lieb und teuer.

Die Karren waren einfach: Der vierrädrige Wagen mit beweglicher Vorderachse kam in der ersten Hälfte des 12. Jahrhunderts in Gebrauch und war erst um die Mitte des 13. Jahrhunderts allgemein verbreitet. Zielpunkte dieser strapaziösen Reisen waren bis in die salische Zeit, bis um die Jahrtausendwende die wenigen Zentren, deren Bewohner sich den Luxus kostbarer Waren leisten konnten: die Herrschaftssitze der Könige (die Pfalzen), die Adelshöfe (Burgen) und die Zentren geistlicher Herrschaft (Bistümer und große Klöster). Häufig nahmen die Fernhändler Bestellungen entgegen. Wichtigster Handels«gegenstand» waren Sklaven, dazu kamen (flandrische) Tuche, rheinischer Wein; über Kiew und Nowgorod

*Die Burgherrin kauft bei einem umherziehenden Händler ein
(Manessische Handschrift, 1. Hälfte 14. Jahrhundert).*

kamen Seide, Purpur und Gewürze aus dem fernen Osten, aber auch Damast, Kettenpanzer, Rundhelme oder Krummschwerter.

Wo nur immer möglich, umging man den beschwerlichen Landweg und nutzte jeden Wasserlauf. Das war bei den kleinen Warenmengen, die man in dieser Zeit transportierte, auch kein wesentliches Problem. Wasserscheiden bildeten kein unüberwindbares Hindernis. Lieber die leichten Boote ein kurzes Stück über Land geschleppt, als in morastigen Wegen zu versinken.

Auf See reichten die schlanken Wikingerboote mit ihren flachen Rümpfen als Transportfahrzeuge völlig aus. Dieser Schiffstyp, der in der frühen Hansezeit auf 60 Tonnen Ladekapazität geschätzt wird, wurde übrigens bis in das 14. Jahrhundert hinein gebaut und erreichte dann eine maximale Tragfähigkeit von 150 Tonnen. Wer je so ein Schiff oder dessen Nachbauten gesehen hat, der weiß den Mut und die Risikobereitschaft dieser Kaufleute – und natürlich der Seeleute – zu schätzen. Sicher, die frühen Kaufleute und Schiffer segelten wo nur irgend möglich auf Sicht die Küsten entlang, ankerten jeden Abend an Land und übernachteten hier, konnten Stürme oder Nebel ebenfalls an Land abwarten, fuhren nur von Frühjahr bis Herbst zur See. Doch gefahrvoll waren diese Seereisen alleweil, zumal da es die Wikinger ja auch über die offene See nach Westen trieb, zu den Färöern, nach Island und Grönland.

Der Kaufmann stand seit karolingischer Zeit bei seinen Reisen in des Königs *munt*, unter königlichem Schutz also; gelegentlich wird sogar ein eigener Beamter, ein «Königsbote», genannt, der für eben diesen Schutz zu sorgen hat. Dieser Schutz und die besonderen Rechte, die den Kaufleuten eingeräumt wurden (Handels- und Zollvorrechte, Befreiung von Heeresdienst und Gottesurteil, Gewährung eigenen Gerichtsstandes und Verfügungsrecht über Boden), verdichten sich in ottonischer Zeit zum *ius mercatorum*, zum Kaufleuterecht, einem Recht, das einzelnen Personen wie auch Personengruppen zusteht. Doch schon Ende des 11. Jahrhunderts herrscht bereits die allgemeine Auffassung vor, daß dieses Recht gar nicht mehr auf die einzelne Person oder auf eine einzelne Personengruppe zu beziehen sei, sondern auf die Stadt. Das zunächst personale Kaufmannsrecht verwandelt sich so in ein institutionelles Recht, geht über auf eine Institution, auf die Stadt und bildet somit seinerseits wiederum eine Grundlage für die Stadtrechte des 12. Jahrhunderts. Von Anfang an bemühte sich die Hanse, das wird im Kapitel über die Kultur ausführlicher dargestellt, um eine Gestaltung des rechtlichen Umfeldes der Kaufleute. Das begann bei der persönlichen Sicherheit der Reisenden, ging über die Privilegierung der Hansekaufleute gegenüber anderen Kaufleuten bis hin zur Entwicklung des eigentlichen Handelsrechts.

Wer nun begab sich in diesen frühmittelalterlichen Zeiten auf den (Fern)Handel? Natürlich alle seeanwohnenden Völker mit im Lauf der Zeit wechselnden Anteilen am gesamten Handelsvolumen. In Nordeuropa waren es in fränkischer und karolingischer Zeit zunächst die Friesen. Sie waren in Sigtuna oder Birka, in Haithabu, in St. Denis bei Paris oder in London ebenso willkommen wie heimisch. Ihre wichtigste Ware: Sklaven. Orientalische Waren – Gewürze, Seide – fanden in dieser Zeit ihren Weg nach Nordeuropa noch über Byzanz und Italien. Den Handelsweg nach Osten, nach Nordosten, nach Nowgorod und von da zum Schwarzen Meer öffneten dann die inzwischen von Räubern zu Händlern bekehrten Wikinger.

Noch einmal ein Jahrhundert später, gegen Ende der ottonischen Kaiserzeit, finden die so grundlegenden Veränderungen in der Struktur des Fernhandels, in der Raumerschließung durch neuartige Siedlungsformen, in den Käuferschichten und bei dem Warenangebot statt, die dem Fernhandel erst eigentlich seine neuen Impulse, seine neuen Dimensionen geben. Es ist natürlich ein langwieriger Prozeß, dessen Ergebnis uns in eben dieser Zeit deutlicher entgegentritt. Er beginnt mit der Verbindung zwischen (städtischem) Markt und Immunität (Rechtsschutz gegen herrschaftliche Eingriffe) in Eßlingen 866 und findet 1120 seinen vorläufigen Höhepunkt in der Stadtgründung von Freiburg/Breisgau, als Herzog Berchtold von Zähringen und eine Gruppe von Kaufleuten gemeinsam agieren und die Kaufleute für ihr Risiko durch eine besondere Rechtsstellung belohnt werden. Kaufleute sind als «Stand» jetzt schon so weit anerkannt, daß ein fortschrittlich gesonnener Landesfürst sich mit ihnen verbündet – nach immerhin über 700 Jahren christlich begründeter Verdammung dieses Geschäftszweiges. Kirchenvater Hieronymus hatte im 4. Jahrhundert jene Stelle bei Lucas

(6,34–35) als Verbot der Zinsnahme interpretiert, in der es in der Lutherischen Übersetzung heißt: «Und wenn ihr leihet, von denen ihr hoffet zu nehmen, was für Dank habt ihr davon?... tut wohl und leihet, daß ihr nichts dafür hoffet, so wird euer Lohn groß sein.»

Bei der Stadtgründung sind die Kaufleute jetzt sogar fast gleichberechtigte Partner. Dieses Modell der Zusammenarbeit zwischen altem und neuem Stand war so erfolgreich, daß es in der Stauferzeit eher zum Regelfall wird. Auch Herzog Heinrich der Löwe wendet es bei der Gründung von Lübeck an. Die Städte entwickeln bis zu diesem Zeitpunkt – über den Handel mit ihrer nahen Umgebung hinaus – allmählich zentrale Funktionen, die Städte beginnen, die bisherigen Zentren von Staat und Kirche als neue, als selbständige Siedlungsform zu ergänzen. Die Kaufleute wandeln sich mehr und mehr zu Fernkaufleuten. Alle vier Bereiche: Fernhandel, Stadt, neue Käuferschichten und verändertes Warenangebot bedingen sich indes gegenseitig, ihre jeweiligen Entwicklungen sind unauflöslich miteinander verbunden.

In dieser Zeit, in der sich die so fundamental neuen Strukturen in der mittelalterlichen Gesellschaft herausbilden (neben Pfalz, Burg, Domhof, Kloster und Bauernhof als traditionelle Siedlungsformen tritt die Stadt als neuartiges Siedlungsgebilde; neben die traditionellen Stände: Adel, Geistlichkeit, Bauer tritt der Stadtbewohner, der Bürger mit neuartigen Ansprüchen und Rechten), in dieser Zeit geht der Anteil der Wikinger am nord- und nordosteuropäischen Fernhandel zurück, treten in Nordeuropa Flamen, Russen, Gotländer und Skandinavier ihr Erbe an. Gewiß, in den rheinischen und den oberdeutschen Städten, auch in den (nieder-)sächsischen Städten gibt es ansehnliche Judensiedlungen, Siedlungen jenes Volkes also, das seit römischen Zeiten in Handel und Fernhandel immer sehr aktiv war. Im nördlichen und östlichen Verbreitungsgebiet der Hanse kommen sie hingegen nur eher zufällig vor. Noch am Ende des 15. Jahrhunderts notiert ein lübischer Chronist: «Tho Lubeke sin nene joeden, de besneden sin; men bedervet erer ok nicht.»

Daß sich die Flamen schon früh am nordeuropäischen Fernhandel beteiligten, liegt am Tuch: Hier in Flandern wurde das europaweit begehrte Tuch hergestellt. Tuchproduktion war hier schon im 10. Jahrhundert ein hochdifferenzierter Verarbeitungsprozeß. Produktion und Verarbeitung der heimischen, später auch der englischen Wolle fanden nicht am gleichen Ort statt, also wurde Handel (und Transport) nötig. Die Rohwolle wurde gereinigt und gesponnen. Neben das Weben, Walken und Scheren trat das Färben als weiterer Verarbeitungsschritt. Die Farben wurden aus Cochenille, Krapp, Waid (später vor allem über Erfurt aus Thüringen) oder Brasilholz («brésil»: altfranz. für glutrotes Holz) gewonnen; auch hier hatte der Handel die nötigen Rohstoffe zu liefern. Schließlich die fertigen Tuche: Sie wurden in jeder gewünschten Qualität hergestellt, in den unterschiedlichsten Mustern und Farben. Handel war, auch wenn längst schon Münzen geschlagen wurden, immer noch Tauschhandel. Münzen und Edelmetall glichen lediglich die Differenzen aus.

Die Händler lieferten die Rohstoffe und die Fertigprodukte, sie lieferten natürlich auch die Tauschwaren. Getauscht wurden die Tuche gegen Getreide vor allem, aber auch gegen Wein oder andere Luxusgüter wie Gewürze. In der Zeit, in der die frühen Hansen von Lübeck aus – stets als Zwischenhändler – in diesen Fernhändlermarkt einzudringen beginnen, sind die Produktions- und Absatzstrukturen in Flandern also längst fertig ausgebildet. Hier mußten die Lübecker nichts Neues erfinden. Dafür aber mußten sie sich gegen die alten, etablierten flämischen Fernhändler durchsetzen. Das dauerte geraume Zeit, aber sie hatten sich ja inzwischen auf die russischen Waren ein Monopol erkämpft. Mit diesen begehrten Produkten konnten sie den flämischen Widerstand dann doch überwinden. Schon 1252 gibt es die ersten Privilegien für die Hansekaufleute. Nur der Vollständigkeit halber: Sklaven gehörten nicht zum Lieferprogramm der neuen Kaufleute; nicht etwa moralischer oder religiöser Skrupel wegen (die sind jedenfalls nicht bekannt geworden), sondern weil es keinen Bedarf mehr für diese «Ware» gab. Und weil die bisher ergiebigsten «Jagdgründe», die Gebiete östlich der Elbe, vom Westen aus christianisiert und schließlich unter wesentlicher Beteiligung der Hanse systematisch besiedelt wurden. Da war dann kein Platz mehr für Sklavenhandel.

Neben den flämischen Fernhändlern sind auch gotländische und russische Fernhändler schon früh unterwegs. Aber was heißt russisch? Zwar gab es die Kiewer Rus schon einige Jahrhunderte, längst aber noch kein Rußland, noch keine «Russen». Und die westlichen fernhändlerischen Kontakte nach Kiew und in die riesigen Gebiete im Osten liefen fast ausschließlich über Nowgorod, Pskow (Pleskau) und Smolensk (im Norden des heutigen Rußland) oder Polozk und Witebsk (im Norden des heutigen Weißrußland). Der Grund: Zwischen Kiew und dem Westen liegen die jahrhundertelang unpassierbaren Pripjetsümpfe. Die orientalischen, die fernöstlichen Waren wie Seide, Damast, Krummschwert, Rundhelm mußten aber nach Westeuropa. Also folgten die Händler schon in wikingischen Zeiten den russischen Flußsystemen, die alle in Süd-Nord-Richtung verlaufen.

Nowgorod bot neben diesem Zugang zu den kostbaren orientalischen Waren auch ein riesiges Hinterland, in dem die im Westen so sehr begehrten Pelze erjagt wurden. Die Gotländer sind bis hinunter zum Schwarzen Meer und in das Donaudelta hinein nachweisbar: Sie haben dort ihre Runensteine hinterlassen. Seit der Mitte des 11. Jahrhunderts war dann der Weg von der Ostsee zum Schwarzen Meer endgültig unterbrochen (die Polowzer waren bis nach Ungarn vorgedrungen und sperrten Wasser- wie Landwege), die orientalischen Waren kamen nunmehr wieder auf dem Landweg über Konstantinopel und die oberitalienischen Städte nach Nordeuropa. Für Nowgorod und die russischen Fernhändler blieben jetzt «nur» noch die Pelze, das Wachs, der Honig, die Pottasche als Handelsware. Aber die waren ja im Westen inzwischen noch begehrter geworden. Im 12. Jahrhundert tauchen die Russen rund um die Ostsee auf, werden nach der Gründung Lübecks dann aber weitgehend von den Märkten verdrängt. Auf Gotland besaßen sie sogar eine eigene Kirche, dem heiligen Nikolaus geweiht, später, wie in Dorpat oder Riga, auch ein eigenes Haus.

So wenig wie über die russischen Fernhändler wissen wir über die gotländischen Kaufleute. Schon zu Wikingerzeiten war diese Insel eine wichtige Zwischenstation für die Seeleute auf der Fahrt von Skandinavien nach Rußland, sozusagen auf halber Strecke gelegen; die berühmten Runensteine legten beredtes Zeugnis ab für ihre häufige Anwesenheit hier. Eine unmittelbare Tradition von Wikingern zu Gotländern ist nicht nachweisbar, darf aber vermutet werden. Jedenfalls sind die Inselkaufleute schon im ausgehenden

11. Jahrhundert groß im Ost-West-Geschäft. Das geht allein schon aus den reichen, einzigartigen Silberschatzfunden hervor. Nirgendwo hat man so viele Schatzfunde gemacht wie auf Gotland. Die ältesten Münzen stammen aus der Zeit Ottos III., die jüngsten aus der Zeit, als sich lübische Kaufleute auf den Weg nach Osten machen, aus staufischer Zeit also. Gegen Ende dieser Periode wird ihre Anzahl kleiner, ihr Wert aber größer. Vermögenskonzentration in immer weniger Händen? Oder doch nur Beleg dafür, daß sich nur noch wenige Gotländer – mit größeren Umsätzen – aktiv am Fernhandel beteiligten?

Der Osten kaufte mehr Waren ein, als er ausführte, er mußte den Differenzbetrag also in Münzen oder Edelmetallen ausgleichen. Daß die Gotländer ihre Vermögen vergruben (kriegerische Verwicklungen oder Gefahren gab es auf der Insel nicht), liegt wohl darin begründet, daß sie ihrem Naturell nach doch eher Bauern als Kaufleute waren. Sonst hätten sie doch ihr Geld in neue Geschäfte gesteckt. In Nowgorod besaßen sie schon im 11. Jahrhundert eine eigene Niederlassung, später auch eine eigene Kirche. Visby, die berühmteste und bedeutendste gotländische Stadt, wird erst 1201 erstmals erwähnt – in einer Chronik, nicht etwa als Ausstellungsort einer Urkunde. Beides sind Indizien dafür, daß die Gotländer lieber auf ihren Höfen wohnten und Landwirtschaft betrieben anstatt zur See zu fahren und das Handelsgeschäft nur eher nebenbei aufnahmen. Sie hatten also auch kein dringendes Bedürfnis nach der Gründung einer Stadt. Visby jedenfalls kommt erst dann so richtig in Schwung, als sich deutsche, lübische Fernhändler auf Gotland zunächst vorübergehend, später dann dauerhaft niederlassen. Visby erhält lübisches Recht und wird ein Jahrhundert lang Lübeck die Vorortfunktion in der Ostsee streitig machen. Da kämpften dann ehemals lübische Fernhändler gegen lübische Fernhändler um die Vormacht im lübischen Einflußbereich.

Den gesamten nordwesteuropäischen Fernhandel – die Britischen Inseln, Irland, Grönland und Skandinavien – dominierten seit Wikingerzeiten traditionell die Norweger und Dänen. Große Teile der Inselbevölkerung stammten aus Skandinavien, von England und Irland aus erschlossen die Wikinger die westlichen atlantischen Inseln bis hin nach Grönland. Seit dieser Zeit hatten sie den gesamten Handel mit den Inseln fest in ihrer Hand, Islandhandel war norwegisches Monopol. Ihr Hauptprodukt war Fisch, gegen den sie Getreide und Wein eintauschten (dazu paßt die Geschichte, daß norwegische Priester in Rom um die Erlaubnis eingekommen sein sollen, in der Messe bei der Wandlung Bier statt Wein verwenden zu dürfen – in Norwegen gebe es keinen Wein). In den Handel zwischen Norwegen und England drangen später die Bremer ein, denen dieses Geschäft rasch so wichtig geworden war, daß sie – wegen Nichtbeteiligung am Hanseboykott 1284 gegen Norwegen – deswegen sogar den Ausschluß aus dem Städtebund in Kauf nahmen.

Die Frage «Wer nun begab sich in den vorlübischen, in den vorhansischen Zeiten auf den (Fern)Handel?» ist hinsichtlich der «nationalen» Zugehörigkeit noch am leichtesten zu beantworten. Offensichtlich ist auch, daß alle seeanwohnenden Völker die Stadt als institutionelles und verfassungsrechtliches Pendant des Kaufmanns nicht in dem Maße kannten, wie es sich im 12. Jahrhundert in Deutschland herausbildete. Hier gibt es ganz deutliche Unterschiede zu England, Skandinavien und Friesland; Nowgorod ist ein untypischer Einzelfall. Nur Flandern kannte seit längerem eine differenzierte Städtelandschaft, nur Flandern kannte eine vergleichbar bevorrechtigte Stellung der Kaufleute innerhalb der Stadt, nur Flandern kannte die Kaufleuteoligarchie im städtischen Rat. Doch hier verlegten sich die Fernhändler zunehmend auf den Fremdhandel, so daß seit dem 14. Jahrhundert ein nennenswerter Eigenhandel überhaupt nicht mehr vorkommt. Das hat einen einfachen Grund: In Brügge durften auswärtige Kaufleute bis 1282 nicht miteinander Handel treiben (Verbot des Gästehandels). Alle Geschäftsabschlüsse konnten nur mittels Brügger Kaufleuten getätigt werden. Ohne eigene Arbeit gab's also für die einen satten Vermittlungsgewinn. Eine bequeme und wohl auch bequem machende Vorschrift, zumal da alle Welt auf den Brügger Markt drängte, auf das europäische Handels- und Finanzzentrum der Zeit überhaupt. Meist waren die flämischen Kaufleute zugleich auch Tuchverleger, beschäftigten also heimarbeitende Tuchmeister (Weber) im Auftrag und kassierten auch hier gute Gewinne. Eine in etwa vergleichbare Entwicklung wird drei Jahrhunderte später auch in Lübeck eintreten, wenn dort der Gästehandel, der Handel der Gäste untereinander, ausdrücklich verboten wird, die lübischen Kaufleute sich immer mehr auf Kommissionsgeschäfte verlegen. Ganz anders übrigens als Hamburg, das – wie schon Amsterdam wenige Jahrzehnte zuvor – den Gästehandel ausdrücklich fordert und fördert. Die Wirtschaftsgeschichte gibt der Hamburger und Amsterdamer Lösung der weitestgehenden Handelsfreiheit letztlich recht: Beide Städte blühen seither noch mehr auf. Hamburg stand bis in das 17. Jahrhundert hinein im lübischen Schatten, seither warf die Konjunktursonne ihren Schatten in die andere Richtung.

Hinsichtlich der Menschen, die sich auf die Fernhändlerfahrt begaben, die des Profites wegen gefährliche Reisen auf sich nahmen, hinsichtlich ihrer Charaktere, ihrer Bedürfnisse und Antriebe schweigen die Quellen. Das ist nicht weiter verwunderlich, denn zum einen darf man sich nicht vorstellen, daß die Fernhändler in Scharen über Land und Wasser streiften, mit riesigen Warenmengen im Gepäck und im Laderaum. Dafür gab es (noch) keinen ausreichenden Bedarf. Und über die wenigen Kaufleute und Schiffer, die diesen mühseligen und gefährlichen Geschäften nachgingen, sind eben nur wenige Nachrichten entstanden und dann auch nur zufällig überliefert. Ein klares Bild läßt sich daraus jedenfalls nicht zeichnen. Zum anderen: In der mittelalterlichen Geschichte wird nur selten der einzelne Mensch wirklich greifbar. Mittelalterliche Geschichtsschreibung hatte, wenn es um Personen ging, immer hagiographische Züge; Biographien hervorragender Politiker oder Kleriker durch zeitgenössische Geschichtsschreiber dienten immer auch dem Lob und der höheren Ehre Gottes. Und Autobiographien (welchen Quellen- und Stellenwert man ihnen auch immer einräumen möchte) gab es eben auch noch nicht. Schließlich: Die Geschichtsschreibung lag noch immer in den Händen der Geistlichkeit. Die fand die Tätigkeit der Kaufleute höchst kritikwürdig. Das ging doch einfach nicht an, daß man nur durch Kauf und Verkauf von Waren Gewinn erwirtschaftete, und zwar so viel Gewinn, wie kein anderer Stand ihn zusammenbrachte. Auch nicht die Kirche.

Die Kirche und ihre Theologen bewiesen indes seinerzeit noch eine erstaunliche Flexibilität. Gerade drei Generationen nach der

Gründung Lübecks ist der Stand der Kaufleute nicht nur verfassungsrechtlich, sondern auch theologisch in die hochmittelalterliche Gesellschaft integriert, steht er gleichberechtigt neben den anderen Ständen. Niemand wollte mehr auf kaufmännische Warenvermittlung verzichten, niemand wollte mehr auf die Güter verzichten, die sie von überall her herbeibrachten. Also paßte man die Theologie der Realität an! Und so wie die Theologie sich dem neuen Stand öffnet, so auch die Kunst. Gottfried von Straßburg beispielsweise läßt sich in seinem «Tristan» wiederholt positiv zum neuen Stand vernehmen. Auf die Geschichtsschreibung hatte dies aber leider keinen Einfluß: Noch immer treten einzelne Kaufmannspersönlichkeiten nicht in den Gesichtskreis der Historiographen, der Chronisten.

Deutlich aber ist, daß es einen angesichts der – bevölkerungsmäßig gesehen – kleinen Gesellschaften und deren dünnen Oberschichten regen Handel zwischen den Polen der damals bekannten Welt gab: zwischen Rußland (und dem Orient) und Grönland, zwischen Norwegen und Italien (und wieder dem Orient). Aus norddeutscher Sicht waren daran beteiligt die Rheinländer und Westfalen, die ihre Märkte in Flandern und England sowie in Norwegen besuchten; der Handel im Ostseeraum wurde von Gotländern und Russen betrieben, wobei die Gotländer wohl das größere Handelsvolumen bewegten. Rheinische und westfälische Kaufleute waren es dann auch vor allem, die gemeinsam mit Herzog Heinrich dem Löwen die Gründung Lübecks vorantrieben.

Auch der Hansekaufmann der Frühzeit ist – wie alle Fernhändler dieser Zeit – noch Wanderhändler. Er mußte seefest und reiselustig sein; er begleitete seine Waren vom einen Ende der Ostsee zum anderen, von Köln nach London, von Flandern nach Gotland. Neben aller Mühsal ist das Reisen auch ein zeitaufwendiges Geschäft gewesen. Wer auf Reisen war, konnte weder zu Hause noch an einem anderen Ort geschäftlich tätig werden. Zu gegenseitigem Schutz (aber sicher auch der Geselligkeit wegen) bildeten die reisenden Kaufleute Schwurgemeinschaften untereinander oder, auf See, mit den Kapitänen ihrer Schiffe. Das früheste Siegel der Stadt Lübeck zeigt auf einer Kogge zwei einander zugewandte Personen, die beide ihre rechte Hand zum Himmel erheben, einer streckt dabei den Zeigefinger, der andere drei Finger in die Höhe (das Siegel von 1256 zeigt die gleiche Szene, nur heben jetzt beide ihre rechten Hände in der Weise zum Schwur, wie wir sie bis heute kennen). Zwei Menschen auf einem Schiff schwören einander. Diese Szene war den Stadtvätern von Lübeck so überaus wichtig, daß sie sie in das Stadtsiegel schneiden ließen; nicht das Stadtwappen etwa war es, nicht ein Symbol für die Reichsfreiheit, nicht der Stadtpatron. Nein, die Stadt sieht sich durch diesen Schwur und die Kogge repräsentiert, durch diese Gemeinschaft von Kaufmann und Seemann. Auch die anderen hansischen Seestädte wie Stralsund, Wismar und Kiel schneiden die Kogge in das städtische Siegel, nicht aber die Schwurgemeinschaft, die Lübeck übrigens bis in die Spätzeit hinein verwendet. Aus diesen Kaufleute-Schwurgemeinschaften sind die *universi mercatores imperii gotlandiam frequentantes* entstanden, die im Artlenburger Privileg (Gleichberechtigung deutscher Kaufleute auf Gotland, Gleichberechtigung gotländischer Kaufleute in Deutschland) erstmals genannt werden und seit 1161 den eigentlichen Beginn des lübischen Fernhandels auf der Ostsee anzeigen.

Das gemeinschaftliche Handeln von Kaufleuten und Seeleuten war natürlich dann geboten, wenn beide Funktionen auseinanderfielen, wenn sich der eine auf den Handel, der andere auf die Seefahrt spezialisierte. Wann diese Trennung eintrat, ist nicht genau bekannt. Bei den Konkurrenten der frühen Hansekaufleute, den Skandinaviern, den Gotländern, den Russen scheinen noch alle Funktionen in einer Hand gewesen zu sein. Sollte sich Lübeck etwa auch in diesem Punkt als innovativ erwiesen haben? Das älteste lübische Siegel wird auf 1226 datiert. Zu diesem Zeitpunkt sind hier also die beiden Berufsgruppen noch gemeinsam und unmittelbar, aber schon funktional getrennt am Handel beteiligt. Für einen bestimmten Zweck, für die Reise schließen sie sich zu einer Gemeinschaft zusammen. Der Fernhändler wird erst in einem späteren Zeitpunkt nicht mehr selbst an dieser Reise teilnehmen und nicht mehr zu der Schwurgemeinschaft gehören, sondern nur sein Bevollmächtigter. Nicht erkennbar ist auf diesem Siegel natürlich, ob der Schiffsführer zugleich auch noch der Schiffsbesitzer, der Reeder ist. Ob diese Trennung zum gleichen Zeitpunkt erfolgt wie der Auszug des Fernhändlers aus der Reisegemeinschaft, also in der zweiten Hälfte des 13. Jahrhunderts? Jedenfalls mußte genügend Kapital vorhanden sein und auch das Vertrauen des Kapitaleigners in die ja nicht risikolose Kapitalanlage Schiff. Später, im 16. Jahrhundert, trat zu diesen Spezialisten Fernhändler, Kapitän, Schiffseigner noch der Agent hinzu, der zwischen Kaufleuten und Kapitänen/Reedern Frachtpassagen vermittelte.

Aus dieser Funktionalisierung und Spezialisierung zwischen Kapitän, Eigner und Fernhändler ergaben sich sofort rechtliche Probleme. Die wurden – noch – durch die gegenseitige Verpflichtung zu gemeinschaftlichem Handeln beschworen. Da dies natürlich auf Dauer nicht reichte, begann man, seerechtliche Grundsätze zu entwickeln. Fuhr man noch gemeinsam zur See, mußten die Entscheidungskompetenzen in kritischen Fällen – Seenot oder Seeraub beispielsweise – geregelt werden. Später, als Fernhändler und Reeder zu Hause blieben, galt es, Schadensersatzansprüche zu regeln. Kein mittelalterlicher Mensch war so unterschiedlichen Rechtsverhältnissen und -entwicklungsstufen ausgesetzt wie der Kaufmann. In Westeuropa entstehen die *Rôles d'Oléron*, die Ende des 13. Jahrhunderts als Aufzeichnungen von schon länger entwickeltem Gewohnheitsrecht schriftlich fixiert werden; sie gehen 1282 auch in das hamburgische Seerecht ein.

Seit der Mitte des 13. Jahrhunderts, einhundert Jahre nach der Gründung Lübecks, beginnen die hansischen Fernkaufleute seßhaft zu werden. Die Gründe dafür liegen im dunkeln. Aber sie läuten damit, man kann es nicht anders bezeichnen, eine Revolution in der nordeuropäischen Handelswelt ein: Aus dem seine Waren begleitenden Wanderhändler wird innerhalb von wenigen Jahrzehnten, innerhalb von allenfalls zwei Generationen, der eigentliche Fernhändler, der nicht mehr selber reist, sondern andere auf Reisen schickt, Aufträge entgegennimmt und Aufträge vergibt, Order versendet. Wieder tritt uns ein vielschichtiger Prozeß sich gegenseitig bedingender vielfältiger Einflußgrößen eher in seinem Endzustand als in seiner Entstehung entgegen. Am Anfang stehen die flandrischen Privilegien (1252) zugunsten der hansischen Kaufleute, die aber selbst schon wieder der Endpunkt einer früher einsetzenden Entwicklung sind, und am Ende steht die Anerkennung Lübecks als Vorort der Hanse (1293). Der Fernhändler kann mit ganz entschieden weniger zeitlichem Aufwand gleichzeitig auf verschiedenen Märkten präsent sein und damit ganz erheblich umfangreichere Geschäfte erledigen. Ein Rationalisierungsschub von ungeahnter Wucht setzt ein.

Die Hansekaufleute waren jetzt, zur Jahrhundertmitte, auf allen westeuropäischen Märkten heimisch und kannten deren Möglichkeiten; sie hatten an den südlichen und östlichen Ufern der Ostsee an der Gründung einer Kette von Hafen- und einem Netz von Binnenstädten mit schon bedeutender und noch weiter wachsender Bevölkerung und einem erstaunlichen wirtschaftlichen Leistungspotential mitgewirkt; sie hatten die nordeuropäischen Städte und Länder in ihr Handels- und Verkehrsnetz einbezogen; sie hatten überall ihre festen Geschäftspartner, sie handelten mit einer breiten Warenpalette von Luxusgütern wie von Massenwaren. Aus dem Kaufmann, der zugleich als reisender Fern-, Groß- und auch Detailhändler auftrat, wurde der Großhändler, der von seinem Büro aus Warenströme disponiert. Man hatte Lesen und Schreiben gelernt, Bevollmächtigte und Geschäftskorrespondenz ergänzten und ersetzten das immer seltener werdende persönliche Erscheinen des Kaufmanns auf den Märkten.

Apropos Lesen und Schreiben: Die Stadt Lübeck errichtete 1262 eine zweite Lateinschule und 1300 in jedem der vier Pfarrsprengel eine Elementarschule; sie ernannte und besoldete Lehrer. Bildung ist nicht länger nur Kirchen- oder reine Privatangelegenheit, sie zu fördern wird jetzt Aufgabe der Stadt, der Allgemeinheit. Bis zur Mitte jenes Jahrhunderts gab es in Lübeck nur die Domschule, und die war dem kirchlichen Nachwuchs, den Klerikern vorbehalten. Selbst wenn man unterstellen wollte, daß hochmittelalterliche Planungsprozesse schneller verlaufen konnten als heute: Die Stadtväter, das Patriziat mußten zuvor die überragende Bedeutung des geschriebenen Wortes für die künftige Entwicklung von Handel und Stadt erkannt haben; sie mußten sich dazu durchgerungen haben, diese Aufgabe als städtische, als öffentliche Angelegenheit zu betrachten und sie deshalb zu finanzieren, und sie mußten diese Erkenntnis und Entscheidung schließlich gegen den erbitterten Widerstand der Geistlichkeit durchsetzen, den bisherigen Monopolisten in Sachen Schule und Ausbildung. Auch in anderen Städten setzen zur gleichen Zeit oder nur wenig später vergleichbare Entwicklungen ein. Das Bürgertum, die Kaufleuteschaft emanzipiert sich auf dem Gebiet der Ausbildung von der Kirche – in allen anderen Bereichen bleiben sie der Kirche allerdings weiterhin höchst zugewandt.

Die Schriftlichkeit zieht in das Leben ein: Zur Absicherung von schwierigeren Geschäften legen die Städte Schuldbücher an (Hamburg 1270, Lübeck 1277, andere Städte folgen); Verträge und Kredite werden öffentlich beglaubigt, bieten dem Kaufmann dadurch zusätzliche Sicherheiten. Eine Gesellschaft, deren Verhaltensweisen bislang ausschließlich auf den Satz von Treu und Glauben, auf das Vertrauen in das gesprochene Wort gegründet ist, lernt, schriftlich niedergelegte Dokumente als gleichwertig anzuerkennen. Auch darin muß man einen revolutionären Vorgang sehen. Gewiß, Kaiser, Könige, Fürsten und hohe Geistliche stellten schon seit Jahrhunderten Urkunden aus mit Rechtsbindung für sich, für andere Fürsten und für alle Untertanen, in der Regel von adeligen Zeugen bekräftigt und besiegelt. In der Stadt genügte von Anfang an allein die Schriftlichkeit und die Zeugniskraft des Schuldbuches, aufgebaut auf dem Vertrauen der Kaufleute zum Ratsschreiber oder ähnlichen Personen bürgerlichen Standes. Was in ein solches Buch eingetragen wird, hat im Streitfall Beweiskraft.

Sozusagen komplementär zur Entwicklung dieser Schriftlichkeit kommen zwei weitere Erfindungen: das Fensterglas und die Brille; beide werden im ausgehenden 13. Jahrhundert erstmals erwähnt. Wer wie der Kaufmanan im Sitzen arbeitet, möchte nicht frieren. Und er verdient genug Geld, daß er sich die immens teuren Butzenglasscheiben leisten kann. Wer wie der Kaufmann mit der Schreibfeder in der Hand arbeitet, meist sogar beim ungenügenden Licht der Kerze, der weiß die Nützlichkeit einer Brille zu schätzen.

Vom Geschäftsbuch eines unbekannten lübischen Kaufmanns ist ein Bruchstück erhalten, der bislang älteste Beleg für diese Quellengattung Rechnungsbücher; es stammt vom Ende des 13. Jahrhunderts, ein Zeugnis dafür, daß der Kaufmann jetzt viele Geschäfte (durch Mitarbeiter) unter seiner zentralen Leitung und Entscheidung gleichzeitig an verschiedenen Orten abwickeln kann. Für die kommenden Jahrhunderte werden diese Rechnungsbücher (das

In mein Jornal schreib ich all Tag/
Was sich un Gwerb begeben mag/
Mit richtig deutlichem Bescheid/
Welchs zum Bericht dient jederzeit.

Ich soll vertretten den Cassier/
Mit Eins und Aufgab recht allhier/
Die Cassa ich offt überschlag/
Und den Rest fleissig bey mir trag.

Die Buchführung im Kontor (Holzschnitt von Jost Amann, 1585).

älteste vollständig erhaltene wurde vom lübischen Ratsherrn Hermann Warendorp angelegt und reicht von 1330 bis 1336) eine wichtige Quelle für die hansische Geschichtsschreibung werden. Sie sind eine Mischung aus einem Journal und einem Einnahmen-/ Ausgabenverzeichnis, werden aber nicht systematisch oder chronologisch geführt. Da sie im Zusammenhang mit Gerichtsverfahren überliefert werden, haben sie augenscheinlich eine gewisse Beweiskraft besessen. Die doppelte Buchführung und auch Wechselgeschäfte ziehen erst im 16. Jahrhundert allgemein ein. Überhaupt haben die Hansen nur zögerlich die sich immer mehr verfeinernden Instrumente kaufmännischer Technik übernommen. All die Instrumente jedenfalls, die den italienischen Kaufleuten zur täglichen Gewohnheit geworden waren und die im Prinzip bis heute funktionieren, all diese Instrumente bleiben dem Hansekaufmann weitgehend fremd. Auch in der Spätzeit gab es keine Lehrbücher der Handelspraxis wie in Italien. Warum das so ist, wird nicht deutlich. Unkenntnis kann es nicht gewesen sein: Die deutschen Kaufleute hatten doch intensive Handelskontakte mit italienischen Kollegen in Brügge oder auch in Venedig ebenso wie mit den oberdeutschen Frühkapitalisten und ihren Niederlassungen in Hansestädten. Da gab es doch genügend Gelegenheit zum Erfahrungsaustausch, zum Lernen, zur Erweiterung seiner Kenntnisse. Gelegentlich werden diese Instrumente zwar auch verwendet, aber eben nicht so umfassend wie bei den italienischen oder oberdeutschen Kollegen.

Mit dieser Rationalisierung des Fernhandels, seiner revolutionären Veränderung in der zweiten Hälfte des 13. Jahrhunderts geht in Lübeck, höchst faszinierend zu beobachten, eine totale Veränderung in der Zusammensetzung der Patrizierschaft einher: Die bisher tonangebenden Kaufmannsfamilien verschwinden, Aufsteiger nehmen ihren Platz ein. Das gilt für den Grundbesitz ebenso wie für die Zusammensetzung des Rates. Diese neue Schicht beginnt, die Handels- und Warenwelt globaler einzuschätzen und zu beobachten, beginnt, in Weltmaßstäben zu denken. Das sind die Leute, die sich nun endgültig von dem bisherigen Hansevorort Visby befreien und Lübeck selbst zu «unser aller Haupt» entwickeln; das sind die gleichen Leute, die sich auf den fremden Märkten Privilegien erkämpfen und Norwegen und Flandern durch ihre Handelsboykotte wenigstens zeitweilig wirtschaftlich gefügig machen; das sind die gleichen Leute, die aus einem Kaufmannsbündnis ein Städtebündnis formen. Man hat diesen vollständigen Umbau der lübischen Führungsschicht in Zusammenhang gebracht mit den sinkenden Kapitalzinsen im ausgehenden 13. Jahrhundert: Innerhalb von zwei Jahrzehnten fielen sie um 50 Prozent. Es gab also mehr Kapital, als auf dem Markt benötigt wurde. Also hatte es zuvor auch eine erhebliche Ausweitung der Geschäfte und der Gewinne gegeben. Und es muß innerhalb des bisherigen Patriziats eine Gruppe von Rentiers gegeben haben. Wer nun, so die Theorie, wie diese seinen Lebensunterhalt aus Zinsen vom Rentenkapital bestritt, mußte bei fallenden Zinsen entweder Einbußen in seiner Lebensführung hinnehmen oder Kredite aufnehmen, seine Grundstücke, seine Marktbuden verpfänden oder verkaufen. Die landeten letztlich in den Händen der neuen, der geschäftstüchtigeren Händler, in den Händen der neuen, aufstrebenden Patrizierschicht. Die Fakten sind unverrückbar: Wandel vom Wanderhändler zum Fernhändler, Seßhaftigkeit, beginnende Schriftlichkeit im Geschäftsverkehr, globales Denken, sinkender Zinsfuß in kurzer Zeit, neue Zusammensetzung des Patriziats. Ob die Interpretation stimmt, steht dahin. Ein Indiz mag die These vom diskontinuierlichen Übergang von einer Kaufmannsgeneration zur anderen erhärten: Lübeck begab sich 1309 bis 1319 freiwillig unter dänische Oberhoheit, setzte damit Bündnis und europaweiten Handel aufs Spiel. In diplomatischen Geschäften erfahrenere Patrizier als diese «Yuppie-Generation» hätten vielleicht zögerlicher ge- und mit dem Dänenkönig zäher verhandelt. Spätere Hansediplomaten jedenfalls waren europaweit gefürchtet ob einer Verhandlungsführung, die zäh an ihren Positionen festhielt.

Selbstverständlich legten die Kaufleute ihre Außenbeziehungen nicht vollständig in die Hände ihrer Mitarbeiter oder Kompagnons. Selbstverständlich reisten sie noch immer zu den auswärtigen Märkten, selbstverständlich besuchten sie ihre auswärtigen Geschäftspartner. Aber sie begleiteten eben nicht mehr jede Schiffsladung oder jeden Warentransport. In Nowgorod, Bergen und London lebten sie in den Kontoren, an anderen Orten in Gasthäusern oder mieteten sich wie in Brügge bei einheimischen Familien ein. Auch jetzt noch reiste man möglichst gemeinsam. Und zu Hause setzte man diese Reisekontakte auf gesellschaftlicher und geselliger Ebene fort. Die mittelalterliche Gesellschaft zeigte eine besondere Vorliebe für Zusammenschlüsse, die zugleich beruflichen und geselligen Zwecken dienten, aber auch religiösen und sozialen. Die Fernkaufleute bildeten Gilden, die Handwerker Zünfte, die Kaufleute mit gleichem Reiseziel Kompanien. Die älteste bekannte Gesellschaft dieser Art ist die Dänische Bruderschaft von Köln (1246), in Soest gab es eine Schleswiger Bruderschaft, Greifswald hatte eine Bornholmfahrerbruderschaft. Englandfahrer gab es in Lüneburg, Köln, Dortmund, Attendorn und Lübeck; in Köln gab es eine Gesellschaft der Venedigfahrer (15. Jahrhundert); Lübeck kannte eine Schonenfahrerkompanie, daneben auch die der Bergen-, Riga-, Reval- und Nowgorodfahrer sowie der Stockholm-, Flandern-, England- und Spanienfahrer.

Jede dieser Gruppierungen fand ihr Selbstverständnis auch in der Errichtung von eigenen Häusern. Dabei gehören die Zunft- oder Amtshäuser zu den prächtigsten Bauwerken, die das Bild der mittelalterlichen Stadt prägten und prägen, beispielsweise das «Knochenhaueramtshaus» in Hildesheim, den wohl aufwendigsten Fachwerkbau in Deutschland. Die Stralsunder Nowgorodfahrerkompanie stiftete in der Nikolaikirche jenes einmalige Kirchengestühl, in das Szenen aus ihrem kaufmännischen Leben in Nowgorod eingeschnitzt wurden. Jeder Gruppe gereichte es zur Ehre, in der Kaufmannskirche einen Altar oder gar eine Kapelle stiften zu dürfen. Die Schiffergesellschaft in Lübeck errichtete 1535 ein Spital, dessen Gebäude bis heute – mit einigen Veränderungen im Laufe der Jahrhunderte – erhalten ist und als Restaurant genutzt wird. Die Gäste sitzen auf den ursprünglichen Bänken mit den reichgeschnitzten Flanken und den Wappen der Kaufleute von Bergen, Reval und Riga und an Tischen aus Schiffsplanken. Die Älterleute, der frühere «Vereinsvorstand», saßen auf erhöht gebauten Bänken, den Beichtstühlen. Die Bruderschaft vom St. Georgenschild baute 1385 in Danzig jenen berühmten «Artushof», der 1802 abgerissen wurde.

Jeder Kaufmann konnte Mitglied auch mehrerer dieser Gesellschaften sein. In Lübeck gehörten der Bergenfahrerkompanie bis zu 200 Mitglieder an (15. Jahrhundert). Wohlgemerkt, Fernhändler!

Die Einzelhändler waren ja ausdrücklich von der Mitgliedschaft ausgeschlossen, lediglich in Danzig konnten sie sich in den «Artushof» einschreiben. In Lübeck teilte sich die «Schonenfahrerkompanie» in zwei Gruppen: die eigentlichen Fernhändler, die in Lübeck blieben, und die *Kopgesellen to Bergen*, die vor Ort die Geschäfte tätigten.

Nun ist aber Fernhändler nicht immer gleich Fernhändler. Zwischen ihnen gab es durchaus bedeutende Unterschiede. Nicht nur, daß sie mit unterschiedlichen Waren auf unterschiedlichen Märkten in unterschiedlichen Mengen handelten. Zwischen ihnen bestanden auch erhebliche Vermögensunterschiede. Dennoch waren auch die kleineren, weniger vermögenden und geringen Umsatz erzielenden Händler Mitglieder einer solchen Kompanie. Ende des 15. Jahrhunderts zählte man in Lübeck zehn Kompanien, in Köln sechs, in Hamburg dagegen nur drei. Nur wenig später waren diese Kaufmannsgesellschaften ebenso geschlossen wie die Zünfte: Es gab eine begrenzte Zahl an Mitgliedern. Häufig wurde die Mitgliedschaft in der Familie vererbt. Zugang war dann nur noch möglich, wenn tatsächlich ein Platz frei wurde. Gilden wie Zünfte versuchten, die wirtschaftlichen Tätigkeiten jedes Mitglieds so zu regulieren, daß es nicht bedeutend mehr Einkünfte erzielte als die anderen. Beschränkungen der Gewinnmöglichkeiten also mit dem Ziel, alle Mitglieder weitgehend gleichzustellen.

Hansisches Patriziat dagegen stand, anders als in Köln oder gar den süddeutschen Städten, Aufsteigern stets offen. Zwei Bedingungen mußten die Kandidaten erfüllen: Sie mußten reich sein und eine patrizische Tochter heiraten. Der Lebensweg eines solchen Aufsteigers wird immer wieder ähnlich geschildert: Zuwanderung (sehr häufig aus Westfalen); Aufnahme als Lehrling im Alter von etwa 12 Jahren; lesen und schreiben konnte er schon; Erlernen der kaufmännischen Tätigkeit (Buchführung, Rechnungswesen) und Erwerb von Warenkenntnissen sowie, das hervorzuheben wird meist vergessen, Schulung des Gedächtnisses; das Gedächtnis spielte in diesen doch noch immer weitgehend schriftlosen Zeiten eine unüberschätzbare, für den Kaufmann überlebenswichtige Rolle. Dann Anstellung als Geselle; (selbständige) Reisen im Auftrag des Kaufmanns auf fremde Märkte oder zu den Kontoren, dabei auch

Abwicklung von Geschäften auf eigene Rechnung; Aufnahme als Teilhaber in das Geschäft des Lehrherrn; Heirat mit dessen Tochter oder einer anderen Patriziertochter; Übernahme dieses oder eines anderen Geschäftes und Aufnahme ins Patriziat, in den Stadtrat, vielleicht sogar Wahl zum Bürgermeister. In Lübeck gibt es den Paradefall des in jungen Jahren aus Dortmund zugewanderten Hinrich Castorp, der aus einfachen Verhältnissen stammte und in das Patriziat aufstieg, gar Bürgermeister wurde. Natürlich absolvierte nicht jeder Kaufmannsgeselle eine solche Karriere, aber ein jeder hatte – prinzipiell – die Möglichkeit.

Der Reichtum, den hansische Fernhändler erwarben, wird immer verglichen mit dem der so unendlich viel reicheren oberdeutschen Frühkapitalisten wie Fugger und Welser (Verhältnis 1:10). Die Spitzenstellung in Lübeck nahmen Ende des 15. Jahrhunderts Johann Bussmann mit 40 000 Mark lüb. und Johann Baring zu Beginn des 16. Jahrhunderts mit 46 000 Mark lüb. ein. 1511 erreichten die Fugger 374 000, 1515 die Welser 486 000 Mark lüb. Das waren jedoch nur ganz wenige Ausnahmen, einsame Bergeshöhen inmitten eines weiten, flachen Landes. Die patrizische Oberschicht war zudem in den süddeutschen Städten sehr viel dünner als in den Hansestädten. Das Vermögen der Oberschicht könnte zusammengerechnet in allen Städten möglicherweise gleich groß gewesen sein – nur verteilte es sich in den Hansestädten auf mehr Familien. Daher ist der Vergleich zwischen dem Vermögen der Fernkaufleute und dem der Bürger der gleichen Stadt oder denen vergleichbarer Städte ebenso wichtig. Und da treten dann sehr viel größere Vermögensunterschiede zutage. Die Patrizier waren bis zu hundertmal reicher als die Handwerker, ganz zu schweigen von den Gesellen oder den Unterschichten. In den städtischen Steuerlisten treten uns nur die Personen entgegen, die ein *Vermögen* zu versteuern hatten. Und das gab es in den Unterschichten eben nicht. Ein Handwerker versteuerte ein Vermögen von vielleicht 150 oder maximal 600 Mark lüb.

Der kaufmännische Reichtum stammte im übrigen nicht nur aus dem eigenen Großhandel, er wurde ergänzt durch Einkünfte aus Anteilen an Handelsgesellschaften und aus Anteilen an Schiffen (Parten), durch Zinserträge aus ausgeliehenem Kapital und Grundstückseinkünfte. Westfälische Kaufleute vor allem finanzierten Mitte des 14. Jahrhunderts dem englischen König eine Zeitlang den Krieg in Frankreich – gegen Verpfändung der Zolleinnahmen.

Zur breiteren Streuung der Geschäfte und zur besseren Risikovorsorge beteiligten sich die vermögenderen Handelsleute an mehreren Handelsgesellschaften gleichzeitig, sei es als «stiller Gesellschafter» nur mit Kapital, während ein anderer die Geschäfte allein führte, sei es in Form einer gemeinsamen Kapitaleinlage zweier Kompagnons mit meist gemeinsamer Geschäftsführung. Gewinne wurden den Kapitalanteilen entsprechend ausgeschüttet, bei Verlusten haftete man bis zur Höhe seines eingelegten Kapitals. Zum dritten schließlich gab es den Einsatz des Gesamtvermögens (oder bedeutender Teile davon) in ein gemeinsames Unternehmen: eine Gesellschaft mit unbeschränkter Haftung. Bei Schiffsparten kamen Teilungen bis zu 1/64 vor, die auch vererblich waren. Jeder Teilhaber streute sein Risiko dadurch, daß er, wo es ging, Parten an mehreren Schiffen erwarb.

Die Hanse hatte zeit ihrer Existenz ein gespaltenes Verhältnis zu Krediten. In der zweiten *Schra*, der zweiten Hofordnung des Nowgoroder Kontors (um 1295), wird der Handel auf Kredit mit den Russen ausdrücklich unter erhebliche Strafe gestellt, so wie übrigens auch gemeinsame Handelsgesellschaften von Deutschen mit Russen untersagt waren. Gleichzeitig wird im Westen, in London wie in Flandern, durchaus auf Kredit gehandelt, und zwar bis zum Beginn des 15. Jahrhunderts. Dann machten die livländischen Städte so heftig gegen den Kredit Front, daß der Hansetag ihn 1401 für Flandern grundsätzlich untersagte. Mit zweifelhaftem Erfolg: Denn einerseits galt diese Regelung zunächst nur für Flandern und Livland, erst 1462 wird ein Kreditverbot für London gefordert; andererseits mußten diese Verbote ständig erneuert werden, der beste Beleg dafür, daß sich auch Hansekaufleute dieses notwendige Instrument überregionalen Handels nicht nehmen lassen wollten. Man hat diese zunächst unverständliche Haltung der Hanse zum Kredit damit erklärt, daß man so – wie durch das Verbot gemeinsamer Handelsgesellschaften mit Nichthansen – verhindern wollte, daß Nichthansen in den Genuß hansischer Privilegien kamen.

Eine ganz singuläre Rolle – und zwar in mehrfacher Hinsicht – fiel dem «Deutschen Orden» im Handelssystem der Hanse zu. Er war der einzige mittelalterliche Landesherr, der in ganz wesentlichem Umfang Eigenhandel betrieb, und zwar spätestens seit dem Ausgang des 13. Jahrhunderts. Zudem war er der einzige Territorialherr, der Mitglied der Hanse war. Lediglich in Nowgorod scheint er an den der Hanse eingeräumten Privilegien nicht beteiligt gewesen zu sein. Aber ein ganz reguläres Mitglied war der Orden auch wieder nicht: Wegen seines Ausschlusses durch das Kontor in Brügge 1390 machte der Hochmeister geltend, daß der Großschäffer als Ordensmitglied gar nicht der Hanse angehören und folglich auch nicht ausgeschlossen werden könne; immerhin aber, so räumt er dann doch ein, müsse er die hansischen Vorschriften beachten. Händler war der Orden als Korporation, nicht etwa die Landmeister oder die Deutschmeister oder der Hochmeister als seine Repräsentanten. Wenn man vom Eigenhandel des Ordens spricht, dann spricht man immer nur von dem Orden als Landesherrn in Preußen. In den zwölf deutschen Balleien oder Komtureien und in Livland reichte es nur zu dem einfachen «Landhandel» wie bei allen anderen Grundeigentümern der Zeit: Eigenerzeugte Waren oder überschüssige Waren aus den Abgaben der untertänigen Bauern wurden regional weiterverkauft, auch zur Vorsorge gegen Hungersnöte gespeichert. Diese Besonderheit sei, so wird von Historikern vertreten, darauf zurückzuführen, daß in den Anfangsjahren des Ordens durchaus auch Bürgerliche als Mitglieder aufgenommen wurden, und zwar sowohl als Priesterbrüder wie als Ritterbrüder. So recht überzeugt diese Erklärung nicht, aber es gibt bis jetzt keine plausiblere. Mehrfach hatten ja die lübischen Kaufleute den Orden in Palästina (1190 gemeinsam mit den Bremern) oder in der Ostsee (1201/1230) bei Kreuzzügen und Missionierungsbemühungen unterstützt. Diese bürgerlichen Mitglieder stammten aus der gleichen sozialen Schicht, der auch die bedeutenden Fernhändler angehörten, dem Patriziat, und sie brachten auf diesem Wege ihre Kompetenz in die Korporation.

Im Ordensland Preußen gehörten bezeichnenderweise sechs Städte der Hanse sowieso an, und zwar Braunsberg, Danzig, Elbing, Königsberg, Kulm und Thorn. Zahlreicher noch waren die livländischen Städte mit Dorpat, Fellin, Goldingen, Kokenhusen,

Lemsal, Pernau, Reval, Riga, Roop, Wenden, Windau und Wolmar. Alle miteinander waren sie, die politisch und juristisch unter der Territorialhoheit des Ordens standen, auf kaufmännischem Gebiet also ernsthafte Konkurrenten ihres Landesherrn. Das führte in kritischen Situationen der Hanse häufig zu Problemen. Seit der Niederlage des Ordens in der Schlacht bei Tannenberg (1410) sinkt auch seine Bedeutung als überregionaler Kaufmann. Davon profitiert vor allen anderen preußischen Städten Danzig. Das Handelsmonopol auf Bernstein sicherte dem Orden allerdings noch lange Zeit wirtschaftliche Vorteile, und im 15. Jahrhundert war er das wesentliche Exportgut. Der alte Hochmeister und neue Herzog in Preußen, Albrecht von Brandenburg-Ansbach, erfreute sich am Bernstein als noch immer fließender Einnahmequelle. Ansonsten handelte der Orden vornehmlich mit riesigen Mengen Getreide, mit Holz, Pelzen und Wachs. Über Preußen kam auch in wesentlichem Umfang das Kupfer in den hansischen Handelsraum (aus Ungarn, zeitweilig, über Danzig, sogar aus Schweden).

In Preußen versahen die Großschäffer in Marienburg und Königsberg die kaufmännischen Aufgaben, in den Städten Brügge, London, Lübeck, Danzig und Riga sowie in Schottland übernahmen örtliche Vertreter («Lieger»), jährlich ernannt und unter Aufsicht der Großschäffer, selbständig die Geschäfte des Ordens. Andernorts gab es Lagerhalter («Wirte»), die zwar die Ware stapelten, aber nicht selbständig handeln durften. Zu ihnen reisten bevollmächtigte Handlungsgehilfen. Großschäffer konnten Mönche wie Laien sein, sie unterstanden dem «Ordenstreßler» (Finanzvorstand). Die Rechnungen der Großschäfferei in Königsberg über den Handel mit Flandern (im Anhang des nächsten Kapitels auszugsweise abgedruckt) aus den Jahren 1390 bis 1404 sind eine wichtige Quelle für die Handelsgeschichte des Ordens wie auch der Hanse.

Da steht also der Fernhändler in seiner *Skrivekamere* am Stehpult, bei sich den einen oder anderen Schreiber, in der Halle überprüfen Lehrling und Handelsgehilfe die gerade eingelieferten Waren auf Qualität und Vollständigkeit, genau beobachtet von unserem Handelsherrn, derweil er sein Rechnungsbuch führt oder auch diktiert. In Nowgorod kauft sein Bevollmächtigter gerade einige Fässer

Pelze, in London ordert sein Handelsgesellschaftspartner einige hundert Stück englisches Tuch, und sein zweiter Handelsgeselle bewacht auf Schonen die Einschiffung einiger Lasten (eine Last = zwei Tonnen) Salzheringe. Offensichtlich bedurften weder er noch sein Bevollmächtigter, noch sein Geselle, noch seine Partner der ständigen Kommunikation, um die Geschäfte dennoch in seinem Interesse und im Konsens abwickeln zu können. Man darf bei allen Beteiligten eine sehr genaue Kenntnis ihrer Warenwelt unterstellen.

Fernhändler beschränkten sich in der Regel auf den Handel mit nur wenigen Produktgruppen. Der Absprache bedurfte es vor der Abreise zu einem fremden Markt eigentlich nur der Qualität, der Menge und der Preise wegen. Auch wird möglicherweise das Lieferdatum eine Rolle gespielt haben. Da von Anfang an klar war, daß sich die Geschäfte in Nowgorod und London längere Zeit hinziehen würden, schickt unser Kaufmann Briefe dorthin, in denen er über die neuesten Preisentwicklungen zu Hause und – da er ja auch in Kontakt mit anderen Kaufleuten und Städten steht – auf anderen Märkten berichtet. Er informiert über den jüngsten Skandal in der Stadt oder über wichtige Entscheidungen des Stadtrates oder des letzten Hansetages. Und nach Nowgorod geht noch eine weitere Bestellung über Wachs hinaus.

Wenn dann die morgendlichen Geschäfte in der *Skrivekamere* abgeschlossen waren, zu denen natürlich auch Fragen des Transportes zu Wasser und zu Lande gehörten, ging unser Kaufmann vielleicht zum Hafen, um den Holk, das neueste Schiff (unser Kaufmann lebt im 14. Jahrhundert), der vor zwei Tagen eingelaufen war, einer kritischen Begutachtung zu unterziehen: größere Ladekapazität, größere Segelfläche, zweimastig, sehr dickbauchig – all das verspricht, daß man mit dem Holk mehr Fracht schneller wird befördern können als mit einer Kogge. Da könnte sich vielleicht ein Part lohnen, zumal er nach einer neuen Kapitalanlage sucht.

Würde unser Kaufmann im 16. Jahrhundert leben, verliefe sein Leben nicht wesentlich anders. Er wäre noch immer seßhaft, wenn nicht noch seßhafter. Sein Haus wäre jetzt ganz aus Stein errichtet, mit reichgeschmückter Fassade, vielleicht sogar schon mit Anklängen an den neuen Baustil der Renaissance; es wäre dachziegelgedeckt, seine Fenster wären vollständig mit bleiverglasten kleinen bunten Scheiben versehen; in seinem Kontor würden noch immer Schreiber für ihn tätig sein, noch immer schickte er seine Gesellen oder Gesellschafter oder Partner auf fremde Märkte, noch immer hätte er Anteile an Schiffen, noch immer besäße er in der Stadt und vor ihren Toren Grundstücke, noch immer würde er im Alter seinen und seiner Familie Lebensunterhalt aus Kapitalzinsen bestreiten, vermutlich in deutlich höherem Umfang als sein Vorfahr, noch immer gehörte er zum Patriziat und säße vermutlich im Stadtrat. Die Umsätze, denn noch ist er aktiv im Handelsgeschäft, wären erheblich höher als die seines Urahnen vor zweihundert Jahren, doch die Palette der Handelswaren hätte sich nicht wesentlich erweitert. Er hätte sich längst darauf eingestellt, daß die hochmögenden Hansetage Geschäfte auf Kredit untersagt hatten, er würde keinen Terminhandel oder Vorkauf tätigen. Er hätte auch längst akzeptiert, daß er keine gemeinsamen Handelsgesellschaften mit nichthansischen Kaufleuten bilden durfte. Nein, er würde noch immer Ware gegen Ware tauschen und nur die Differenzen in Geld regulieren. In seinem Büro gäbe es jetzt neben Dokumenten, Geldwaage, Rechnungsbuch, Stempel, Geldtruhe auch Bücher. Vor allem hinge, wenn nicht hier, so doch in der Stube ein in Öl gemaltes Porträt unseres Kaufmanns, vielleicht sogar das seiner Gattin. Vielleicht hätte er aber auch einen Altar gestiftet, der ihn und seine Frau einander zugewandt betend, demütig und würdig zeigte. Kostbare Kleidung und reicher Schmuck wären ihre Attribute.

Vom Rathausturm ertönten jetzt regelmäßig die Glockenschläge der Uhr. Sonntags ginge er nicht mehr in die Messe, sondern in den protestantischen Gottesdienst. Seine frommen Stiftungen kämen der evangelischen (Stadt-)Kirche zugute, noch immer auch dem Spital und – neuerdings – der städtischen Schule. Vielleicht würde einer seiner Söhne in Rostock die Rechte studieren. Unser Kaufherr würde mehr als sein Urahn repräsentieren, mehr Geld für Kleidung und Feste ausgeben, aber auch so regelmäßig wie sein Vorfahr in seinem Gildehaus vespern, Bier oder Wein trinken, mit Freunden oder Gästen die jüngsten Ereignisse in Stadt und Welt besprechen. Wäre er Mitglied des Stadtrates, so wäre er heute vielleicht zu einem Festessen der Stadt geladen, weil es wieder einmal etwas zu feiern gab; die Räte erledigten ihre Geschäfte zwar noch immer ehrenamt-

Festessen einer Gilde im 16. Jahrhundert (Skizze von Hans Holbein d. J.).

lich, waren aber äußerst erfindungsreich geworden, auf Kosten des Stadtsäckels, also der Allgemeinheit, Feste zu feiern. Wenn er selbst ein Fest auszurichten hätte, eine Taufe, die Hochzeit seiner Tochter – er würde so großzügig wie nur irgend möglich sein. Und natürlich die ein geziemendes Fest einengenden Vorschriften des Rates klug umgehen. Bestand beispielsweise die Vorschrift, aus konkretem Anlaß nur drei Gänge servieren zu dürfen, dann gäbe es zu jedem Gang eine große Schüssel mit Fleisch – und vielleicht zehn kleine Schüsseln ebenfalls mit Fleisch und Gemüse. Und da der Nachtisch nicht als eigener Gang gezählt würde, kämen der Gastgeber, seine Hausfrau und seine Küche leicht auf dreißig bis vierzig Einzelgerichte, die unserem heutigen Verständnis von «Gang» entsprächen. Es gäbe Fleisch von Rind, Schwein, Geflügel und Wild, es gäbe Fisch, es gäbe Gemüse nach Jahreszeit, alles mit Pfeffer oder Safran oder Ingwer oder einem anderen edlen, teuren und vor allem exotischen Gewürz geschmacksverstärkt und verfeinert. Der Nachtisch bestünde aus einheimischem und importiertem Obst (Datteln etwa) und aus Kuchen. Die Festlichkeit würde begleitet von Bier und mehreren Sorten Wein. Aber: Solche Gelage dürften auch bei reichen Kaufleuten eher die Ausnahme gewesen sein.

Unser Kaufmann stünde im 16. Jahrhundert vor der Frage, ob er sich in den mittel- und südamerikanischen Handel einschalten sollte, so wie es die Welser vormachten. Er würde sich aber wie seine hansischen Mitkaufleute für die Beibehaltung der traditionellen Handelsbeziehungen, -wege und -güter entscheiden. Auch eine Beteiligung an einem Geschäft vergleichbar den englischen oder holländischen Fernosthandelskompanien, die seit der Niederlage der spanischen Armada im ausgehenden 16. Jahrhundert in Mode kamen, würde er nicht ins Auge fassen. Unser Kaufmann, dessen Geschäfte doch so sehr auf die See und ihre Überwindung gegründet waren, würde die Chancen des neuen Übersee-Verkehrs nicht erkennen. Nein, er würde sich nicht auf neue Märkte vorwagen; er sähe seine Geschäftsinteressen am ehesten noch immer dadurch gewahrt, daß die traditionellen Privilegien erhalten blieben, und seine Bemühungen wären darauf gerichtet, das Eindringen fremder, nichthansischer Kaufleute in seinen Handel und in seine Stadt zu unterbinden. Er würde im Rat heftig für einschneidende

Beschränkungen des Zuzugs und für ein Verbot des Gästehandels plädieren. Mit Entrüstung würde er die so gänzlich andere Handhabung der Handelsfreiheit durch Hamburg oder Danzig zurückweisen. Ihm wäre dabei überhaupt nicht bewußt, daß er den Fremden eben genau das verwehrte, worauf die Hanse und damit er selbst schon seit Jahrhunderten ihre eigenen Geschäfte aufgebaut hatten: auf Privilegien zu Lasten der Einheimischen. Begegnete er uns vor dem Jahre 1555, so sähen wir ihn in ehrlicher und erheblicher Sorge um den inneren Religionsfrieden im Reich und seine wirtschaftlichen Folgen; träfen wir ihn nach dem Augsburger Religionsfrieden, sähen wir ihn mit glänzenden Äuglein immer größere Umsätze machen: Er allein würde in einem Jahr mit soviel englischem Tuch handeln, wie noch zweihundert Jahre zuvor die ganze Hanse! Dabei wären zugleich die Risiken durch Seeräuber oder Stürme deutlich geringer als die seiner Vorfahren. Seeräuber waren jetzt eine zu vernachlässigende Größe, und die Einführung der Kompaßrose auf den Schiffen sorgte für erheblich bessere Navigation. Unser Kaufherr wäre sehr viel reicher als seine Vorfahren. Ihm ginge es wirtschaftlich hervorragend, er könnte sich ohne große finanzielle Anstrengung ein neues Steinhaus, möglichst am Markt seiner Stadt gelegen, leisten. Er würde schwerlich bemerken, daß andere vergleichbare Kaufleute in Italien, in Oberdeutschland oder in den neugegründeten Niederlanden sehr viel erfolgreicher Geschäfte betrieben. Nur die in den Hansestädten immer zahlreicher werdenden ausländischen Kaufleute würden ihm Kopfzerbrechen bereiten. Und die gewaltige Zunahme der holländischen Schiffahrt in der Ostsee: weil in deren Folge seine Koggen ungenutzt im Hafen liegen blieben oder ihn zwängen, kostenaufwendige Leerfahrten anzuordnen. Er sähe, daß die preußischen Städte ganz in Gegensatz zu ihm und seiner Stadt Lübeck sehr wohl an der Niederlassung englischer Kaufleute und der Benutzung holländischer Schiffe interessiert wären: Die einen brächten zusätzliche Geschäfte, die anderen böten günstigere Preise. Vor diesen Konkurrenten hätte unser Kaufmann Angst, gewaltige Angst, die er nur mit Verboten würde kaschieren können. So wie er überhaupt seine Geschäfte mehr durch Verbote denn durch Risiko tätigen würde. Wachstum und Wagnis reizten ihn nicht mehr, nur die gerechte Verteilung des Vorhandenen.

Der Handel und die Waren

«Krakau ist ein Kupferhaus, Visby ein Pech- und Teerhaus, Reval ein Wachs- und Flachshaus, Rostock ein Malzhaus, Danzig ein Kornhaus, Stettin ein Fischhaus, Halberstadt ein Frauenhaus, Hamburg ein Brauhaus, Lübeck ein Kaufhaus, Braunschweig ein Zeughaus, Magdeburg ein Backhaus, Köln ein Weinhaus und Lüneburg ein Salzhaus.» Dieser hansische Merkspruch wohl schon aus dem 15. Jahrhundert zählt die bedeutendsten Städte des Bündnisses und ihre Handelsspezialitäten auf. Lübeck unterscheidet sich von allen anderen dadurch, daß es als «Kaufhaus» mit allen Waren handelt – und eben keine Spezialitäten aufweist. Die Liste ist – wie jeder Merkspruch – auf das Wichtigste und das Typische reduziert und bietet selbstverständlich keinen vollständigen Überblick über den gesamten Warenkatalog, der von hansischen Kaufleuten angeboten wurde. Und Halberstadt ausschließlich mit «Frauenhaus» zu beschreiben, zielt gewiß an der Realität dieser sehr alten Handelsstadt vorbei. Und natürlich werden in allen Ostsee- und Westseehäfen Fische angelandet, nicht nur in Stettin. Krakau bleibt zwar weiterhin das Kupferhaus – die ungarischen Kupferexporte gehen überwiegend über die polnische Stadt, doch den Erzhandel reißen um die Wende zum 16. Jahrhundert die oberdeutschen Handelshäuser an sich. Die lenken sogar den Verkehr um: Von Krakau aus gehen die Waren nicht mehr zur Ostsee, sondern über Land nach Westen.

In unserem Merkspruch fehlen andererseits die Tuche aus England und Flandern, die Stockfische aus Bergen und der schonische

Hering, da fehlt der preußische Bernstein, und es fehlt Nowgorod mit seinem überaus reichen Warenangebot: den Fellen, dem Wachs, dem Honig, der Pottasche, dem Pech, Teer und Harz. Das aber ist nicht besonders verwunderlich, weil das Nowgorod dieser Zeit längst nicht mehr die überragende wirtschaftliche Rolle spielte; die russischen Zaren hatten angefangen, den russischen Handel auf ihre Stadt Moskau umzuleiten. In Danzig fehlen die Holzexporte, die für englisches Schiffsholz zumal und für die berühmten englischen Langbögen aus Eibenholz; längst hatten die Engländer ihre einst reichen Waldbestände so reduziert, daß aus ihnen kaum noch Schiffsbauholz zu holen war. Und das angesichts der wachsenden Bedeutung Englands als Seemacht mit später erdumspannenden Interessen.

Allerdings hatte der Holzimport natürlich System und alte Tradition: Man schont seine eigenen Bestände und beutet die Baumbestände der Gegner und Konkurrenten aus, die Phönizier den Libanon, die Römer England, Spanien und den Balkan, so wie später auch die Venezianer vor allem auf balkanisches Schiffsbauholz zugriffen. Die Folgen dieser massiven und systematischen Natureingriffe sind bis heute unübersehbar. Die Engländer ließen sich mit Balken, Bohlen und Brettern nicht nur aus Preußen beliefern, sondern seit dem ausgehenden 15. Jahrhundert zunehmend auch aus Norwegen.

Typische Handelsgüter der Hanse waren: aus Skandinavien Trocken- und Salzfische, Butter, Fleisch, Felle, Leder, Kupfer und Eisen; aus dem Osten (Nowgorod) Pelze, Honig, Wachs, Pottasche, Teer; aus Preußen Getreide, Holz, Bernstein, Leder und Teer; aus dem Südosten (Ungarn) Erze, aus dem Westen Tuche, Wolle, Salz (von der Atlantikküste in Frankreich und Portugal), Zinn, Metallwaren, Schmuck, sakrale Gegenstände, später sogar Kunstwerke (Ölgemälde, Altäre, Bücher); aus dem Süden Gewürze, Feigen, Mandeln, Nüsse, Öl, Trauben, Seide. Im Hansebereich selbst wurden erzeugt und exportiert Wein, Bier, Waffen, Metallwerkzeuge, Salz (Lüneburg), Farbstoffe (Waid).

Selbstverständlich wird in allen Hansestädten mit allen Waren gehandelt. Dabei verschieben sich im Laufe der fünfhundert Jahre hansischer Geschichte die jeweiligen Schwerpunkte. Alle Hansestädte waren «Kaufhäuser», nicht nur Lübeck. Aber Lübeck vertrieb nun einmal keinen Artikel, der für die Stadt so typisch gewesen wäre, daß man ihn im Merkspruch aufgegriffen hätte. Nun ist es im Bereich der Handelswaren so wie überall in der mittelalterlichen Geschichte: Je konkreter wir heute fragen, desto ungenauer werden die Antworten. Die Unschärferelation der Quellen kann nun einmal durch keine noch so konzise Interpretation überwunden werden. Daher ist es auch nicht möglich, für eine einzige Periode der Hansegeschichte das Gesamtvolumen des Handels oder auch nur eines einzelnen Artikels zu ermitteln, das Handelsvolumen einzelner Städte ist ebensowenig bestimmbar wie das einzelner Kaufleute. Immer sind nur zufällige Ausschnitte aus einem größeren Zusammenhang überliefert. Und selbst, wenn einmal eine scheinbar unerschöpfliche Quelle vorliegt, wie etwa die Sundzollregister vom Ende des 16. Jahrhunderts, dann ergibt die genauere Prüfung Ungenauigkeiten und Unzuverlässigkeiten. Beinahe ebenso wichtig sind die Pfundzollbücher.

Der Pfundzoll wurde zur Deckung von Kriegskosten in den Häfen beim Ein- und Auslaufen von Schiffen und Waren erhoben. Da also alle Schiffe und Waren betroffen sind, könnte man für diesen Zeitraum an diesem Ort genaue Umsätze ermitteln. Die aber können allenfalls den Warenumsatz bestimmter Städte in Krisen- und Kriegszeiten widerspiegeln. Und die haben nie der Normalität entsprochen.

Für die ersten etwa 200 Jahre hansischer Geschichte liegen uns Angaben hinsichtlich des Handelsvolumens lediglich für die Wollausfuhr aus England vor; die ging überwiegend in die heutigen Niederlande, also weder nach Skandinavien noch über Lübeck nach Preußen oder Rußland. Und an ihr waren die Hansen nur sehr gering beteiligt. Mit dem *Customs Account* liegt eine Quelle vor, die den Export englischer Tuche genau festhält. Verfolgt man dabei die Entwicklung der Exporte insgesamt und den Anteil der hansischen Kaufleute daran, dann ergibt sich: Die Ausfuhr dieser Artikel blieb während der gesamten Periode fest in den Händen englischer Kaufleute. Die Hansen erreichten erst Mitte des 15. Jahrhunderts etwa das gleiche Volumen wie alle anderen fremden Kaufleute zusammen, um diese dann im frühen 16. Jahrhundert für etwa

20 Jahre sogar zu überflügeln. Es gab insgesamt beachtliche Steigerungen der absoluten Umsätze (von 1690 Stück Tuch im Jahresdurchschnitt 1366–1368 auf 30 740 Stück Tuch im Jahresdurchschnitt 1536–1540), die im Krieg gegen England 1469–1474 natürlich wieder auf ein Minimum sanken (3360 Stück Tuch). Die Hansen konnten in diesen rund 150 Jahren bis zu 20 Prozent vom Tuchexport an sich ziehen. Aber diese präzisen Auskünfte über einen Artikel, eine Artikelgruppe besagen überhaupt nichts über das Gesamtvolumen oder über die Umsätze, schon gar nichts über Gewinne, sie sagen überhaupt nichts aus beispielsweise über den so wichtigen Weinimport aus Köln. Insgesamt, so wurde errechnet, erreichten die Hansen einen Anteil von einem Siebtel am gesamten englischen Export.

Hansischer Handel ist immer Zwischenhandel, die wenigsten Kaufleute betrieben – nebenbei – auch noch Detailhandel. Hansischer Handel hatte die meiste Zeit eine Art Monopolcharakter. Die Monopole sind dabei auch nicht etwa von den Gastländern erteilt worden, sie haben sich vielmehr als später immer schärfer bekämpfte Folge aus den den Hansen erteilten Privilegien entwickelt. Wichtig scheint auch die Feststellung zu sein, daß hansischer Handel immer bereits vorhandene Bedürfnisse befriedigte, nicht aber auf fremden Märkten neue Absatzmöglichkeiten für seine Produkte suchte (einzige Ausnahme: Weinhandel nach England). Der Westen benötigte die dichten, festen wärmenden Felle aus der russischen Steppe und den Wäldern, der Osten benötigte Salz und Metallfertigwaren. Der Süden benötigte Salzheringe und Stockfische (bis nach Italien), der Norden Getreide und Bier. Mittendrin, mit allen Fäden in der Hand, saßen die Hansen. Immer aber war auf diesen fremden Märkten die Nachfrage gegeben, sie mußte von den Hansen nicht erst erzeugt werden. Diese Selbstverständlichkeit des Absatzes (der wegen der wachsenden Bevölkerung in allen Absatz- und Produktionsgebieten ständig wuchs) ließ alle jene Eigenschaften sich nicht entwickeln, die später das Ende des Bündnisses vielleicht hätten hinauszögern können: der Wille, sich gegen die Konkurrenz offensiv zu behaupten, die Fähigkeit, neue Märkte zu erschließen, die Kraft zu rationalisieren, zum Beispiel durch den Bau größerer und schnellerer Schiffe.

So wie Leben ohne Salz undenkbar ist, so ruhte lübischer Wohlstand auf dem Salz. Das allein über See zu transportieren und in der Ferne zu verkaufen, hatten sich die Lübecker alsbald vorbehalten und durchgesetzt. Zu den vielen Gründen, warum Lübeck, warum die Hanse innerhalb weniger Jahrzehnte die Vorherrschaft im nordeuropäischen Handel eroberte und dann über mehrere Jahrhunderte beherrschte, zählt auch das Quasi-Handelsmonopol auf Salz. Sozusagen im Gleichschritt mit der Erschließung der Landschaften östlich der Elbe bis hin zum Baltikum, wegen der sich wandelnden Eßgewohnheiten (Salz als Konservierungsmittel für Heringe, Butter oder Fleisch) und wegen der Bevölkerungsvermehrung in West-, Nord- und Osteuropa wächst die lüneburgische Salzproduktion innerhalb eines Jahrhunderts um 300 Prozent, von 5200 to im Jahr 1205 auf 15333 to im Jahr 1301. Auf diesem Niveau hielt man sich bis 1569, als mit 23200 to ein letzter Höhepunkt erreicht wurde. Seither sanken Produktion und Handel kontinuierlich, um am Ende des 18. Jahrhunderts mit 4732 to sogar noch unter das Niveau von 1205 zu fallen!

In dieser Zeit veränderten sich auch die Absatzmärkte des lüneburgischen Salzhandels: Bei sinkender Produktion insgesamt sinkt zudem der Anteil des «Schiffsalzes», des Exportsalzes, das über Lübeck in den Fernhandel ging, von 52 Prozent auf knapp 13 Prozent. Wieder einmal ein Prozeß sich gegenseitig bedingender Faktoren: Der Ostseeraum und seine Anliegerstaaten verlieren mit dem Niedergang der Hanse ihre Bedeutung als Absatzmarkt für lüneburgisches Salz nahezu vollständig. Die Hanse verliert zunehmend ihre zentrale Handelsrolle, weil ein besonders wichtiger Artikel, das Salz, von anderswo und von anderen Händlern günstiger geliefert wurde; die Länder und Städte rund um die Ostsee decken seit der Mitte des 15. Jahrhunderts zunehmend ihren Bedarf mit französischem oder portugiesischem Meersalz. Und das lieferten in immer größeren Mengen und auf immer größeren und schnelleren Schiffen die Niederländer. Natürlich sind auch hansische Kaufleute an diesen Salztransporten beteiligt. Zunächst importieren sie das Salz aus Flandern, später gehen sie selbst nach Bourgneuf, dessen Bay dem dort produzierten Salz den Namen «Baiensalz» gab, nach Brouage und weiter nach Portugal, nach Setubal. Bis zu 100 Schiffe sollen ihre Konvois umfaßt haben. Dennoch blieb der Anteil der Hansen im Handel und Transport des Baiensalzes bescheiden. Denn im Jahresdurchschnitt 1562–1569 betrug beispielsweise der lübische Anteil an der Salzdurchfuhr durch den Sund nur 5,8 Prozent, während die Niederländer einen Anteil von 66 Prozent erreichten. Dieser Wert konnte in den nächsten Jahrzehnten zwar deutlich gesteigert werden, doch sank er zwischen 1621 und 1630 wieder auf 5,1 Prozent (bei 82,6 Prozent für die Niederländer). Die Lüneburger Salinen gehörten ursprünglich dem Herzog, gingen dann vom 13. Jahrhundert an in das Eigentum der Lüneburger Bürger über. Den Betrieb der Siedehäuser leiteten die «Sülzmeister», die gemeinsam mit den Salineneigentümern das Patriziat bildeten. Es gab 54 Siedehäuser mit je vier Pfannen. Jede Pfanne war aus Blei und etwa einen Quadratmeter groß. Die Sole (Salzgehalt bis zu 26 Prozent) wurde in einem Kübel mit einer Wippe gehoben, über Röhren in die Salzpfannen geleitet und dort verdampft. Das Holz zum Betrieb der Pfannen holten sich die «Pfänner», die Salzsieder, so bedenkenlos aus der Umgebung der Stadt, daß die sich bis heute als *Heide* präsentieren kann. Transportiert wurde das gesottene Salz in Tonnen oder als Schüttgut. Dabei wurde erst 1420 das Gewicht als Maßeinheit verordnet, bis dahin begnügte man sich mit der Raumeinheit Tonne. Die Transportkosten für diesen Artikel betrugen für eine Fahrt von Danzig nach Brügge 66 Prozent des Warenwertes. Salz war ein billiger Artikel.

Die Lüneburger können den seit dem 16. Jahrhundert zunehmenden Absatzrückgang ihres Salzes auf den Märkten im Ostseebereich zunächst durch die Erschließung neuer Märkte ausgleichen. So schließen sie mit dem Kurfürsten von Brandenburg einen Vertrag, der ihnen in dessen Land einen Absatz von 20 Prozent ihrer Produktion (3300 to) sichert. Doch können sie den schleichenden Niedergang von Produktion und Handel auf Dauer nicht verhindern. Während des Dreißigjährigen Krieges, der Lüneburg sonst weitgehend verschonte, stand die Hälfte der Siedehäuser kalt. Zu Ende dieses Jahrhunderts, also schon in nachhansischer Zeit, war die Produktion bereits auf die Hälfte des Standes von 1590 gesunken. In dem gleichen Maß, in dem der Fernhandelsanteil am lüneburgischen Salzhandel sank, stieg der Anteil des Handels auf regionaler und lokaler Ebene, ohne allerdings die Verluste der Fernhandelsmärkte auch nur im entferntesten ausgleichen zu können. Lüneburgisches Salz ging – anders als das hallische Salz – nicht auf dem Landweg nach Osten. Um den Transport nach Lübeck zu erleichtern, ließen der Herzog von Lauenburg und die lübischen Kaufleute 1398 den ersten Schleusenkanal Deutschlands zwischen Elbe und Trave, zwischen Nordsee und Ostsee graben: den Stecknitzkanal. Eine auch für das reiche Lübeck so gewaltige Investition, daß wegen der angefallenen immensen Schulden sogar die Existenz der Stadt und des Bündnisses ins Wanken geriet. Aber eine Investition, die sich auf Dauer doch gelohnt hat: In den ersten Jahren kamen 5900 to Schiffsalz auf diesem Kanal nach Lübeck, ein Jahrhundert später waren es 4800 to, dann aber im Jahresdurchschnitt 1501 bis 1510 sogar 9100 to. Den Transport übernahmen von Lüneburg aus die Salzschiffer, die ihre Fracht aber in Lauenburg den Stecknitzschiffern mit ihren flacheren Booten überlassen mußten. Die Bedeutung der Lastschiffahrt bezeugt noch heute der große Kran – 12 Meter hoch, Kranarm 10 Meter lang, Räderdurchmesser fünf Meter – am Hafen von Lüneburg, der 1346 erstmals erwähnt wird.

Seit Mitte des 15. Jahrhunderts bahnen sich aber schon die Veränderungen an, die an den Fundamenten von Lübecks Machtposition nagen werden (wohl auch eingeleitet durch den hansischen Krieg gegen Dänemark, in dessen Verlauf sich die Niederländer als Lebensmittellieferant erstmals in Skandinavien festsetzen konnten). In Zahlen ausgedrückt: Beispielsweise landeten in den sieben Jahren 1427 bis 1433 in Reval 314 Schiffe, davon kamen allein 105 aus Bourgneuf und 103 aus Lübeck. Die Salzfracht betrug etwa 5000 to aus Bourgneuf, aber nur 500 to aus Lübeck und anderen Salzquellen. Im 16. Jahrhundert läuft das Salz aus Brouage dem aus Bourgneuf den Rang ab. Und im 17. Jahrhundert wird Hamburg der bedeutendste Umschlagplatz für Salz, Königberg der Hauptimporthafen.

Dank seiner großen Bedeutung für das Bündnis erreichte Lüneburg, das erst 1371 der Hanse beigetreten war und mit 10 000 Einwohnern zu den größeren Städten zählte, daß es auf dem für die künftigen Geschicke des Bündnisses so wichtigen Hansetag von 1418 gleich hinter Lübeck und Hamburg den dritten Platz einnahm.

Pifce fallati.
Nature. C et. 9. mi. melius et eo falti nö longi quo tempore.
Roenmétum. Imquefanmt et morfeam migram. Remotio no
cumena. Cä vmo rubeo incluto vula.

Fischer auf dem Meer (links) auf einer Darstellung des 15. Jahrhunderts.
Das Einsalzen von Heringen, einer beliebten Handelsware der Hanse (rechts).

In der Stadt werden dann, wiederum ein Ausweis ihrer hervorragenden Stellung im Bündnis, bis 1619 insgesamt 36 Hansetage
abgehalten. Sie gehörte zudem – einmalig in der Hansegeschichte –
zugleich zur sächsischen wie zur wendischen Städtegruppe. Der
«Seefahrende Kaufmann» Lüneburgs, denn die Stadt zählte sich zu
den Seestädten, schloß sich unter dem Patronat des heiligen Nikolaus zu einer Gilde zusammen.

Das Mittelalter kannte nur Salz, Trocknung oder Räuchern als
Konservierungsmittel. Zu den wichtigsten Handelsprodukten der
Hanse zählte konservierter Fisch: Salzhering von der Halbinsel
Schonen und Trockenfisch aus Bergen. Konservierter Fisch
wiederum gehörte zu den wichtigsten Lebensmitteln des Mittelalters – übrigens nicht nur zur Fastenzeit, wie häufig fälschlich
behauptet wird, sondern während des ganzen Jahres und in allen
gesellschaftlichen Schichten. Schonischer Fisch wurde von Juli bis
September von dänischen Fischern gefangen und auf der Halbinsel
Skanör südlich Malmö angelandet. Die Weiterverarbeitung – Aus-
nehmen, Einsalzen, Lagern in Tonnen – erfolgte auf den *Vitten*, die

zu betreiben der dänische König überwiegend deutsche Städte und Kaufleute konzessionierte. Bis zu zehn Hektar große Flächen wurden eingerichtet mit den für die Fischverarbeitung und die Unterbringung von vielen Menschen nötigen Gebäuden; alles war so organisiert wie sonst die Kontore, nur eben nicht auf Dauer, sondern nur für drei bis vier Monate im Jahr. Der Verkauf der Salzheringe erfolgte dann auf den schonischen Messen in Skanör, später hauptsächlich in Falsterbo. Dabei veränderte sich im Laufe der Zeit der Charakter der Messen: Ursprünglich von Kaufleuten aus allen Ost- und Nordseeländern besucht und mit den unterschiedlichsten Waren beschickt, werden sie unter dem dominanten deutschen Einfluß seit Ende des 14. Jahrhunderts fast ausschließlich zu Heringsmärkten. Mengenmäßig sollen es in dieser Zeit zwischen 100 000 to und 300 000 to gewesen sein.

Wie wichtig der Heringshandel für Lübeck war, zeigt allein schon die Tatsache, daß die Heringe sogar auf kleinen Schuten transportiert wurden, die nur bis zu zwölf Heringstonnen (Fässer mit genau festgelegter Größe, dem «Rostocker Band»: 117,36 Liter) laden konnten. Die Hinfracht war natürlich Salz, es kamen aber auch Holz für die Fischtonnen und Lebensmittel für die vielen Menschen hinzu, die in diesen wenigen Monaten auf Skanör versorgt werden mußten – Fischfrauen, Küfer, Gesellen, Kaufleute, Lebensmittelhändler. Der schonische Fischhandel wurde von lübischen Kaufleuten beherrscht; ihre «Schonenfahrerkompanie», erstmals 1365 genannt, ist zugleich die älteste und einflußreichste Kompanie Lübecks überhaupt. Entsprechend dieser Bedeutung trägt sie in ihrem Siegel einen halben Doppeladler (also das halbe lübische Wappen) und – drei Heringe.

Die Strahlkraft dieses größten Fischzentrums in Europa ließ seit der Mitte des 15. Jahrhunderts allerdings allmählich nach. Von den zahlreichen Gründen dafür zunächst der unwichtigste, der jedoch häufig als der wichtigste genannt wird: Die Ergiebigkeit der schonischen Heringsschwärme habe auf «rätselhafte» Weise nach 1425 deutlich nachgelassen. Heute weiß man, daß dieses Nachlassen erst in den 1560er Jahren eintrat, als der Ostseehering an die norwegischen Küsten abwanderte. Viel wichtiger für die sinkende Bedeutung der schonischen Fischmärkte waren tatsächlich einerseits der hansisch-dänische Konflikt in diesen Jahren (der im Endeffekt die Holländer begünstigte), andererseits auch die fünfzig Jahre zuvor erfolgte Vertreibung nichthansischer Kaufleute von Schonen. Die ließen nämlich jetzt Nordseehering fischen, vor der friesischen Küste wie vor der norwegischen Küste. Mit soviel Erfolg, daß sogar in die Ostseeländer exportiert wurde. Der weitere Niedergang der schonischen Fischimporte im 16. Jahrhundert hängt natürlich auch mit der Reformation zusammen, deren theologische Fundamente Fastenverpflichtungen der Gläubigen wie die katholische Kirche nicht kannten. Unvorstellbar, wieviel Saisonarbeitsplätze seit dem ausgehenden 16. Jahrhundert auf Schonen bereits verloren gegangen waren!

Nicht ganz so bedeutend, aber noch immer wichtig und einträglich genug, war der hansische Stockfischhandel. Hier dominierte der Einfluß lübischer Kaufleute noch stärker als im Heringshandel. Stockfischhandel lief bis in die Spätzeit der Hanse fast ausschließlich über Bergen. Und in Bergen hatten die lübischen Kaufleute und ihre Kaufgesellen das Sagen, der Bergenhandel lag nahezu ausschließlich in ihren Händen. Die anderen hansischen Niederlassungen in Norwegen, die in Tönsberg und in Oslo, wurden im wesentlichen von Rostock aus erschlossen, erreichten aber nie die Bedeutung Bergens. In der «Bergenfahrerkompanie» waren die *borger to lubeke*, die Kaufleute also, und die *Kopgesellen to Bergen*, die Handelsgesellen, die im Bergener Kontor auf der «Deutschen Brücke» lebten, gemeinsam zusammengeschlossen. Nur ein Viertel dieser Bergenfahrer kam aus Lübeck, 30 Prozent hingegen aus Westfalen. Anscheinend war in Bergen für die Lübecker das große Geld nicht zu machen. Dennoch gelang einigen dieser *Kopgesellen* der Aufstieg ins lübische Patriziat. Wenn denn aber der Anteil der westfälischen Kaufleute so groß war, dann mußte es für die Menschen aus dieser Gegend doch massive Anreize gegeben haben, auszuwandern und sich ausdrücklich dem bergenschen Stockfischhandel zuzuwenden. Nun haben einige der Kopgesellen Testamente hinterlassen, die natürlich nach allen Regeln der historischen Zunft untersucht worden sind. Die Erblasser betonten meistens ausdrücklich, daß sie ihr Vermögen rechtens erworben haben. Für westfälische Verhältnisse scheint es demnach in Bergen also doch reizvolle Geschäfts- und

Gewinnmöglichkeiten gegeben zu haben. Die Lebensbedingungen waren hingegen – wie im Nowgoroder Kontor – weniger reizvoll und die Kopgesellen daher meist unverheiratet, weil nur wenige Frauen ihnen in den unwirtlichen Norden folgen wollten. Ab 1395 durften sie hier Grund und Boden erwerben, sich also dauerhaft niederlassen. Die «Bergener Spiele» sind berühmt und berüchtigt zugleich: jährlich zu Beginn der Saison stattfindende, meist grobschlächtige Aufnahmezeremonien neuer Kopgesellen in die Gemeinschaft der alten. Norwegischer Stockfisch (Kabeljau, Dorsch) wurde sogar bis nach Italien verkauft. Seit 1446 waren Lübeck, Wismar und Rostock Zwangsstapelplätze – auf diese Weise wollten die Hansen die niederländischen Konkurrenten ausschalten. Natürlich ohne dauerhaften Erfolg. Man kannte unterschiedliche Größen, Verarbeitungsweisen und Qualitäten: Der «Rundfisch» wurde an den Schwänzen paarweise zusammengebunden, der «Rotscher» von Hals bis Schwanz aufgeschlitzt und aufgeklappt zum Trocknen auf Holzlatten (darum: Stockfisch) gehängt. Die Fischgründe reichten von der gesamten norwegischen Westküste bis hin zu den Lofoten, den Färöer-Inseln und den Shetlands; die Fische wurden von Fischer zu Kaufmann direkt verhandelt. Der lübische Stockfischhandel erreichte etwa 25 Prozent des lübischen Heringshandels. Wo die Geschäfte gut liefen, da waren dann seit dem 15. Jahrhundert auch die Niederländer nicht weit. Den Norwegern waren sie rasch als Konkurrenten für den Quasi-Monopolisten Hanse höchst willkommen. Daher wird schon 1438 eine Genossenschaft von Bergenkaufleuten in Amsterdam erwähnt. Wie wichtig der Stockfisch für die Ernährung der spätmittelalterlichen Bevölkerung geworden war, zeigt, daß trotz massiver niederländischer Konkurrenz allein der hansische Stockfischimport aus Bergen vom 14. bis zum 16. Jahrhundert um 400 Prozent gestiegen war, von 225 000 kg auf eine Million. Zusätzliche Fanggründe zu dem Bergener Stockfisch befanden sich bei Island, das anzufahren, ohne Bergen zu berühren, der norwegische König ausdrücklich gestattete. An diesem Geschäft beteiligten sich vor allem die Bremer und die Hamburger.

Als letzte große Handelsbastion Nordeuropas eroberten sich die Hansen die Grafschaft Flandern mit ihrem Zentrum Brügge. All die

Waren, die sie im Gepäck und im Schiffsrumpf mit sich führten und die hier so dringend benötigt wurden: Pelze und Pottasche aus Rußland, Getreide aus den neubesiedelten Ländern des Ostens, wollten sie gegen das flämische Tuch tauschen. Flandrisches Tuch suchte in ganz Europa, ja sogar im Orient seinesgleichen. Flandrisches Tuch war überall begehrt, hatte längst eingefahrene und erprobte Vertriebswege. Nur nicht in den Osten. Und dessen Märkte öffneten jetzt die Hansen.

Lange zuvor schon, wohl drei Jahrhunderte, bevor die Hansen hier massiv auftraten, hatte in Flandern eine in der europäischen Geschichte sicher einmalige Entwicklung eingesetzt: Der Graf von Flandern und die Städte bildeten eine Symbiose, zwischen ihnen bestand eine sehr enge Interessengemeinschaft. Der Graf konnte dank der Städte den Oberhoheitsanspruch der französischen Krone, deren Vasall er lehensrechtlich war, weitgehend abwehren. Die Städte, die Kaufleute bedurften des gräflichen Schutzes zur Sicherstellung ihrer Geschäfte. Das Stadtregiment teilte sich die städtische Oberschicht – die Tuchhändler und Tuchverleger, die *poorters*, die zugleich auch die wesentlichen Grundbesitzer in den Städten waren – mit besoldeten gräflichen Beamten, den *Baillis*. Die Städte wiederum verdankten ihre überragende Wirtschaftskraft der Tuchweberei.

Tuchproduktion war schon zu dieser Zeit ein hochdifferenziertes Gewerbe. Die flandrische und später zusätzlich meist aus England importierte Wolle wurde gereinigt, gesponnen, gewoben. Das entstandene Gewebe wurde nun genoppt (von Knoten = Noppen befreit) und gewaschen. Wieder genoppt, gewaschen und gewalkt. Wieder gewaschen, dann getrocknet, gerauht, geschoren, mit Pottasche aus Rußland fixiert. Geglättet und zum Einlaufen gebracht – das Tuch schrumpft im Verarbeitungsprozeß um bis zu 60 Prozent. Gefärbt – mit Krapp oder Waid oder Brasilholz – wurde entweder schon die Wolle selbst oder das fertig gewobene Tuch. Für jeden dieser Verarbeitungsschritte gab es Spezialisten. In Flandern ging die Ware nach jedem dieser einzelnen Schritte wieder zur Kontrolle an den Tuchhändler zurück. Ganze Heerscharen von – nichtzünftischen – Handwerksmeistern und Gehilfen standen in den Diensten der städtischen Tuchverleger und Tuchhändler, die zudem als

Patriziat auch die Geschicke der Stadt in allen Belangen beeinflußten. Das reichte von der Aufsicht über die Meister bis hin zum Erlaß von Steuern, die natürlich die unteren Schichten stärker belasteten. Die wirtschaftlichen und sozialen Verhältnisse in den Handwerkerkreisen werden denen im Schlesien des 19. Jahrhunderts sehr geähnelt haben: Den allmächtigen Tuchherren standen die Produzenten völlig ungeschützt gegenüber, mußten deren Akkorde akzeptieren, wollten sie denn überhaupt Aufträge bekommen. Andererseits scheint die Fron in der Tuchherstellung viele Landleute zum Wechsel motiviert zu haben, muß demnach den Menschen verlockender, jedenfalls einträglicher und weniger mühselig erschienen sein, als zu ackern und zu pflügen. Die Folge: Die landwirtschaftliche Produktion stagniert bei wachsender Bevölkerung, Getreide mußte eingeführt werden. Das hatten bis zum Auftritt der Hansen in Brügge (Privilegien von 1252) noch die Flamen selbst besorgt. Aber dann kam das Getreide aus dem Osten, zudem so billig, wie es in Flandern selbst nie produziert werden konnte. Also wechseln noch mehr Landwirte ihren Beruf usw., usw.

Seit dem ausgehenden 13. Jahrhundert kommt es immer wieder zu schweren Auseinandersetzungen zwischen Handwerkern und Patriziat, in denen der Graf von Flandern als Vermittler angerufen wird. Der greift gern ein. Es kommt sogar soweit, daß in der Schlacht von Kortrijk 1302 das Patriziat auf seiten Frankreichs und die städtischen Meister auf seiten des Grafen von Flandern kämpfen. Doch weder die goldenen Sporen, die sie in der «Sporenschlacht» von den französischen Reitern erbeuten, noch ihre danach bedingte, in den einzelnen Städten sehr unterschiedliche Teilhabe am Stadtregiment verändern ihre wirtschaftliche Abhängigkeit von den Tuchfernhändlern in irgendeiner Weise. Im Gegenteil: Der so differenzierte Fertigungsprozeß bewirkt eine vollständige Abhängigkeit von – notwendigerweise kapitalkräftigen – Auftraggebern, den Tuchhändlern eben. Die Großabnehmer flandrischer Tuche, die Hansen also, können zudem ihre Waren nicht bei einem einzelnen Weber kaufen, der allein könnte die benötigten Mengen gar nicht produzieren. So sind die deutschen Kaufleute weiterhin auf den Großanbieter, den flämischen Tuchhändler angewiesen. Für das Jahr 1368 überliefert das Pfundzollbuch uns, daß flandrisches Tuch wertmäßig etwa 1/3 aller Einfuhren nach Lübeck ausmachte und mehr als 1/4 des Gesamthandels. Bezogen auf die lübischen Gesamtimporte aus Flandern umfaßten die Tuche allein 75 Prozent. Und das angesichts der Tatsache, daß 1368 ein Krisenjahr war. Für den Tuchhandel mit seinen außerordentlich unterschiedlichen Qualitäten rechnet man mit Gewinnen zwischen 15 und 30 Prozent.

Architektonischen Ausdruck findet die wirtschaftliche Bedeutung der Tuchproduktion und des Tuchhandels in den riesigen Tuchhallen, in denen die Kaufleute ihre Waren lagerten und zum Kauf anboten. Die Tuchhalle von Ypern in Flandern (1304 begonnen, nach Zerstörung im Ersten Weltkrieg wiederaufgebaut) und die von Krakau in Polen (aus dem 14. Jahrhundert, in der heutigen Form aus den Jahren 1556–1559) sind für diese in der Baugeschichte sehr frühen Spezialbauten die großartigsten noch erhaltenen Beispiele.

Diese totale Abhängigkeit der flandrischen Weber von den Tuchhändlern führte zu dem, was auch in anderen Ländern und zu anderer Zeit bei massiver Unterdrückung vorgekommen ist: zur Auswanderung. Viele flämische Weber zogen seit der Mitte des 14. Jahrhunderts nach England oder nach Holland, nahmen ihr Können mit und schufen so die künftige Konkurrenz zur flandrischen Tuchindustrie. Und die Engländer reduzierten als gewitzte Kaufleute in gleichem Maße die Wollausfuhr nach Flandern und trafen damit gezielt den Lebensnerv einer ganzen Region. Die flandrischen Städte, uneins wie je, unterschätzen allerdings diese wachsende Konkurrenz ebenso wie den Machtwillen des neuen Landesherrn, des burgundischen Herzogs Karl des Kühnen, und müssen sich in nur wenigen Jahrzehnten seinem Zugriff beugen. Ypern, Douai, Lille, Arras, Gent und zum Schluß auch Brügge verlieren ihre einstige Vormachtstellung. Und Brügge zumal reißt auch die Hanse mit in den Abstiegsstrudel. Über beinahe zwei Jahrhunderte tritt jetzt Antwerpen das wirtschaftliche Erbe Brügges an. Antwerpen gestattete ausdrücklich den Gästehandel, also den freien Handelsverkehr der auswärtigen Kaufleute untereinander, ein Vorrecht, das die Brügger ebenso nachdrücklich ablehnen. Schon 1407 besitzen die englischen Kaufleute in Antwerpen ein eigenes Haus. Bald folgen ihnen die Spanier und die Italiener, nur die Hansen verspäten sich. Sie errichten ihr neues Kontorgebäude erst zu einem Zeitpunkt (1564–1568), in dem Brügges Bedeutung schon nahe dem Nullpunkt liegt. Wenige Jahre nach seiner Fertigstellung plündern die Spanier Antwerpen (1576, 1585) und vertreiben damit die auswärtigen Kaufleute nach Amsterdam.

Um die Städte Amsterdam, Rotterdam, Haarlem und Leyden hatte sich – begünstigt durch englische Wolleinfuhren und durch Privilegien des Grafen von Holland – längst eine konkurrenzfähige Tuchindustrie etabliert, deren Waren alsbald den hansischen Zwischenhandel zu gefährden begannen. Auch Brabanter Tuch war schon sehr beliebt geworden. Zwar beschloß der Hansetag von 1442, daß nur in Brügge gekaufte Tuche auf hansischen Märkten verkauft werden durften, doch wirkten solche Verbote natürlich nur auf kurze Dauer, und im ausgehenden 15. Jahrhundert zogen auch die deutschen Kaufleute in die holländischen Städte. Überhaupt war dieser Stapelzwang zugunsten Brügges nur auf lübischen Druck hin erfolgt, die preußisch-livländischen und die rheinischen Städte verfolgten andere Interessen.

Flandrisches Tuch in Nowgorod gegen russische Pelze. Flandrisches Tuch in Danzig oder Riga oder Reval gegen preußisches oder polnisches Getreide. Flandrisches Tuch im Osten des Heiligen Römischen Reiches gegen Getreide. Flandrisches Tuch gehörte wie das (lüneburgische) Salz zu den Pfeilern hansischer Geschäfte und hansischen Wohlstands. Und so ist es nur folgerichtig, daß der allmähliche Zusammenbruch der flandrischen Tuchproduktion seit dem 15. Jahrhundert auch mit beiträgt zum allmählichen Zusammenbruch des hansischen Handelssystems. Die garantierten Absatzwege zu den garantierten Märkten waren ja auch wirklich nur zu bequem, sorgten sie doch für ein müheloses Einkommen. Die Konkurrenz schlief auch seinerzeit schon nicht: Holländische und englische Tuche waren längst den flandrischen Produkten gleichwertig. Während hansestädtische oder französische Tuchherstellung vergleichbar wenig bedeutete, entwickelte sich in Polen eine so wichtige Konkurrenz (die Krakauer Tuchhalle zeigt ihre Bedeutung), daß sich das Nowgoroder Kontor im 14. Jahrhundert zu einem Einfuhrverbot entschloß.

Natürlich entzieht sich auch hier die Vergangenheit einer quantifizierenden modernen Analyse. So zufällig wir nur über den Umsatz mit einzelnen Artikeln informiert sind, als so zufällig muß man auch die (nachträglich) errechneten Gewinnspannen bewerten. Sie beziehen sich auf bestimmte Produkte und auf bestimmte Zeiträume. Nicht einmal die Einkaufs- und die Verkaufspreise sind immer präzise bekannt. Zudem versteckte der mittelalterliche Kaufmann seine Gewinne so gern wie der moderne auch – der eine aus Angst vor der Kirche, ihrem noch immer latenten Zinsverbot und der damit verbundenen Gefahr für das Seelenheil, der andere vor dem Zugriff des Finanzamtes. Eine kleine Auswahl der Punkte, die den Gewinn eines hansischen Kaufmannes erhöhten oder schmälerten: Münzrelationen, Warenstapel als Zwischenlager, Geschenke des Verkäufers (es wird mehr Ware geliefert als in der Rechnung erscheint), unterschiedliche Maße und Gewichte. Die Elle war in den Niederlanden 67 Zentimeter lang, in Lübeck 57, in Riga 53, in Nowgorod 44. Von absichtlicher Täuschung soll an dieser Stelle gar nicht geredet werden: Schonischer Hering war in den äußeren Lagen der Heringstonnen oft von bester Qualität – doch wie es drinnen aussah, spottete manchmal jeder Beschreibung. Gewinnschmälernde Faktoren waren in der Frühzeit der Hanse vor allem die Raubritter, später die Zölle und sonstige Gebühren, die Frachtkosten (auf hansischen Schiffen augenscheinlich zwei- bis dreimal so hoch wie auf den holländischen Schiffen), Hafen- und Krangebühren und noch viele Abgaben mehr. In späteren Jahren fuhren die hansischen Schiffe eine Richtung häufig leer, das verminderte den Gewinn erheblich. Allein ein gekapertes oder im Sturm verlorenes Schiff veränderte die Bilanz grundlegend. Auch unter diesem Aspekt muß man wohl jenes merkwürdige Phänomen interpretieren, daß in Lübeck «nicht drei oder vier» Geschlechter existierten, «in denen der vierte Erbe wohnt», die also vier Generationen erreichten. Möglicherweise gab es dafür nicht nur biologische Gründe; Dollinger kommt nämlich hinsichtlich der Hanse zu dem Ergebnis, daß «ihre Handelsbilanz eher passiv gewesen zu sein» scheint. Reeder erreichten einen durchschnittlichen Gewinn von 10 bis 15 Prozent, angeblich konnte eine Familie von einem Part, einem Anteil am Schiff von einem Viertel, leben.

Bleiben von den bedeutenden Artikeln im hansischen Warenkorb noch: Wachs, Pelze, Wein und Bier. Die Hanse exportierte unglaubliche Mengen Pelze aus Nowgorod. Die Geschäftsbücher der Gebrüder Veckinchusen wurden unter diesem Aspekt untersucht. Dabei ergab sich für den Zeitraum von 1402–1411, daß allein sie jährlich etwa 200 000 Fehpelze und 10 000 andere kostbare Pelze einkauften. Im Jahr 1404 beschlagnahmten die Engländer vier aus Riga kommende Schiffe, die etwa 400 000 Pelze an Bord hatten! Immerhin erreichten diese Pelzgeschäfte 1368 im lübischen Außenhandel 10 Prozent des Wertes vom Tuchgeschäft. Die Großschäfferei des Deutschen Ordens in Königsberg exportierte zwischen 1390 und 1405 nach Flandern Waren im Wert von insgesamt 31 419 Pfund flämische Groschen. Den größten Umsatz erzielte sie mit Wachs (11824), gefolgt von Bernstein (10796) und Pelzwerk (6448) an dritter Stelle.

Bei unserer Reise durch den hansischen Warenkosmos wollen wir den Wein nicht vergessen und unterschätzen. Auf dem Wein ruhte zumal kölnischer Wohlstand, er war zwar nicht das einzige wirtschaftliche Standbein dieser Stadt, aber ein höchst wichtiges. Wein öffnete den Kölnern internationale Märkte (und Kaufmannsherzen), Wein kam auf den Londoner Markt schon einige Jahrhunderte, bevor sich die Hanse überhaupt formierte. Er war billiger als die französische Konkurrenz, wurde schon früh vom englischen König als Wirtschaftsgut privilegiert. Kölner Wein kam von allen Rhein-, Mosel-, Elsaß-, Rheingau- und Rheinhessenrebhängen, wobei die elsässischen Weine, soweit erkennbar, im Laufe der Jahre mengenmäßig an Boden verloren. Bevorzugte Traube dieser Zeit war der Elbling, ein Massenträger (so sagt der Fachmann für die Rebe, die reiche Ernte bringt) mit geringen Mostgewichten und hohen Säureanteilen. Aus ihr wird ein leichter Wein ausgebaut. Die Bevorzugung des Elbling wird damit begründet, daß in den Zeiten, in denen die Steuern in Form von Zehnten erhoben wurden, Massenware gefragt war (Scharfenberg).* Der Riesling, die in diesen Weinbaugebieten heute wichtigste Rebsorte, wird erst im 15. Jahrhundert erstmals erwähnt. Lagen- oder Qualitätsunterschiede galten dem

---

* Das ist sicher nicht plausibel: Zehnt bleibt Zehnt, unabhängig davon, wieviel landwirtschaftliche Güter produziert wurden.

mittelalterlichen Kunden nichts, der Geschmack wurde in der Regel durch Zusätze – Kräuter, Gewürze, Harz – verbessert. Kölner Wein ging in alle Weltgegenden, nach Süden, Westen, Norden und Osten, bevorzugtes Absatzgebiet war allerdings die gesamte Hansezeit hindurch der Westen. Im Gegenzug versorgten die Kölner ihre Weinlieferanten mit allen Gütern des täglichen Bedarfs: Salz- und Trockenfisch aus dem Norden, Pelze und Wachs aus dem Osten, Tuche und Wolle aus dem Westen, aus dem nahen Westfalen kam das Leinen, aus dem ferneren London das Zinn, über Flandern exotische Gewürze (die, wie der Pfeffer, auch zur Weinwürze verwendet wurden). Kölnische handwerkliche Spezialitäten mit überregionalen Märkten waren das Textilgewerbe und die Metallverarbeitung. Die Kölner hatten seit Mitte des 12. Jahrhunderts, seit der Verleihung des Stapelrechtes, ein Monopol auf Rhein-, Mosel-, Elsaßweine: Alle rheinabwärts gehenden Waren – Wein war ein Massengut und wurde in Fässern auf Schiffen transportiert – mußten in Köln den kölnischen Kaufleuten angeboten und ihnen verkauft werden. Auswärtige konnten hier nicht kaufen. Über die Mengen liegen nur wenige, also zufällige Informationen vor: 1421 wurden 120 Fuder (= 1400 hl) Wein von Straßburg nach Köln transportiert, davon orderte der lübische Kaufmann Veckinchusen allein die Hälfte.

Wohl ebenso bedeutend und ebenso marktbeherrschend war das norddeutsche Bier. So war 1369 hamburgisches Bier an der Gesamtausfuhr der Stadt über See mit einem Drittel beteiligt (das war immerhin soviel wie der lübische Salzhandel); bis in das späte 14. Jahrhundert dominierte hamburgisches Bier die Niederlande. 1374 gab es in Hamburg 457 Bierbrauer, von denen 127 nach Amsterdam lieferten, 55 nach Stavoren; später produzierten die Niederländer zunehmend für sich selber. Dennoch blieb Hamburg der bedeutendste norddeutsche Bierproduzent und -exporteur; Einbecker Bier, ein Starkbier, öffnete seit Ende des 14. Jahrhunderts neue Märkte und trug europaweit zum Ruhm der deutschen Bierbrauer bei. An ihm labte sich Martin Luther zu Worms, es nachzuahmen, bemühten sich die bayrischen Herzöge, die – in nachhansischer Zeit – 1614 aus dem «Ainpokkisch Bier» das «Bockbier» machten. Das Bier aus Bremen war in der hansischen Frühzeit in Brügge sehr beliebt; Wismar und Rostock, später auch Danzig lieferten bedeutende Mengen nach Skandinavien und nach Osteuropa. In Wismar gab es 1460 fast 200 Brauereien, die Bierbrauer besaßen im Rat die Mehrheit.

Aus Osteuropa, insbesondere Nowgorod, kam das im Westen so sehr begehrte Wachs. Es erhellte die Wohnräume der Reichen und weihte in den Kirchen die kultischen Handlungen. In der Frühzeit, als die Hansen erstmals im Osten auftauchten, sollen die Bauern den Wert des Wachses nicht gekannt haben, für sie sei es ein Abfallprodukt bei der Honiggewinnung gewesen. Jedenfalls hatten die deutschen Kaufleute alsbald ein Monopol in der Hand: Wachs versprach bei geringen Transportkosten gute Gewinne (man schätzt sie auf 10 bis 15 Prozent). Und das bei steigendem Bedarf. Der englische Import erreichte zwischen 1476 und 1479 im Jahresdurchschnitt 1107 Zentner, 1525–1529: 6361 Zentner und 1540–1544: nur noch 926 Zentner. In der Blütezeit sollen die Wachsimporte 25 Prozent der durch die Hanse nach England geschafften Waren ausgemacht haben.

Hansischer Handel beruhte durchweg auf dem Grundsatz von Treu und Glauben. Das schloß aber betrügerische Absichten und Maßnahmen einzelner Kaufleute nicht aus. So war die Hanse stets darauf bedacht, entsprechende Regeln zu erlassen und durchzusetzen. Geregelt werden mußten und wurden Maße und Gewichte, Münzen und ihre Relationen sowie Arbeits- und Produktqualität. Wie leicht konnten in den Heringstonnen gute Ware und schlechte Ware untereinander gemischt werden. Wie leicht konnte der hochgeschätzte Schonenhering mit billigem Bornholmer oder rügischem Hering vermischt werden. Ganz zu schweigen von dem Nordseehering! Maß aller Heringe war dabei nicht etwa das Gewicht, sondern der Rauminhalt der Tonne, seit 1383 wurde die «Rostocker Tonne» als Normalmaß eingeführt. Für die Faßgröße, für die Sortierung der Heringe, für ihr Einsalzen und ihr Packen gab es immer genauere Vorschriften. Tuche wurden plombiert (von diesen Plomben leitet sich der Name des englischen Stalhofs ab). Auch für Pelze gab es hansische Normen. Wichtigstes Transportgefäß in hansischer Zeit waren Holztonnen – der Container ist als Idee also schon wenigstens 700 Jahre alt. Für den Bau dieser Tonnen gab

*Die Tonne war nicht nur Maß, sondern auch verbreitete Transport-
verpackung (Holzschnitt von Jost Amann, 1585).*

es ebenfalls genaue Vorschriften, die Küfer und Böttcher mußten
ihre Produkte mit Stempeln signieren. Auf Schonen waren nur
deutsche Böttcher zugelassen. Die Bremer, im 13. Jahrhundert
wichtigste Bierexporteure, hatten hingegen versäumt, Regeln und
Kontrollen zu etablieren. Die Folge: Immer weniger Niederländer
wollten bremisches Bier, und die Hamburger standen schon Faß bei
Fuß und überflügelten die Bremer rasch.

Und wo es Normen gibt, da gibt es auch Leute, die für die
Einhaltung der Normen verantwortlich sind. Es gab von den
Städten angestellte und beauftragte Prüfer, und zwar für viele
Produkte. So auch für Wachs: Wachs konnte durch andere Fette
leicht gestreckt, also gefälscht werden. Wachs war teuer, also lohnte
sich der Betrug.

Eine Spezialität der deutschen Geschichte ist seit der Zeit Karls
des Großen die Münzvielfalt: Immer mehr Bischöfe, Fürsten und
Städte erhielten im Laufe der Jahrhunderte vom Kaiser oder König

das Recht, Münzen zu prägen. Da der hansische Kaufmann nicht nur zu Hause handelte, sondern vornehmlich im Ausland, kam er mit den unterschiedlichsten Münzsorten in Berührung. «Zur Orientierung sei ein ungefährer Vergleich einiger weniger Münzwerte vom Anfang des 15. Jahrhunderts gegeben. Silbergeld: 100 Mark lübisch = 53 Mark preußisch = 54 Mark rigisch = 15 Pfund flämische Groschen = 13 Pfund Sterling. Goldmünzen: 100 Mark lübisch = 64 englische Nobeln = 47 Genter Nobeln = 92 französische Kronen = 119 rheinische Gulden = 213 geldrische Gulden = 100 venezianische Dukaten. Eine Mark lübisch = 16 Schillinge zu 12 Pfenningen = 192 Pfenninge.» (Dollinger)

Im engeren Einzugsbereich von Lübeck, von Bremen bis Treptow, von Flensburg bis Höxter, im Gebiet des Wendischen Münzvereins also, verfügten im 15. Jahrhundert mehr als 50 Städte über ein eigenes Münzrecht – Kiel gleichermaßen wie Helmstedt, Bremen wie Teterow (in Mecklenburg-Vorpommern). Allein 14 davon hatten sich indes diesem Verein nicht angeschlossen: Husum beispielsweise oder auch Gartz (im heutigen Brandenburg), Stade ebensowenig wie Magdeburg. Bemerkenswert scheint, daß die Frage der geregelten Relationen der Münzen erst im ausgehenden 14. Jahrhundert auftritt und eine erste Lösung erfährt. Der Grund dafür dürfte darin liegen, daß hansischer Handel in überwiegendem Maß Tauschhandel war. Da bedurfte es kaum «amtlicher» Wechselkurse, denn die Preise für die gelieferten und in Empfang genommenen, die getauschten Waren wurden ja zwischen den Geschäftspartnern frei vereinbart. 1255 verabreden Hamburg und Lübeck ein Münzbündnis. 1379 kommt es zur ersten Münzkonvention, zum Wendischen Münzverein eben, zwischen Lübeck, Hamburg, Lüneburg und Wismar auf der Basis der lübischen Münze – fast 150 Jahre, bevor es im Reich 1524 zur ersten Reichsmünzordnung kommt (auf der Grundlage der Kölner Mark). Ein ganzes Jahrhundert zuvor, 1424 nämlich, schließen die Erzrivalen Lübeck und Dänemark bereits eine förmliche Münzkonvention miteinander. Die pommerschen Städte richteten sich nach dem Stralsunder Münzfuß, der wiederum zur lübischen Mark in ein festes Verhältnis gesetzt wurde. Über Dänemark wirkt die lübische Mark bis weit nach Skandinavien hinein. Dem Wendischen Münzverein gehörten auch nichthansische Städte an, seine Organisation war von der der Hanse deutlich getrennt. Er achtete auf die Einhaltung des verabredeten Feingehaltes der Münzen, er kontrollierte die Prägestätten und ihr Personal. Zu Beginn des 16. Jahrhunderts prägte er eine Silbermünze im Wert von einer Mark lübisch und einem Gehalt von 18 Gramm Feinsilber mit den Wappen der vier Städte: Lübeck, Hamburg, Wismar und Lüneburg.

Die Lübecker halten während der gesamten hansischen Geschichte am Silber als Münzmetall fest, während sich auf Reichsebene und international – ausgehend vom italienischen Vorbild – der Goldstandard durchsetzt. Allerdings hat auch Lübeck von 1340 an bis in das 16. Jahrhundert hinein Goldmünzen geprägt mit gleichbleibendem hohem Feingehalt, während viele andere Münzstätten ihre Münzen ständig verschlechterten. Doch mit diesem Goldgeld konnten sich die Hansen nicht anfreunden, es gab sogar Verbote, Waren mit Goldmünzen zu bezahlen. Angesichts dieses heute kaum nachvollziehbaren Münzreichtums und der ständig wechselnden Wertverhältnisse bildete sich natürlich wieder ein Spezialberuf heraus, der des Geldwechslers. Sein wichtigstes Arbeitsutensil: die Goldwaage. Sein Ansehen war nicht immer gleich gut, in Brügge standen diese Herren unter städtischer Aufsicht, weil die Stadt wiederum eine Haftung für sie übernommen hatte.

Auch der Deutsche Orden prägte seit 1238 in Thorn und Kulm eine auswärts sehr geschätzte Silber- und Goldmünze: Außerhalb Preußens liefen gemäß der Münzfunde mehr Ordensmünzen um, als fremde Währungen in Preußen. Sie stand zum Kölner Pfennig im Verhältnis 5:1.

SCHIFFE UND SCHIFFAHRT

Hansehandel war von Anbeginn an Seehandel. Landhandel konnte schon deswegen keine Bedeutung gewinnen, weil der Zustand der Wege und Straßen größere Transporte nicht zuließ. Wahrscheinlich schon mit dem ersten Auftritt der künftigen Hansen – bei der Gründung Lübecks – begann sich gleichzeitig ein neuer Schiffstyp in Ost- und Westsee im wahrsten Sinne des Wortes breitzumachen: die Kogge. Das Wort Kogge (*Kokke*) taucht zu Beginn des 13. Jahrhunderts erstmals auf – und das ausgerechnet in oberdeutschen Quellen. Diese Tatsache spricht dafür, daß unser neuer Schiffstyp gewaltigen Eindruck machte. Die Kogge war entschieden größer als alle Schiffe ihrer Zeit. Vielleicht geht diese frühe Nennung in schiffahrtsunkundigen Gegenden und Kreisen auch auf jene vier Schiffe zurück, die, wie die Kölner Chronik berichtet, 1188 von Köln aus angeblich 1500 Menschen mitsamt Proviant als Kreuzfahrer nach Palästina transportierten. Zwei Koggen hätten 1206, so berichtet der Chronist Heinrich von Lettland, die Stadt Riga vor der Hungersnot gerettet.

Die Kogge ist ohne Frage der wichtigste Schiffstyp der frühen Hansezeit, und so manche Historiker sind davon überzeugt, daß ohne dieses Schiff der rasante Aufstieg der Hanse nicht möglich gewesen wäre. Ganz gewiß war sie ein sehr gewichtiger Faktor. Doch zunächst einmal wollen wir dieses Schiff vorstellen. Paul Heinsius definiert: «Die Koggen waren ein geradkieliger, hochbordiger Fahrzeugtyp mit ziemlich geraden und recht steilen Steven. Sie führten ein großes viereckiges, mit zwei Schoten dirigiertes, an einer beweglichen Rah befestigtes Segel. Außerdem zeigen einige Reliefs auf Siegeln, daß die Fahrzeuge oft eine recht gedrungene Form hatten. Trotzdem war ihr Unterwasserschiff verhältnismäßig scharf gebaut und zum Segeln gut geeignet.» Die Kogge verfügte über nur einen Mast. Und die Schiffsplanken waren geklinkert, überlappten also einander wie Dachziegel. Typisch auch die gebogene Form des Nagels, der die Planken miteinander verband: Er wurde im Handbreit Abstand durch vorgebohrte Löcher durch die Planke geschlagen, auf der Rückseite umgebogen und in die Planke zurückgetrieben. Kiel und gegebenenfalls Ballast verliehen der Kogge optimale Fahreigenschaften, man kann mit ihr sogar gegen den Wind kreuzen. Heinsius hat seine Beschreibung in einer höchst scharfsinnigen Untersuchung überwiegend aus Siegelbildern abgeleitet, denn Abbildungen von Koggen gibt es aus der Frühzeit nicht; weitere Quellen waren für ihn Textüberlieferungen und spätere Abbildungen. Originale standen ihm hingegen nicht zur Verfügung. Der Schiffbau fand in den Hansestädten auf den *Lastadien* statt, auf städtischem Gelände, das an die Werften und Bootsbauer verpachtet wurde.

Heute erscheint die Beschreibung einer Kogge leichter, nach dem berühmten Fund in der Weser bei Bremen im Jahr 1962, aber eben doch nur scheinbar. Bei ungewöhnlich niedrigem Wasserstand ragten damals Holzreste eines Schiffes aus dem Wasser, die alsbald als Teile einer Hansekogge erkannt und aufwendig geborgen wurden. 23 Meter war die Kogge lang, also nicht länger als die Wikingerschiffe, doch wesentlich hochbordiger (mittschiffs 4 Meter) und breiter (7,5 Meter). Der Fachmann schätzt ihre Tragfähigkeit auf 120 Tonnen. Das ist ganz schön viel im Verhältnis zu den anderen Schiffen der Zeit, die auf bis zu 25 Tonnen geschätzt werden. Der Schiffsmast fehlte bei der Bremer Kogge, er soll etwa 24 Meter lang gewesen sein.

Die Holzuntersuchung erbrachte eine Bauzeit um 1380 – die Stämme mit der Waldkante, der Rinde daran, waren 1378 gefällt worden. Transport und Verarbeitung müssen rasch erfolgt sein: Die aufgefundenen Bearbeitungsspuren können nur bei weitgehend saftfrischem Holz auftreten; es fehlen Spuren von Bläuepilzen oder holzbohrenden Insekten. Das Schiff muß sich bei einem Unwetter (die in diesem Jahrhundert häufiger auftraten: Schwere *Manndränken*, Strumfluten mit verheerenden Folgen also, gab es allein in Ostfriesland 1334, 1362 und 1377) von seiner Helling oder seinem Pier losgerissen haben und, weil noch ohne Ballast, umgeschlagen und gesunken sein. Wenige Kilometer stromaufwärts hat man für die Entstehungszeit der Kogge in Bremen einen solchen Schiffbauplatz (Helling) und ein Sägewerk nachgewiesen.

Den heutigen Hanseaten war dieser Fund so bedeutend, daß sie ihn nicht nur nach allen Regeln der Kunst zur Rettung alter Denkmäler behandelten, sondern um ihn herum ein eigenes Museum bauten: das Deutsche Schiffahrtsmuseum in Bremerhaven, entworfen von keinem geringeren Architekten als Hans Scharoun. «Wer das Gebäude betritt, fühlt sich wie auf den gestaffelten Decks eines großen Passagierdampfers und spürt, wie der Architekt gleichsam von innen nach außen gebaut hat.» So begrüßt der Museumsführer den neugierigen Besucher. Natürlich bauten die Bremer kein Museum allein für die Kogge, aber doch immerhin mit ihr als dem zentralen Ausstellungsobjekt. Wohl nahezu die Hälfte der Ausstellungsfläche wird von ihr eingenommen. In einer eigenen großen Halle erhielt sie nämlich ein eigenes Schwimmbecken, mit großen Sichtfenstern für das Publikum. Viel kann der Besucher allerdings nicht erkennen in der grünlichen Konservierungsflüssigkeit, die noch einige Zeit lang das 600 Jahre alte Holz um- und durchspülen wird. Dann wird man das Holz langsam trocknen, bis das Becken, so vermuten die Museums- und Konservierungsfachleute, etwa im Jahr 2000 abgebaut und die Kogge in ihrer ganzen Größe bewundert werden kann. Nun, der neugierige Besucher, der sich bis dahin nicht gedulden mag, wird an Ort und Stelle mit einem akkuraten Holzmodell versöhnt und ein paar hundert Meter weiter außerhalb der Halle mit dem modernen Nachbau dieser Kogge beglückt, wenn der nicht gerade bei irgendeinem Sailing irgendwo auf der Welt die Stadt Bremen, seine modernen Schiffbauer und die Schiffbauer der alten Hanse repräsentiert. Ihre Jungfernfahrt absolvierte die «Ubena von Bremen», der eine von bisher zwei Nachbauten, 1991 zur vollen Zufriedenheit ihrer Erbauer, ihrer Kapitäne und Matrosen und ihrer Passagiere auf einem Segeltörn von Lübeck nach Danzig, keine zwei Jahre nach der Wende in Deutschland.

Wahrlich eine Botschaft! Die von den herbeigeeilten Politikern auch sogleich genutzt wurde, um die Forderung nach der Erneuerung der alten Hanse zu erheben.

Dieser Koggefund von 1962 in der Bremer Weser brachte viele neue Erkenntnisse. Aber auch hier steckt der Teufel im Detail. Denn da ist manches umstritten: Die beiden Nachbauten aus jüngster Zeit – in Bremen und in Kiel – kommen zu teilweise abweichenden Ergebnissen. Immerhin aber, darin sind sich die Hansekoggenbauer der Neuzeit einig, ist dieses Schiff trotz seines schwerfälligen Aussehens erstaunlich gut segelbar. Es ist allerdings ein langsames Schiff: Die Messungen mit der Kieler Hansekogge ergaben 1991 eine Geschwindigkeit von maximal sieben Knoten bei Ballastfahrt.

Doch auf Schnelligkeit kam es in der Anfangszeit der Hanse wohl nicht so sehr an wie auf Transportvolumen: Die Kogge bietet mit ihrem geringen Tiefgang und ihrem breiten, flachen Boden ein Maximum an Frachtraum und erweist sich zugleich als ideal für die flachen Gewässer von Ost- und Nordsee, insbesondere dann, wenn wie in den frühen Zeiten die Häfen direkt angelaufen werden mußten, weil entsprechende, in tiefere Fahrwasser hineinragende Hafenanlagen fehlten – und wenn man nicht auf Reede liegen und die Fracht auf kleinere Prahme oder Boote teuer umladen wollte. Der Kiel war an einem Ende leicht angehoben, so daß die Kogge sogar auf dem Schlick aufsetzen und bei auflaufendem Wasser wieder genügend Auftrieb bekommen konnte. Die Bremer Kogge verfügt über fünf, die Außenhaut durchstoßende schwere Decksbalken (40 x 40 Zentimeter, 600 Kilo schwer), die querliegend der Konstruktion zusätzliche Festigkeit verleihen und (indirekt über Kniehölzer) als Auflager für das Deck dienen. Auf dem Hinterschiff gab es ein großes Kastelldeck; der Bequemlichkeit der Mannschaft, jedenfalls aber des Kapitäns und der Passagiere diente eine Holzbrille mit direktem Fall und Wasseranschluß als Toilette. Das Kastelldeck der Bremer Kogge hatte schon geschlossene Seitenwände. Frühere Kastelldecks, als «Arbeits»–Plattform für die kämpfende Truppe, für die Bogenschützen in England entwickelt, ruhten auf Säulen. Aus diesem einfachen Aufbau werden sich später die Kajüten (Stralsunder Siegel von 1329) und die typischen hohen Decksaufbauten der großen Überseesegler entwickeln.

Gesteuert wurde die Kogge mit einem Steven- oder Heckruder, das wohl allgemein im frühen 13. Jahrhundert verbreitet war (zuvor war es der Firrer), dessen erste bildliche Darstellung bietet das Elbinger Siegel von 1242; ein Stevenruder soll auch auf dem Taufbecken in der Kathedrale von Winchester abgebildet sein, das wiederum von etwa 1180 stammen soll. Die Siegel übrigens sind die einzigen bildlichen Zeugnisse für die frühen Koggen. Das ist kein Spezifikum der Hansestädte, gab es doch Abbildungen von Schiffen schon auf älteren englischen Stadtsiegeln. Daß aber sie und nicht das Stadtwappen gewählt wurden, um das Zeugnis der Stadt zu bekräftigen, zeigt, wie wichtig schon früh den Städten die Koggen waren.

So eine Kogge kann man auch in Zahlen präsentieren; die Kieler Bootsbauer haben 1991 56 Kubikmeter Eichenholz (ohne Verschnitt) verbraucht, hinzu kamen 18 Eichenstämme von je etwa 10 Metern Länge für die Beplankung, 1100 handgeschmiedete Nägel aus rostfreiem Stahl, 12 000 Kalfatklammern aus rostfreiem Stahl sowie 1600 Holzdübel. Ihr Schiff – ganz und gar originalgetreu nachgebaut – mißt:

Länge über Steven:	22,70 Meter
Länge über alles:	23,23 Meter
Kiellänge:	15,60 Meter
Größte Breite:	7,78 Meter
Seitenhöhe bis Oberkante Deck:	7,04 Meter
Mastlänge:	24 Meter
Segelfläche:	160 Quadratmeter
Schiffsgewicht:	60 Tonnen
Ballast:	26 Tonnen
Tiefgang ohne Ladung:	1,25 Meter
Tiefgang mit Ladung:	2,25 Meter
Laderaum Fassungsvermögen:	ca. 160 Kubikmeter
das sind	ca. 84 Tonnen
Besatzung:	ca. 15 Mann

Die Ursprünge der Kogge sind bei den Fachleuten umstritten. Soviel scheint klar: Schon um Christi Geburt gab es Schiffe, bei

Schiffswerften im 15. Jahrhundert.

deren Erbauung die gleichen Schiffbautechniken angewandt wurden wie bei der Kogge. Auch ist bekannt, daß noch heute koggeförmige Boote auf dem Steinhuder Meer fahren – mit eben jenem charakteristischen «Firrer», dem Seitenruder, das auch auf den frühen Siegelabbildungen zu erkennen ist und von dem ein Original in Wilhelmshaven gefunden wurde; im siebten Jahrhundert gab es hier eine Koggewerft. Vom Ende des achten Jahrhunderts an sind die typischen Koggenägel in allen hamburgischen Hafenschichten nachweisbar, im frühen neunten Jahrhundert gibt es erste Münzen aus Haithabu mit der Abbildung einer Kogge. Der Schiffstyp Kogge wandert augenscheinlich von Friesland in die Ostsee, setzt sich gegenüber anderen Schiffbautechniken durch. In dieser Zeit gibt es zwar bereits auch jenen anderen Schiffstyp, den Holk, der dereinst die Kogge für kurze Zeit ablösen wird, um dann selbst Platz zu machen für die neuen spanischen und portugiesischen mehrmastigen Schiffstypen: Karacke (von mittelmeerischen Schiffbauern aus der Kogge weiterentwickelt), Karavelle, Kraweel, Galeone und wie sie alle heißen. Kogge und Holk treten also gemeinsam ins Licht der Münzgeschichte: Die friesischen Händler segelten mit dem hochseetüchtigen Holk, der schiffbaugeschichtlich von dem Einbaum herstammt, nach England, mit der flachwasser- und wattenmeertauglichen Kogge nach Osten. Die flachbodige Kogge konnte sich sogar unter Land trockenfallen lassen, also auf dem Schlick aufsetzen. Hollingstedt, das westliche Pendant zu Haithabu, war bis in das 16. Jahrhundert hinein ein solcher Tidehafen, den man bei Hochwasser anlaufen konnte, bei Niedrigwasser lud man aus und wieder ein, um beim nächsten Hochwasser wieder auszulaufen.

Die Rekonstruktion der Bremer Kogge zeigt, daß die unteren Plankengänge, das «lebende Werk», noch vor dem Einbau der Wrangen zusammengefügt wurden; erst danach kamen Kielschwein und Spantengerüst. So ganz genau aber kann die schiffbauhistorische Forschung diesen Quantensprung in Technik und Größe im ausgehenden 12. Jahrhundert nicht erklären. Heinsius vermutete zunächst, daß für diese neue Konstruktion Laien verantwortlich gewesen seien: Zimmerleute, die vom Hausbau herkamen. Diese These nimmt er später zwar nicht ausdrücklich zurück, aber doch dem Sinne nach: «Die Leistung des 12./13. Jahrhunderts liegt offensichtlich darin, durch das Aufsetzen eines Spantengerüstes auf das ‹lebende Werk› einen bedeutend größeren Schiffstyp geschaffen zu haben.» Die Planken wurden jetzt teilweise überlappend, teilweise kraweel, das heißt: Kante auf Kante, angebracht. Man erzielte damit eine glatte Außenhaut und eine bessere Verbindung zwischen Planken und Spanten.

«Der Holk war ein breiter, flachbodiger, in der Mitte oft stark durchgebogener Schiffstyp, der achtern meist eine flache und vorn eine runde oder flache Kaffe aufwies.» (Heinsius) Später erhielt der Holk einen Kiel und einen zusätzlichen Steven, übernahm also Elemente des Koggeschiffstyps. Vor allem aber: Diese Schiffe trugen bald deutlich größere Lasten als die Kogge und verfügten zudem über zwei oder sogar drei Masten, wobei man die Segelfläche je Mast alsbald in zwei oder drei kleine Segel (in der Neuzeit bis fünf, sogar sieben) unterteilte; ein Lateinersegel am letzten Mast an einer schräg gestellten Rah erleichterte die Manövrierfähigkeit der immer größer werdenden Schiffe. Bislang kennt man den Holk allerdings nur aus Abbildungen und sprachlichen Quellen, ein Original wurde nicht gefunden. Wenig später, so gegen 1450, setzte sich der Kraweel durch, jenes von mittelmeerischen Schiffbauern auf Koggebasis weiterentwikkelte Schiff. Bei ihm wurde – anders als bei der Kogge – *zuerst* das Spantengerüst gebaut, die Planken waren untereinander durchwegs kraweel verbunden. Einer der Gründe für diese neue Technik war auch, daß man gelernt hatte, Wassermühlen als Sägemühlen einzusetzen: Jetzt konnten die Planken wesentlich präziser geschnitten werden als zuvor mit der Handsäge oder gar die, die mit dem Beil aus dem Stamm herausgeschlagen wurden. Diese neue Schiffbautechnik blieb den hansischen Werften, Reedern und Kaufleuten weitgehend verschlossen – einer der vielen Gründe für den Niedergang der Hanse. Ihre Schiffe konnten beispielsweise die «Baienfahrt», den Salztransport von der französischen Küste nach Preußen, nur einmal im Jahr absolvieren, die neuen, größeren Konkurrenten hingegen zweimal. Nein, die Hansestädter, die Kaufleute und die Bootsbauer, sie, die einst führend waren, verschliefen einfach die technologische Entwicklung. Einen Schwanengesang leistete sich Lübeck, als es 1566 den «Großen Adler von Lübeck» in Betrieb nahm, eine viermastige Galeone von 64 Metern Länge (einschließlich Bugspriet), 14 Metern Breite und (vom Kiel an gerechnet) von 62 Metern Höhe. Ein Riesenschiff für seine Zeit. 1000 Mann Besatzung und Truppen sollen an Bord Platz gefunden haben, 122 Geschütze stärkten die Kampfkraft.

Erwähnt sei noch, daß Koggen wohl als erste seetüchtige Schiffe überhaupt Geschütze an Bord hatten. Zunächst standen sie auf Deck, bis um 1500 die verschließbaren Geschützpforten erfunden wurden. Vom Achterdeck aus nahmen sie bald das ganze Deck ein, später sogar in mehreren Etagen übereinander. Es gab zu dieser Zeit in einigen Regionen Europas noch genügend Holz, um diese Schiffsgebirge zusammenbauen zu können. Eines der größten Schiffe, das vor dem «Großen Adler von Lübeck» die Ostsee befahren hatte, war die «Peter von La Rochelle», ein dreimastiges französisches Schiff, das wegen notwendiger Reparaturarbeiten 1474 in Danzig vor Anker lag. Es war kraweel gebaut und Vorbild für Danziger Schiffsneubauten, die sogar über 400 Tonnen Ladefähigkeit hinausgingen. In der Spätzeit der Hanse entwickelte sich Danzig zum wichtigsten Schiffbauplatz neben Lübeck. Natürlich auch wegen seines an Holz, Teer, Pech, Hanf und Flachs unerschöpflichen Hinterlandes.

Diese größeren Schiffe konnten in die bisherigen Hansehäfen nicht einlaufen; die Städte hätten ihre Häfen noch weiter ausbauen müssen. Also versuchte die Hanse zunächst, per Dekret eine Größenbegrenzung der Schiffe durchzusetzen. Auch der Verkauf von neuen Schiffen an nichthansische Reeder wurde verboten. Beides erfolglos. Doch die technischen Kenntnisse der Zeit reichten nicht, Hafenanlagen für die neuen Supersegler einzurichten, also zunächst Flußmündungen so zu vertiefen, daß diese Schiffe überhaupt landen konnten. Sie mußten folglich auf Reede geleichtert werden.

Die Hafenmeister hatten dennoch genügend und zusätzliche Arbeit. Was gab es da für den täglichen Hafenbetrieb nicht alles zu organisieren, was gab es da nicht alles für die Zukunft zu planen: Piers, Lagerhäuser, Speicher; Landungsbrücken, die mit Pfählen zum Anlegen versehen waren – dafür wurden «Pfahlgelder» erhoben, die wichtigsten Einnahmen der Häfen; auch Spezialbauten wie die Kräne für die Bewegung schwerer Lasten gehörten zum Hafenbetrieb und damit in die Verantwortung der Stadt und des Hafenmeisters: in Brügge schon 1244, sonst vielfach erst im 15. Jahrhundert. Der große Kran von Danzig, vor 1363 schon gebaut, wurde 1470 durch das heutige Ziegelsteinbauwerk ersetzt; der alte Kran von Lüneburg wird 1346 erstmals genannt, später mehrfach umgebaut. All das kostete viel Geld. Neben das Pfahlgeld trat schon früh das «Windegelt», eine Gebühr für das Ausladen mit Hilfe des Kranes. In lübischen Kaufleutekreisen war es üblich, in Testamenten den Hafen zu bedenken. Die Häfen wurden von Hafenmeistern verwaltet, die durch den Stadtrat benannt wurden. In Danzig wurden ihre Gehälter sowie die Kosten für den Unterhalt des Hafens aus den Einkünften einer seit 1341 erhobenen Steuer auf jedes auf der Weichsel transportierte Nahrungsmittel gedeckt. Der Vorsteher des Büros (Pfahlmeister) wachte darüber, daß die Schiffer keinen Ballast in die Fahrrinne warfen. Der Hafenmeister überwachte mit seinen Gehilfen den Zustand der Kais und der Fahrrinnen, regelte den Schiffsverkehr und bestimmte die Ankerplätze.

Vereidigte Prüfer, seit 1378 in den Quellen erwähnt, kontrollierten die Qualität der Waren.

Hansehandel war, wie gesagt, von Anbeginn an Seehandel. Der Kaufmann, der Reeder verließ sich dabei auf die Fähigkeiten des Steuermanns, in widrigen Gewässern manövrieren, sich auf See und an der Küste orientieren zu können. Hanseschiffahrt ist von Beginn an weitgehend Schiffahrt entlang den Küsten: Alle Häfen, London oder Stockholm ausgenommen, sind erreichbar, ohne daß man weite Strecken ohne Landsicht steuern mußte. Und für die kurzen Strecken über See – nach Gotland beispielsweise – reichte dann die Navigation nach den Sternen völlig aus. Die Steuerleute orientierten sich an natürlichen oder künstlichen Landmarken: Berge, Felsen, Flußmündungen, Bäume, Mühlen, Dünen, Kirchtürme, Hafensilhouetten genügten zumeist. Spezielle Seezeichen (1299 durfte Hamburg auf der Insel Neuwerk zur Kennzeichnung seiner Hafeneinfahrt einen Holzturm aufrichten) und auch Leuchtfeuer (das Lübecker Kämmereibuch erwähnt 1316 erstmals Besoldungsausgaben für einen Leuchtturmwärter im 1226 errichteten Turm von Travemünde) halfen bei der Ortung; seit dem 14. Jahrhundert wurden seitlich vom Fahrwasser Bojen ausgelegt. Und wenn der Wind einmal ungünstig stand, wartete man lieber im Hafen, als auf hoher See gegen den Wind anzukämpfen. Sicherheit wurde im Zweifel höher veranschlagt als Zeitgewinn.

Unter diesen Umständen – Segeln auf Sicht – wundert es nicht, daß der Kompaß – 1433 erstmals für ein Hanseschiff erwähnt – wohl erst seither Eingang in die Hanseschiffahrt fand, zwei Jahrhunderte später also als im Mittelmeerraum, über einhundert Jahre später als in Skandinavien. Wozu denn den Umgang mit dem Kompaß lernen (der anfänglich zudem noch reichlich ungenau war), wenn man doch genau sieht, wo man sich befindet? Aber auch auf diesem Gebiet verschliefen die Hansen den technologischen Fortschritt. Und den Anschluß an die Weltschiffahrt. Ohne Kenntnis der Nautik und navigatorischer Instrumente gab es keine Überseefahrt.

Zu der Zeit, als der Kompaß auch in den Nordmeeren immer häufiger verwendet wurde, notierte noch Fra Mauro auf seiner «Seekarte der Weltmeere» (1458) über die Ostsee: «Auf diesem Meer navigiert man weder mit der Seekarte noch mit dem Kompaß, sondern mit dem Lot.» Navigation mit dem Lot – das nun ist eine ganz spezifische Eigenart der Hanseschiffer. Und Seekarten gar – dazu hatten unsere Schiffer ihr ureigenstes Verhältnis, das sie auch bis zum Ende der Hansezeit nicht mehr änderten. Kannten sie doch ihre Küsten aus dem Effeff! Und wenn's denn gar nicht mehr weiterging, griffen sie zu den «Seebüchern». Auch die sind so eine hansische Eigenart: Diese Seebücher waren erstmals gegen Ende des 14. Jahrhunderts aufgezeichnet worden, in Brügge; später, laufend ergänzt, übertrug man sie Ende des 15. Jahrhunderts ins Niederdeutsche. Hier nun stand alles aufgeschrieben, was einen hansischen Schiffer von Cadiz an der Südwestküste Spaniens bis hinauf nach Riga und weiter in den finnischen Meerbusen interessierte: Gezeiten, Wassertiefen, Fahrrinnen, Strömungsverhältnisse, Landmarken, Kirchtürme, Hügel u. a. m. Die Benutzung der Seebücher setzt natürlich die Kunst des Lesens voraus. Und die Kunst des Rechnens. Denn die Entfernungsangaben werden in unterschiedlichen Maßen ausgedrückt. In Meilen; in Kennungen (= 16 Seemeilen), kleine Kennungen (= 12 Seemeilen), gute kleine Kennungen (= 14 Seemeilen), große Kennungen (= 18 Seemeilen) und in der Ostsee nur in *weke zee* (Bedeutung unbekannt = 4 Seemeilen). Das las sich dann so:

«Wenn ihr aus dem Swin (also Brügge) nach dem Jütischen Riff segeln wollt, und ihr entfernt euch vom Lande bis zu einer Tiefe von 27 Faden (die Lotmessung des Fra Mauro), dann sollt ihr in nordnordöstlicher Richtung zum Riff segeln und diesen Kurs solange beibehalten, bis ihr auf 40 Faden keinen Grund mehr habt; dann weiter nach Nordost zu Ost, bis ihr Jütland seht; dann könnt ihr euren Kurs derart einrichten, daß ihr in Sicht des Landes bleibt bis Skagen hin. Desgleichen segelt dann, wenn ihr das Skagenriff passiert habt und auf 14 Faden weichen Grund vorfindet, so lange gegen Süden, bis sich Läsöe nordöstlich von euch befindet, wendet euch dann nach Südosten und werft das Lot aus, bis ihr eine Tiefe von 10 Faden vorfindet...»

Nein, an Seekarten hatten hansische Schiffer keinen Bedarf. Aus dem Jahr 1339 ist ein *Portolan* überliefert, natürlich stammt er aus Italien, das die Seekartenkunst der Zeit entscheidend beeinflußte. Portolane boten für das Mittelmeer schon seit einem Jahrhundert erstaunlich präzise Abbildungen der Küste, der Häfen, der Flußmündungen, Buchten und Ankerplätze, aber nahezu keinerlei Informationen über das Landesinnere. Sie wurden durch Bücher ergänzt, in denen alles für die Schiffssteuerung Wichtige notiert ist. Zunächst umfassen sie nur das Mittelmeer und das Schwarze Meer, später wird die Küstenlinie bis Flandern verlängert, dem Endpunkt der venezianischen Schiffsrouten. Der erste Portolan der Ostsee zeigt diese gesüdet und wie eine Fischblase. Er enthält die wichtigsten Hafenorte (in nicht immer korrekter Schreibweise) von Nowgorod bis Jütland. Portolane sind, anders als die Seebücher, Einzelanfertigungen.

Einzelanfertigungen sind auch die ersten Seekarten. Eigentlich sind es Landkarten, die auch ein wenig Nord- oder Ostsee zeigen; es sind Einzelstücke, und sie sind nicht für den täglichen Bedarf bestimmt. So gibt eine Karte von Martin Waldseemüller (unter Mitarbeit von Bernard Wapowski) aus dem Jahre 1513 die östliche Ostsee in – sehr ungenauen – Umrissen wieder; schon präziser ist die Karte von Bernard Wapowski, die 1526 in Krakau erscheint; von ihr sind aber nur zwei Fragmente erhalten: ein Teil des Kulmer Landes und das Memelland.

Als erste eigentliche Seekarten sind die von Olaus Magnus und die von Cornelis Anthoniszoon anzusehen. Der schwedische Kleriker Olaus Magnus (1490–1557) hatte die Gegenden selbst bereist, die er in seiner *Carta marina et descriptio septemtrionalium terrarum* einzeichnen ließ. Seine Karte zeigt daher erstaunliche Einzelheiten, zeigt Leuchtfeuer, Kirchtürme, zeigt sogar Wikingergrabsteine auf Gotland. Noch präziser ist die Karte von Cornelis Anthoniszoon (1507 - 1553) – schließlich kannte der Amsterdamer Kapitän jeden Handbreit Küste; wenigstens an der Nordsee, denn die Ostsee wird nicht mehr in der gleichen Genauigkeit beschrieben. Immerhin läßt auch er markante Einzelheiten in seine *Caerte van Oostlant* einzeichnen: Klippen, Buchten, Flußmündungen, Hafenstädte, Städte im Binnenland, Fjorde, Berge u. a. m. Sein Clou aber, durch den die Karte erst so richtig brauchbar wird, ist die *Leeskart*, ein Navigationshandbuch mit Segelanweisungen, mit holzgeschnittenen Küstenprofilen, die sogar, wo nötig, über das Buchdruckformat hinausgingen und an den gehörigen Stellen eingeklebt wurden.

Weder die niederdeutschen Seebücher noch die ersten Seekarten fanden große Verbreitung. Die Seekarten waren einfach zu teuer. Da noch niemand sie wirklich brauchte, gab es nur kleine Auflagen. Und ein Landkartenstecher verdiente in dieser Zeit soviel wie ein Universitätsprofessor. Die Seebücher waren allerdings aus einem anderen Grund nicht beim Buchhändler, beim Schiffsausrüster oder am Hafenkiosk erhältlich: Ihre Verbreitung hätte ja der Konkurrenz nutzen können und wurde deshalb unterbunden. Aber die Konkurrenz schlief trotzdem nicht – und hatte den Kaiser auf ihrer Seite, der eigentlich für die hansischen Untertanen ebenso zuständig war wie für die niederländischen See- und Kaufleute. Doch für die setzte er 1544 im Vertrag von Speyer das Durchfahrtsrecht durch den Sund durch. Mit höchst gravierenden Folgen für die Hanseschiffahrt und den Hansehandel: Nur zwanzig Jahre später weisen die Sundzollbücher einen 86prozentigen Anteil holländischer Schiffe an der Gesamtpassage auf. Die waren eben billiger. Das Getreidehandelsmonopol der Hanse in die Niederlande und nach Flandern war nun endgültig gebrochen.

Cornelis Anthoniszoon hatte seine guten materiellen Gründe, seine *Caerte van Oostlant* mitsamt der *Leeskart* gerade jetzt erscheinen zu lassen, wo die Holländer ihrer so dringend bedurften. Anders als die hansischen Seebücher war sie überall erhältlich, wurde ins Dänische, Italienische, Englische und Deutsche übersetzt, wurde mehrfach neu bearbeitet und aufgelegt.

In die Reihe der frühen Karten gehört auch die *Cosmographia* des Sebastian Münster (1488–1552), die von 1544 bis 1628 etwa 30mal aufgelegt wurde, ständig verbessert und erweitert, in mehrere Sprachen übersetzt. Sie sollte allerdings keine *See*karte sein und ist gegenüber Anthoniszoon deutlich ungenauer.

Den Abschluß bisheriger Kartographie und den eigentlichen Beginn der Seekartographie markiert der *Spieghel der Zeevaert* des Lukas Janszoo Waghenaer, der seit 1584 in der Plantijn-Offizin in Leiden erschien. Erstmals sieht ein Kartograph seine Aufgabe darin, eine *See*karte zu fertigen. Und so präzise werden die Kartenblätter denn auch; Waghenaer engagiert sogar Kupferstecher, deren Technik sehr viel genauere Darstellungen ermöglicht als die bisher üblichen Holzschnitte. Jedenfalls wird der *Spieghel* ein Bestseller.

Schon 1592, acht Jahre später, erscheint eine völlige Neubearbeitung als *Treesor der Zeevaert* und wird schon wieder ein Erfolg. Schließlich läßt Waghenaer 1598 ein den bisherigen Seebüchern vergleichbares *Enchuyser Zee-caert-boeck* erscheinen; alle seine Werke werden übrigens ins Lateinische, Deutsche, Französische und Englische übersetzt.

Die Besatzungsstärke einer Hansekogge wird unterschiedlich hoch eingeschätzt: Sie schwankt – sicher in Abhängigkeit von der Schiffsgröße – zwischen 15 und 40 Mann. Deren Lohn lag deutlich über dem Durchschnitt der Zeit, allerdings war die Schiffahrt beschränkt auf die Zeit zwischen 22. Februar und 11. November (die Daten schwankten nur unwesentlich im Laufe der Hansegeschichte). Kam ein Heuervertrag zustande, herrschte zwischen Kapitän und Seemann ein besonderes Vertrauensverhältnis; das galt für die Fürsorgepflicht des Kapitäns gegenüber einem kranken Mannschaftsmitglied ebenso wie gegenüber dem vom Landgang arbeitsunfähig zurückkehrenden Matrosen; für Schäden aus Raufereien mußte er allerdings selbst aufkommen. Die Seeleute durften auf eigene Rechnung Waren mit an Bord nehmen und im Zielhafen verkaufen («Führung») oder aber dieses Recht weiterveräußern. Außerdem bekam die Mannschaft für besondere Leistungen gesonderte Zahlungen, erwähnt wird immer wieder das Umschaufeln und Kühlen von Getreide, das *colegelt* oder das *windegelt* für das Aus- und Einladen der Waren. Zur Besatzung gehörten neben dem Skip-her, dem Schiffer, dem Kapitän und Miteigentümer Steuerleute (für Schiffsbetrieb und Navigation verantwortlich), Bootsleute (Vollmatrosen), Schipmanns (Leichtmatrosen), Jungens (Schiffsjungen), Zimmermann, Koch und Segelmacher; auf größeren Schiffen gab es auch Schiffsschreiber und Proviantmeister. Schiffe des Deutschen Ordens wurden von einem «Sitzschiffer», einem Schiffsherrn ohne eigenen Anteil also, befehligt. Für die Besatzung gab es, von zwei kajütenähnlichen Räumen unter dem achteren Kastellaufbau (wohl für Kapitän und Passagiere) abgesehen, keine ordentlichen Unterkünfte. Wenn nicht unter dem – bei der Bremer Kogge noch nicht fertiggestellten – Vorderkastell überdachte Räume vorgesehen waren, wird die Mannschaft wohl unter Deck geschlafen haben.

317

Schlecht gelebt wird sie aber nicht haben, jedenfalls nicht schlechter als an Land. Die Verpflegung dürfte sogar besser, auf jeden Fall aber regelmäßiger gewesen sein. Üblich war der Wechsel zwischen Fleischtag (gepökeltes Fleisch mit Erbsen oder Bohnen) und Fischtag (Salzhering, Trockenfisch, Hülsenfrüchte). Schiffszwieback war bekannt, zu trinken gab es Bier. Im Hafen mußten die Matrosen an Bord schlafen. Harte Arbeit verband sich wohl mit harter Disziplin, auf einem Segelschiff mit seinem hohen Maß an koordiniertem Handeln vieler kaum anders denkbar. In der frühen Hansezeit stand den Besatzungsmitgliedern augenscheinlich ein Mitspracherecht in kritischen Situationen zu – so jedenfalls muß man die *Rôles d' Oléron* lesen. Handelte der Kapitän dann doch anders, mußte er nach dem Hamburger Seerecht von 1292 für den möglicherweise entstandenen Schaden aufkommen. Diese Struktur der gemeinsamen Verantwortung ändert sich parallel zur wachsenden Erstarrung der Hanse. Schon im 16. Jahrhundert entscheidet der Kapitän allein, ist an Bord Inhaber aller Rechte. Die Hansetage betonen ausdrücklich die Gehorsamspflicht der Besatzung, die bei Weigerung zum Verlust der Heuer führen konnte. Im Wiederholungsfall wurde sogar die Todesstrafe angedroht. Der Schiffer führte seit dem 15. Jahrhundert für den oder die Reeder ein Logbuch. Ausbildungsordnungen für die Seeleute sind nicht bekannt, man lernte wohl durch Zusehen und Zuhören.

Natürlich entstand bald das Bedürfnis, die rechtlichen Verhältnisse auf dem Schiff und zwischen den beteiligten Partnern zu klären. Die hansischen Gewohnheitsrechte fanden ihren ersten schriftlichen Niederschlag im «Hamburger Seerecht» von 1292, sie betrafen vor allem das Frachtwesen. Wenig später folgten Lübeck, Bremen, Oldenburg und Riga mit ähnlichen Zusammenfassungen. Sie sind allesamt Aufzeichnungen von Gewohnheitsrechten, nicht jedoch rechtssystematische Codices, wie wir sie heute gewohnt sind. In der zweiten Hälfte des 14. Jahrhunderts erfolgte eine umfangreiche Redaktion der bisherigen Gewohnheitsseerechte unter dem Namen *Ordonancie*.

Vorher schon, etwa gleichzeitig mit dem «Hamburger Seerecht», entstanden die Rôles d'Oléron, die als zweite Quelle hansischen Seerechtes anzusehen sind; es gibt 44 regional unterschiedliche

Der Bau eines Handelsschiffes (Holzschnitt von 1486).

Fassungen, Einflüsse aus dem mittelmeerischen Seerecht, dem *Libre del Consolat de Mar*, sind nachgewiesen. Die Übersetzungen ins Englische, Flämische, Niederländische, Kastilische sowie in das Niederdeutsche der Hanse zeigen die Notwendigkeit, gleiche Rechtsstrukturen auf allen Meeren zu schaffen. Es sind Aufzeichnungen der Rechte der Kaufleute von La Rochelle und Bordeaux; sie enthalten unter anderem Regeln für das Verfahren bei Havarien. Über eine flämische Übersetzung in Brügge fanden diese *Rôles* auch Eingang in die genannte hansische *Ordonancie.* So entstand das *Waterrecht* zuerst der Nordsee-, später auch der Ostseestädte. Als *Gotländisches Waterrecht* – Visby war das bedeutendste Seegericht im Ostseeraum – wurde es 1505 in Kopenhagen gedruckt. Schließlich befaßten sich auch die Hansetage mit seerechtlichen Fragen, die 1530 als *Ordonancie van den schipperen und Boozluden* in Buchform erschienen.

DIE KULTUR

Kein Zweifel, den gewaltigen wirtschaftlichen Leistungen, dem lange Zeit überragenden ökonomischen Erfolg der Hanse entsprechen auch ihre kulturellen Leistungen. Allein schon ihre Existenz, ihre Organisation (deren Qualität und Eigenart bis heute unerreicht bleibt), ihr Handeln über etwa 500 Jahre hinweg sind singuläre historische Phänomene, sind Kulturleistungen besonderer Art. Zieht man den Kreis dessen, was man unter Kultur verstehen will, ein wenig enger, dann hat die Hanse gerade auf solchen Gebieten kulturelle Höchstleistungen vollbracht, die man zunächst nicht unmittelbar mit ihr in Verbindung bringt: bei der Entwicklung des Rechtswesens und der Rechtssicherheit sowie im Bereich der Kommunikation. Deutlicher und im allgemeineren Bewußtsein sind die Leistungen der Hanse beim Schiffbau und in der Schiffahrt. Und im Bereich der Baukunst ist am berühmtesten die Backsteingotik. Mittelbar ist die Kultur des gesamten nordeuropäischen Raumes von der Stauferzeit bis hin zum Dreißigjährigen Krieg undenkbar ohne die Hanse, ohne die Kaufleute, ohne die Schiffer, ohne die Städte und deren geballte Wirtschaftskraft.

Von Anfang an sorgten die Hanse, die Städte, sorgten die Kaufleute für Rechtssicherheit. Anfänglich unterstützte sie noch Herzog Heinrich der Löwe, später jedoch fand sie keinen fürstlichen Fürsprecher mehr und mußte den Weg zum Recht in eigener Verantwortung beschreiten. Erfolgreicher Handel und ein Minimum an Rechtssicherheit bedingen einander. Doch nicht nur der deutsche Fernhandelskaufmann war in dieser Zeit außerhalb der Mauern seiner Stadt rechtlich und persönlich nur dürftig geschützt. Kaum hatte Heinrich der Löwe Lübeck in seine Hand gebracht und der Siedlung gemeinsam mit den westfälischen Kaufleuten zu neuem Schwung verholfen, vermittelte er schon den Vertrag von 1161 zwischen den Gotländern, die den Ost-West-Handel dominierten, und der «Genossenschaft der Gotland besuchenden Deutschen», die in diesen Handel eindringen wollte. Beide Parteien sicherten sich Gegenseitigkeit von Rechten und Privilegien zu. Das kürzere Ende lag allerdings, wir wissen es bereits, bei den Gotländern: Die Neuen aus dem Westen gaben ihre traditionellen Märkte keineswegs preis, verdrängten aber innerhalb kürzester Zeit die Gotländer aus ihren bisherigen Märkten. Bereits 1189 schließen beide gemeinsam mit Fürst Jaroslaw von Nowgorod einen Vertrag, der den Hansen Privilegien im blühenden und noch weiter wachsenden Nowgorod zusicherte. Der erste selbständige Vertrag der Kaufleutegemeinschaft, der erste selbständige Vertrag der späteren Hanse. Nur drei Jahre später haben die deutschen Kaufleute schon ihre eigene Niederlassung in der russischen Stadt, den «St. Peterhof», in der Zeit zuvor waren sie bei den Gotländern zu Gast.

Gerade zwanzig Jahre früher schon (1174) hatte Heinrich der Löwe mit den Schweden einen Vertrag geschlossen, der diesen in Lübeck Abgabenfreiheit zusicherte; in umgekehrter Richtung öffnete sich den lübischen Kaufleuten der schwedische Markt. Die dänischen Vorherrschaftsbemühungen ließen schon in dieser Zeit der Hanse kaum Bewegungsfreiheit, zeitweilig mußte Lübeck gar eine dänische Besatzung dulden. Doch die Tage des Triumphes kamen: zunächst 1226 die Erhebung zur Reichsstadt, der einzigen östlich der Elbe. Hermann von Salza, der Hochmeister des Deutschen Ordens, stand Pate und vermittelte bei Kaiser Friedrich II.: Für seine Missionierungsaufgabe im fernen Pruzzenland brauchte er einen leistungsfähigen Hafen. Dann 1227 die siegreiche Schlacht bei Bornhöved, die den dänischen Konkurrenten für einige Zeit in seine Schranken wies. Lübecks und der Hanse Weg wies nach oben.

Hier müssen nun einige Jahreszahlen folgen, knapp, aber unumgänglich. Weil die Hanse, genauer: der «gemeine Kaufmann» innerhalb von wenigen Jahrzehnten das ganze Privilegienbündel erwarb, das die entscheidende Grundlage ihrer beider Handelns und Gewinnens wurde. 1237 verleiht Heinrich III. von England allen Kaufleuten von der Gotländischen Genossenschaft Schutz und Zollfreiheit in seinem Königreich; 1267 wurden die hansischen Kaufleute in London den kölnischen Kaufleuten gleichgestellt – sehr zu deren Ärger, die schon seit 1157 hier privilegiert waren. 1241 verbünden sich Lübeck und Hamburg mit dem Ziel, die Wasser- und Landstraßen zwischen beiden Städten durch gemeinsame Maßnahmen gegen Straßenraub und Übergriffe zu sichern. Sie vereinbarten sogar gemeinsame Rechtspflege, sicher eine solide Grundlage für dauerhafte künftige Beziehungen. 1255 vereinbaren Lübeck und Hamburg eine Münzkonvention, und das Jahr 1265 markiert einen weiteren Schritt in Richtung auf die engere Zusammenarbeit der Städte: Man vereinbart jährliche Treffen der Lübeck benachbarten Städte.

Schlag auf Schlag folgen nun die Privilegierungen der Hanse: 1243 Zollvergünstigung durch Wilhelm von Holland; 1244 freies Geleit durch den Bischof von Utrecht; 1252/1253 die wichtigen Privilegien der Gräfin von Flandern, die Brügge in die für die Entwicklung der Hanse so bedeutenden Rolle verweisen. Der Verkehrssicherung zu Lande dienten auch die Verträge der Hanse mit dem Grafen von Holstein (1255), mit den Städten Rostock und Wismar (1259) und mit dem Herzog von Mecklenburg (1261). Zum Schutz gegen die Ausübung des Strandrechtes schloß die Hanse Verträge mit dem Mecklenburger Fürsten (1220), mit dem König von Dänemark (1220), mit dem Herzog von Pommerellen (1235), mit dem schwedischen Reichsverweser Birger Jarl (1250/1251 und 1261); Wilhelm von Holland hatte schon 1245 die Hanse vom Strandrecht befreit; an den baltischen Küsten verzichteten der Deutsche Orden und der Erzbischof von Riga auf dieses «Recht».

Binnen einer Generation also hatten die Hansen alle Ostseeanrainer und die meisten Nordseeanrainer überzeugt, auf das Privileg «Strandrecht» zu verzichten. Den Einkommensverlust der Berechtigten lösten die Händler entweder pauschal in Geld ab oder eröffneten ihnen Aussichten auf künftige Geschäfte und damit auf steigende Zolleinnahmen als Ausgleich. Ohne jeden militärischen Einsatz, nur durch Verhandeln – und Geld an richtiger Stelle – gelang den Kaufleuten, was wohl nur Kaufleuten gelingen kann: eine friedliche und einvernehmliche Lösung mit Vorteilen für alle Parteien. Und das Gebet «Herr, gib uns einen gesegneten Strand» (das übrigens auch im Kloster Doberan ertönt sein soll) verstummte, wenigstens für einige Zeit.

Auch im Bereich des Wirtschaftsrechts drangen die Hansen zu neuen Horizonten vor. So führten Hamburg seit 1270, Lübeck seit 1277 und wenig später auch andere Hansestädte «Schuldbücher», in denen Kreditgeschäfte und Verträge von einzelnen Kaufherren miteinander verzeichnet und damit öffentlich garantiert wurden. Treu und Glauben, die Basis aller hansischen Geschäftsbeziehungen, erfuhren eine Absicherung. Welch ein Fortschritt, welch ein Segen für die Kaufleute, die ja stets mit ihrem gesamten Vermögen hafteten.

Rechtssicherheit, Kreditabsicherung: Das bedeutete viel in einer Zeit, in der es keine allgemeine Rechtssicherheit gab, ja noch nicht einmal allgemein anerkannte Regeln existierten, mit denen man Rechte erwarb oder sicherte, keine Regeln des Völkerrechts, des Wirtschaftsrechts oder auch des Seerechts. Genauer gesagt: Auch der Hanse gelang nicht auf Anhieb eine allgemeine Rechtssicherheit, davon träumte sie wohl auch nicht. Ihren Kaufleuten aber schuf sie auf ihrem ureigensten Gebiet ein deutlich höheres Maß an Sicherheit als zeitüblich. Wir erinnern uns: Der rasche Aufschwung der Hanse setzt in der Spätzeit der Staufer ein. Bald verliert das Reich sein Machtzentrum, zentripetale Kräfte festigen ihre Position, das Reich wird sich nie wieder von dieser Machtteilhabe regionaler Fürsten lösen können. Noch auf dem Höhepunkt staufischer Macht hatte der mitteldeutsche Ministeriale Eike von Repgow in seinem «Sachsenspiegel» (1224) das Gewohnheitsrecht seiner Umgebung zusammengefaßt und aufgeschrieben, das erste Rechtsbuch Deutschlands überhaupt, in mitteldeutscher Sprache geschrieben.

Die Kaufleute, die Seeleute, die Ratsherren der Hansestädte schufen just zu der Zeit, in der des Reiches Ohnmacht am deutlichsten war, die Grundlagen dafür, daß sich ein Handels- und Seerecht überhaupt entwickeln konnte. Nicht die Landesherren, die Könige, Fürsten, Bischöfe, nicht die Träger öffentlicher Gewalt stehen im Hochmittelalter für Rechtsklarheit, für Rechtsaufzeichnung, für Rechtssicherheit, sondern Privatleute. Sie vereinbarten im täglichen Mit- und Gegeneinander Regeln des Handelns und Streitens und sicherten ihre Durchsetzung. Noch gab es, das soll ausdrücklich betont werden, in Deutschland keine gelehrten Räte mit akademischer Ausbildung, mit juristischen Examina; noch gab es kein kodifiziertes Recht, an dem die Parteien sich hätten orientieren können; noch gab es keine einheitliche Rechtsprechung. Diese hansischen Bemühungen um eine einheitliche Rechtskultur liegen natürlich zutiefst im Wesen des Handels begründet, eines Handels, der viel risikoreicher war als heute vorstellbar. Doch Handel und Wandel gab es auch schon vor der Hansezeit, internationalen Handel, genauso risikoreich, ohne daß es zur Ausbildung eines formalen Rechtes gekommen wäre. So gesehen, hat die Hanse etwas völlig Neues entwickelt, hat auf ihrem ureigensten Gebiet, dem Handel, der Wirtschaft, eine Kulturleistung der besonderen Art vollbracht.

Dieses Bemühen um eine einheitliche Rechtskultur wurde natürlich nicht nur erleichtert, sondern geradezu provoziert dadurch, daß es von Reichs wegen keinerlei Ansätze in dieser Richtung gab und, nicht minder wichtig, daß sich viele Städte nach dem lübischen Stadtrecht richteten. In Auslegungs-, in Streitfällen zog man nämlich vor den lübischen Oberhof, um dort Recht sprechen zu lassen. Die weitaus meisten Appellationen befaßten sich mit den Problemen des kaufmännischen Alltags. In Lübeck versammelte sich also Rechtskompetenz, wirtschaftlicher Mittelpunkt der Hanse war die Stadt sowieso.

Dieses lübische Stadtrecht war eine Weiterentwicklung des Soester Stadtrechtes, das wiederum dem Kölner Vorbild folgte. Eine erste überlieferte Fassung in lateinischer Sprache stammt aus dem Jahr 1225 (ein Jahr vor der Erhebung zur Reichsstadt), eine erste deutsche Fassung wurde 1240 für Elbing ausgestellt. Seine Grundsätze der bürgerlichen Freiheit, der städtischen Selbstverwaltung, des Marktrechtes und anderem mehr gingen in viele Stadtrechte der im Osten neugegründeten Städte ein, so in das von Wismar, Rostock, Stralsund, Greifswald, Anklam, Danzig, Elbing, Braunsberg, Memel oder Reval; über 100 Städte waren es insgesamt. Dieses lübische Stadtrecht war nun beileibe kein endgültig ausformuliertes, systematisch gegliedertes Recht, das die Zeiten unverändert überdauert hätte, ganz gewiß nicht. Lübeck erhält deshalb 1188 das Vorrecht, sein eigenes Recht nach eigenen Vorstellungen weiter auszugestalten, zu verbessern und zu verändern.

Das andere Gebiet, auf dem die Hanse eine ganz und gar eigenständige Kulturleistung vollbrachte, war, modern gesprochen, die Kommunikation. Ohne Kommunikation kein Handel. Auch das war nicht erst schon bei der Hanse so. Nur, die Hanse, Lübeck voran, setzte nahezu mühelos und ziemlich rasch seine Form des Deutschen als die allgemeine Verkehrssprache für den gesamten nordeuropäischen Wirtschaftsraum durch. Von London bis Nowgorod, von Bergen bis Krakau sprach man Mittelniederdeutsch, verstand es zumindest. Die Allgegenwärtigkeit, die Übermacht des Mittelniederdeutschen im Verbreitungsgebiet der Hanse geht so weit, daß die Sprachgrenze zwischen dem Niederdeutschen und dem Hochdeutschen genau mit der Südgrenze der Hanse übereinstimmt (Köln und Krakau ausgenommen). War das Zufall? Eine genauere Untersuchung zu dieser Frage liegt nicht vor.

Seit etwa 1250 nimmt die Schriftlichkeit im politischen, im wirtschaftlichen und im rechtlichen Raum merklich zu. Bis dahin erfolgten die Geschäfte, soweit bekannt, ausschließlich mündlich, politische und rechtliche Entscheidungen wurden nur im Fall größerer Bedeutung in schriftliche Form gegossen. Bis zur Mitte des 13. Jahrhunderts beherrschten zudem nur die geistlichen Herren das geschriebene Wort – ein einzigartiges Herrschaftsinstrument. Die Verkehrssprache der Geistlichen war das Latein, ein zweites Herrschaftsinstrument – und wer außer ihnen beherrschte diese Sprache? Doch je mehr Menschen des Lesens und Schreibens kundig wurden, desto mehr schwand die alle Lebensbereiche durchdringende Rolle des Lateinischen. Dieser Prozeß fand in den einzelnen europäischen Ländern zu sehr unterschiedlichen Zeiten statt, bis sich dann nur noch die Gelehrtenwelt seiner bediente – das dann aber sehr konsequent bis zum Beginn des 19. Jahrhunderts. Die kaiserliche Kanzlei ging – insbesondere unter Kaiser Ludwig dem Bayer (1314–1347) – immer mehr dazu über, das Deutsch der Prager Kanzlei in ihren Urkunden, Briefen und Akten zu verwenden. Die Hanse brauchte dazu etwas länger – ganz offiziell wandte sie sich erst 1367 vom Lateinischen ab. Seither erschienen die Rezesse der Hansetage, deren Beschlüsse und Entscheidungen also, in deutscher Sprache. Das älteste vollständig erhaltene Geschäftsbuch eines hansischen Kaufmanns, des lübischen Ratsherrn Warendorp, für die Zeit von 1330–1336 ist noch vollständig in Latein geschrieben. Kaufleute waren also dieser internationalen Sprache durchaus mächtig. Deutsch, das ist in der Hanse die besondere Form des Mittelniederdeutschen in der lübischen Ausprägung. Seit spätestens 1367 also wuchs die Sprache der lübischen Kanzlei rasch zur allgemeinhansischen, zur überregionalen, zur internationalen Handels-, Verkehrs-, Rechts- und Diplomatensprache heran. Selbst im Schriftverkehr mit den europäischen Königshäusern und Fürstenhöfen setzte die Hanse ihre Sprache durch. Das war eine außergewöhnliche Entwicklung: Eine unorganisierte Berufsgruppe schreibt im regionalen, nationalen und internationalen Schriftverkehr ihre Sprache vor – und das noch über zwei Jahrhunderte. Nicht das Englische, nicht das Französische, nicht eine der skandinavischen Sprachen, nicht das Niederfränkische aus Köln, nicht das Mitteldeutsche (das von Magdeburg aus bis nach West- und Ostpreußen vorgedrungen war und die Sprache des Deutschen Ordens prägte), nein, das Mittelniederdeutsch lübischer Provenienz setzt sich durch.

Außerhalb der Schriftlichkeit, außerhalb der Kontore, auf den Straßen, in den Häfen, auf den Schiffen herrschte – sogar unter den Deutschen – ein buntes Sprach- und Dialektgemisch, herrschte *vylerley sprach*. Doch selbst für die Schriftsprache, für die Hochsprache gab es längst noch keine allgemein gültigen Regeln, keine verbindlichen Normen der Grammatik, der Syntax, schon gar nicht der Orthographie: Der «Duden», unser aller Schreiber und Leser guter Geist, kommt erst im 19. Jahrhundert. In jener fernen Zeit verspürte man noch keinen Bedarf nach klaren Regelungen, nach Normierung. Im Gegenteil, die Vielfalt von Dialekten, Schriftformen, Sprachstufen wird sogar als Reichtum empfunden (eine vergleichbare Renaissance hinsichtlich der Dialekte erleben wir gegenwärtig).

In den 250 Jahren, die jetzt noch vor der Hanse liegen, ändert sich die Hochsprache ebenso wie die Alltagssprache, dringen Lehnworte ein, werden andere Sprachen beeinflußt. Da sich das lübische

Stadtrecht vom Soester Stadtrecht herleitet, da an der Neugründung Lübecks zahlreiche westfälische Kaufleute beteiligt sind, da überhaupt Westfalen in den Anfangsjahren der Hanse eine bedeutende Rolle spielt, finden sich in der lübischen Sprache zahlreiche westfälische Wörter. Aus dem Altfranzösischen stammt die Schreibweise von Orten wie Soest, Coesfeld, Itzehoe, Oldesloe (durch das dem -o- nachgeschriebene -e- wird die Vokallänge betont). Aus dem Französischen stammen dann Wörter, die auch in das Hochdeutsche übergehen: Banner, Harnisch, Sold, Taverne (aus dem Kriegswesen); Part, Partie, Partei (aus dem Rechtsleben); Companie, quitt, Rente, Stale (aus dem Wirtschaftsleben). Auf dem Umweg über Flandern kommen ebenfalls aus dem Französischen: entern, Kabel, Kajüte, Plicht (= Verdeck). Die wenigen Wörter, die man aus dem skandinavischen Sprachbereich übernahm, werden heute nicht mehr verwendet: z. B. low-bok (Gesetzbuch). Das Englische lieferte in dieser Zeit noch keine Lehnwörter, aus dem Slawischen wurden in das Mittelniederdeutsche wie auch in das Mitteldeutsche übernommen: Grenze, Jauche, Juchten, Kummet, Peitsche, Plötze, Prahm, Quark, Zander u. a.

Die Südküste Schwedens war von den Deutschen so zahlreich besiedelt worden, daß sich Birger Jarl 1251 von den Lübeckern vertraglich zusichern ließ, daß die Deutschen «nach dem Recht des Landes leben und Schweden genannt werden sollen». Diese zwangsweise Integration hatte jedoch erst 300 Jahre später Erfolg. Immerhin, so schätzen die Sprachwissenschaftler, stammen etwa 30 Prozent der schwedischen Wörter aus dem Deutschen.

So rasch die lübische Sprache zur allgemeinen Verkehrssprache Nord- und Osteuropas geworden war, so rasch erlag sie dem Druck des Neuhochdeutschen seit Beginn des 16. Jahrhunderts. Einer der Gründe dafür ist sicher, daß sich diese Sprache im Lauf der Jahre immer mehr zu einer Kanzleisprache entwickelte, sich vom allgemeinen Sprachgebrauch immer weiter entfernte. Aber nicht nur, daß die Kanzlisten in ihrem Schriftverkehr den Anschluß an die lebendige, an die gesprochene Sprache aufgaben, nein, sie entwikkelten sie sogar wieder zurück: Ende des 15. Jahrhunderts werden Wortformen eingeführt, die 200 Jahre zuvor schon als veraltet gegolten hatten.

Seit der Mitte des 15. Jahrhunderts hatte sich in Oberdeutschland mit den Frühkapitalisten nach italienischem Vorbild eine Wirtschaftskraft entwickelt, die alsbald zu ernsthafter Konkurrenz der Hanse heranwuchs. Und die bedienten sich des Oberdeutschen, des Frühneuhochdeutschen, eben der Sprache, die sich mit und durch die Reformation in ganz Deutschland durchsetzte. Deren Schriften, deren Prediger wirkten spracherneuernd und sprachnormierend, letztendlich sprachvereinheitlichend, trotz der noch immer vielgestaltigen Ausdrucksweise. Selbst Martin Luther, der durch seine Bibelübersetzung, durch seine Flugschriften zur neuen Hochsprache beitrug wie kein anderer, selbst er korrigierte seine deutschsprachigen Texte immer wieder und schrieb zudem selbst ganz überwiegend in Latein. Die Hanse bediente sich schon in dieser Zeit im Schriftverkehr mit den süddeutschen Städten wie selbstverständlich auch des Frühneuhochdeutschen. Jetzt, als das Ende der eigenen Sprache in Sicht ist, jetzt erst erscheinen Bücher in niederdeutscher Sprache, natürlich zu spät, um das Überleben dieses Idioms zu sichern. Das Niederdeutsche, vor kurzem noch die Sprache von ganz Nordeuropa, gerät rasch ins Abseits, versinkt zur Mundart, zum durchaus abwertend gemeinten «Plattdeutsch».

Über den Bildungsstand der frühen Hansekaufleute sind wir nicht informiert. Wir wissen nicht, ob – und wenn ja, wie gut – sie lesen und schreiben konnten; wir wissen nicht, wie sie ihre Geschäfte abwickelten; wir wissen nicht, welcher Sprache sie sich bei ihren Verhandlungen bedienten. Glaubwürdig ist die Vermutung, daß alle Partner zunächst im Ostseeraum, später auch im Nordseeraum der deutschen Sprache so weit mächtig waren, daß man sich in ihr verständigen konnte. Daß lübische Fernhändler des Lateinischen mächtig waren, wissen wir aus dem 13. und 14. Jahrhundert. Ob es allerdings auch ihre Sprache des täglichen Umgangs miteinander war, darf man füglich bezweifeln. Glaubwürdig ist auch die Vermutung, daß sie ihre Geschäfte auf Treu und Glauben, per Handschlag abwickelten. Noch Mitte des 14. Jahrhunderts gingen die Kaufleute Hermann und Johann Wittenborg (Vater und Sohn), wie ihre zufällig erhaltenen Geschäftsbücher von 1346 bis 1359 belegen, insgesamt 416 handelsrechtliche Verbindungen mit anderen Geschäftsleuten ein. Im lübischen «Schuldbuch», dem öffentlich-rechtlichen Garanten von Rechtsgeschäften, sind davon aber nur 26 abgesichert worden. Und es scheinen gerade diejenigen gewesen zu sein, die für die beiden Kaufleute mit den größeren Risiken behaftet waren.

Als dann die Hanse 1367 offiziell dazu überging, in ihrem Schriftverkehr die deutsche Sprache zu verwenden, zogen auch die Kaufleute sofort nach. Das läßt sich bis in die Sprache der Testamente hinein verfolgen: Das erste deutschsprachige Testament, ausgefertigt in Stralsund, stammt aus dem Jahr 1376; zwölf Jahre später werden nahezu alle Testamente in deutsch abgefaßt.

In der Frühzeit der Hanse wird der Bedarf an Schriftlichkeit noch sehr gering gewesen sein: Die Kaufleute kannten ihre Geschäftspartner in den anderen Häfen, in den anderen Städten noch persönlich. Sie begleiteten ja ihre Waren bis zum Abnehmer. In einem verwikkelten Prozeß wächst dann der Bedarf an Schriftlichkeit: Die Geschäfte werden so umfangreich, daß sie der Kaufmann nicht mehr allein abwickeln kann, er muß jemanden beauftragen. Der gleiche Kaufmann handelt mit mehreren Warengruppen, also muß er auf mehreren Märkten gleichzeitig präsent sein. Er braucht Informationen. Da beginnt die Arbeitsteilung. Und das bedeutet: Auftrag und Kontrolle. Das bedeutet auch: Entwicklung von Regeln für die Zusammenarbeit und das Streiten beziehungsweise für die Schlichtung; der vom Kaufmann Beauftragte muß sein volles Vertrauen haben, die Geschäfte so abzuwickeln, wie sich das der Auftraggeber vorstellt. Der Kaufmann braucht qualifizierte Mitarbeiter. Und die schult er in seinem Kontor. Er steht nicht mehr am Hafen oder reist in Begleitung seiner Waren auf ferne Märkte, sondern steht in seinem Büro, in seiner *scrivekamere*, und formuliert Aufträge, Kontrakte, Geschäftsabschlüsse, er rechnet nach und ab, er prüft die eingegangenen Waren..., und all das bringt er auch seinen Mitarbeitern bei.

Laienschriftlichkeit und Seßhaftigkeit sind die beiden Seiten der gleichen Medaille. Woher nun hatten die Kaufleute ihre Lese- und Schreibkünste? Über die Frühzeit sind wir auch hier nicht informiert. Jedenfalls hatte in den Hansestädten ebenso wie anderswo die Kirche bis zum Ende des 13. Jahrhunderts ein Bildungs- und ein Ausbildungsmonopol. Gelehrt wurde in den Kloster- und den

Domschulen, aber doch vornehmlich für den eigenen Bedarf und den eigenen Nachwuchs, versteht sich. Wann genau die Kaufleute, die Ratsherren, die Städte dieses Monopol für ihre Zwecke zu unterlaufen begannen, ist nicht klar; die Hansestädte sind dabei keineswegs fortschrittlicher als andere Städte des Reiches. Doch dann war es soweit: Um 1300 setzt die Stadt Lübeck durch, daß neben der kirchenabhängigen und von deren Interessen bestimmten Domschule in allen vier Pfarrsprengeln Lateinschulen eingerichtet wurden, ernannte sogar die Lehrer. Wie lange wohl haben die Ratsherren disputiert, haben sie versucht, die Kirche zum Einlenken zu bewegen, wieviele Anläufe haben sie wohl unternommen? Wir wissen es nicht. Bekannt aber ist, daß sich die Kirche auch jetzt noch heftig gegen diese Emanzipationsbestrebungen der Bürger wehrt. Vergeblich. Auch das ist wenigstens bekannt.

Mit der Gründung der Schulen war es natürlich nicht getan: Man brauchte auch Lehrer. Für die gab es gewiß keine Ausbildung und keine Ausbildungsstätte, wie es auch keine Lehrpläne gab. Und wenn man dann einen Lehrer gefunden hatte, was denn sollte er lehren? Und wie sollte er lehren? Vermutlich kann man sich diese frühen Latein-, Pfarr- oder Stadtschulen nicht schlicht genug vorstellen. Lesen und Schreiben hat man sicherlich gelehrt. Natürlich auch Latein. Aber Rechnen? Wir wissen erst aus späterer Zeit mehr: In Lübeck wurden um die Wende zum 15. Jahrhundert, also hundert Jahre später, neben Lesen und Schreiben lateinische Klassiker gelehrt, das Formulieren von Geschäftsbriefen und – ein wenig – das Rechnen.

Diese Schulen standen unter der Leitung eines Geistlichen. Wandernde Mönche, junge Kleriker oder auch fahrende Studenten bildeten den «Lehrkörper». Bei dem dauernden Personalwechsel, bei nichtvorhandener Ausbildung der Lehrer und bei dem Fehlen von Lehrplänen konnte natürlich kein gleichbleibendes Ausbildungsniveau erzielt werden. Dennoch, bei all diesen Schwächen können die neuen Schulen in ihrer Wirkung kaum überschätzt werden. Bildung und Ausbildung werden Teil der Emanzipation der städtischen Bürger. Wohlgemerkt der Stadtbevölkerung, die ländliche Bevölkerung erhielt erst Jahrhunderte später, während und im Gefolge der Reformation, erstmals Gelegenheit zur Schulbildung. Die Lehrer wurden überwiegend in Naturalien entlohnt, eine Besoldungsform, die sich bis in das 19. Jahrhundert hinein hielt. Durchaus übrigens zum Vorteil der Lehrer, deren Einkommen gering genug gewesen ist; wären sie in Geld entlohnt worden, hätte sich die Geldentwertung rasch auf ihr Gehalt ausgewirkt. Seit der Reformation nehmen Schenkungen von Privatleuten an die städtischen Schulen zu. Auch die Zahl der Stipendien für Studenten wächst seit dieser Zeit. Wie gründlich die schulische Ausbildung bereits im bürgerlichen Bewußtsein verankert ist, zeigt das Testament von Karsten Sarnow, einem Aufsteiger in Stralsund, der es bis zum Bürgermeister brachte, aber in Widerstreit mit dem etablierten Patriziat geriet und 1393 hingerichtet wurde. Er ordnete vor Antritt einer Pilgerreise an, daß u. a. seinem Schwestersohn Klaus «4 Jahre freie Schule und jährlich ein grauer Rock sowie 2 Paar Schuhe und die notwendigen Bücher» aus seinem, Sarnows, Erbe zu zahlen seien.

Noch einmal ein Jahrhundert später, um etwa 1500, treten neben diese (noch immer kirchlich mitbestimmten) städtischen Lateinschulen deutsche Schreibschulen. Die nehmen jetzt auch Handwerkersöhne und die Söhne von kleineren Kaufleuten auf, lehren Lesen, Schreiben und Rechnen, sie werden – mit Genehmigung des Stadtrates – privat betrieben. Die Eltern zahlen Schulgeld. In Lübeck gibt es zu dieser Zeit schon sechs solcher Privatschulen – ein sicherer Beleg für die Nachfrage nach besserer Ausbildung auch in einfacheren Volksschichten.

In eben der Zeit, in der sich die Hanse so nachhaltig in den wirtschaftlichen Vordergrund schob, Handelspartner von halb Europa wurde, in dieser Zeit dürfte die berufsspezifische Ausbildung in den Kontoren der Handelsherren nicht schlecht gewesen sein. Die Nachwuchsförderung wurde ernsthaft und mit offensichtlichem Erfolg betrieben. Der Ausbildungsweg eines künftigen Kaufmanns wird in der Literatur modellhaft immer gleich beschrieben: Eintritt in ein Fernhandelskontor im Alter von zehn bis zwölf Jahren; Erwerb aller Kenntnisse für das Geschäft – sei es Lagerwesen, sei es Warenwesen, sei es Qualitätskontrolle, sei es Rechnungsführung, sei es Geschäftsbriefverkehr u. a. m.; Reise zu und Aufenthalt auf einem der Außenposten der Hanse, in den Kontoren in

Nowgorod, Brügge, London oder Bergen; vielleicht Erlernen einer Fremdsprache; Festanstellung im Kontor des Handelsherrn; Gewinnbeteiligung, Partnerschaft; Einheirat in die Kaufmannsfamilie; Übernahme des Geschäftes; Ratsstuhl. Die meisten Lehrlinge sind – wie zu allen Zeiten – auf dieser Karriereleiter natürlich irgendwo hängengeblieben. Doch Karrieremuster dieser Art hat es gegeben. Und allein die Aussicht auf einen solchen sozialen Aufstieg ließ wohl so manchen Binnenländer das Wagnis eingehen, in das Kontor eines großen Kaufmanns einzutreten. Von den lübischen Bergenfahrern sollen im 14. Jahrhundert bis zu 30 Prozent aus Westfalen gekommen sein.

Dieses *training-on-the-job* hat sich augenscheinlich lange Zeit bewährt, machte eine schulische Ausbildung zwar nicht entbehrlich, konnte ihr Fehlen aber – gemessen an den damaligen Verhältnissen – offensichtlich kompensieren.

An ein Universitätsstudium war lange Zeit natürlich nicht zu denken, hätte wohl auch kaum für den Kaufmannsstand geeignete Kenntnisse vermittelt. In der Spätzeit der Hanse nimmt jedoch die Zahl der juristisch ausgebildeten städtischen Beamten ebenso zu, wie im Patriziat ein Jurastudium ratsfähig geworden war. Wichtiger noch: Hansische Bürger und Hansestädte haben schon viel früher als die meisten deutschen Landesfürsten in der Förderung von Universitäten eine wichtige Aufgabe gesehen. Zu den frühesten universitätsähnlichen Einrichtungen gehören die drei – voneinander unabhängigen – studium-generale-ähnlichen Bildungsgänge der Franziskaner, Dominikaner und Augustiner-Eremiten in Erfurt. Die waren reichsweit so berühmt, daß sie noch vor 1300 über 1000 Scholaren in die kleine Stadt an der Gera lockten. Aber es waren eben doch kirchenabhängige Einrichtungen. Daher erreichten die Erfurter Bürger schon zwei Generationen später, 1379 erstmals, 1392 endgültig, die päpstliche Genehmigung für die Errichtung einer Universität, der ersten städtischen Universität überhaupt. Hier studierte auch Martin Luther, bevor er nach Wittenberg überwechselte. Obwohl also Kaufmannsausbildung und mittelalterliche Universität völlig unvergleichbare Bildungsgänge anboten, erstaunt doch die Bereitschaft der Hansestädte, in ihren Mauern Universitäten aufnehmen zu wollen: Krakau (1364), Köln (1388),

Erfurt (1392), Rostock (1419), Greifswald (1456), Frankfurt/Oder (1505), Königsberg (1544) und Dorpat (1632).

Bei den Universitätsgründungen andernorts stand immer eine landesherrliche Entscheidung Pate, in Erfurt und Rostock drangen die Bürger auf die Einrichtung einer Hohen Schule. Stark rechtswissenschaftlich geprägt, stand die Universität Rostock, die einzige Universität im Ostseeraum, bei allen Hansen in höchstem Ansehen, zog Studenten aus Skandinavien und dem Baltikum, aber auch aus England oder Flandern an. Sie entwickelte sich zu einer Art geistigem Mittelpunkt der Händlerorganisation (dem auch die materielle Unterstützung durch Stiftungen folgte). Universitätsstudium kommt auch in den patrizischen Schichten der Hansestädte in Mode, Ratsherren und Bürgermeister haben zunehmend ein Studium als Bildungshintergrund. Wie sehr die Hanse diese Vorortfunktion von Rostock anerkannte und auch gezielt wahrnahm, zeigte sich etwa einhundert Jahre nach der Gründung seiner Universität: Da nämlich drängten die großen Seestädte wie Hamburg, Lübeck, Bremen, Riga oder Reval mit Nachdruck darauf, daß die Universität reformiert werde, reformiert in ihrer Organisation und in der Theologenausbildung; Anhänger der lutherischen Lehre wurden in den Hansestädten als Prediger dringend gebraucht. Als dann eingezogenes Kirchengut die finanzielle Ausstattung der Universität endgültig sicherte, hob sich ihr Ansehen wieder rasch.

Noch einmal anders als in Erfurt oder Rostock geht die Gründung der Universität Greifswald vor sich: Bürgermeister Heinrich Rubenow, studierter Rostocker, stiftete sein Vermögen als materielle Grundausstattung der neuen Universität. Der Herzog von Pommern gibt dann nur noch seinen landesherrlichen Segen dazu. Ein Privatmann stiftet eine Universität! Der einzige Privatmann in der europäischen Bildungsgeschichte, der aus seinem Vermögen nicht einen Lehrstuhl, nicht eine Fakultät, nein, eine vollständige Universität finanziert.

Eine Literatur, die sich ähnlich wie die Architektur im Gefolge hansischen Reichtums entwickelt hätte, gibt es nicht. Die Volksbücher von «Till Eulenspiegel» und «Reineke Fuchs» sind zwar niederdeutsch geschrieben, haben mit der Hanse aber nichts zu tun. Das eine Buch, der «Reineke Fuchs», hat schon eine lange französische Tradition hinter sich, bevor es in niederdeutscher Fassung noch einmal für Furore sorgt. Und das Urbild des Till Eulenspiegel stammt aus Kneitlingen am Elm, ein Bauernsohn, um dessen Person sich schon zu seinen Lebzeiten einige Possen rankten. Also auch nichts Hansestädtisches. Nun mag es auch an der Überlieferung liegen, daß wir über die kulturellen Veranstaltungsprogramme der Hansestädte kaum informiert sind. Immerhin erfreute sich die Ritterdichtung eines lebhaften Zuspruchs, während der Minnesang auf die Fürstenhöfe konzentriert blieb. Insbesondere die Patriziergesellschaft schätzte die Geschichte von den «Neun Helden» so sehr, daß deren Statuen die Hansesäle der Rathäuser in Köln, Osnabrück und Lüneburg, den Gesellschaftssaal des Artushofes in Danzig und einen Brunnen in Hildesheim schmückten. Beliebt waren auch der Liebes- und Abenteuerroman «Floris und Blanchefleur» oder die Abenteuergeschichten von «Valentin und Namenlos». Bei der Vermittlung dieser französischen Erzählstoffe spielt das Hansekontor in Brügge eine wichtige Rolle, da es zumindest im 14. Jahrhundert diese und andere Geschichten sammelte, abschreiben und ins Niederdeutsche übersetzen ließ.

Zu etwa der gleichen Zeit grassiert eine andere Mode unter den Patriziern: die Artushöfe. Man übernahm aus England den Brauch, sich in geselliger Runde zusammenzufinden, sich unter den Schutz von König Artus zu stellen und ritterliche Ideale zu leben. Die Versammlungsorte nannte man Artushof. Möglich, daß bei der Übernahme dieser Mode der Deutsche Orden eine wichtige Rolle gespielt hat, schließlich gehörten ihm viele englische Ritter an. Artushöfe sind bekannt aus Elbing, Danzig, Riga und Stralsund. Aus diesem halb ernsthaften, halb spielerischen Umgang mit Geschichte und Mythos, mit Heldensagen und literarischen Produkten ist wohl auch zu erklären, daß die vielen Statuen auf den Marktplätzen der Hansestädte «Roland» heißen. Diese Statuen waren von ihrer Funktion her Ausdruck für die Rechtsprivilegien oder Handelsfreiheiten der Städte. Und noch eine – weithin unbekannte – Folge des Interesses an Sagen: Im 15. Jahrhundert werden überraschend viele Kinder der Patrizier mit eben den Namen getauft, die man der Sage entnahm: Gunther, Rüdiger, Roland... Schließlich brachte die Ritterherrlichkeit die jungen Patrizier auch noch dazu, nach dem Vorbild des Adels eigene Turniere zu veranstalten.

Im Jahrhundert vor der Reformation ist für Lübeck eine eigenartige und für den Hanseraum singuläre Tradition nachgewiesen: die Fastnachtsspiele. Hier wird indes wieder einmal der Zufall der Überlieferung eine wichtige Rolle gespielt haben. Es gibt jedenfalls keinen erkennbaren Grund anzunehmen, daß die anderen Hansestädte nicht ähnliche Spiele organisiert haben. Die Ursache für diese Tradition wird in einer versuchten Revolution gesehen. Anfang des 15. Jahrhunderts waren einige lübische Ratsherren halb freiwillig, halb gezwungen ins Exil gegangen und hatten dort die in Süddeutschland weithin üblichen Mysterienspiele kennengelernt. Das gab wohl die Anregung, ähnliches auch in Lübeck zu probieren. Sämtliche von 1430 bis 1515 hier aufgeführten Fastnachtsspiele sind in einer Titelliste überliefert. Fastnachtsschwänke zumeist, aber auch belehrende oder moralisierende Stoffe, germanische Heldenepen oder klassische Mythologie. Geschrieben wurden diese Stücke jedes Jahr wechselnd von je zwei Mitgliedern der Zirkelgesellschaft, der lübischen Patriziergesellschaft; je zwei weitere inszenierten, und die übrigen Mitglieder schauspielerten. Ein Spiel des Patriziats vor dem Volk und für das Volk, schauspielernde Politiker also.

Geschichtsschreibung im heutigen Sinne gab es natürlich auch in den Hansestädten nicht. Doch man hat den Eindruck, daß die städtischen Chroniken, daß überhaupt die hansische Chronistik einem Vergleich mit der süddeutschen Überlieferung nicht standhält. Das könnte damit zusammenhängen, daß es in den norddeutschen und in den ostdeutschen Städten weniger Klöster gegeben hat als im Süden. Die große Zeit der Klostergründungen war im Zeitalter der Ostkolonisation nun endgültig vorbei. Das soll nicht heißen, daß die Hansen in den nächsten Jahrhunderten weniger stiftungsfreudig gewesen wären, gewiß nicht. Nur wendeten sie sich anderen Einrichtungen zu. Allem voran stand immer der Zuschuß zum Bau der städtischen Hauptkirche, der Kaufmannskirche; fast ebenso wichtig war den Donatoren die Unterstützung der Heilig-Geist- und St. Jürgen-Spitäler, die sich besonders der Wandernden, der Fahrenden angenommen hatten.

Am Anfang aller hansischen Geschichtsschreibung steht Helmold von Bosau, der um 1170 die *Chronica slavorum* verfaßte. Der Pfarrer aus dem kleinen holsteinischen Ort Bosau am östlichen Ufer des Plöner Sees stellt die Missionierung der Slawen in den Mittelpunkt seiner Berichte, zum Lobe Gottes – und natürlich der Welfen, versteht sich. Durch ihn sind wir relativ gut unterrichtet über die Gründung Lübecks. Arnold, der Abt des Lübecker Johannisklosters, setzt diese Chronik bis 1209 fort. Erst ein Jahrhundert später, 1298, verfassen zwei lübische Ratsbeamte chronikartige Aufzeichnungen. Eine Generation später schreibt der Ratsnotar Johann Rode eine selbständige Chronik. Den Höhepunkt der lübischen Chronistik erreicht Ende des 14. Jahrhunderts der Franziskaner Detmar, dessen niederdeutsche Chronik von 1101 bis 1395 reicht. Sie wird von drei Ratsschreibern fortgesetzt. Schließlich kommt noch die Weltchronik des Hermann Korner in lateinischer und deutscher Sprache hinzu, bis dann Pastor Reimar Kock die Reihe beendet: Lübecks Geschichte in chronikalischer Form über 400 Jahre. Auch die Bremer dürfen sich seit Adam von Bremen einer Stadtgeschichtsschreibung erfreuen, die – im Gegensatz zu gleichartigen Hamburger Bemühungen – erhalten blieb. Anders als in Süddeutschland ist in den Hansestädten der Hang der Kaufleute, eigene Lebensbeschreibungen zu verfassen, nur gering entwickelt. Am bekanntesten sind die Zeugnisse des Danziger Kaufmanns Jakob Lubbe und der Stralsunder Bürgermeister Franz Wessel und Bartholomäus Sastrow.

Eine eigenständige Chronistik entsteht über den Deutschen Orden in Preußen und in Livland, mit allerdings auf diese Landschaften reduziertem Blickwinkel: Europäische Geschichte dringt nicht in diese Weltgegend vor. Sowenig wie die Geschichte des Deutschen Ordens im Westen bedeutsam ist und in die dortige Geschichtsschreibung eingeht, nicht einmal in den Balleien oder Komtureien findet man Entsprechendes. Erst im ausgehenden 15. Jahrhundert (zu der Zeit also, in der vom Deutschen Orden eigentlich nur wenig mehr zu berichten ist) beginnt er, sich mit sich selbst und seiner Gesamtgeschichte zu beschäftigen.

Sehr früh schon nimmt das Druckereigewerbe in den Hansestädten seinen Anfang: in Köln 1464, Lübeck 1475, Rostock 1476, Magdeburg 1480, Münster 1486, Hamburg 1491, Lüneburg 1493,

Die Buchdruckwerkstätten hatten in der Spätzeit der Hanse gut zu tun.

Danzig 1498, Königsberg 1524. Die Kölner und die Rostocker Presse (diese von den «Brüdern vom gemeinsamen Leben» eingerichtet) arbeiten vor allem für die Universitäten, während Lübeck auch hier wieder seiner hansischen Vorreiterrolle gerecht wurde. Selbst ein bedeutender Druckort (1500: 96 Veröffentlichungen), vermittelte man seine neuen Kenntnisse, seine neue Technik in die skandinavischen Länder weiter. Einer ihrer Protagonisten, Bartholomäus Ghotan, wurde in Rußland erschlagen, als er auch hier den Segen des Buchdrucks einführen wollte.

In Lübeck erschien 1494 die mit Holzschnitten versehene erste niederdeutsche Bibelübersetzung im Druck; es folgte eine Umdichtung von Sebastian Brants «Narrenschiff» ebenfalls ins Niederdeutsche; 1508 erschien sogar eine Übersetzung des Berichtes des Italieners Montaboddo über das neuentdeckte Amerika; 1506 war in Magdeburg bereits die Reisebeschreibung Amerigo Vespuccis in niederdeutscher Sprache erschienen. Andererseits erwägen 1512 lübische Bürger, das Brevier des Lübecker Stiftes in Nürnberg oder einem anderen Ort drucken zu lassen, dabei sollen auch Qualitätsgründe eine Rolle gespielt haben. Nürnberg war jedenfalls zu dieser Zeit eine Hochburg der Buchdruckerkunst. Passend auch zum sich entfaltenden Druckgewerbe ist die Entscheidung der Stadt Hamburg, 1479 ein eigenes Gebäude für die Ratsbibliothek zu errichten.

So wie sich in der Schiffahrt «Hanse» mit «Kogge» verbindet, so verbindet sich in der Architektur, im Stadtbild «Hanse» mit «Backsteingotik». Trotz der in den letzten drei Jahrhunderten doch erheblich gelichteten und veränderten Häuserzeilen lassen die Überreste noch den früheren Reichtum erahnen: den Reichtum an Kirchen, Rathäusern, Bürgerhäusern, Amtshäusern, den Reichtum an Hafen- und Speicherbauten, den Erfindungsreichtum der Maurer und Baumeister, den materiellen Reichtum der Bauherren, die einst Backstein auf Backstein schichten und sich solche Prachtbauten errichten ließen. So sind denn diese Gebäude, sind diese Backsteinfassaden neben den Koggen die noch am besten bekannten Überreste der Hanse, obwohl gerade sie, genau genommen, mit der Hanse unmittelbar nichts verbindet. Es war der Reichtum, der im Gewand der Hanse in die Städte einzog, der Reichtum, der sich bei den Fernhandelskaufleuten ansammelte und sogar weite Teile der Handwerkerschaft zu solidem Wohlstand kommen ließ, es war der Reichtum, auf dem die Backsteingotik aufbaute.

All die Kriege und Brände in den letzten drei Jahrhunderten, auch nicht der Dreißigjährige Krieg, hinterließen soviel Lücken, wie Wiederaufbau und Modernisierung nach dem Zweiten Weltkrieg verändert haben. Es ist heute nicht mehr vorstellbar, daß die Stadtväter von Lübeck vor nicht einmal zwanzig Jahren die berühmten «Gänge» hatten abreißen lassen wollen, weil sie – angeblich – modernen Wohnansprüchen nicht mehr genügten. Heute bietet diese lübische Besonderheit beliebte – und damit auch teure – Refugien innerhalb der Großstadt. An den Hansestädten in den sozialistischen Ländern ist diese Modernisierungswelle, ist diese Planungseuphorie, ist dieser menschenverachtende Unfug im Namen von menschlichen Bedürfnissen, nämlich die freiwillige Zerstörung von unersetzlichem Kulturgut, vorübergegangen.

Allerdings um den Preis einer völlig verkommenen Bausubstanz. Daß sich davon dennoch viel retten läßt, das haben die Polen beispielgebend vorgemacht.

Während nahezu der gesamten Zeit der Hanse prägte die Gotik den baulichen Stilwillen der Architekten, der Baumeister und der Bürger. Schließlich gab es zur Zeit der Romanik östlich der Elbe nur ganz wenige Städte. Die Renaissancezeit hat ihre stilistischen Eigenheiten vor allem in den Weserstädten hinterlassen; weiter im Osten gab es überwiegend An- oder Umbauten. Und als die Barockzeit anbrach, da lag die Hanse schon in den letzten Zügen, konnten also ihre Baumeister kaum Auftraggeber in den Städten finden. Nahezu fünf Jahrhunderte Baugeschichte werden von einer nur allmählich sich wandelnden Bauästhetik geprägt, die sich in ihren Grundzügen dabei immer treu blieb; den Menschen des 20. Jahrhunderts ist eine solche Entwicklung unvorstellbar. Haben sie doch in nur neunzig Jahren wenigstens sieben – und dazu noch sehr unterschiedliche – Baustile erlebt oder hervorgebracht: Gründerzeit, Jugendstil, Bauhaus, neue Sachlichkeit, Naziprotz, Moderne und Postmoderne; wer will, darf die Philosophie sozialistischer Trabantenstädte, darf die Architektur der Plattenbauweise noch als eigene Stilrichtung werten.

Wieder nahezu alle Städte östlich der Elbe sind Kolonialstädte. Ob sie nun, wie früher behauptet, in eigentlich siedlungsfreiem Gelände errichtet wurden, oder, wie heute allgemein geurteilt wird, meist in Anlehnung an eine bereits vorhandene slawische Siedlung (immer aber doch räumlich getrennt von ihr), stets fand die «Grundsteinlegung», fand die Planung am Reißbrett statt. Die Kolonisatoren, die Stadtgründer, die hansischen Kaufleute, die Siedler teilten das zur Besiedlung vorgesehene Areal in der Regel in lange schmale Parzellen auf: Die Häuser standen mit der Schmalseite, der Giebelseite zur Hauptstraße und schöpften die gesamte Breite des Grundstücks (manchmal nur vier, meist acht bis zehn Meter) vollständig aus, bildeten so in Gemeinschaft mit den Nachbarn geschlossene Häuserzeilen. Im Grundriß folgten die Baumeister in der Regel dem Vorbild des niedersächsischen Hallenhauses: große Einfahrt in der Mittelachse, hohe Diele, über der Diele bis unter das Dach Lagerräume, seitlich der Diele Wohn- und Schlafräume. Später wurde ein Teil der Diele als Kontor des Kaufmanns abgezweigt, ihre Funktion als Zwischenlager, Sortier- und Umpackstelle aber nie in Frage gestellt. Zum Hof hin schlossen sich Ställe, Abtritte, Brunnen und kleine Gärten an.

Der geschlossene, harmonische Eindruck der Backsteingotikstädte entsteht vor allem dadurch, daß die Baumeister – bei aller Individualität – in der Gestaltung des einzelnen Gebäudes konzeptionell die Nachbargebäude mit berücksichtigten, sie ihnen zuordneten, sich auf sie einließen, sich nicht mutwillig von ihnen unterscheiden wollten. «Typisch für die nordalpine Bürgerstadt (ist) die Giebelstellung der Einzelhäuser. Diese Giebelstellung ist Ausdruck der ausgewogenen Spannung zwischen Individualität und selbstverständlicher Einordnung in das Ganze. Die Straße ist in jedem Sinne Trägerin der Kommunikation. Nicht nur wirtschaftliche Lebensader, Weg zur Kirche, zur Gerichtslaube, zum Rathaus, zum Markt, sondern ‹Öffentlichkeit› schlechthin im Sinne von Begegnung, Beziehung, Austausch jeglicher Art.» (Pahl)

Keinem Bauherrn wäre eingefallen, zwei oder mehr Parzellen für ein einziges Haus zu überbauen. Das blieb den Rathäusern und den Gildehäusern vorbehalten. Heute tun es ihnen die Kaufhäuser gleich.

Den Eindruck der Geschlossenheit erzeugt natürlich auch das Baumaterial, der Backstein. Im Altsiedelland, von Köln bis an den Harz, von der Münsterschen Bucht bis Erfurt sowie in Livland konnte man den anstehenden Stein zum Mauern verwenden – hier prägte der «Haustein» die Architektur. Doch auch hier wie in den seit der Stauferzeit neu gegründeten Städten beherrschte der Fachwerkbau noch weitgehend die Stadtbilder. Auch innerhalb der mittelalterlichen Hansestadt überwogen die Backsteinhäuser zahlenmäßig keineswegs. Immer wieder wurden der Kosten wegen Fachwerkhäuser errichtet. Ihren Ursprung haben die Steinhäuser zum einen im wachsenden Wohlstand der Patrizierschaft, zum anderen in der Erfahrung, daß Backsteine erheblich feuersicherer sind. Schon 1276 ordnete der Rat der Stadt Lübeck den Hausbau *mit stenernen muren* an. Natürlich verschwanden die alten Häuser, die Buden, die Anbauten, die Ställe (allesamt strohgedeckte Fachwerk-,

Lehm- oder Holzbauten) nicht auf einen Schlag, dagegen sprechen schon die noch immer zahlreichen Stadtbrände. Immerhin aber, so wird berichtet, soll es 1535 in Lübeck nur noch Steinbauten gegeben haben. Zu etwa der gleichen Zeit wird man im Herzogtum Württemberg anordnen, daß die Häuser in den Städten wenigstens im Erdgeschoß aus Stein zu errichten seien. Die anderen Hansestädte schlossen sich dem lübischen Vorbild an.

Daß die steinernen Stadthäuser in den Hansestädten und im preußischen Gebietsteil des Deutschen Ordens bei aller Ähnlichkeit doch in so vielerlei Gestalt entgegentreten, liegt ausschließlich an der Erfindungsgabe der Bauleute, an der Baukunst der Maurer. Sie variierten das Thema «Backstein» in unendlicher Formenvielfalt; sie ließen die Mauern vor- und zurückspringen, brachten Pfeiler, Lisenen und Erker vor die Fassade, kontrastierten die meist sehr ähnlichen Fensterlaibungen und -teilungen in den Wohnbereichen mit runden Öffnungen in den Giebeln, schmückten diese Giebel mit allerlei Zierat, verwendeten hellgelbe bis tiefrote Ziegelsteine, die auch glasiert sein konnten. Rechts und links neben dem großen Tor befinden sich große, manchmal bis zum Boden reichende Fenster, die in kleine, in Blei gefaßte Fensterscheiben unterteilt sind. Häufig überließ man den «Luftraum» in der Diele dem Hauspersonal: Unter die Deckenbalken hängte man einfach deren Schlafkammern auf! Hier gab es keine natürliche Beleuchtung, keine Belüftung. Die meisten Dielenfußböden waren mit Gotlandplatten bedeckt, Kalksteinplatten, die von den Schiffen als Ballast mitgeführt wurden. In den älteren Häusern gibt es nur einen Ofen, später kommen auch offene Kamine oder Kachelöfen dazu. Ganz reiche Bürger leisteten sich die «beste» Stube, die nur bei besonderen Anlässen geöffnet wurde – eine Übung, die sich in anderen Teilen Deutschlands bis in unsere Zeit gehalten hat. In Schwaben jedenfalls benutzt man die gute Stube nur am Sonntagnachmittag oder wenn Gäste kommen.

Zu jedem Haus gehörte eine Viehhaltung, deren Ställe im Hof untergebracht waren. Viele Stadtbürger, vor allem die Handwerker, besaßen vor der Stadt noch ein Stück Land zur eigenen Versorgung. Jedes Haus hatte Keller. Hier, wie gelegentlich in den Hinterhöfen, wohnten die ärmeren Volksschichten zur Miete, die kleinen Handwerker, die Seeleute, die Arbeiter, die Stauerleute, die

Knechte. Schließlich gab es in den Hansestädten nicht nur Fernhandelskaufleute; die weit überwiegende Mehrheit der Bevölkerung lebte auch damals schon zur Miete.

Die Viehhaltung innerhalb der Stadtmauern führt uns zu einem anrüchigen Exkurs: Im Hof der Patrizierhäuser lagen Wasserbrunnen und Abort dicht beieinander, vor dem Haus befand sich häufig genug der Misthaufen, und die Schweine hielten sich meist nicht in Stall oder Hof auf. Das «Geheime Gemach» über der Abfallgrube diente häufig genug den Geschäften mehrerer Nachbarn gemeinsam. Ihre Reinigung erfolgte des Nachts durch Spezialisten, deren Wagen – jedenfalls in Lübeck – nicht am Haus eines Ratsherrn vorbeigeführt werden durfte. Auf den Straßen sammelte sich so mancher Unrat – das begehrte Ziel der Schweine. Eine Pflasterung kam ab Anfang des 14. Jahrhunderts in Mode: Lübeck 1310, Wesel 1324; in Wismar gab es 1348 sogar schon Bürgersteige. Die Pflasterung mußte von den Anliegern bezahlt werden. Von einer Beleuchtung ist natürlich noch keine Rede; wer nachts auf die Straße mußte, trug eine Laterne mit sich oder ließ sich heimleuchten.

Die Hansestädte der Hausteinzone, der deutschen Mittelgebirge, verbindet eine durchweg ältere Tradition als die Stadtgründungen östlich der Elbe. Diese waren in Jahrhunderten gewachsen (oder auch geschrumpft), waren, wie Köln, schon über 1000 Jahre alt, als die Hanse gegründet wurde. Alle diese Städte lebten auf den Trümmern und mit den Trümmern und in den Trümmern ihrer Geschichte. Sie hatten baugeschichtlich Teil an der Romanik und der frühen Gotik. Sie bargen neben Burgen, Dombauten auch Kaiserpfalzen in ihren Mauern, beherbergten uralte Klöster. Ihr Erscheinungsbild ist daher sehr viel differenzierter, sehr viel individueller.

Die östlichen Kolonialstädte waren hingegen planmäßig angelegt. Den Bürgern standen in etwa gleich große Parzellen zur Verfügung. Zentrum war natürlich der große, manchmal riesengroße Marktplatz. Um ihn gruppierten sich die wichtigsten Patrizierhäuser, das Rathaus, die Kaufhäuser und die Stadtkirchen. Von einem solchen Zentrum können heutige Stadtplaner nur träumen, von einem Zentrum mit einer solchen Ausstrahlungskraft, mit einer solchen Einheitlichkeit bei gleichzeitiger Individualität.

Am Markt spielte sich das städtische Leben ab: Hier beschworen die Bürger jährlich von neuem ihre Stadtrechte; hier tagte das patrizisch-städtische «Parlament», der Rat; hier stand der Pranger (für die kleinen Strafen); hier fanden die bedeutenden Hinrichtungen statt (die weniger bedeutenden verlegte man vor die Stadt); hier stand der Roland; hier boten die fremden Kaufleute ihre Waren an; um den Markt herum standen die Marktbuden (die den Patriziern oder der Stadt gehörten), in denen die Handwerker ihre Gewerbe ausübten und die Waren zum Kauf feilboten. Sogar eigene Kaufhäuser ließen die Städte errichten, in denen die Gewandschneider ihrer Arbeit nachgingen.

Am Markt stand das Rathaus, Ausdruck bürgerlichen Selbstbewußtseins. Bei seiner Errichtung und Ausgestaltung wetteiferten die Stadtoberen in Pracht und Schönheit; dieses zentrale städtische Gebäude wurde ständig erweitert, umgebaut, neugebaut, ausgebaut, hier spielten die Baumeister ihr ganzes Können aus. Im Westen verlieren die Rathäuser allmählich ihre Zweitfunktion als Kaufhaus, werden ausschließlich Sitz des Stadtrates und der Stadtverwaltung. Im Osten werden die Rathäuser in ihrem Bautypus ähnlich den Deutsch-Ordensburgen errichtet und behalten ihre Warenlager- und -umschlagfunktion noch wesentlich länger; anders auch als im Westen trugen sie eigene Glockentürme. Zu den städtischen, den öffentlichen Gebäuden zählen auch das Gewandhaus in Braunschweig, das Heringshaus in Lüneburg, die Stadtwaage in Braunschweig oder die Tuchhalle in Krakau. Die Kölner Stadtväter leisten sich sogar einen eigenen Tanzsaal, den Gürzenich, den größten Saalbau seiner Zeit. Überall errichten die Kaufmannsgilden und die Handwerkerämter ihre eigenen repräsentativen Gebäude, so das «Knochenhaueramtshaus» in Hildesheim, «das schönste Holzhaus der Welt» (1945 zerstört, inzwischen wiederaufgebaut) oder das «Haus der Schiffergesellschaft» in Lübeck oder die «Große Gilde» in Reval.

Einen von der Bauaufgabe und ihrer Funktion her besonderen Typus stellen die Deutsch-Ordensburgen dar, die, da nur mittelbar mit dem Thema Hanse zusammenhängend, hier nur der Vollständigkeit halber genannt werden.

Jede Stadt dieser Zeit war natürlich von einem Befestigungsring umgeben, der Stadtmauer mit Wehrgängen, Wehrtürmen, Stadttoren – auch das keine hansestädtische Eigenheit. Am schönsten, am längsten und am besten erhalten ist die Stadtmauer von Visby auf Gotland. Das berühmteste Stadttor steht in Lübeck, das «Holstentor», bei dem Wehrhaftigkeit und Kunstfertigkeit eine so ideale Verbindung eingegangen sind, daß auch die Banknotengestalter der Deutschen Bundesbank ihm ihre Refernz erwiesen.

Leser, kommst du in eine Hansestadt, dann beeindrucken dich schon aus der Ferne die riesigen Kirchtürme. In Lübeck waren sie 125 Meter hoch, der in Rostock mißt gar 132 Meter. Ihre Hauptaufgabe war, das Selbstbewußtsein hansischer Bürger auszudrükken, ihren Reichtum. Daß sie ganz nebenbei noch einen praktischen Zweck erfüllten, entspricht gutem kaufmännischem Denken: praktisch *und* schön. Den Seemann, den Kaufmann auf See grüßten sie schon von weitem – der Petriturm in Rostock soll in 50 Kilometer Entfernung schon sichtbar sein. Das Schöne und das Praktische. Dieser Akkord hanseatischer Kunstauffassung trat uns schon bei den Rathäusern und bei den Privathäusern des Patriziats entgegen. Seinen Höhepunkt findet dieser Grundsatz bei den Kirchenbauten. Die Stadtkirche, meist der Mutter Gottes, Maria, gewidmet, überragt alle anderen Kirchenbauten, sogar die Dome in Lübeck oder Riga. Die Marienkirche ist die Kaufmannskirche, die Kirche des Kaufmannsstandes.

Überhaupt nicht hansetypisch, sondern zeittypisch zeigen sich die Bürger in Kunstangelegenheiten. Sie und die Städte waren über viele Jahrzehnte hinweg reich, konnten sich stets das Modernste auf dem Gebiet der Kunst leisten – und leisteten es sich auch. Dabei stehen wie überall zunächst biblische Themen im Vordergrund. Schließlich wollten die zahlreichen Kirchen auch künstlerisch angemessen gestaltet werden. Das führte sogar zu einem schwunghaften Export von Bildern und Skulpturen, der von Lübeck aus ganz Skandinavien erreichte. Einen allerdings hansetypischen Zug bringt die aufkommende Porträtmalerei. Hier ist zunächst Brügge der Ort auch hansischer Repräsentationswilligkeit. Von 1526 bis 1528 und ab 1532 weilt dann Hans Holbein in London und bringt mit seiner flandrisch beeinflußten Malkunst neue Züge in diese Gattung.

LITERATURVERZEICHNIS

Angermann, Norbert, (Hrsg.), «Die Hanse und der deutsche Osten»,
    Lüneburg 1990
Baumann, Peter, «Abenteuer Hansekogge», Stuttgart 1992
Baykowski, Uwe, «Die Kieler Hansekogge», Kiel 1991
Borst, Otto, «Alltagsleben im Mittelalter», Frankfurt/M 1983
Deutsches Schiffahrtsmuseum Bremerhaven, Braunschweig [5]1991
Dollinger, Philippe, «Die Hanse», Stuttgart [4]1992
Ehlert, Trude, «Das Kochbuch des Mittelalters», Zürich/München 1990
Friedland, Klaus, «Die Hanse», Stuttgart 1991
d'Haenens, Albert, «Die Welt der Hanse», Antwerpen 1984
Heinsius, Paul, «Das Schiff der hansischen Frühzeit», Weimar [2]1986
Kiedel, Klaus-Peter/Schnall, Uwe, «Die Hansekogge von 1380»,
    Bremerhaven [2]1989
Pagel, Kurt, «Die Hanse», Braunschweig, ca. [4]1990
Pahl, Jürgen, «Die Stadt im Aufbruch der perspektivischen Welt»,
    Berlin 1963
Planitz, Hans, «Deutsche Rechtsgeschichte», Graz/Köln 1971
Puhle, Matthias, «Die Vitalienbrüder», Frankfurt/New York 1992
Rörig, Fritz, «Die europäische Stadt im Mittelalter», Göttingen 1963
Scharfenberg, Horst, «Deutschlands Weine», Bern 1991
Schildhauer, Johannes, «Hansestädtischer Alltag.» Weimar 1992
Wacker, Anke/Wacker, Willy, «Hansestädte», Luzern 1992

Königreich Schweden

Viborg

Ladoga-See

Åbo

Narwa

Fürstentum

Wolchow

NOWGOROD

REVAL

Peipus-See

Ilmen-See

Stockholm

DORPAT

Nowgorod

Pernau

Fellin

Fsm.

O S T S E E

Pleskau

Pleskau

Visby

Lemsal

Wolmar

GOTLAND

Windau

Roop

Wenden

Goldingen

RIGA

Kokenhusen

Düna

Polock

Witebsk

Smolensk

Großfürstentum

Dnjepr

Memel

Kovno

Wilna

KÖNIGSBERG

Minsk

Rügenwalde

Stolp

Braunsberg

Kolberg

Schlawe

DANZIG

Köslin

ELBING

Steptaw

Belgard

Marienburg

Grodno

Njemen

Greifenberg

ollnow

Culm

Landsberg

THORN

Herzogtum

Stargard

Königsberg

Płock

Litauen

Gnesen

Warschau

Posen

Masowien

Kalisch

Lublin

Königreich

Wladimir

BRESLAU

Sandomir

Oder

Weichsel

LEMBERG

Polen

KRAKAU

| 0 | 100 | 200 | 300 km |

Brünn

Königreich Ungarn

Personenregister

Adam, Erzbischof von Bremen 336
Adolf I. von Schauenburg, Graf von Holstein 8
Adolf II. von Schauenburg, Graf von Holstein 8, 10, 13, 23
Adolf III. von Schauenburg, Graf von Holstein 22
Adolf IV. von Schauenburg, Graf von Holstein 72
Albert, Bischof von Livland 67, 69
Albert, Bischof von Riga 28
Albrecht I., deutscher König 87, 89
Albrecht, König von Schweden 96, 98, 109, 111
Albrecht II., Herzog von Mecklenburg 109
Albrecht, Herzog in Preußen 152, 276
Al-Kamil, ägyptischer Sultan 67
Arnold, Abt des lübischen Johannesklosters 336
Atterdag, Waldemar IV., König von Dänemark (s. auch Waldemar
    IV.) 90, 95ff., 109, 217

Balk, Hermann, Landmeister des Deutschen Ordens in Preußen 66
Baring, Johann, lübischer Kaufmann 273
Beneke, Paul, Kaperkapitän 105
Benno, Bischof von Zeitz 241
Berchtold, Herzog von Zähringen 256
Bernhard von Anhalt, Herzog von Sachsen 21
Bernhard von Clairvaux, Zisterzienserabt 10
Brant, Sebastian, Schriftsteller 337
Bugenhagen, Johann, Reformator 160

Bussmann, Johann, lübischer Kaufmann 273

Castorp, Heinrich, lübischer Bürgermeister 105, 217, 273
Christoph von Bayern, König von Dänemark 146
Christian von Oldenburg, König von Dänemark 146 f.

Detmar, lübischer Chronist 336
Doman, Johann, Stralsunder Syndikus 164
Donskoi, Dimitri, russischer Feldherr 101
Doway, Johann von, lübischer Ratsherr 216
Drake, Francis, englischer Seeheld 162

Eduard I., König von England 87
Eduard II., König von England 87
Eduard III., König von England 88, 103
Elisabeth, Königin von England 162
Elisabeth von Thüringen, Heilige 66
Erich IV., König von Dänemark 72
Erik Menved, König von Dänemark 87, 89 f.
Erich von Pommern, König von Dänemark, Norwegen und
    Schweden 112, 145 f.

Ferdinand I., deutscher König 77
Feuchtwangen, Siegfried von, Hochmeister des Deutschen Ordens
    91
Friedrich I., Kaiser (Barbarossa) 13, 21 ff., 29, 98, 232
Friedrich II., Kaiser 22, 66 f., 76, 89, 321
Friedrich III., Kaiser 147, 152
Friedrich, König von Dänemark 161
Fugger, Jakob, Frühkapitalist 228, 236

Gerold, Bischof von Oldenburg/Schleswig-Holstein 18
Ghotan, Bartholomäus, Buchdrucker 337
Gottfried von Straßburg, Minnesänger 263
Gregor IX., Papst 66

Hakon Hakonson, König von Norwegen 74

Hakon IV., König von Norwegen 75
Hakon VI., König von Norwegen 98, 108
Heinrich II., König von England 242
Heinrich III., König von England 7, 76ff., 322
Heinrich IV., König von England 103
Heinrich VI., Kaiser 21
Heinrich der Löwe, Herzog von Sachsen 8, 10, 16ff., 21f., 24, 72, 199, 252, 257, 263, 320f.
Helmold von Bosau, Chronist 7, 10ff., 199, 336
Hermann von Salza, Hochmeister des Deutschen Ordens 66f., 70, 321
Hindenburg, Paul von, Feldmarschall 151
Honorius III., Papst 66
Hoyer, Hermann, Hamburger Ratsherr 80

Ingeborg, Tochter von Waldemar Atterdag 98
Iwan III., russischer Zar 149

Jadwiga, Königin von Polen, nach der Taufe Hedwig 92
Jagiello, König von Polen, nach der Taufe Wladyslaw II. 92, 150
Jarl, Birger, schwedischer Reichsverweser 73, 322, 327
Jaroslaw, Fürst von Nowgorod 25, 321
Jordan von Boizenburg, Hamburger Ratsherr 80

Karl der Große, Kaiser 11f.
Karl IV., Kaiser 98f.
Karl der Kühne, Herzog von Burgund 100, 158, 211, 295
Kasimir IV., König von Polen 152
Ketteler, Gottfried von, Herzog von Kurland und Semgallen 152, 163
Knutsson, Karl, schwedischer Kronprätendent 146f.
Kock, Reimar, lübischer Chronist 336
Konrad, Herzog von Masowien 66
Konrad, Herzog von Zähringen 10
Korner, Hermann, lübischer Chronist 336
Kruto, Slawenfürst 10

Lothar III., Kaiser 15, 18
Lubbe, Jakob, Danziger Kaufmann 336
Ludwig der Bayer, Kaiser 325
Ludwig XI., König von Frankreich 105
Ludwig XII., König von Frankreich 197
Ludwig IV., Landgraf von Thüringen 66
Luther, Martin, Reformator 77, 236, 298, 328

Mann, Thomas, Schriftsteller 228
Margarete, Königin von Dänemark, Norwegen, Schweden 98, 108f., 111, 145
Margarete von York, Herzogin von Burgund 100, 211
Mecklenburg, Heinrich von 98
Meinhart, Missionar in Livland 69
Memling, Hans, Maler 105
Michels, Godeke, Seeräuber 110, 112
Montabaddo, Reiseschriftsteller 337

Newski, Alexander, russischer Feldherr 90
Niebur, Johann, lübischer Ratsherr 149

Olav, dänischer Thronfolger 98, 108ff.
Otto I. der Große 18
Otto, Erzbischof von Freising 13, 252

Pawest, Peter, Danziger Ratsherr 105
Philipp IV., König von Frankreich 89
Philipp der Kühne, Herzog von Burgund 100, 107
Philipp der Gute, Herzog von Burgund 100
Plauen, Heinrich von, Hochmeister des Deutschen Ordens 151
Pleskow, Jakob, lübischer Ratsherr 214
Pleskow, Jordan, lübischer Bürgermeister 154, 218
Pribislaw, Herzog von Mecklenburg 18

Repgow, Eike von, Autor des Sachsenspiegels 323
Richard Löwenherz, König von England 78
Richard II., König von England 103

Rode, Johann, lübischer Ratsnotar 336
Rubenow, Heinrich, Bürgermeister von Greifswald 333
Rudolf von Habsburg, Kaiser 234
Russel, John, englischer Diplomat 199

Sarnow, Karsten, Stralsunder Bürgermeister 331
Sastrow, Bartholomäus, Stralsunder Bürgermeister 336
Saxo Grammaticus, dänischer Chronist 71
Sigismund, Kaiser 104, 154
Steen, Tiedemann, lübischer Bürgermeister 145
Störtebeker, Klaus, Seeräuber 110, 112 ff.
Sture, Sven, schwedischer Kronprätendent 147
Sudermann, Heinrich, Syndikus der Hanse 164, 219

Ulrich von Jungingen, Hochmeister des Deutschen Ordens 150
Urban VI., Papst 197

Veckinchusen, lübischer Kaufmann 298 f.
Vespucci, Amerigo, Entdeckungsreisender 337

Waldemar II., König von Dänemark 22 f., 71 f.
Waldemar IV. Atterdag, König von Dänemark 90, 95 ff., 109, 217
Warendorp, lübische Familie 228, 269, 326
Wessel, Franz, Stralsunder Bürgermeister 336
Wilhelm I., deutscher Kaiser 98
Wilhelm, Graf von Holland 322
Wittenborg, Johann, lübischer Bürgermeister 96, 145, 328
Wulfila, Bischof 77
Wullenwewer, Jürgen, lübischer Bürgermeister 160 f.